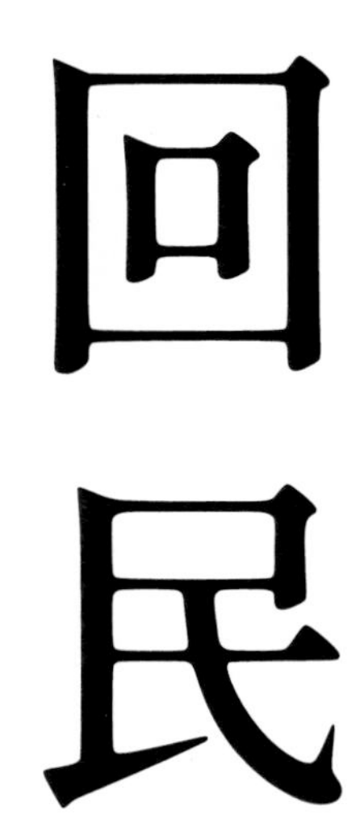

回民

《清實錄》所載1800年前大清帝國與伊斯蘭教史料彙編

主編

孔德維

黃庭彰

李依肋

【東亞伊斯蘭研究叢書】總序

徘徊於熟悉與陌生之間的鄰人：伊斯蘭教在東亞

因為種種原因，華文學界在東亞伊斯蘭教（尤其東北亞）的研究尚未成熟發展。當前伊斯蘭信徒佔全球人口20%，更有增加的趨勢；而在過去二十年，全球人口流動人口流動的密度已達歷史高峰，生活於非穆斯林國家的穆斯林數量乃日益增長。自上世紀七十年代末以來，伊斯蘭受到世界媒體和學界的熱切關注，有關東亞伊斯蘭教的研究，亦自跟從這一潮流而漸次興起。歐美學界對東亞伊斯蘭的系統性理解最早起源於歐洲傳教士。與作為前輩的耶穌會一樣，中國內陸宣教會（Inland China Mission）在十九世紀中葉「也積極地在研究中國的穆斯林，其目地當是對穆斯林宣教做準備。」[1] 現代的伊斯蘭教研究自然不同被賦予這種宗教殖民或是判教的色彩，而是期望以客觀的角度釐清現象。伊斯蘭在東亞具超過一千年的歷史，但卻在華文（及其他東北亞國家）的論述中欠缺了適當的位置。當「伊斯蘭」與「恐怖主義」、「難民」等概念被習慣性地劃上不當等號時，伊斯蘭教與穆斯林便如大都市的鄰里，徘徊於熟悉與陌生之間。這一種忽視，足以令我們對今天世界局勢的理解出現重大誤差。

在東南亞，伊斯蘭教可說是主要宗教。十三世紀之後，來自西亞與北非的穆斯林商人漸次將伊斯蘭教帶入東南亞的島國。到了十六世紀歐洲人東航至當地，馬來亞與印度尼西亞已經有大量的穆斯林人口。今天印尼穆斯林是世界上具有最大穆斯林人口數量的現代國家。雖然印度支那半島居民主要信奉傳自南亞的印度教與佛教，泰國、柬埔寨、緬甸地區亦有不少穆斯民居民。有關歷史上和現代的東南亞伊斯蘭教，學界早已多有研究。[2] 往北觀察，

---

[1] 林長寬主編：《伊斯蘭在地化：中國伊斯蘭發展之探討》（香港：香港中文大學人文學科研究所，2015），頁xv。

[2] 有關近年簡介東南亞伊斯蘭信仰的作品，可參Hussin Mutalib, *Islam in Southeast Asia* (Singapore:

在一般來說被認為是中華文明中心的華南與華中，其實亦散落著不少被紀錄為「回回」或「回民」穆斯林。在兩廣、福建等沿海地區，穆斯林在十三世紀蒙古治下多有參與海上貿易，更曾因政府內部鬥爭與遜尼、什葉派之間的鬥爭而引發長年戰亂，割據一方；[3] 除了青海、寧夏、甘肅、陝西等因毗鄰中亞穆斯林群體而具大量穆斯林的地區，華文傳統稱為中原的洛陽、開封等地，亦有各式穆斯林聚居過五百年。[4] 由於各種的誤解，過去學者經常誤認

Institute of Southeast Asian Studies, 2008); Hui Yew-Foong, *Encountering Islam: The Politics of Religious Identities in Southeast Asia* (Singapore: Institute of Southeast Asian Studies, 2013); Joseph Chinyong Liow 與Nadirsyah Hosen 於2010年出版的四卷本論文集，集合了不同學者於東南亞穆斯林於歷史、文化、身份認知、政治、公民社會、全球化及恐怖主義的研究，值得讀者參考。見Joseph Chinyong Liow and Nadirsyah Hosen eds., *Islam in Southeast Asia* (London; New York: Routledge, 2010)

[3] 有關近世福建穆斯林歷史，參張中復：〈從「蕃客」到「回族」：泉州地區穆斯林族群意識變遷的歷史省察〉，洪麗完主編：《國家與原住民：亞太地區族群歷史研究同學學術研討會論文》（台北：中央研究院‧台灣史研究所，2005），頁283-326；當地參與海上貿易最為著名的群體可數蒲壽庚（1245-1284）家族，莊為璣、莊景輝：〈泉州宋船香料與蒲家香業〉，收入福建省泉州海外交通史博物館、泉州市泉州歷史研究會編《泉州伊斯蘭教研究論文選》（福州：福建人民出版社，1983），頁227-238；當地穆斯林在十四世紀的衝突，參陳達生：〈泉州伊斯蘭教派與元末亦思巴奚戰亂性質試探〉，收入福建省泉州海外交通史博物館、泉州市泉州歷史研究會編《泉州伊斯蘭教研究論文選》，頁53-64；張忠君、蘭陳妍：〈也論元末亦思巴奚戰亂的性質〉，《黔東南民族師範高等專科學校學報》，2003，期21(5)，頁22-23。有關近世福建穆斯林歷史，可參中元秀、馬建釗、馬逢達編：《廣州伊斯蘭古蹟研究》（銀川市：寧夏人民出版社，1989）；馬強著：《流動的精神社區——人類學視野下的廣州穆斯林哲瑪提研究》）（北京：中國社會科學，2006）。至於其他南中國沿岸伊斯蘭群體史料，可以各地清真寺為中心探討，參考馬建釗、張菽暉編：《中国南方回族清真寺資料選編》（北京：民族出版社，2006）。

[4] 有關帝國陸上邊境的穆斯林歷史，可參王伏平及王永亮以斷代形式及以「文化撞擊」、「護教與保族」、「謀生之路」、「念經與唸書」等分類編纂的簡明敘述，見王伏平、王永亮著：《西北地區回族史綱》（銀川市：寧夏人民出版社，2003）；較為關於同一時期的重要作品，亦參James A. Millward, *Beyond the Pass: Economy, Ethnicity, and Empire in Qing Central Asia, 1759-1864* (Stanford: Stanford University Press, 1998)及張中復：《清代西北回民事變：社會文化適應與民族認同的省思》（臺北：聯經出版事業公司，2001）；帝國西南邊境穆斯林狀況的研究，則可參馬維良著：《雲南迴族歷史與文化研究》（昆明：雲南大學出版社，1995）；近世「中原」的穆斯林群體則形成於忽必烈帝治下，「庚子（1281），括回回砲手散居他郡者，悉令赴南京屯田」，見宋濂等撰；楊家駱主編：《元史》（臺北：鼎文書局，1981），卷11，頁232；這裡的「南京」指「南京路」，《新元史》載「汴梁路。上。宋開封府，為東京，屬京畿路。金為南京，屬南京路。太宗五年，崔立以南京降，仍為南京路。至元二十五年（1288），改汴梁路。」見柯紹

為大明與大清帝國長期實行「海禁」，但近十年的史學成果告訴我們，「海禁」只不過是以國家的力量壟斷與管剩國際間的海上交流，而不同於禁絕一切異國事物於國門之外的「鎖國」。[5] 比較華南、東南亞與歐洲的原始文獻，穆斯林即使在歐洲人主導東南亞海域的年代，仍然活躍於華南、東南亞與印度洋各地之間的貿易。[6] 在較東的臺灣，穆斯林人口在二十世紀前鮮見於歷史紀錄之中，這可能是臺灣在荷蘭、明鄭政權、大清與日本帝國的時期確實與伊斯蘭世界的接觸有限，但也這可能是學者忽略了隱匿於文檔中的穆斯林。[7] 在二次世界大戰後，從中國移居臺灣的穆斯林計有二萬至六萬人，當中也包括早已移居泰、緬而後遷至臺灣的雲南穆斯林，由於戰亂關係，人數未有精確統計，多於教內流傳。然而，現在的臺灣穆斯林群體也包括了從各國到臺的約十五萬旅居者，主要是印尼及非洲各國的勞工及留學生，亦有少量從阿拉伯國家到臺經商的暫居者。[8] 為了滿足日益國際化的生活形態與經貿發展，臺灣近年亦安排了不少伊斯蘭友善的活動與措施，如「國際清真產品展」（International Halal Expo）、引入各種伊斯蘭節慶、承諾設立「清真驗證（halal-

---

忞：《新元史》（上海：開明書店，1935），卷47，頁118-120；南京路約指後來河南省所在地，因屯田而定居的穆斯林軍人與家眷成為了帝制中國晚期當地的伊斯蘭群體的始祖。在後來明代《鄭州志》（嘉靖三十一年（1522）本），仍載「州城內有『回回巷』」及該地「回回群處」。在1841年的黃河決堤中，當地穆斯林為了堵塞開封城的水門，拆下了過百年歷史的東大寺（清真寺）救民於難，道光帝遂親筆寫下「護國清真」的匾額，並下令重修東大寺。參王柯：《消失的「國民」：近代中國的「民族」話語與少數民族的國家認同》（香港：香港中文大學出版社，2017），頁47；亦參巴曉峰：《元明清以來河南清真寺的發展與變化——以周口、許昌、漯河三市為考察的重點》，北京：中央民族大學碩士論文，2011。

5 上田信：《海と帝国》（東京：講談社，2005），頁101。

6 Hung Tak Wai, "After Diu: The Forgotten Islamic Trade in Early Nineteenth Century Cantonese Confucian Historiography," *Journal of Islam in Asia*, Vol.16, No.1: Special Issues: Islam in the China Seas (2019), pp.107-136.

7 在日治時期以前，筆者所見的臺灣穆斯林的紀錄，只有鹿港一地的兩個穆斯林家族傳說。參李昭容：《鹿港丁家大宅》（臺中市：晨星，2010）；賈福康《臺灣回教史》（新北：伊斯蘭文化服務社，2002）；莊景輝：《陳埭丁氏回族移民台灣的調查與研究》（香港：綠葉教育出版社，1997）；郭雅瑜：《歷史記憶與社群建構：以鹿港郭姓為例》，國立清華大學人類學研究所碩士論文，2001。

8 李松茂：《伊斯蘭教在台灣的發展與變遷》，國立政治大學民族學系碩士論文，2002，頁1-2；有關現代臺灣穆斯林生活文化的研究並不豐富，多為人類學或民族學形式的研究，例子可參馬孝棋：《殯葬文化對宗教意識與族群認同的影響：以台灣北部地區穆斯林為例》，國立政治大學民族研究所學位論文，2010。

approved）餐廳」以及旅館中的伊斯蘭祈禱室等等。[9] 雖然穆斯林在韓國的人口仍然稀罕，但同樣也推出類近措施。[10]

與傳統上被假定為單一文化體系的印象相異，由於「少子化」及勞動人口不足等問題，日本政府也在二十一世紀初已逐步引入外勞與研習生，安倍晉三政府更在2018年制定各項如人數上限與工作年期等細節，大舉向東南亞及南亞各國海外勞工招手，預計到2024年之前將引進34萬名外籍勞工。日本政府為整個計劃安排了11種語言與126項支援政策，亦為不少中小企業與過半數的國民所期待。[11] 日本引進外國勞工與學生的計劃的重要對象為東南亞、南亞及西亞各國，當中不少國家都擁有龐大的穆斯林人口。因此，日本國內的穆斯林數目亦在過去十年增益甚多。在2014年，日本清真寺數目約為80所，至2018年，數字已增為105所。[12] 日本與伊斯蘭文明的因緣自然不止近年的經濟合作。早在明治維新以前，日本已與伊斯蘭世界多有民間的聯絡。在1890年，以推行泛伊斯蘭主義聞名的鄂圖曼帝國的蘇丹和哈里發阿卜杜勒－哈米德二世（Abdul Hamid II，1876-1909在位）就在1890首次遣使日本，過六百人的使團獲明治天皇（1867-1912在位）接見。自此，兩國開始了不少的小規模交流。至大正年間，由於1904-1905年的日俄戰爭令鄂圖曼帝國與日本帝國有

---

[9] 〈相較許多國家有「伊斯蘭恐懼症」，台灣卻是張開雙臂歡迎伊斯蘭文化〉，《關鍵評論》，2018年12月14日，https://www.thenewslens.com/article/108119，瀏覽於2020年5月4日。

[10] Park Hyondo, "Islam and Its Challenges in Contemporary Korea Report," in *Globalization and the Ties that Bind: Korea and the Gulf*, edited by The Asan Institute for Policy Studies of Middle East Institute and National University of Singapore (Singapore: Asan Institute for Policy Studies, 2015), pp.40-50.

[11] 〈外国人材受け入れ、総合的対応策を年内策定〉，《日本経済新聞》，2018年12月10日，https://www.nikkei.com/article/DGXMZO38747620 Q8A211C1000000/，瀏覽於2020年5月4日；〈外国人労働者、地域で11言語対応　支援策126項目決定〉，《日本経済新聞》，2018年12月25日，https://www.nikkei.com/article/DGXMZO39331610V21C18A2MM0000/，瀏覽於2020年5月4日；〈改正入管法で外国人材拡大　道内企業、人手確保に期待〉，《日本経済新聞》，2018年12月21日，https://www.nikkei.com/article/DGXMZO39204570Q8A221C1L41000/，瀏覽於2020年5月4日；〈外国人拡大、「賛成」5割超す　高度人材に期待多く〉，《日本経済新聞》，2018年12月20日，https://www.nikkei.com/article/DGXMZO39161710Z11C18A2TJ2000/，瀏覽於2020年5月4日。

[12] "No. of Muslims, mosques on the rise in Japan amid some misconceptions, prejudice," in *The Mainichi*, November 29, 2019, accessed 4th May, 2020, https://mainichi.jp/english/articles/20191128/p2a/00m/0fe/014000c.

了同仇敵愾的感覺，伊斯蘭世界對日本有豐富的想像，兩國的官方與民間交流日益增多。不少日本思想家定義亞洲文明時，將伊斯蘭世界與自身視為一體。1920年岡倉天心（1862-1913）在倫敦出版《東洋的理想》（*The ideals of the East*）倡議「亞洲一體論」，就提出「阿拉伯的騎士道、波斯的詩歌、中國的倫理與印度的思想，都旨於一種古老的和平」。[13] 至第二次世界大戰前後，大川周明（1886-1957）等倡言的「聯合伊斯蘭論」及在華北成立的「防共回教同盟」等等，更將亞洲各地的伊斯蘭教力量，視為日本帝國與歐美各國抗衡的潛在力量。[14] 事實上，日本早在二十世紀初已成了東亞各地穆斯林交流的重要基地。[15] 舉例說，早於1907年7月，十一位中國穆斯林留學生在東京上野精養軒利用同教的「出使日本國大臣兼遊學生總監督」楊樞（1844-1917）提供的資金成立近代中國穆斯林首個民間組織「留東清真教育會」。該會章程第一條就以「聯絡同教情誼，提倡教育普及宗教改良為本旨」，當中宗教改革的味道與方向類於在北京辦學的著名穆斯林菁英王寬（1848-1919）。數年內，來自中國十四個省的留日穆斯林學生已全數加入「留東清真教育會」（共三十六人，當中一人為女性，另有一人具阿訇資格）。[16]

---

[13] Kakuzo Okakura, *The ideals of the East: with special reference to the art of Japan* (London: J. Murray, 1920), pp.3-4.

[14] 王柯：〈宗教共同體的邊界與民族國家的疆界：「回教工作」與侵略戰爭〉，載氏著：《民族主義與近代中日關係：民族國家、邊疆與歷史認識》（香港：香港中文大學出版社，2015），頁193-229。

[15] Hosaka Shuji 保坂俊司, "Japan and the Gulf: A Historical Perspective of Pre-Oil Relations," *Kyoto Bulletin of Islamic Area Studies*, 4-1&2 (March 2011), pp.3–24

[16] 「留東清真教育會」對伊斯蘭教革新的觀點，基本上可說是以「愛國」與「救亡」。當中甚以有成員認為「同化」是中國穆斯林應行的觀點，其以為「何則種族之區別，不過內部自為畛域，其對於外界，毫無效力可言」。是以，當中國穆斯林（不止以華文為母語的穆斯林）作為「中國」（其實當時尚在大清帝國治下）的一份子，理當「皆注意於國是，漸忘種族之芥蒂，於是乎同化之功不期然而自至。」參王柯，〈「祖國」的發現與民族、宗教、傳統文化的再認識——中國穆斯林的五四與新文化運動〉，《五四運動八十週年學術研討會論文集》，頁196-209。王氏參考的《醒回篇》版本為東京1908年留東清真教育會所編，未知所藏何地。讀者亦可參考《清真大典》收「光緒三十三年（1907）日本東京秀光社刊本」與《回族典藏全書》收「戊申年（1908）留東清真教育會事務所鉛印本」，參留東清真教育會編輯社編，《醒回篇》，收《清真大典》（合肥：黃山書社，2005），卷24；留東清真教育會編輯社編，《醒回篇》，收《回族典藏全書》（蘭州：甘肅文化出版社；銀川市：寧夏人民出版社，2008），卷116。據筆者比對所得，兩版本並無重要差異。

在伊斯蘭世界，東亞的身影亦逐漸清晰。沙特阿拉伯（編按：臺譯沙烏地阿拉伯）在2016年公佈的改革計劃「沙特願景2030」（Saudi Vision 2030）確立三大目標，希望使產業多元而解決高度依賴國際油價的結構性經濟問題，從而成為阿拉伯與伊斯蘭世界的心臟、全球性投資強國、亞歐非的樞紐。來自東亞的資金與技術，可說是計劃重點之一。在2019年末，沙國更將華語定為該國教育體系的第三語言。[17] 據北歐聯合銀行（Nordea Bank AB）的數據，即使2019年寰球政治、經濟狀態不穩，日本、韓國及中國投資者均是印尼、巴基斯坦、馬來西亞及數個海灣國家的主要外國直接投資（Foreign Direct Investment）來源。[18] 在本世紀，東亞在二十世紀末以來累積的資本與生產技術，很可能會在伊斯蘭世界的經濟活動帶來重大影響。

自二十世紀的各項技術革新以來，人類的生活方式起了無以回頭的改變。2000年出現了第一部智慧型電話到2020年已能推出市場的5G技術，讓各種新形式的經濟活動得以可能，遠端醫療、家居工場、人工智能等，都使時間和空間大為壓縮。不同國家與文化背景之間的互動自必更為頻繁。因此，二十一世紀的文明交流將不會如十七世紀的早期全球化時代一樣，單為少數菁英與國家壟斷；也因如此，文明間的衝突便如同經濟活動一般延伸至日常生活。伊斯蘭教與穆斯林在東亞、或是東亞投資者與移民在穆斯林國家的「能見度」提升既是機遇，也是誘發潛在衝突的危機。七十年代日本資金進入東南亞與過去數年中國的「一帶一路」計劃，都是探討現代東亞文明與伊斯蘭文明文化衝突的重要案例；而自九世紀伊斯蘭文明播入東亞以來的各種協作與衝突，也自然值得現代人參考。

香港有利的地理位置及開放的學術環境，對伊斯蘭研究具天然的優勢。1970年代在香港大學擔任研究員的濱下武志曾在《香港大視野——亞洲網絡中心》提出香港曾經一時、面向四面八方、擁有八大腹地的海洋性格，當中超過一半的地域都有深厚的伊斯蘭教淵源。[19] 雖然與不少地區相比，伊斯

---

[17] Hind Berji, "What's really behind Saudi Arabia's inclusion of Chinese as a third language?," in *The New Arab*, January 29, 2020, accessed 4th May, 2020, https://english.alaraby.co.uk/english/indepth/2020/1/29/saudi-arabias-inclusion-of-chinese-as-a-third-language.

[18] 參北歐聯合銀行 Nordea Trade Portal 網頁，https://www.nordeatrade.com/en，瀏覽於2020年5月4日。

[19] 所謂的八大腹地，包括一、沿海地帶：華南至華中；二、直接性腹地：廣東省南部至珠

蘭研究在香港起步較遲，但作為國際金融中心並與東亞各地穆斯林社會的友好與密切關係，都令我們認為伊斯蘭研究在香港日益急切，亦具深厚的發展潛力。為了推動伊斯蘭研究在香港的發展，伊斯蘭文化協會（香港）（Islamic Cultural Association-Hong Kong）與香港中文大學文化及宗教研究系（Department of Cultural and Religious Studies）及人文學科研究所（Research Institute for the Humanities）於2013年7月31日簽訂協議書，成立「伊斯蘭研究計劃」，以期促進伊斯蘭文化的教學與研究工作。自2013年以來，「計劃」舉辦了國際性研討會、邀請國際學人訪問及出版各類書籍，並於2015年5月12日，升格為伊斯蘭文化研究中心。在2020年，香港中文大學伊斯蘭文化研究中心、臺灣秀威資訊科技股份有限公司、香港政策研究所國際關係研究中心、Glocal Learning Offices、The GLOCAL合作，為推動華文學界在東亞伊斯蘭教的研究，決議推動「東亞伊斯蘭研究叢書」計劃，資助學界出版與東亞伊斯蘭教相關著作，回顧過去，關心當代，思索未來。

孔德維　博士

「東亞伊斯蘭研究叢書」總編

香港中文大學伊斯蘭文化研究中心

江三角洲；三、中國西南部：如貴州、雲南；四、東南亞北部，如泰國北部、老撾、越南等地；五、東南亞半島及其島嶼，如泰國南部；六、南海的海洋腹地；七、臺灣；八、日本、韓國、俄羅斯的西伯利亞與中國東北部。參濱下武志著；馬宋芝譯：《香港大視野——亞洲網絡中心》（香港：商務印書館，1997）。

序

伊斯蘭或穆斯林在中國地區（the Middle Kingdom）不同朝代發展的研究，其歷史並不如中土伊斯蘭的研究來得長，因而極有開發的遠景。一般而言，中國伊斯蘭（Islam in China）或穆斯林（Chinese Muslims）的研究可有二種不同途徑，即分別置於伊斯蘭文化或中國民族研究框架中，各有不同的強調。前者屬於形而上的宗教研究（Religious Studies），後者則是以人為主的少數族群研究（Minority Studies），可歸類於民族學領域。就西方伊斯蘭研究（Islamic Studies）傳統而言，在中國伊斯蘭方面，從十九世紀至今，早已擺脫基督教會傳教士的「他信仰（other faith）研究」傳統（其目的在於對穆斯林宣教），轉而進入廣義伊斯蘭研究，針對穆斯林族群行跨領域整合的研究，但仍較少在神學或哲學思想上著墨。而新生代學者也試圖結合「中國研究」（China Studies）與「伊斯蘭研究」，開創新的途徑。

伊斯蘭在中國（或中國地區穆斯林群體）的發展到了蒙元時期方有較明確的文獻記載；而那些中文資料中除了官史之外，少有民間或穆斯林社群自我的紀錄。整體而言，明末以前中國穆斯林可謂「有史無料」；而所謂的史料即是記述穆斯林社群的零碎訊息。之所以有此現象其主要原因乃穆斯林進入中國地區後，原有宗教傳統因逐漸漢化（Sinicization）或在地化（localization）而被淹沒在以儒、道為主流的漢文化社會中。穆斯林隨蒙古人入主中國地區後，即成為歷朝各代的子民（ruled subject），為了存續必得奉儒家為正朔，致使伊斯蘭信仰、儀式逐漸式微。而明朝建立後，統治者所推動的「去胡化」政策導致更難對外來的伊斯蘭宗教或穆斯林社群有所關注與報導。

這種情況到了滿清建國後稍有改變。中國穆斯林因整個伊斯蘭世界的復興改革思潮與蘇非道團（Sufi Tariqah）的流通，意識到其宗教傳統流失的危機，遂有所謂中國穆斯林的復興改革，也因此有大量漢文伊斯蘭著作（Han Kitab）的出現。基本上，這些著作並不被列入正式的官方文獻中，這也是研究中國伊斯蘭歷史的困難之一。此外，由於伊斯蘭經學院（Madrasah）體制在中國地區並無如在伊斯蘭中土般的普及興盛，導致泛泛穆斯林大眾對自身信仰的不理解，更不用說建構一套完整的中國伊斯蘭教育或思想體系。相較於中土伊斯蘭，這也導致中國地區伊斯蘭被一般學者視為邊緣地區的宗教傳統。所謂「邊緣性」指的是體制（institution）的不全，例如伊斯蘭法（Shari'ah）幾乎未曾在中國地區完整、系統地落實過，即使民國建立後亦然，這是「少數宗教族群」的問題。中國地區的穆斯林曾經在滿清統治末期試圖建立「伊斯蘭政體」如雲南大理地區的「平南國」，但未成功；而失敗的後果使得穆斯林更「被漢化」，其伊斯蘭傳統更加式微。中國地區穆斯林一向是非穆斯林統治者的子民，為了社群的存續大多不得不採取順民妥協態度，更主動地融入儒家社會，方能與漢人平起平坐。因此，建構中國伊斯蘭史可謂艱困工程，比起中國穆斯林社群史來得難。現今流行的回族學或回族研究，即把「漢語穆斯林」以少數民族看待之，即使其生活模式與思維幾乎無異於漢人。

二十世紀中葉以前，歷史上的中國穆斯林習慣被稱為「回民」，這當然包括維吾爾人（Uyghur）與其他突厥語系（Turkic）穆斯林。在清朝的官方文獻中幾乎以此名稱慣稱所有境內穆斯林。「回民」或「回教」的用詞由來已無可考，至今亦無定論。這種教外人對中國穆斯林的慣稱久而久之連穆斯林本身也被迫使用之。在明清官方史料中的「實錄」提供不少有關穆斯林的訊息。這些訊息基本上可視為統治者對非我族群的治理策略，對伊斯蘭教義、傳統實踐的紀載並不多。儘管如此，實錄或正史中的資料對建構中國穆斯林社群歷史當有所助益。

宗教研究最大忌諱是政治干預或主觀意識形態的置入。中國的穆斯林研究從1980年代起快速發展，起因於中國的崛起，西方各界試圖客觀地深入理解神秘的中國穆斯林。學界特別是人類學、社會學與民族學方面投入了相當的人力與資源，至今已累積不少成果；中國境內的「回族研究」更毋庸置言。然而，中國的「回族學」與西方的研究有不同的取徑。隨著學術全球化，疆界的破除使得中國境外學者，特別是歐美地區的研究也逐漸影響了回族學的發展。史料彙編一向是這方面研究較弱的一環。今有華裔青年學者孔維德、黃庭彰與李依肋三位合同編輯了西元1800年以前清實錄中有關穆斯林（主要是回民）相關的資料，這使得現代研究更加方便，有助釐清、建構清朝穆斯林社群歷史真貌；相對地，從這些編輯的資料亦可得知滿清統治者與其漢人官僚對伊斯蘭與穆斯林的看待與策略。此彙編收集的資料止於1800年，因此有關維吾爾斯坦（Uyghuristan, or East Turkestan）的訊息較缺，蓋「新疆」正式入清版圖是在十九世紀後半葉。

孔、黃、李三位學者乃有志之士，試圖就其學術專業整合出一本跨領域的資料彙編，並寫作了可讀性高的導論。從其導論內容可得知文章內容跨越了歷史學、宗教與區域研究的專業，所使用的資料試圖整合華人與歐美學者的研究成果。雖然這是個起點，但也勾勒出未來研究的視野。三位的努力實乃可喜可賀之事，特此為之作序。

林長寬　謹誌

國立成功大學文學院多元文化研究中心召集人

2022.04.12

目次

導論

孔德維[*]、黄庭彰[**]、李依肋[***]

本書旨在整理漢文《清實錄》於1800年前中有關穆斯林的記載，為有興趣從事大清帝國伊斯蘭教的學者整理官方史料。實錄文體為帝制中國皇帝與官員交流的官方議政記錄，聚焦於《清實錄》有助學者從大清帝國官方角度理解國家體系如何理解、歸納、處理其治理範圍內的穆斯林臣民。誠然，華文學界早在1930年代已有幾位學者以現代史學的方式撰寫中國伊斯蘭教史。白壽彝（1909-2000）於1935年〈中國回教史料之輯錄〉一文指時人陳垣（1880-1971）與金吉堂（1908-1978）等所作的伊斯蘭教研究雖然有其價值，但卻未有系統地整理歷史資料，故他自始以「回族」作為認知範疇編輯一手史料，在此後數十年多有貢獻。[1] 但相較於穆斯林的身份認同，白壽彝對當時新發明的「中華民族」想像更為強烈，亦深受20世紀初期濃烈的民族主義影響，白氏在1939年寫給顧頡剛（1893-1980）的信中就說：「中國史學家的責任，應該是以『中華民族是一個』為我們新的本國史的一個重要觀點，應該是從真的史料上寫成一部偉大的書來證實這個觀念。」[2] 因此，白氏對中國穆斯林的想像多以「回族」為出發點，將宗教與民族問題並列。這樣的思維長期影響了中國伊斯蘭史學的發展。在文化大革命的「十年浩劫」當中伊斯蘭教的研究幾近斷絕，而在1980年代以後伊斯蘭教研究亦以「回族學」的面貌復甦。至今，中國學者於2001年出版以碑文為基礎的《中國回族金石錄》、2008年出版全套235冊收錄由五代至民國史料的《回族典藏全書》，均採取

---

[*] 費薩爾國王學術與伊斯蘭研究中心研究員。
[**] 紐約州立大學賓漢頓分校歷史系博士候選人。
[***] 萊比錫大學宗教研究系暨環球及區域研究院博士候選人。

[1] 李松茂：〈白壽彝先生關於回族史和伊斯蘭教史的研究〉，《回族研究》，1999，期3，頁23-26。

[2] 白壽彝：〈來函〉，《益世報・邊疆周刊》第16期，1939年4月3日。

了類近史觀。對不少受白氏影響的中國學者來說，「回族」的構建與伊斯蘭教密不可分，這些史料彙編對中國伊斯蘭教研究者具一定價值。不過，由於中華人民共和國的民族識別並未有為其他語境的學者所應用，亦有別於過去帝制中國對穆斯林的理解，故以「回族」作為認知範疇有可能阻礙我們還原穆斯林或伊斯蘭教在19世紀以前以何種概念形式存在於國家體系之中。本書利用「數位人文學」的工具融入概念史與宗教史的研究，系統地整理《清實錄》所載歷史資料，以期重新審視伊斯蘭教與帝國社會的關係。

本書作者無意將20世紀的「民族」與「族群」想像加入宗教群體的研究。這並不是說我們的討論單單圍繞純粹的神話、象徵、儀式與節慶等「純宗教」（不是一個準確的概念）事項，而是希望以18世紀以前應用的語言處理當時的文本。以「回民」作為華文概念的能指（signifier）作為基礎切入點，蓋華文史料自13世紀起以「回回」一詞所指始涵蓋穆斯林；至14世紀時，「回」作為專有名詞變得幾乎只是穆斯林及其宗教的能指。然而，史料上的「回」字背後的概念內容並非總是一致或穩定的。更多時候其意思取決在詞彙搭配、概念分野、文本語境等因素。因此，研究者不能單憑「回」字的出現或缺失作為判定歷史記載是否有關於穆斯林的準則。[3] 根據科塞雷克（Reinhart Koselleck, 1923-2006）的概念史方法，概念之於詞彙在其歧義上。一個詞彙上升成為值得史學家關注的概念緣於該詞彙不再單純的（在與其他詞彙區別下）描述單一的所指（signified），而是指向及反映各所指間的關係。概念在歷史中的轉變並非由一個意思換成另一個意思，而是字詞的複雜意思在其構造、語義關係、互動上的整體改變。科塞雷克在其著作中強調，有時候並無合適的已存在概念去描述新的歷史處境，舊概念或會摒棄其原來意思而用於新的處境，又或是新的概念會出現；此時，新的境況、期望會逼使「帶連字號的概念」（hyphenated concepts）出現來給予合宜的提法。[4] 在華

[3] 關於「回回」在中國伊斯蘭教研究中作為「能指」的理論反思，見Yee Lak Elliot Lee, “Muslims as ‘Hui’ in Late Imperial and Republican China: A Historical Reconsideration of Social Differentiation and Identity Construction,” *Historical Social Research* 44, no.3 (2019): 226-63; Yee Lak Elliot Lee, “Genealogical Explorations of ‘Hui 回’ Identity and Secularity: Social-Historical Studies on Identification of Muslims in Late and Post-Imperial China,” *MPhil Thesis*, The Chinese University of Hong Kong, 2018.

[4] 德國概念史理論在中國歷史研究的運用仍有待討論，其中以聚焦現代時間段／概念尤具爭

文（文言文）中，複合詞彙的出現跟歐洲語系「帶連字號的概念」有一定的可比性。在面對傳統中文單字沒有包涵的意思時，將方塊字進行規定組合的並砌成為一個可行的方法。「回民」正是這樣一個在特定關係轉變下產出的「帶連字號的」概念。

在這共識下，本書選擇「回民」一詞的原因如下：首先，「回民」並非如「回回」般作為10至12世紀特定外語族群名稱的音譯，作為專有名詞的「回」字的意思曾擴大至蒙古時代中包含信奉伊斯蘭教、摩尼教、猶太教、景教等不同來自中亞的信仰群體，到明清時期卻大致表示穆斯林身份。然而，「回」字的政治歸屬所指卻顯得模糊；加入「民」形成「回民」複合概念是大清帝國官方的創建，專指帝國域內的穆斯林臣民。作為文化多元帝國的盛清，「回民」在官方文書中的出現遠比前朝史料頻繁；但「回民」概念的建設並未消除其歧義。「回民」作為概念史的合理研究對象的性質——即其歧義性，在一系列與「回」字相關的帶連字號概念的關係中彰顯出來。例如：

一、「回民」的政治階層屬性：作為清國穆斯林臣民的泛稱或是相對於服務政治體系的「回員」的穆斯林百姓；
二、「回民」的法律屬性：作為法律中立的概念或是相對於非法的「回賊」、「逆回」的穆斯林良民；
三、「回民」的族群屬性：作為國內不同族群穆斯林的泛稱或是指向特定族群穆斯林的概念（內地回民、撒拉回民、哈密回民、吐魯番回民等）；
四、「回民」的宗教屬性：作為一切傳習伊斯蘭教的民眾的泛稱或是特定教派的概念（新教回民、老教回民）。

議。跳出德國概念史理論的時間段所限的先例有，以“commonwealth”這個關鍵字討論英國近世政治史的研究，見Mark Knights, “Towards a Social and Cultural History of Keywords and Concepts by the Early Modern Research Group,” *History of Political Thought* 31, no.3 (2010): 427-448；基於這一先例，本文集中吸取科塞雷克理論的其他元素，以上的理論展述見Reinhart Koselleck, “Introduction (Einleitung) to the Geschichtliche Grundbegriffe,” in Margrit Pernau and Dominic Sachsenmaier eds., *Global Conceptual History: A Reader* (London: Bloomsbury, 2016), 45-8；概念史跟社會史的關係，見Reinhart Koselleck, “Social History and Conceptual History,” in Margrit Pernau and Dominic Sachsenmaier eds., *Global Conceptual History: A Reader* (London: Bloomsbury, 2016), 55-73。

從「回民」及其相關概念的出現／關聯，我們可以集中窺探大清帝國與穆斯林的互動。早期中國伊斯蘭研究主要集中在回儒思想史或19世紀穆斯林與國家的衝突上，而近年學界有意跳出伊斯蘭體系和中國體系的和諧／衝突的二元框架。本研究作為新近發展的一部份，期望透過關注大清建立、征服並奠定版圖的過程重新審視大清國家體系與境內穆斯林如何建立、發展（其後動搖）彼此間的關係。因此，我們將時間框架定在後金更名為大清的1636年至18年紀的結束；而空間界限亦隨著大清版圖變更。

自21世紀開始，東亞的研究機構將非常可觀的中華帝國官方文書、史料在不同程度上進行數位化處理。遺憾的是，學界仍然缺乏專供中國伊斯蘭研究，並提供搜索功能的數位資料庫。就此，本書利用臺灣及日本現存的官方文書數據庫存取《清實錄》的「回民」條目，以作為日後開發中國伊斯蘭研究專用的數位資料庫的基礎。本導論如下部份將提供近年大清帝國伊斯蘭研究的文獻回顧，解釋本書的編選方法，並以簡介19世紀前大清國與穆斯林的歷史關係作結。在最後的簡史部份，我們嘗試以注腳方式連繫歷史論述與本書正文條目，幫助讀者更方便地運用此書。

大清帝國伊斯蘭教研究現況

華文有關伊斯蘭教的紀錄在14世紀以前主要見於遊記與方志；在14世紀以後，紀錄則多見於教內文獻，如清真寺的碑銘與各類文獻。由於東亞穆斯林人口日多，大明國與大清國各級政府亦多有與穆斯林交流的紀錄，實際的政治需要亦導致帝國當時的知識人對國內穆斯林多有系統研究。在18世紀末興起，被後來華人史學界稱為「西北史地研究」的一群學者，致力研究甫歸入帝國版圖的穆斯林區域，就是當中顯例。[5] 無獨有偶，歐美學者對中國伊斯蘭研究的源起亦與文化傳播及政治力量擴張有深切的關係。較早期涉足於相關領域的俄國東正教修士大司祭鮑乃迪（Archimandrite Palladii (Petr Ivanovich Kafarov), 1817-1878）及東方學家瓦西里耶夫（Vasili P. Vasilev, 1818-1900）均以

[5] 高占福：〈中國20世紀伊斯蘭教研究綜述〉，《西北民族研究》，2000（2），頁26-33；賈建飛：《清代西北史地學研究》（烏魯木齊：新疆人民崗版社，2010），頁40-122。

基督宗教的維繫與傳播為主要關懷；[6] 中國內地會（China Inland Mission）的傳教士海恩波（Marshall B. Broomhall, 1866-1937）在1910年版的史著*Islam in China: A neglected Problem*亦以傳播基督宗教於穆斯林為終極目標，呼應了同年於愛丁堡舉行的世界宣教會議（World Missionary Conference）以穆斯林為其中一個主要宣教群體的決議。[7] 誠然，基督宗教的傳播並非上述學術興趣的唯一原因，亦有學者指出歐美各國在清國的政治利益驅使不少學者急於深入理解帝國內不同族群的活動狀況。[8] 同樣地，因為具體戰略藍圖而對滿、蒙、藏、疆多有探究的日本帝國，也對中國伊斯蘭教多有涉足。[9] 舉例說，岡倉天心（1862-1913）在倫敦出版《東洋的理想》（*The ideals of the East*, 1920）倡議的「亞洲一體論」，就將伊斯蘭文明、伊朗文學、中國倫理及印度的宗教與哲學視為「亞洲」整體的一環。[10] 而在第二次世界大戰時活躍的親軍國政府學者大川周明（1886-1957）也提出了「聯合伊斯蘭論」及在華北成立「防共回教同盟」，具體地以中國伊斯蘭教與穆斯林為日本帝國戰略計劃的一部分。在大川周明的伊斯蘭論述中，散落亞洲的不同穆斯林群體，都可成為日本帝國與歐美各國抗衡的潛在力量。[11]

在二次世界大戰後，有關近世伊斯蘭教的研究轉而集中於伊斯蘭教自身的教義與文獻傳統。當時的中國學者致力於處理原始文獻，如馬堅（1906-

---

6 Raphael Israeli, *Islam in China: A Critical Bibliography* (London: Greenwood Press, 1994), 52.

7 Guli E. Francis-Dehqani, "Adventures in Christian-Muslim Encounters since 1910," in David A. Kerr, Kenneth R. Ross ed., *Edinburgh 2010: Mission Then and Now* (Oxford: Oxford Centre for Mission Studies, 2009), 125-138.

8 李林：〈西方的中國伊斯蘭教研究百年（1866-1949）〉，《伊斯蘭研究評論》(*Review of Islamic Studies*)，載中國民俗學網：https://www.chinesefolklore.org.cn/web/index.php?Page=5&NewsID=7513，瀏覽於2020年6月4日。

9 有關日本學者與政府在十九世紀末至二十世紀初對中國伊斯蘭教的研究，參王柯：《民族主義與近代中日關係：「民族國家」、「邊疆」與歷史認識》（香港：香港中文大學出版社，2015），頁193-230。Kelly A. Hammond, *China's Muslims & Japan's Empire: Centering Islam in World War II* (Chapel Hill: University of North Carolina Press, 2020).

10 Kakuzo Okakura, *The ideals of the East: with special reference to the art of Japan* (London: J. Murray, 1920), 3-4.

11 王柯：〈宗教共同體的邊界與民族國家的疆界：「回教工作」與侵略戰爭〉，載氏著：《民族主義與近代中日關係：民族國家、邊疆與歷史認識》（香港：香港中文大學出版社，2015），頁193-229。Cemil Aydin, *The Politics of Anti-Westernism in Asia: Visions of World Order in Pan-Islamic and Pan-Asian Thought* (New York: Columbia University Press, 2007).

1978）、白壽彝等系統地翻譯或編整了各類史料。[12] 另一方面，中國學者亦將各種「民族」議題與近世伊斯蘭教史的研究扣連。舉例說，白壽彝曾以各種當時稀見的有清史料，編成四冊本《回民起義》（1952）史料集，影響了後來不少學者的研究方向。[13] 這一類研究以伊斯蘭教與穆斯林為中心，在20世紀中葉以後漸次浮現。同時，一些歐美學者亦對中國伊斯蘭教脫離了傳播基督宗教信仰的前提，以相對抽離的學術視角處置中國伊斯蘭教的案例，他們關注的重點多偏向於中國穆斯林的政治活動及作為帝制中國邊境重要群體的影響力。從這樣的出發點，在帝制中國裡的伊斯蘭信仰就往往被置於「能與中國和諧並存」或「與中國產生衝突」的二元對立框架中。[14] 這一框架，至今亦不時為關心帝制中國邊疆的政治史學者在論及穆斯林群體時沿用。[15]

然而，將外來宗教與中國宗教／文化置於二元對立的框架亦為不少學者所顧慮。Kristian Petersen在2018年指出，不少關於中國伊斯蘭教的研究都將焦點置於「衝突」（conflict）與「融合」（integration）的對立框架，令中國穆斯林的思想與知識（不限於宗教思想）在過去的研究中被忽略。[16] 同年，孔德

---

[12] 有關馬堅生平及學術貢獻，參沙秋真：《馬堅》（銀川：寧夏人民出版社，1985）；有關白壽彝的資料，則可參楊懷中主編：《仰望高山：白壽彝先生的史學思想與成就》（銀川：寧夏人民出版社，2011）。

[13] 當時，各種語言寫成的大量伊斯蘭教文獻被翻譯出版，包括北京大學出版社出版的《古蘭經》（1950）、商務印書館出版的《回教真像》（1951）、中華書局出版的《蒲壽庚考》（1954）、中華書局出版的《伊斯蘭教哲學史》（1958）等等；視伊斯蘭教為民族問題的早期作品，則可參《西北回族革命簡史》（1951）、《回回民族的歷史和現狀》（1957），《清代回民起義》（1957）等等。高佔福：〈中國20世紀伊斯蘭教研究綜述〉，《西北民族研究》，2000年02期，頁26-33。就伊斯蘭教當「定性」為「宗教」或「民族」問題，當時學界多有探討。相關討論，可參王柯：〈「『回教』與『回民』含義不同」：白壽彝與開封的故事〉，載氏著：《消失的國民：近代中國的「民族」話語與少數民族的國家認同》（香港：香港中文大學出版社，2017），頁39-66。

[14] 值得參考的典型例子包括Joseph Fletcher, "Central Asian Sufism and Ma Ming-hsin's New Teaching," in Ch'en Chieh-hsien 陳捷先ed., *Proceedings of the Fourth East Asian Altaistic Conference* (Taipei: National Taiwan University, 1975), 75-96; Joseph Fletcher, "The Naqshbandiyya in Northwest China," in Beatrice Forbes Manz ed., *Studies on Islamic and Islamic Inner Asia* (London: Variorum, 1995), 1-33; Johnathan N. Lipman, *Familiar Strangers: A History of Muslims in Northwest China* (Seattle and London: University of Washington Press, 1997) 等等。

[15] 參Peter C. Perdue, *China Marches West: The Qing Conquest of Central Eurasia* (London: The Belknap Press of Harvard University Press, 2010).

[16] Kristian Petersen, *Interpreting Islam in China: Pilgrimage, Scripture, and Language in the Han Kitab* (New York: Oxford University Press, 2018), 18-21.

維亦在一份比對大清帝國對穆斯林與基督徒政策的研究中指出了學界在過去一段很長的時間以「敵意與衝突」（hostility and conflict）及「對話與本色化」（communication and indigenisation）作為帝制中國外來宗教研究的兩個主調。[17] 當然，學界近年思想史（Intellectual History）與文化史（Cultural History）等史學趨勢也對近世中國伊斯蘭史的研究帶來影響：自二十一世紀初，思想史已不在局限於知識的生產、流通與接受，而成為了知性實踐的文化史研究，並將非經典文本及庶民觀念囊括於研究範圍當中。[18] 是以，中國本土的知識人與穆斯林之間的知性交流、中國穆斯林對伊斯蘭教的理解與實踐、近世中國的政治、文化處境，均足以構成近世中國伊斯蘭研究者關心的議題。村田幸子（Sachiko Murata）在針對王岱輿（約1570-1660）、劉智（約1660－約1730）等近世中國穆斯林文人的思想作系統闡釋，可說是這一學術潮流的典範之作。[19] James D. Frankel則在2011年出版了他對劉智的著作的考察，強調思想歷史與宗教和文化合一，說明了嘗試呈現擅於儒教經典的穆斯林菁英對自身信仰與中國處境的思考，並以整體伊斯蘭教歷史的角度分析在近世中國穆斯林生活的案例。[20] 林長

---

[17] 孔德維亦提出這一二元框架沿用很可能因為歐美（也可能包括華文）宗教學者吸收了不少基督宗教宣教士對異教的研究成果相關。參Hung Tak Wai, "Redefining Heresy: Governance of Muslims and Christians in the Qing Empire, from the Eighteenth Century to the Mid-Nineteenth Century," PhD Thesis, The University of Hong Kong, 2018, 76-87.

[18] 傅揚：〈思想史與歷史研究：英語世界的若干新趨勢〉，蔣竹山：《當代歷史學新趨勢》（臺北：聯經出版事業股份有限公司，2019），頁141-173；Peter Burke, "The Cultural History of Intellectual Practices: An Overview," in Javier Fernández Sebastián ed., *Political Concepts and Time: New Approaches to Conceptual History* (Santander: Cantabria University Press/ Madrid: McGraw Hill Interamericana de España, 2011), 103-128.

[19] 參Sachiko Murata, *Chinese Gleams of Sufi Light: Wang Tai-yu's Great Learning of the Pure and Real and Liu Chih's Displaying the Concealment of the Real Realm* (Albany: State University of New York Press, 2000); 數年後，村田幸子亦與其他學者就劉智以儒教語言表述伊斯蘭教義的思想作以專著介紹，亦參Sachiko Murata, William C. Chittick, Tu Wei-ming, *The Sage Learning of Liu Zhi: Islamic Thought in Confucian Terms* (Cambridge, Mass.: Published by the Harvard University Asia Center for the Harvard-Yenching Institute: Distributed by Harvard University Press, 2009).

[20] 參James D. Frankel, *Rectifying God's Name: Liu Zhi's Confucian Translation of Monotheism and Islamic Law* (University of Hawaii Press, 2011)；過去，亦有不少學者探討這一類型的菁英穆斯林。桑田六郎（1894-1987）早於1925年發表的〈明末清初の回儒〉首先使用「回儒」一詞，指向近世中國的伊斯蘭華文譯著家；這類如王岱輿、張中、劉智、馬德新等翻譯與詮釋者大多自幼攻讀儒經，更被稱為「懷西方之學問，司東土之儒學」，更甚至是「四教（儒、釋、道、伊）兼通」的學者。桑田六郎的研究啟發了日本與中國學者的一系列相關研究。然而，這類研究的重點在於中國宗教與伊斯蘭教之間哲理性的對話，於當時穆斯林

寬、王建平等學者則探索了政治影響力較大的穆斯林菁英馬德新（1794-1874）在1856年的雲南穆斯林起事的角色，並引導讀者將馬氏的宗教信仰及遊學阿拉伯世界的經歷，視為其政治思想與活動的基礎。[21] 這樣的論述一改David Atwill、Raphael Israeli、劉廣京、Richard Smith等學者在敘述雲南穆斯林起事時，輕視馬德新的「神學」與政見的關係，單以馬氏為雲南「回民」政治領袖的觀點。[22] 事實上，王樹槐早於1968年分析該次雲南穆斯林起事時，就引用了不少馬德新以華文書寫的伊斯蘭神學著作，說明他畢生的「志趣」其實在於調和「儒」、「回」。王樹槐提醒了讀者當時菁英穆斯林的政治行動與其對伊斯蘭教的理解有密切關係。然而，王氏的論述將穆斯林起事為中心，不同於林長寬與王建平等熟悉伊斯蘭教整體的學者注目於宗教菁英的思想與行動。故王氏單單使用了馬氏的華文著作，亦未曾將普世伊斯蘭教的演化與大清帝國西南一隅的一場戰亂之間的關係說清。[23]

無論如何，雖然中國伊斯蘭研究在過去五十年獲得了更多學者的關注，但正如李普曼（Jonathan N. Lipman）在2016年指出，中國伊斯蘭研究在伊斯蘭教研究的主流領域中幾近無人問津（nearly unnoticed），也只成為中國研究的

與儒者或道士有關宗教想像、神秘經驗，或是政治與社會活動的描述未見深入討論。讀者可參阿里木・托和提2013年的文獻回顧以理解相關研究成果。見桑田六郎：〈明末清初の回儒〉，收入池內宏編：《東洋史論叢：白鳥博士還曆記念》（東京：岩波書店，1925年），頁377-386；阿里木・托和提：〈日本的「回儒」重研究〉，《寧夏社會科學》（銀川），2013年，第6期，頁88-94。Roberta Tontini跳出過往中國伊斯蘭思想史側重穆斯林菁英的局限，透過這些文化菁英為平民穆斯林撰寫的伊斯蘭三字經文體、內容的演變，更具體地將中國伊斯蘭思想史置於社會史之中。見Roberta Tontini, *Muslim Sanzijin: Shifts and Continuities in the Definition of Islam in China (1710-2010)* (Leiden: Brill, 2016).

[21] Lin Chang-Kuan, "Three Eminent Chinese 'Ulama' of Yunna," *Journal Institute of Muslim Minority Affairs* 11, no.1 (1990), 100-117; Wang Jianpin, *Concord and Conflict: The Hui Communities of Yunnan Society in a historical Perspective* (Stockholm: Almqvist and Wiksell Internation, 1996).

[22] David G. Atwill, *The Chinese Sultanate: Islam, Ethnicity, and the Panthay Rebellion in Southwest China, 1856- 1873* (Stanford: Stanford University Press, 2005), 4; Raphael Israeli, *Islam in China: Religion, Ethnicity, Culture, and Politics* (Lanham: Lexington Books, 2002), 30; Liu Kwang-Ching and Richard J. Smith, "The Military Challenge: The Northwest and the Coast," in John King Fairbank and Liu Kwang-Ching eds., *The Cambridge History of China, Vol. 11* (Cambridge: Cambridge University Press, 1980), 213. Kristian Petersen 的新作曾對中國伊斯蘭教的學術成果作系統評述，讀者有意深入認識這一系列的文獻者，可參考 Kristian Petersen, *Interpreting Islam in China: Pilgrimage, Scripture, and Language in the Han Kitab* (New York: Oxford University Press, 2018), 18-21.

[23] 王樹槐：《咸同雲南回民事變》（臺北：中央研究院近代史研究所，1968），頁109-136。

邊緣部分。近世中國伊斯蘭研究者的貢獻未能在伊斯蘭世界與中國的歷史論述中呈現。究其原因，這很可能是中國與伊斯蘭世界均在歷史上被認為是對方的邊緣，中國伊斯蘭教的故事無法在中國史或伊斯蘭史的論述中被安放至重要的位置。[24] 另一邊廂，對不少伊斯蘭研究者來說中國也不過是「烏瑪」（*umma*；穆斯林共同體）的「邊疆」。以近年頗具認受性的*The New Cambridge History of Islam*和Routledge 的 *World Islam: Critical Concepts in Islamic Studies*系列為例，中國只出現在132篇及78篇文章中的3篇和2篇，而普遍信仰基督宗教的歐洲與北美，卻有7篇和21篇。以中國龐大的穆斯林人口與長久的歷史，這樣的篇幅不符比例。[25]

以過去20年近世中國史學中頗受關注的「新清史」討論為例，我們就可以更清楚地認識到伊斯蘭教如何在主流的中國研究論述中缺席。「新清史」的討論主要圍繞大清帝國是否以漢化政策為主要基調以對國內多個族群作長期管治，抑或以滿族文化為基礎，以其他文化連結國內各族群。[26] 在這一範疇中，穆斯林作為遍及帝國的異教信仰者自然理當成為「新清史」關注的議題。然而，在羅友枝（Evelyn S. Rawski）、柯嬌燕（Pamela Kyle Crossley）等學者的討論中，伊斯蘭教卻難稱豐富。柯嬌燕的名著*A Translucent Mirror: History and Identity in Qing Imperial Ideology* 討論大清帝國君主身分形象與各族政策時，指出乾隆帝嘗試將自身塑造為滿、蒙、藏、回、漢五族的絕對統治者，並有意區別五族之間的文化界限，影響了其後各族的內部認同及與他族的相互關係。她對蒙、藏的論述也顯然亦較對穆斯林（尤其突厥語系者）為之詳盡極多，全書只有數處論及帝國意識形態與伊斯蘭信仰的互動，實屬可惜。[27] 值得提出的是，柯氏書

---

[24] Jonathan Lipman, "Editor's Introduction," in Jonathan Lipman ed., *Islamic Thought in China: Sino-Muslim Intellectual Evolution from the 17th to the 21st Century* (Edinburgh: Edinburgh University Press Ltd., 2016), 3.

[25] 參*The New Cambridge History of Islam* (Cambridge: Cambridge University Press, 2010-2011); Andrew Rippin, *World Islam: Critical Concepts in Islamic Studies* (Abingdon: Routledge, 2008).

[26] 有關「新清史」的簡介、討論與爭議，參Joanna Waley-Cohen, "The New Qing History," *Radical history review*, Vol.2004 (88), 193-206；黨為：《美國新清史三十年：拒絕漢中心的中國史觀的興起與發展》（上海：上海人民出版社，2012）；汪榮祖主編：《清帝國性質的再商榷：回應新清史》（桃園：國立中央大學出版中心，2014）。

[27] 參Evelyn S. Rawski, "Presidential Address: Reenvisioning the Qing: The Significance of the Qing Period in Chinese History," *The Journal of Asian Studies* 55, no.4 (Nov. 1996), 829-850；亦參Pamela Kyle Crossley, *A Translucent Mirror: History and Identity in Qing Imperial Ideology* (Berkeley; London:

中論及的穆斯林基本上都是圍繞塔里木盆地一帶的突厥語系穆斯林，而忽略了以漢人為主的中原亦有大量高度漢化的穆斯林群體。大清帝國的意識形態與統治合法性建構工程，實難以忽略有關這群數目龐然的宗教「小眾」。[28] 正如平野聰指出，（宋明）儒教華夷觀念與非漢族的大（元）清帝國之間的最大矛盾在於帝國「國家權力不再一面倒傾向儒學，而是採取同時尊重佛、道教的立場，甚至皇帝本人虔誠地信仰佛、道教，以及其他各式各樣的神明」，儒教作為最高文明的想像就難以維持。建基於這一觀念之上的政治秩序也因之出現危機。[29] 由此立場理解，以儒教正統繼承者的帝國官員與或民間儒者難免對遍及帝國的各個穆斯林群體（或其他價值體系者）有入室操戈之憂。分析大清帝國管治藝術的論述，實不宜過於輕視伊斯蘭教的案例。

另一方面，大清帝國西部疆界的穆斯林也並非單純的小眾族群，而是13世紀以後中亞與東北亞文明交流的重要媒介。伊斯蘭教自創教以來就由阿拉伯半島逐漸向東推進至中亞。早期阿拉伯軍隊為劫掠物資向東進軍，並無久居當地傳教之意。但8世紀初後，大將屈底波（Qutayba ibn Muslim, 669-715/6）進佔汗國林立的河中地區（Transoxiana），系統性地將當地宗教場所（包括佛教、祆教等）改建為清真寺用以布教。自始伊斯蘭文明藉由強勢的經濟、軍事、文化認同力量，基本上將河中地區納入管治範圍。[30] 而毗鄰當地的準噶爾盆地與塔里木盆地，則在早在10世紀至13世紀以類近的形式成為伊斯蘭地域。[31] 全盛時期的喀喇汗王朝（Qaraxan/Karakhanid）在13世紀治理了接壤伊斯蘭世界的塔里木盆地中部和西部、伊黎河流域和巴爾喀什湖以南、楚河（Chu Darya）流域和伊塞克湖（即熱海）周圍、錫爾河中游和阿姆河中游的以東地

University of California Press, 1999), 302, 332-342, 358。

[28] 少數關注這一問題的著作，有Zvi Ben-Dor Benite, "Hijra and Exile Islam and Dual Sovereignty in Qing China," in Zvi Ben-Dor Benite Stefanos Geroulanos, and Nicole Jerr eds., *The Scaffolding of Sovereignty: Global and Aesthetic Perspectives on the History of a Concept*, 279-302. New York: Columbia University Press, 2017.

[29] 平野聰著，林琪禎譯：《大清帝國與中華的混迷》（新北：八旗文化，2018），頁84-86、164。

[30] S. Frederick Starr, *Lost Enlightenment: Central Asia's Golden Age from the Arab Conquest to Tamerlane* (Princeton: Princeton University Press, 2015).

[31] 王日蔚：〈伊斯蘭教入新疆考〉，《禹貢半月刊》，[year missing!!!] 第4卷，第2期，頁1-11。

區，為了爭取穆斯林的經濟與軍事外援，舉國皈依了伊斯蘭信仰。[32] 自是，伊斯蘭教在當地可說是落地生根，即便居於蒙古帝國治下，亦未再轉易信仰。是以，1760年以後就從屬於大清帝國的準噶爾盆地與塔里木盆地並不當被視為一個完整獨立的區域，不少現代學者因為大清帝國在1884年後以「甘肅新疆省」作為單一行政區域管理，而大體將此認知沿革至今。今人多有忽略了當地長時間歸於中亞歷代汗國的管治之下，其經濟與政治活動及宗教文化交流的形式均類同於中亞各地。[33]

類同於都鐸王朝中晚期英格蘭的蘇格蘭、愛爾蘭天主教徒、維多利亞時期大英帝國的印度國民，或是鄂圖曼統治後期的巴爾幹的基督徒，穆斯林作為大清帝國臣民都是宗教異見者。雖然伊斯蘭教基本上為帝國所接納，但不論是帝國東部善於華語與中國文化的「回民」，或是準噶爾盆地與塔里木盆地的突厥語系穆斯林（有時被稱為「纏回」）都面對了不同層面與程度的壓力。中國的伊斯蘭教歷史介乎於阿拉伯史、中亞史與中國史甚至是南亞和東南亞史之間，在過去百年的研究不單單源於學術的好奇，也曾為政治與宗教的熱情推動。近世中國的穆斯林以宗教小眾（religious minority）的身分居於東亞的龐大帝國，在不同場域中以各種策略抵受來自主流社會或伊斯蘭世界兩相拉扯的壓力或利用自身的特殊優勢與網路，方能同時維持世俗的生活與其終極關懷。慮及此層，我們從《清實錄》觀察大清帝國與穆斯林子民的互動，所探討的遂不單單是一段主流社會對小眾宗教的管治歷史，而是一個帝國如何巧妙地處理富有特殊信仰、生活方式的群體，如何在不過於影響主流社會運作的前提下，又能發揮該群體長處的管治藝術，以及後來為何失衡。

---

[32] 參華濤：〈薩圖克布格拉汗與天山地區伊斯蘭化的開始〉，《世界宗教研究》，1991，第3期，頁10-23；楊苕妤：〈察合台汗國的伊斯蘭化〉，國立政治大學民族學系碩士班碩士論文（1998），頁31-32。

[33] 杜繼東：〈清末新疆建省研究綜述〉，收入陝西師範大學西北歷史環境與經濟社會發展研究中心編：《歷史環境與文明演進：2004年歷史地理國際學術研討會論文集》（北京：商務印書館，2005），頁[page missing]；王柯：〈從滿清王朝到中華國家：國際政治視野下的「新疆建省」與近代中國政治體制的轉型〉，《二十一世紀》（香港中文大學中國文化研究所），總第99期（2007年2月），頁40-53。

《清實錄》在伊斯蘭的史料價值

自六世紀南梁官員周興嗣（469-521）為梁武帝撰《梁皇帝實錄》以來，「實錄體」成為華文史學的重要編年體史料長編撰寫形式。自唐以下，理論上每逢君主駕崩，繼位者均會安排官員撰修前代實錄。至二十世紀初，中國的官修實錄已達116部（最後為光緒朝實錄）。[34] 若忽略不計大元帝國與大清帝國的實錄，上述的實錄均屬於編年體下面的「編年附傳體」。而至晚期帝制中國，政府編撰實錄的形式已確立，實錄成為紀錄按帝王任期內國政章制的官修檔案性史料。而隨著晚期帝制中國的強盛政治與文化擴散，實錄作為史著的體例吸引了深受儒教影響的朝鮮、越南和日本的模仿。[35]

既然是官修史料，實錄箇中編撰自然不乏各種政治考量。以大明與大清實錄為例，雖然實錄大體依據檔冊及起居注修撰，基本上在史事的時間、地點、與事人物姓名等項可以信賴，但也不能忽視編撰過程的操作。同樣值得我們留意的是，政治考量可能早於紀錄檔冊及起居注時業已發生。[36]《清實錄》等編輯而成的材料，亦只佔了大清政府原始檔案的很少部份。[37] 作為史料來說，《清實錄》自然有其缺陷而不可視為純粹的原始史料，但正因《清實錄》本身經歷了編輯的過程，它在我們研究中具有獨特價值。《清實錄》所載的伊斯蘭相關條目，可以被理解為被大清政府視為重要及「正當」的事

---

34 不幸地，大多數上述的實錄均已亡佚，至今完整保存的實錄主要為明清的成品。

35 朝鮮的《高麗王朝實錄》和《朝鮮李朝實錄》、越南黎朝的《藍山實錄》、《兩朝實錄》、《五朝實錄》、阮朝的《大南實錄》，大抵將兩國十四至二十世紀初的歷任君主史實完整紀錄。受晚期帝制中國影響較少的日本，亦編定《聖德天皇實錄》、《三代實錄》、《明治天皇實錄》、《大正天皇實錄》、《昭和天皇實錄》等作品。謝貴安：〈20世紀以來中國史家對東亞實錄研究的學術路徑〉，《鄭州大學學報（哲學社會科學版）》，2018年，第5期，頁139-145。

36 早在二次世界大戰以前，孟森（1869-1938）就曾比對蔣良騏（1723-1788）與王先謙（1842-1917）的《東華錄》與《清實錄》的異同，得悉《清實錄》在早期就曾為政府大肆修改，至為孟森稱為「日用飲食之恆事」。孟森：〈讀清實錄商榷〉，《明清史論著集刊》（臺北：南天書局有限公司，1987），頁619-623。

37 朱師轍（1879-1969）紀錄對國民政府倡修《清史稿》過程的《清史述聞》稱《清實錄》與《東華錄》所收資料「僅其中（「軍機處檔案」）之十一耳」。朱師轍：《清史述聞》（上海：上海書店出版社，2009），頁5-7。

件：這些與穆斯林相關的政治討論與措置，既然得到皇帝的討論，就代表了它們超越了地方政府的層面；而作為「潔本」檔案的《清實錄》保留了相關條目，則可反證該些政策很可能長期為帝國政府所認同。[38]

本書採用的《清實錄》版本為整合了不同版本《清實錄》的中華書局1986年刊本。有關《清實錄》的版本問題自二十世紀初以來因政治與史學觀點問題在東亞學界爭持甚久。北京故宮博物院自1925年開始整理各類文獻並編成《故宮博物院文獻館現存清代實錄總目》，學界自是認識到不同版本的《清實錄》。其中當時北平及北京故宮所藏共五個版本，包括乾清宮小紅綾本、內閣實錄庫小黃綾正本及小紅綾副本、國史館所藏抄本、皇史宬所藏大紅綾正本。另外，盛京（瀋陽）故宮所藏崇謨閣大紅綾正本一份。華人學者遂因之以北平與奉天兩地為中心整理《清實錄》。1931以後有關《清實錄》的學術研究陷入東北亞各國的政治角力之中：以羅振玉（1866-1940）等「遺老」為首的滿洲國學者先是影印出版了紀錄大清帝國最初與最後歷史的《滿洲實錄》和《宣統政紀》，接著在日滿文化協會支持下影印出版整部崇謨閣本《清實錄》；中華民國政府亦支持北平故宮博物院和北平圖書館合作出版清前三朝實錄初編稿本回應日、滿的舉動。日滿文化協會、滿洲國官方史家與中華民國政府及相關華人學者分別出版《清實錄》，顯然有樹立自身「繼清而立」的政治正統意義。20世紀初有關《清實錄》的學術關懷，也因此充滿了政治意識。滿洲國一方被指以《清實錄》的出版神化盛清君主與政治，並在《宣統實錄》中淡化憲政、共和等史事，民國學者如孟森（1868-1938）等則多有以校勘、考證等方式將《清實錄》置於顯微鏡下，意圖梳理出當中政治粉飾。[39] 戰後，《清實錄》的研究在20世紀中葉以來漸次脫離了政治風暴的位置，學界對其重視已多出於史料價值而非現實政治的目的。[40]

---

[38] 與之相反的是，帝國初期的逃人、圈地、開捐等政策不為後代君主所認同，早已於編成《東華錄》的年代為官方所刪去。參孟森：〈讀清實錄商榷〉，《明清史論著集刊》，頁620。

[39] 謝貴安：〈民國與偽滿在《清實錄》整理及研究上的學術競爭〉，《人文雜誌》，2019年，第3期，頁98-107。

[40] 例如，中國各地於20世紀八十年代以後，出版了一系列按主題分類的史料輯錄。參廣西壯族自治區通志館：《《清實錄》廣西資料輯錄》（南寧：廣西人民出版社，1988）；廣東省地方史誌編委會辦公室、廣州市地方誌編委會辦公室編：《清實錄廣東史料》（廣州：廣東省地圖出版社，1995）等等。

關於《清實錄》與伊斯蘭教的研究，學界並未多有探討。少數較為系統化的闡述包括李丕祺於2002年以《清實錄》的史料，補充學者單就「立法原則」、「法律政令」的層面研究大清帝國對穆斯林的治理，具體地處理乾隆朝與不同穆斯林相關案件的司法判決。作為法律學者的李氏自然將焦點置於當時的刑案當中，反映了「回民」與其他「百姓」在帝國司法上的不平等待遇。[41]然而，《清實錄》所載與「回民」相關的條目，遠遠不止於穆斯林在帝國的司法遭遇。周傳慧〈清初《清實錄》中的回回國〉則將重點置於《清實錄》史料中所載的國外資訊，指出「回回國」在大清帝國文檔中的幾個不同所指。[42]我們認為系統性地梳理《清實錄》與穆斯林相關的史料，有助於學界進一步認識近世中國的伊斯蘭教與政府及主流社會的關係。

量化分析的成果

所謂系統性地梳理《清實錄》與穆斯林相關史料，指將《清實錄》中有關伊斯蘭教的部分完整地抽出，類同上引《《清實錄》廣西資料輯錄》、《清實錄廣東史料》等史料輯錄。然而，單純地輯錄與量化處理文字並不能令我們對近世中國的伊斯蘭教有更深入的分析。從最簡單的層面看，「回民」在某一朝君主治下於《清實錄》出現頻率更高或更低，可以反映穆斯林在該朝的政治領域獲得更多或更少的關注。然而，傳統文獻並不能如此單純地處理。史料輯錄雖然是十分傳統的撰述形式，但卻與今天流行的「數位人文學」（Digital Humanities）重視從「海量資料」（big data）建構史學知識的新潮流相互呼應。事實上，本書應用的史料除了1986年中華書局刊印的《清實錄》外，亦大量使用近年「數位人文學」的成果，以下當向讀者交代具體操作方式。

在史料整理方面，我們應用了中央研究院歷史語言研究所和韓國國史編纂委員會共同開發的「明實錄、朝鮮王朝實錄、清實錄資料庫」（下稱

[41] 李丕祺：〈從《清實錄》看乾隆朝對回民案件的處斷〉，《西北民族學院學報（哲學社會科學版）》，2002年，第1期，頁17-20。

[42] 周傳慧：〈清初《清實錄》中的回回國〉，《回族研究》，2015年，第4期，總第100期，頁59-62。

「資料庫」）。由於本書主要以「回民」為切入點，故理所當然地以「回民」為關鍵字（並以「回回」為輔），檢索與大清帝國穆斯林相關的條目。然而，由於關鍵字搜索系統並不會處理斷句問題，所以最終搜索結果的一些條目，即便有「回民」二字，但實際上與本書主題的穆斯林無任何關係。這一類的狀況可能純粹是因為該條目裡前句以「回」結尾，而後句又以「回」或「民」開頭，才使得這些條目也被關鍵字搜索選中；同樣地，一些搜索得出的條目則是在一句之內，有詞組偶然地使「回」與「民」二字相連。對於這些誤選，都需要依賴人手篩選後剔出。由於華文史料因語言一詞多義、語境差異令文句解讀方式完全不同等特徵、這樣的問題在「數位人文」的研究十分普遍，正如林富士引用了不同學者的發現提醒我們「量化」處理華文史料時必須對文字加以甄別。例如，傳統中國醫學的知識體系中「笑」不代表正向情緒而是疾病的病徵或名稱；傳統中醫的常用藥物大黃不僅是藥名，有時還是地名、旗名或其他事物名稱，同時大黃亦有「將軍」的俗稱。由此，當學者離開醫藥類文獻而從囊括大量不同史料的資料庫中嘗試自動搜索藥物「大黃」時，就會遇到各種困難和限制。[43] 正因如此，我們也十分關注搜尋所得條目的準確性，每條逐一檢閱前後章節，並以紙本的《清實錄》與「資料庫」所得對讀。

隨了釐清事件脈絡外，我們亦希望提醒讀者注意與事件相關的人物資料。本書將所得「回民」相關事件中提及的所有人物列出，再通過中央研究院歷史語言研究所建構的「人名權威人物傳記資料庫」搜索他們的基本資料，盡可能地將該人的籍貫（如是旗人則搜索其八旗歸屬）、出身（如通過科舉進士授官）、以及穆斯林事件發生時擔任官職一一澄清。[44] 對史家來說，值得慶幸的是《清實錄》的「回民」相關條目發生的時間與地點非常具體，但文獻中不時未有明確紀錄涉事官員的確切官職與出身。更為複雜的是，大清帝國的官員還有同時兼任多個官職的情況，而「人名權威人物傳記資料

[43] 林富士：〈數位考證：人文學者的新素養〉，《數位典藏與數位人文》，第5期，2020，頁1-35；李貞德：〈「笑疾」考——兼論中國中古醫者對喜樂的態度〉，《中央研究院歷史語言研究所集刊》，卷75，2004，頁99-148；張哲嘉：〈「大黃迷思」——清代制裁西洋禁運大黃的策略思維與文化意涵〉，《近代史研究所集刊》，卷47，2005，頁43-100。

[44] http://archive.ihp.sinica.edu.tw/ttsweb/html_name/search.php.

庫」所載人物履歷因為會有年份重疊的現象，使得我們的研究團體有時會難以判斷「回民」條目發生時該官員確切的官職。因此，研究團隊只能進而應用中央研究院歷史語言研究所建置的「清代職官資料庫」作進一步確認，並同時還在前文提及的「明實錄、朝鮮王朝實錄、清實錄資料庫」使用涉事官員的人名作關鍵字搜索，再仔細閱讀該「回民」事件發生日期前後數個月所提及該官員的相關記錄，從而查證出該涉事官員在相關條目發生時所擔任的官職。至於前文提及一人同時兼任多個官職的情況，其實並不罕見，如福康安（1753-1796）、阿桂（1717-1797）等都長期擔任多職。在這種情況下，我們則只會將與該事件最直接相關的官職列入表格中，如陝西總督、庫車辦事大臣等等。除此之外，如涉事官員在某條目發生時擔任如軍機大臣等無正式官銜要職，也會一併列入表格當中，以備讀者參考。

在呈現資料方面，每當有官員提出跟「回民」相關的建議或復議時，我們會將辨認奏摺與文檔的提出者與接收者，該官員將會被列入提出者／奏議者／復議者一欄。如果皇帝本人發佈政令時提到或引用某某官員的奏議，則皇帝和該官員都會被視為提出者／奏議者／復議者。至於接收者，每當皇帝作出決策並要求某官員，乃至一群官員去處理，又或者告知他們如何處理與回民相關的事務，這些官員會被列入接收者／回應者一欄。如果是官員提議而皇帝有明確給予反饋、許可，甚至拒絕接納提議，那麼皇帝將會被列入接收者／回應者一欄。

在時間方面，著作的時間範圍是1800年以前大清帝國的伊斯蘭史料，所以本表格的時間範圍下限是西元1799年12月31日。然而，儘管皇太極（清太宗，1626-1636後金大汗在位，1636-1643大清皇帝在位）於1636年改國號為大清，且《清實錄》的編纂和所載之歷史時間範圍也早於大清帝國的建立，這並不等於回民的相關記載在帝國建立不久就已經在《清實錄》中出現。這種現象其實亦十分合理，因為此時有清的統治範圍、疆域和影響力仍沒有延伸到回民的主要聚集地，即陝西和陝西以西的大片區域。以回民為關鍵字搜索，《清實錄》裡有關回民的記載遲至雍正五年二月九日（1727年3月1日）才出現。除此之外，由於《清實錄》是以農曆紀年，而本表格希望同時展示農曆和西曆的紀年，所以也需要將時間作一個轉換。製作者最後選擇用國立臺灣大學資工所數位典藏與自動推論實驗室和國立臺灣大學數位典藏研究發展中心開發的中西曆對照查詢系統（明代以降）完成所有條目的時間轉換。[45]

1800年前大清帝國與穆斯林的關係

為便利讀者理解本書所載史料，我們在導論的最後部份簡介三個1800年前大清帝國與穆斯林政教關係的觀察。首先，讀者需要留意大清帝國的穆斯林在帝國建立初期已出現全國性範圍的人口流動。穆斯林不單如讀者所普遍知悉的存在於帝國西北部黃土高原及西南部的雲貴高原，亦在穆拉維約夫－阿穆爾斯基半島到珠江三角洲之間遷徙，原因則包括了政治與經濟等等方面。其次，至大清帝國的管治成熟後，伊斯蘭教在北京與全國各地的發展均與大清帝國的治理具有密切關係。伊斯蘭教並未缺席於滿洲皇權建構多元帝國的藍圖當中，多任大清皇帝都嘗試在其治理合法性的論述中納入穆斯林。然而，相關的努力並未完全在政府的治理中呈現，亦沒有被所有帝國治下的穆斯林接受。最後一個重要觀察，則在於大清帝國與準噶爾汗國在18世紀的對決以後，中亞與東突厥斯坦的穆斯林被牽扯其中。當地穆斯林在18世以中葉以後或為大清帝國的在地協力者，或為帝國的敵人周旋多年，成為大清帝國中晚期與伊斯蘭教政教關係最重要的主題之一。在《清實錄》有關「回民」的條目當中，讀者可以找到上述三個觀察的各項細節，與不同出身的官員對相關現象的理解與意見。

17世紀以來穆斯林的全國性人口流動

本書的時空框架限定為19世紀以前的大清帝國，時間段的下限為1800年，而上限則為大清作為政治實體出現之時，即皇太極將後金國號改為「大清」的1636年。此期間，大清帝國的國家形態和邊界均有相當大程度的變化，其與國內外穆斯林的關係自然隨之變化。同時，大清域內穆斯林眾族群的內部，或他們與周邊社會的關係亦隨著大清帝國的發展而改變。此外，在論述大清與穆斯林關係時，還有歷史記錄的一系列問題，如歷史紀錄的載體、語言，以及記錄的空白。需要留意的是，以特定載體、語言的歷史紀錄

---

[45] http://thdl.ntu.edu.tw/datemap/，數位物件識別碼(Digital Object Identifier, DOI) doi:10.6681/NTURCDH.DB_THDL/SERVICE/datemapping

的空白並不一定代表歷史上研究對象及他們之間的關係的缺失。撇除歷史紀錄的遺失或人為破壞，這只能說明該特定歷史紀錄習慣或記錄者認為那客體上存在的關係或對象並不適合收錄。

回到後金剛更名為大清的1630年代，大清的範圍主要集中在漢中心史觀的「（山海）關外」，即中華人民共和國治下的松遼平原及20世紀以來根據各項條約劃轉讓予俄羅斯的穆拉維約夫－阿穆爾斯基半島（Poluostrov Muravyova-Amurskogo；在20世紀前被稱為「外滿洲」）。此時，未見關於穆斯林在該區域以「回民」概念出現在《清實錄》的華文記錄。然而，自13世紀蒙古帝國打通歐亞大陸東西部、其後蒙古帝國西部汗國的伊斯蘭教化等一系列歷史發展，很難想像歐亞大陸北方草原東部區域在17世紀中前期毫無穆斯林的活動跡象。誠然，《清實錄》中，關於「入關前」的大清的「滿洲實錄」部份確有對穆斯林的紀錄，但大多只涵蓋在作為非國民的他者概念「回回」中或以具體人名出現。以此作為旁證，說明（作為族群範疇的）穆斯林並未被視為在大清政體內部參政、從戎，或被管治的「重要少數」。

17世紀中前期，大清與穆斯林的關係主要存在於大清和周邊政體的活動中。其中包括明王朝的穆斯林臣民及俄羅斯帝國東擴隊伍中的韃靼人。後者在俄文記錄中，從屬俄軍擔任翻譯等工作，在17世紀已出現在俄羅斯遠東區域。[46] 前者則主要在該時期，作為大明國的臣民對抗入侵的滿清帝國，後來以降清、被俘、充軍等形式加入新帝國的擴張事業或成為其臣民。穆斯林與周邊社會關係的重塑，在大清帝國逐漸確立為中國正統統治者，及在大清帝國（繼蒙古時代以來）擴充「中國」邊界的過程中逐漸變化和定型。自14世紀中葉，大明國就為抗衡遼東的北元勢力而努力，該區的防務屯戍一直有穆斯林官兵的蹤影，而且遼寧地區亦一直有回民經商聚居。[47] 在後金對明的廣寧之戰（1621年）中，回人將領鐵奎（魁）率眾歸降努爾哈赤。其後，鐵氏官拜騎督尉，封顯將軍、光祿大夫，並在皇太極天聰年間出資籌建瀋陽南清真

---

[46] 見Garifullin, A. S.; Pavlinova, R. N.; Rudenkin, D. V. et al., *Мусульмане на Дальнем Востоке России: История и современность* (*Musul'mane na Dal'nem Vostoke Rossii: Istoria i sovremennost'* = Muslims of the Far East: from the Russian Empire to the present day) (Kazan: Tipografia Algoritm, 2020), 6. 這些穆斯林與大清以何種形式交雜仍有待考證。

[47] 宋國強、才一正：〈遼寧回族來源分佈和居住特點〉，《錦州師院學報》，1990，第1期，頁58-59。

寺，成為盛京回回營的中心。[48] 大清吞併明朝疆域的過程中，穆斯林—如其他在中華帝國域內的民眾一樣—往往需要選擇效忠前朝或新皇朝，甚至另起爐竈。而當中並沒有單一、同時適用於東西南北所有穆斯林的方案，更別說背後的動因。

17世紀中葉，因大明國長期對陝甘地區的失治和經濟榨取，以「老回回」馬守營（?-1644）為首的穆斯林參與到李自成的起事中。於大清帝國擊敗李自成勢力後，大部分穆斯林起義軍皆歸降大清。然而，李普曼（Jonathan N. Lipman）指出，清廷在控制大明國的西北部後，便重新如漢人政權一樣壟斷陝甘至哈密、吐魯蕃的茶葉、馬匹貿易。這導致本就貧瘠的陝甘地區庶民難以參與國際貿易。在這背景下，原屬明廷的穆斯林降將米喇印、丁國棟於1646年，帶領部屬（當中除穆斯林外還有該地區的漢人、藏人）於甘州等地進行武裝反清起事。起事雖以「復明」為由，另外，同期雖有納克什班迪（*Naqshbandi*）蘇菲門宦在天山南路至甘肅地區的興起；然而，能將起事歸因宗教原因的史料並不充分。[49] 哈密蘇丹（Sa'id Baba）對米、丁起事的大力支持更大程度上是由於政治、宗教以外的經濟誘因。可以佐證這點的是清政府對應哈密汗國的方法，其對策便是停止與之通商，直到五年後該汗國為支持米、丁起事謝罪才得已恢復。甘州起事以清軍於1649年大規模鎮壓平息。早在平叛以前，兵科左給事中郝壁於1648年向順治帝上奏，建議重新安置河西走廊的回回，回民群居地必須離漢人的州、縣、衛不少於50里（>25公里）。[50] 這舉動無疑是大清帝國以種族隔離處理治下穆斯林的先例。[51]

---

[48] 見《瀋陽鐵氏宗譜》；宋國強、才一正：〈遼寧回族來源分佈和居住特點〉，頁58；宋國強、姜相順：《遼寧回族史略》（瀋陽：遼寧民族出版社，1994），頁4-6；那曉波：〈東北地區回族源流考述〉，《回族研究》，1992，第3期，頁12。東北亞的伊斯蘭教社會網絡發展，見Mohammed Turki Alsudari, "The Prophet's Dao along the Yalu: Muslim Histories in Northest Asia", IEA (2021), forthcoming. [Ask M. Al-Sudari for lastest bibliographical update.]

[49] 「門宦」這一名稱是伊斯蘭教在地化的產物，專指蘇菲教派、教團。

[50] 見兵科左給事中郝壁於順治五年五月初十上奏，載於謝國楨編：《清初農民起義資料輯錄》（上海：上海人民出版社，1957），頁282。

[51] 見Jonathan N. Lipman, *Familiar Strangers: A History of Muslims in Northwest China* (Hong Kong: Hong Kong University Press, 1997), 51-57. 李普曼稱清廷有接受郝壁的建議實行分隔，然而這點有值得商榷的地方，1）後續官文並未見清廷明確採立，2）若然清初分隔政策已經實行，很難理解為何在左宗棠在1870年代平定甘肅地區回民起事後要大費周章重新安置回民遠離河西走廊、漢民聚居點（見Hannah Theaker, "Moving Muslims: the Great Northwestern

與帝國西北部的經濟誘因不同，效忠大明帝國的廣州穆斯林與滿清對抗的原因更多的建基於政治認同。同在1648年，廣州提督李成棟在廣州倒戈清廷歸順南明政權。兩年後，平南王尚可喜、靖南王耿繼茂率清兵圍攻廣州城長達十月之久。南明守軍中有羽鳳麒、撒之浮、馬承祖三名回教將領一直與清兵作戰至城陷，羽氏最後在府中自縊以死殉國。三人並稱「回教三忠／教門三忠」。此事跡被記錄在以明遺民自居的儒者作品中，如屈大均（1630-1696）的《皇明四朝成仁錄》、陳恭允（1631-1700）的詩賦〈庚寅之冬，明都督羽公死事於廣州，紀之以詩〉，可見三人的行徑如何被反清的漢人「正統」史觀認可。而在1650年庚寅之劫（又稱廣州大屠殺）至康熙帝平定三藩之亂期間，原任職於大明政府的廣州穆斯林群體（達官軍的回回軍戶，四回營）基本上已被南征清兵中的穆斯林所取代。清初，除懷聖（光塔）寺外的四座廣州清真寺（各達官軍回回營左近），基本上是被禁止進行宗教活動的。1698年的《重修懷聖寺之記碑》載：「寺居廣州城中光塔街，本朝定鼎，成為藩兵所駐。三十餘年，而寺之禮拜未嘗或輟。」從中可以推斷，禮拜應被帝國南征駐守廣州城內的穆斯林官兵所延續。現存的廣州穆斯林家譜、族譜進一步佐證，清初北方穆斯林的「南調」跟大清帝國的軍事擴張實有緊密關係。[52]

相應的，在大清帝國的軍事征討過程中亦有穆斯林被「北調」。大清帝國東北地區有不少從各地被配發到該地區，淪為「旗下人」的穆斯林。盛清的／清中葉的流刑律例規定回民犯人，例不發新疆，而發黑龍江，給八旗官兵為奴。[53] 現存文獻記載，這項處分始於康熙初年，平定三藩之亂後，詔赦

---

rebellion and the transformation of Chinese Islam, 1860-1896", PhD dissertation, Oxford University, 2018），3）即便這項政策被採用，卻不一定被具體在地實行，就如19世紀中後期起，伊犁地區實行《欽定回疆則例》嚴禁突厥穆斯林和漢人、滿人、漢地穆斯林交雜，但各個漢城、滿城同樣有清真寺，而回城亦有漢、滿廟宇（見孔德維，〈1760年至1864年伊犁之穆斯林與帝國：清帝國宗教政策的反思〉，《中東中亞研究》，2018，第2期，頁56-88。）關於清代種族隔離政策，另一個比較明顯的例子是臺灣於1887年置省前大清帝國對臺灣島上番民的管治，參見Emma Jinhua Teng, *Taiwan's Imagined Geography: Chinese Colonial Travel Writing and Pictures, 1683-1895* (Cambridge, Mass.: Harvard University Asia Center, 2004)，特別是第九章。

[52] 見《廣州楊氏族譜（楊公館）》、《廣州馬氏家譜（馬証誼堂）》、《廣州保慶善堂族譜》，節錄見於保延忠編：《廣州伊斯蘭教史》（廣州：廣州市伊斯蘭協會、廣州市回族歷史文化研究會，2014），頁113。明末清初廣州穆斯林變遷，見同上，頁104-114。

[53] 另，穆斯林三人以上行竊皆發黑龍江，參見本書條目132。

天下以處理歸降三藩官兵，而當中不乏穆斯林。康熙十五年（1676），始有四十餘戶回回歸降官兵及家眷被強發黑龍江、齊齊哈爾等地入旗當差。18世紀中葉，乾隆年間，清廷以同等方式處置準噶爾戰爭的柯爾克孜族和維吾爾族穆斯林，及乾隆四十二年（1777）的甘肅河州事變的民眾。[54] 配發穆斯林到東北的刑罰一直源用至19世紀道光年間張格爾叛亂（1826年）。配發東北的穆斯林主要成為四種形式的旗下人：1）編入旗屯官莊當莊丁屯丁、2）於邊臺驛站當台丁站丁、3）黑龍江流域作八旗水師的水手匠役、4）編入八旗火器營當炮手。此外，宗教發展亦成為被發配的理由。乾隆五十七、五十九年（1792，1794年），就有回民在內地傳習哲赫林耶（*Jahriyya*）[55] 蘇菲派而被發往東北。而這並未阻外門宦網絡的發展：哲赫林耶第三代教主馬達天，他在1817年被發往黑龍江途中至吉林病逝，安葬他的拱北[56] 成為哲赫林耶教徒的全國朝聖網路中的一個重點。[57]

大清帝國的發展亦帶來其國內穆斯林的東西向流動。隨著帝國佔領西藏後，「內地」穆斯林亦進一步加強在藏區經商，雲南穆斯林更專門充當藏區、雲南至印度的布匹、糧食、藥品、皮革貿易的中間商。這進程形成了吸收西藏的生活形式——服飾、食品、建築、語言——的穆斯林，即「藏回」。穆斯林作為藏地和漢地之間的貿易主要中間商，活躍在從雲南往北延伸到四川、青海、甘肅等漢藏文化的過渡地區。[58] 藏語中亦有明確區分南亞次大陸入藏的

---

[54] 河州（現甘肅臨夏）事變是自稱彌勒佛轉世的王伏林領導的，史家一般認為他的隊伍中不乏穆斯林。而當地的蘇菲門宦和藏傳佛教直至一直有往來。對於清廷官員如何提防穆斯林被王氏的起事鼓動，及事後對於回民的安置，見本書條目144-146。關於河州事變和清廷對策，見張佐良：〈從河州事變看乾隆朝民變的政府對策〉，《學術研究》，2007，第11期，頁110-15。

[55] 清官方語境通常在偏頗原有教派（「老教」）的情況下，跟從這些「老教」稱一切有異端嫌疑之新傳入教派為「新教」。

[56] 拱北為安葬伊斯蘭蘇菲派的教主、聖人的墓廬，來自來自阿拉伯語中「圓頂建築」（*qubba*）；通常為教派信徒的朝聖點。

[57] 因參與「新教」而被發東北的例子，參見本書條目253、270、271。以上關於清代東北穆斯林「旗下人」，見那曉波、麻秀榮：〈清代東北地區的穆斯林「旗下人」〉，《回族研究》，1994，第三期，頁19-27。

[58] 這些群體間的交流和依存並不限於商業上的，亦體現在宗教、政治動員層面，見上文米喇印、丁國棟起事（頁23）和河州事變（本書注腳54）。回回穆斯林在大清帝國藏區的中間商角色的加強，見Claude Moevus, "The Chinese Muslins Trade in Tibetan Areas," *The Tibet Journal* 20, no.3 (1995): 116-17.

穆斯林和中國（回回）穆斯林，前者為*Kha-che*，後者為*Gya Kha-che*。拉薩回回穆斯林聚居點出現在18世紀初康熙年間；期後一部分拉薩回民為廓爾喀之役（1793）駐守西藏的清軍中的穆斯林官兵的後裔。[59]理所當然，1800年前清帝國內部的穆斯林東西向流動必須攬括大清對天山南北路地區的征戰，及其後將該地納入帝國版圖成為回部／新疆的過程；此部分將在本導論尾段討論。

伊斯蘭教發展與大清帝國的治理

大清帝國逐漸鞏固其統治之際，穆斯林在帝國境內的流動、重新安置、與在地社會互動中，帶來與有清社會、國家行政的各種張力、合作、碰撞。這些過程主要體現在兩個不可分割的層面上。其一是伊斯蘭教各派在中國的傳播、發展和大清帝國以建構具合法性的正統禮教統治的價值體系上的互動。其二是穆斯林在這個以「正統」論述為首的治理性（governmentality）中，作為帝國臣民被國家行政所分類、管治、規訓、動員。同時，穆斯林在這過程中並非純粹被動的一方。他們以各種形式、多重身份進入這治理性中。當中有合作、相互利用，甚至反抗。這一系列進程使穆斯林進一步被視為清帝國的內部成員，而這正正反映在他們以「回民」概念出現在大清帝國的華文官方文獻中。但必須留意，「回民」概念並未涵蓋一切穆斯林與清王朝國家體系的互動。其中較為直接的例子就是「回民」並不包含在清王朝官僚體制內的穆斯林官員。然而，在討論「回民」的同時，我們不能忽視穆斯林官員以及某程度上受儒教影響的穆斯林地方士紳菁英在國家體系的角色。因為，他們在國家體系的貢獻或多或少影響到穆斯林整體的形象和地位。同時，他們作為地方社會、穆斯林平民和國家體系的橋樑，在伊斯蘭教的在地發展中提供了不可或缺的政治、經濟、文化資本。

在北京，由於天主教耶穌會傳教士進一步在朝中推廣比回回曆法更為精準的歐洲天文曆法，這使穆斯林官員在從元明時期他們所掌管的欽天監中被逐漸邊緣化。這過程迎來欽天監的舊回回勢力嘗試進行政治上的反撲。[60]

---

[59] 見Corneille Jest, “Kha-che and Gya-Kha-che, Muslims Communities in Lhasa (1990),” *The Tibet Journal* 20, no.3 (1995): 8-20. 作者謹此鳴謝Karénina Kollmar-Paulenz教授提供藏區中國穆斯林的相關研究文獻。

[60] 雖然耶穌會士認為是宗教競爭，但當今研究認為此說並不可靠，主要還是種「職業競

1657年欽天監前回回科秋官正吳明炫（先祖波斯回回）上書指摘湯若望新法中的謬誤，請「復立回回科，以存絕學」，但未能成功。其後，康熙曆獄的始作俑者楊光先在接任欽天監後，推舉回人吳明烜（吳明炫弟）為欽天監監副（一說楊光先亦為回回）。但在大清政府平反曆獄、復用《時憲曆》、任命南懷仁後，回回天文學基本上退出官方舞臺。此後，穆斯林官僚多出任武職，他們對華文伊斯蘭教經典著作（回儒；漢克塔布 *han kitāb*）的出版及流通有著不可或缺的地位。而這些著作又是伊斯蘭教匯入主流儒學「正統」論述的重要文本形式。例如，1710年任寧波右營游擊的黑鳴鳳（1662-1722），與剛剛完成《天方性理》的劉智相識於杭州。讀畢，黑氏為該書作序、題跋，並資助刻板。而在穆斯林間廣為流傳的《回回原來》中，提及回回於7世紀後來華是為「以鎮我國平安」；而在「尾聲」處則提及該書是康熙帝親自交予駐古北口提督直隸總兵馬進良，好讓馬氏瞭解回回來至中國的緣由。[61] 此書雖為民間傳說，但卻反映了穆斯林的集體意識裡，參與皇朝軍事體系、戍守疆土和他們在中國的正當存在的關係。

此外，大清帝國各省的清真寺中，都有可觀的牌匾由清軍中的穆斯林將領贈予。很多清真寺的奠基、重建、修復碑文都能見到穆斯林將領對這些項目的財政支援。甚至有將領在不同省份皆有斥資建寺，如：四川北總兵馬子雲就曾斥資支持建造四川閬中的卡迪林耶（Qadiriyya）蘇菲派來華師祖華哲・阿布董拉（Khoja ʻAbd Allāh [d.u.-1689]）的巴巴寺拱北，以及籌建、修復湖北的幾座清真寺。[62] 這種在宗教場所公開留名的行為，有助穆斯林菁英在地方社會鞏固地位；地方的伊斯蘭教場所亦從能中得到官方（人員）的認可。這點跟南方漢人社會的官員、鄉紳支持地方的宗廟、寺廟有異曲同工之處。[63] 張

爭」，見Catherine Jami, "Revisiting the Calendar Case (1664-1669): Science, Religion, and Politics in Early Qing Beijing," *Korean Journal of History of Science* 27, no.2 (2015): 459-77.

[61] 見撒海濤：〈明清回族武職與漢文伊斯蘭典籍〉，《中國穆斯林》，2019，第三期，頁58-64；《回回原來》的「尾聲」，見馬曠源：《回回原來》（北京市：中國文聯出版社1998），頁72。

[62] 見《馬斯巴巴華表碑記》，載於馬在淵：《劉介廉先生編年考》（蘭州：甘肅人民出版社，2012），頁88-90。

[63] 類似觀點參見吳啟訥以對比藏傳佛教和南方民間宗教的政治功能，提出對「新清史」學派內亞模式／漢地模式的二元治理性的質疑。見吳啟訥：〈族群政治形態的流變與中國歷史的近代轉型〉，《新史學》，2020，第13卷，頁39。

仲思（Tristan G. Brown）進一步根據地方誌對上述閬中巴巴寺拱北進行考察，提出該拱北不單只受到穆斯林官員的支持，同時，亦受當地保寧漢人官員、士紳菁英的青睞。其一，由於該寺在1710年間便收到來自清皇室宗親以贈匾形式的許肯（這與旗人於清初平定蜀地張獻忠政權不無關係）。因此漢人官員、士紳皆跟從皇室對該拱北給予肯定。另外，該寺位處閬中的風水龍脈寶地，這使它成了該地求雨、科舉祭祀的重要地點。閬中清真寺這種融入中國民間宗教地理、空間、場域的情況並非孤例，帝國中南地區及其接壤西部區域皆有類似例子。唯因過去中國伊斯蘭研究偏重西部地區，因而這個方向並未受研究者重視；因此，張氏近年提出以中國民間宗教的角度來探究伊斯蘭教如何植根於帝國晚期中國的主流在地宗教生態中。[64]

然而，這種伊斯蘭教融和於中國社會的景象並非史實的全部。首先，即便是在穆斯林的文化菁英主動進入主流「正統」論述的情況下，大清帝國——在儒教官僚／價值系統的運作下——亦未能完全接受他們的伊斯蘭價值體系。另外，大清國內的穆斯林群體間也充斥著矛盾和糾紛。這令國家體系不敢輕易認受某一種對伊斯蘭的演繹。同時，就算皇朝承認了某些穆斯林的正規地位，官僚體系亦有可能固化、放大對某些穆斯林的偏見，造成國家體系對穆斯林的政策失誤，甚至演化成暴力衝突。穆斯林文化菁英進入主流論述的例子中，最明顯的有漢克塔布的名家。元代雲南行省平章賽典赤・贍思丁的十五世孫馬注（1640-1711），就曾於康熙二十年（1681）左右進京上書《請褒表》，要求皇家承認其為穆罕默德四十五代孫（聖裔*sayyid*），並將穆罕默德認可為「西域至聖」，其教「直與東魯聖學並濟，寰宇洪名」。[65]然而，馬注並未得到官方的回應，事件石沉大海。同樣地，眾多漢克塔布著作只有劉智（約16601740）一人的其中一部作品——關於伊斯蘭教法、儀式的《天方典禮》，被收錄在乾隆授權編纂的《欽定四庫全書總目提要》。以紀曉嵐（1724-1805）為首的儒生編輯們給予《天方典禮》、劉智的評價為「回

[64] 見Tristan G. Brown, "A Mountain of Saints and Sages: Muslims in the Landscape of Popular Religion in Late Imperial China," *Toung Pao* 105, (2019): 437-92; Tristan G. Brown, "The Muslims of 'All Under Heaven': Islam on the Ground in Late Imperial China," *Archives de Sciences Sociales des Religions*, 193, (2021): 79-106.

[65] 見馬注：《清真指南》（銀川：寧夏人民出版社，1988），頁20-2。馬注很有可能希望得到像官方對山東孔子後裔的認可。

回教本僻謬，而智頗習儒書，乃雜援經義以文其說，其文亦頗雅贍。然根柢先非，巧為文飾無益也。」[66] 從中可以看到主流儒生及他們參與建構的盛清主流儒學「正統」對伊斯蘭教的偏見。

然而，我們需要注意的是所謂的「正統」並未能涵蓋整個清帝國對待穆斯林的態度，而且「正統」內部亦存在著皇權和儒生官僚間的張力。李普曼對大清律例的研究就曾指出清統治者並未有對穆斯林的系統性及一致的政策。[67] 帝國官員一般是被指派到非出生地任職的，因此可以理解為何大部分漢人官員缺乏對被派駐地的回民的理解及文化同情，容易將回民標籤為「匪徒」、「回匪」、甚至在官方文書中將去人格化的反犬旁（犭）加到「回」字上（㺯）。即便是上文提到順治年間原籍回民眾多的蘭州的郝壁，在上書時亦用「㺯」字。此外，漢人儒生官員亦執意多次提倡在民間禁止傳習伊斯蘭教，並提出要在官僚體系內排除信奉伊斯蘭教的回籍官員。[68] 對國家治理理念，以及官僚體系內部競爭驅動官僚們在面對穆斯林時採取與帝王不一樣的思路。例如，乾隆四十七年（1782）的海富潤案，學者一般認為是新任廣西巡撫朱椿是為了邀功而不分青紅皂白大做文章，將接受傳統伊斯蘭經堂教育的海南穆斯林海富潤誣蠛為1781年甘肅哲赫林耶蘇四十三起事的黨羽，並大規模要求湖廣等地配合搜捕接觸經堂教育的穆斯林。[69] 這顯示儒生官僚在處理伊斯蘭教的問題上顯然並不關心各地伊斯蘭教的具體內容、差異，而是因為在官場升遷競爭放大對回民的偏見。大清皇帝曾多次下旨說明穆斯林作為帝國臣民的合法地位，要求官員對他們和其他國民一樣一視同仁。只要回民不

[66] 〈天方典禮擇要解二十卷採兩江總督進本〉，《欽定四庫全書總目》，載於《中國哲學書電子化計劃》，欽定四庫全書總目卷一百二十四至卷一百二十五，頁181，登錄於09/05/2021，https://ctext.org/library.pl?if=gb&file =76476&page=181。

[67] Jonathan N. Lipman, "'A Fierce and Brutal People': On Islam and Muslims in Qing Law," in Pamela Kyle Crossley, Helen F. Siu and Donald S. Sutton eds., *Empire at the Margins: Culture, Ethnicity, and Frontier in Early Modern China* (Berkeley: University of California Press, 2006), 83-110.

[68] 孔德維：〈異端為官：雍正年間穆斯林官員的不道德嫌疑〉，《新史學》，2021年未刊稿。當然，自幼為投考科舉熟讀儒家典籍的回籍官員有多大程度信奉伊斯蘭教，實因人而異，見本導論下文關於私宰牛隻的討論。

[69] 納國昌：〈清代回族伊斯蘭文字獄——海富潤案件始末〉，《回族研究》，2000，第4期，頁25-28。見本書條目178-180，183-186，189。同時，海富潤一案顯示清代經堂教育網絡的規模和內容，見楊曉春：〈從乾隆四十七年海富潤攜書案相關檔案資料看中國回民學經問題〉，《回族研究》，2014，第2期，頁38-43。

觸犯國法，並效忠大清，便沒有同化的需要。[70]

有清帝王除在官僚體系中與官僚抗衡，亦投放資源將伊斯蘭教以各種象徵式標記統合在文化多元的帝國內。除上文提到的閬中巴巴寺的皇家牌匾一類外，乾隆帝於解決掉大小和卓將天山南路收入大清版圖後的1760年代，在京城與現今新華門對望的長安街南側，為歸順進京的回部伯克建立了回子營清真寺。此作法有如其父雍正建造雍和宮。在帝國首都設立「國立」宗教建築，以皇權贊助被納入帝國的新疆域的宗教，作為對該地區的「國教」的支持，以顯示清帝為「天下共主」。不過有學者就1780年代出版的北京史料《欽定日下舊聞考》中：「回營之西建禮拜寺，北向」，斷言該清真寺形同虛設。因為乾隆並未尊重麥加以東的穆斯林向西方禮拜的教條，而是強行以清真寺建築方向意圖將回部穆斯林的朝拜方向變成北面的帝國中心──紫禁城內的天子。就該寺內的乾隆皇於1764年以滿、漢、蒙、維四文欽定的《敕建回人禮拜寺碑記》的華文句子：「西向北向，同歸一尊」，這些學者認為是乾隆在合理化北向的建築。[71] 對此論斷，本文有所保留。由於該寺在1915年被袁世凱拆毀，現存的照片亦未有顯示該寺內部用以表明禮拜方向的米哈拉布（*miḥrāb*；凹壁）的方位，因此我們只能從幾個方向推斷寺內實況。第一，很難想像一個不止一次抗拒儒學官僚強行同化穆斯林的皇帝會強加自身對朝拜的理解在剛被他征服的邊疆臣民身上。第二，中式傳統建築的「座」、「向」為兩個概念，後者為大門的方向，而前者為大廳、大殿的背向。若為廟宇，「座」通常才是大殿內教眾的朝拜方向。而修撰《欽定日下舊聞考》的士大夫或許從未踏入寺內，我們有理由相信當中所謂的「北向」純指大門方向（以突出該寺有著與京城主要建築物南向的有別不同）。第三，在一張德國出版的1900-1901年北京地圖，我們可以看到清楚標記回子營清真寺建築群的位置及佈局。該寺大殿成正方形佈局，所以難以判斷禮拜朝向。然而，從其他與大典相連的功能用房皆成東西向佈局來看，我們不能排除清真寺有著一般的朝拜方向。[72] 第四，大部分中式清真

---

[70] 見本書條目4，7，146，180，212，258等。

[71] 見Tristan G. Brown, "Towards an Understanding of Qianlong's Conception of Islam: A Study of the Dedication Inscriptions of the Fragrant Concubine's Mosque in the Imperial Capital," *Journal of Chinese Studies*, no.53 (2011): 137-153; Ben-Dor Benite, "Hijra and Exile Islam and Dual Sovereignty in Qing China."

[72] *Peking: Aufgenommen 1900/1901 von den Feldtopographen des Deutschen Ostasiatischen Expeditions Korps* (Berlin: Kartographischen Abtheilung [sic] der Königl. Preuss. Landes-Aufnahme, 1903).

寺，特別是在帝國首都（見北京的其他清真寺）、不同省會等，一般都採取禮拜方向和大門朝向成九十度的佈局，即「座西向南」，而大殿通常有位於東面及南北中軸線的出入口。由於，回子營清真寺位處長安街南側，該寺成「座西向北」的佈局也合情理。在這語境下，「西向北向，同歸一尊」也可以理解為乾隆向只能讀懂華文的受眾合理化清真寺同時有向西禮拜和大門向北的格局，以排解回部穆斯林對帝國不忠的嫌疑。最後，碑文表示「回眾以時會聚其下，輪年入覲之眾伯克等無不歡欣瞻拜」。這顯示該寺並非虛設，而是有被使用的。即使米哈拉布真的被誤設在北方，在沒有帝國官僚窺探的情況下穆斯林亦可以向著正確的基卜拉（*qibla*）方向禮拜。

雖然，滿洲皇權建構多元帝國的意圖並不能被一個仍有待考證的清真寺禮拜方向而無效化，但這意圖並未能阻止帝國對邊疆穆斯林所在地管治漸漸失控。「回民」管治在18世紀無疑逐漸固化，並在與「漢民」、「番民」等區分的過程中，成為一個要需要面對更嚴密監控、嚴苛懲罰的範疇。[73]這種刑法規訓的嚴苛化無疑是國家體系在穆斯林與各地社會矛盾加劇的背景下發展出來的。然而，這種矛盾的存在歸因於「穆斯林／回族」這類漢中心主義世界觀的他者概念，除了重複國族／民族史觀或伊斯蘭／穆斯林和中國範疇的固化外，只是在重述國家體系對國民的歸類和亂事的歸因。這種操作會模糊我們對該歸類、歸因（甚至帝國對穆斯林的管治邏輯）的歷史偶然性、可塑性的認識。穆斯林的伊斯蘭生活方式無可否認地有別於中國主流的生活方式或想像，但這並未能成為族群衝突的充分理由。

這方面比較具體的例子可參考大清帝國的私宰耕牛禁令和穆斯林牛肉需求的禁令。縱然帝國官方承繼過去帝制中國對禁殺耕牛的法令和漢人農耕社會宗教普遍存在的宰牛禁忌，但事實上中央和地方的行各級政分野、不同歷史主體對法令的演繹、漢地不同地方省份對皮革的需求、帝制中國的朝貢／理藩體系及國家的祭祀責任都給予由穆斯林主導的牛羊屠宰業發展的空間。[74]

73　Lipman, *Familiar Strangers*, 100. 參見本書條文110，官員在回漢衝突的背景下，提議勒令穆斯林教長（及讀書人）通報地方暴力事件，可見帝國體系如何吸納地方菁英維繫社會穩定。

74　以下討論主要參照Vincent Goossaert, “The Beef Taboo and the Sacrificial Structure of Late Imperial Chinese Society,” in Roel Sterckx ed., *Of Tripod and Palate: Food Politics, and Religion in Tradition China* (New York: Palgrave Macmillan, 2005), 237-48；Shaodan Zhang, “Cattle Slaughter Industry in Qing

大清皇帝對禁用牛肉和禁宰牛隻的態度並非一致強硬。順治帝於1653年曾表示「朕甚憫耕牛勞苦，不忍食其肉」，[75]京城官員繼而戒諭民眾禁殺牛驢，但京師內穆斯林宰殺牛隻狀況仍然不絕。而在康熙年間1696年以前的北京為滿足進京朝貢的蒙古各部使團的牛羊肉飲食需求，光祿寺和理藩院每年都會給京城牛街的回民屠宰商價值數十萬兩銀元的訂單，出現有所謂屠商之家的奢華「雖士大夫家不及也」的境況。[76]《清實錄》明確聯繫穆斯林和禁宰耕牛的記載出現於雍正年間1729年5月4日和7月18日的聖諭。在這兩段聖諭裡面，清世宗視穆斯林和帝國其他百姓無異，伊斯蘭教只是「先代留遺家風土俗」，命各地官員尊重奉公守法的回子（在這意義上即回民，而非回匪／犯）。然而，雍正皇帝對於宰牛一事卻持強硬反對態度，並未將宰牛視作宗教生活風俗一環，而是基於農耕經濟（耕牛作為生產工具和宰牛業在百業中可有可無）和國法面前回民和百姓「一視同仁」的邏輯，一再強調即便是穆斯林也不可能豁免禁宰耕牛。[77]這個例子或許可以讓我們重新思考晚期帝制中國的宗教場域和政治經濟場域的邊界。同時，穆斯林在牛羊屠宰業的議題一再指出穆斯林和伊斯蘭的內容的可塑性，以及「回」概念能指的模糊性。比如，康熙年間江蘇鄭江一地就有貢文清（1760-?）一族漢人屠宰業商人因穆斯林在該地屠宰業的主導地位而舉家皈依伊斯蘭，可見當時「回」並非20世紀所創造出來不可逾越的「民族」範疇。另外，縱觀伊斯蘭教法傳統（如普遍中國境內穆斯林跟從的遜尼派哈乃斐法學傳統）並無阻攔或禁止私宰或販賣清真牲口，17世紀的不少江南回儒學者皆不約而同地在他們的漢克塔布著作裡面演繹教法為不鼓勵私宰或販賣牲口，如駝、馬、驢，特別是牛隻。[78]這跟《大清

China: State Ban, Muslim Dominance, and the Western Diet," *Frontier History of China* 16, no.1 (2021): 4-38; Brown, "The Muslims of 'All Under Heaven'", 91-98.

[75] 《世祖章皇帝實錄》（北京：中華書局，1986），卷83，順治十一年五月五日，頁653-2。

[76] 《遊藝錄・岡誌》載於吳海鷹編：《回族典藏全書》（銀川：寧夏人民出版社，2008），卷102，頁223-24。

[77] 見本書條目4，5。

[78] 這論述最早見於崇禎年間王岱輿：〈葷素〉，《正教真詮・下卷》，同治癸酉（1873）年刻本載於吳海鷹編：《回族典藏全書》（銀川：寧夏人民出版社，2008），卷14，頁77。而乾隆年間曾任翰林院譯館教習二十多年的金天柱更援引《禮記》表示「天子無故不殺牛，大夫無故不殺羊，蓋重命卹牲，不敢率意以滋口腹之欲。禮在則然，而吾教之規亦然」，見金天柱：《清真釋疑》載於吳海鷹編：《回族典藏全書》（銀川：寧夏人民出版社，2008），卷36，頁104-5。其後，19世紀中葉的《天方三字經》更有「非大

律例》233條以及帝國體系的主流論述不謀而合。[79] 相反地，穆斯林屠宰商亦有利用儒教帝國禮祭對牛羊的需求，在禁私宰令下，保護行業的發展空間。此外，1740年代出版的《儒林外史》有一段關於高要縣穆斯林嘗試用50斤牛肉賄賂一名湯姓的回籍官員，希望他不要對他的回教教親實行官方禁用牛肉的命令。而給予湯氏建議的士紳卻說「你我做官的人，只知有皇上，那知有教親」。[80] 雖然這只是一小說橋段，但或多或少表明當時穆斯林內部也有國家體制外的「回民」和國家體系內的「回員」的利益與忠誠絕不一致。當然，穆斯林官員作為大清帝國自17世紀以來的一系列殖民擴張與管治的在地協力者（Local Collaborator），事實上具有何種多元而獨特的宗教觀念，尤其在如何看待自身在儒教官僚體系中的義務，仍然有待進一步研究來解答。[81]

穆斯林之中的利益與忠誠矛盾不單止體現於國家體系內外的穆斯林之間，同時亦體現於不同教派的穆斯林中。不同教派與各在地情況的互動中亦出現不同對清國朝廷的依從，並利用和清廷的關係動用國家體系打擊非己派別。17世紀末至18世紀中後期均有不同的蘇菲教團（*tariqa; pl. taraiq*）[82] 傳播到大清不斷擴展的版圖內，當今中國境內的蘇菲派基本上皆可追溯至該時期由中亞或南亞傳入。蘇菲教團一般認為於13世紀蒙古帝國征服歐亞大陸過程中在中西亞興起，奉行伊斯蘭神秘主義的宗教修行團體。教團成員一般跟從於公認有異於常人的宗教知識、修為和神秘力量的導師／教主，及其傳承譜系，並傳習該教主譜系傳授的教條演繹、功修和生活方法。教團修持方式並非一定相排斥，然而在帝國西北地區的教團（門宦）成員歸屬基本上是不相容的，而這現象跟在地情況有密切關係。同時，新的伊斯蘭教運動（或任何新的宗教運動）的傳入與發展往往會與地方原有的宗教團體（無論是漢人信仰體系、藏傳佛教或該地原來的伊斯蘭教派）形成張力。

清康熙四十九年（1719），因「格蘭岱」（*Qalandariyya*）蘇非派在印度

祀，不宰駝。非賓會，不宰牛。羊可業，牛無互」之說，見Tontini, *Muslim Sanzijing*, 145。

[79] 〈兵律－廄牧〉，《大清律例》載於《中國哲學書電子化計畫》，2021年6月7日登錄，https://ctext.org/wiki.pl?if=gb&chapter=123609&remap=gb#p2。

[80] 引於Zhang, "Cattle Slaughter Industry in Qing China," 15-16.

[81] 參照本導論上文關於清代穆斯林武官對回儒的支持。

[82] 讀者需注意，在蘇菲教團傳入中國以前，伊斯蘭神秘主義思想已在中國穆斯林中流傳。漢克塔布的著譯裡援引或展述有不少伊斯蘭神秘主義的經典、思想。

傳入雲南後活動猖獗，引起與原有「格底目／老教」（*Qadim*）[83]的不容。格蘭岱是「非遵法派」的蘇菲神秘主義教團，由於此派成員不重視基本的宗教功修（五功），他們的穿著打扮也與中亞傳入的蘇菲不同，通常穿著與眾不同的長袍、剔除頭和臉上所有的毛髮、在手臂和頸部嵌入鐵環。據馬注等記載，格蘭岱教團成員更有習「妖術」、「淫亂酗酒」之罪，故為他理解的伊斯蘭教正統派所不容，將其視為「異端」。為此，老教回儒馬注站在捍衛（伊斯蘭亦國家）正統的立場，以聖裔的名義上書官府，請求對格蘭岱嚴加取締和禁止。在馬注等的要求下，雲南當局於康熙四十九年（1710）下令通省嚴禁格蘭岱派。可見蘇菲教團最遲至清初已經傳入雲南，且與原有派系產生嚴重衝突。[84]同樣地要求朝廷介入，利用國家政治權力／武力確保原有教派對「正統」地位的壟斷並非獨例。在教派逐漸林立的西北地區，這種情況在18世紀中後期日益普遍，並為19世紀的大型暴力衝突埋下伏筆。

17世紀初，穆罕默德・優素福（Muhammad Yusuf; d.1653）於塔里木盆地西部維吾爾語裡的六城地區（*Altishahr;* 大致為大清帝國文獻中「回部」所指的地理位置）傳播納克什班迪蘇菲派，並廣範參與該地的政治角力。他隨後往東繼續發展其教派，在吐魯番、哈密等地廣納門生，並在丁國棟武裝起事後幾年內到達河西走廊的肅州。其子，華哲・赫達葉通拉希（Khoja Afaq/Hidayatallah；d.1653），進一步在蘭州、狄道、西寧、河州等地建立影響力。清政府穩定甘肅地區對華哲・赫達葉通拉希在該地的自由流動有一定幫助。[85]華哲・赫達葉通拉希傳習低聲／默念主名（*dhikr*）的功修，因此係納克什班迪派裡的虎菲耶（*Khafiya*）教派，意為「悄聲的」。其得意門生馬來遲（1681-1766），在1728年左右前往阿拉伯半島朝覲。沿途根據不同版本的記載在印度、布哈拉、也門等伊斯蘭知識重地學習，取得新穎的經卷。返回甘肅後，馬來遲革新虎菲耶，並大力推廣他新接收的伊斯蘭形式。虎菲耶傳至河州，與該地的老教出現不和，1746年老教教民馬應煥向官府控告馬來遲

---

[83] 此處「老教」（*Qadim*）作為中國伊斯蘭教對一般元明時期傳入中國的非蘇菲門宦的哈乃斐遜尼派伊斯蘭教派別的泛指、尊稱，而非在不同地區與該地相對後來的教派的相對概念，即「老教」vs.「新教」（甚或「新新教」），見上文注腳55。

[84] 王建平：〈論十八世紀初的雲南格蘭岱教案〉，《世界宗教研究》，1998，第3期，頁93-103。

[85] Lipman, *Familiar Strangers,* 58-9.

立「明沙會」邪教惑眾。此案令乾隆皇帝大為緊張，生怕在回教外又立邪教容易在「性悍心齊」的回教人中間聚眾生事，若然屬實需儘早斬草除根。然而，地方官員處理多時仍未上報跟進，乾隆皇帝擔憂地方官員大事化小隱瞞事情，造成邊疆安全隱患，因而一再申明其立場，勒令官員嚴查。其後，根據陝西總督張廣泗調查，馬應煥告狀實為穆斯林送殯時分發油香發生毆鬥造成，並未涉及馬來遲或邪教；而馬來遲所傳之教實屬回教，只是先誦經後開齋和老教先開齋後誦經的差異。這在張廣泗代表的官僚體系眼中看來是些微的習俗差異，但對當地穆斯林來說卻有更深的神性意涵。這起事件讓我們看到帝國中央和地方處理邊疆問題上的行政張力，以及官僚體系如何篩選、收集、理解對伊斯蘭教的知識。[86]

除了在漢語系回民當中傳播，馬來遲亦在藏、蒙中間傳教。據馬通記載，相傳馬來遲在青海化隆縣在藏傳活佛求雨未果時，為藏民求雨成功的神通事跡，而得到藏民的敬佩，其後有不少該地的藏人、漢人皈依伊斯蘭虎菲耶派。[87]結合上文，閬中巴巴寺的求雨功能，求雨儀式及其有效性成為伊斯蘭教必須競爭的場域，以植根晚期帝制中國。[88]與此同時，馬來遲亦將其教傳播到蘭州、西寧至河州一帶操突厥語的撒拉族中。這引起了當地漢人的恐慌，擔心統一的教派會在本來被土司制度分治的撒拉回中重新形成向心力。18世紀80年代西北的血腥衝突中皆見撒拉回和虎菲耶的身影。[89]隨著虎菲耶的普及與發展，加上他們普遍採取與政府合作的態度，虎菲耶漸漸在西北地區成為被官方認受的「老教」。取而代之，稍後傳入西北的哲赫林耶教派成為地方穩定隱患，有異端邪教之嫌的「新教」。

虎菲耶的發展為該門宦教主譜系帶來不少的土地和財富累積，這讓其成為具有較強政治、宗教改革傾向的哲赫林耶的批判對象。相對於虎菲耶，哲赫林耶意為「高聲的」，可見該教團傳習高聲誦念主名的功修。世界各地的

---

86 見本書條目61。

87 馬通：《中國伊斯蘭教派與門宦史略》（銀川：寧夏人民出版社，2000），頁163-64。

88 伊斯蘭教的求雨儀式並非中國伊斯蘭教獨有，縱觀由巴爾幹到孟加拉灣的伊斯蘭化社會（Islamicate societies）均有不同的求雨儀式。從另一個角度來說，伊斯蘭教的傳播導致各在地求雨儀式的伊斯蘭化，見Ilhan Başgöz, "Rain Making Ceremonies in Iran," *Iranian Studies* 40, no.3 (2007): 358-403.

89 以上關於馬來遲的討論，見Lipman, *Familiar Strangers*, 64-72.

伊斯蘭教在17、18世紀出現蘇菲教團主導的宗教革新意識及運動（*tajdid*）。甘肅的蘇菲革新主要體現在馬明心（1719-1781）所傳的哲赫林耶門宦。和馬來遲一樣，馬明心在中東麥加、也門等地朝覲學習多年，同樣師傳納克什班迪蘇菲派。而據傅禮初（Joseph Fletcher）考證，馬明心在也門的老師'Abd al-Khaliq ibn al-Zayn al-Mizjaji曾教授其學生低誦和高誦主名。[90] 因此，哲赫林耶和虎菲耶在西北的衝突涉及這顯而易見的宗教修行形式以外的在地政治經濟因素。馬明心在1761年回到中國，比馬來遲晚了約二三十年。回來以後，前者的革新倡議包括反對宗教領袖透過宗教捐款累積財富、反對清真寺過於奢華、在修行上強調情感的元素：如利用音樂、提倡蘇菲傳承傳賢不傳嫡親。這些元素形成了哲赫林耶和在地已經建立的各「老教」的張力和衝突，例如地方毆鬥或訴訟。「新教」漸漸成為當局眼中的不穩定因素，經過約20年的發酵最終清廷遞補並處決馬明心，隨後引發1781年蘇四十三帶領撒拉族哲赫林耶穆斯林為教主復仇，屠殺老教穆斯林、漢民並與國家武力硬碰的大型暴力衝突；[91] 此後在大清帝國大舉鎮壓搜捕「新教」的氛圍下，哲赫林耶穆斯林於1784再對清政府發動武裝反抗。

18世紀西北地區牽涉穆斯林的武力衝突不能簡單概括為「教派」、「民族」、「宗教－伊斯蘭和世俗－中國」的衝突，而是由於各方面的複合因素。當中包括18世紀帝制中國各地的武裝化，以及本書關注的國家體系如何管制穆斯林和其所在地。[92]除了甘肅等地官員的大規模舞弊（見乾隆四十六年的甘肅冒賑案）等具體失治外，帝國體系的邏輯亦加劇「教派」間、「民族」間、國家和地方民間社會間的分野和矛盾。例如，在蘇四十三事件以後，乾隆朝更為強調將穆斯林臣民按照族類（內地回、撒拉回、番回、纏回）、教派（新教、老教）劃分。這種概念劃分跟實行族群／教派隔離的行

---

[90] Joseph Fletcher, "The Naqshbandiyya in Northwest China," in Beatrice Manz ed., *Studies on Chinese and Islamic Inner Asia* (London: Variorum, 1995), 27-33. 近期甘肅蘇菲譜系研究，見Jonathan N. Lipman and Thomas Wide, "Spiritual Genealogies of Gansu: Chains of Transmission in the Jahriya and Khafiya Turuq," in Jianxiong Ma, Oded Abt and Jide Yao eds., *Islam and Chinese Society: Genealogies, Lineage and Local Communities* (New York: Routledge, 2020), 32-47.

[91] 蘇四十三事件，見Lipman, *Familiar Strangers*, 103-11；本書條目159，160，162，164-166，168-171等。

[92] 有關18世紀帝制中國各地的武裝化，參Philip A. Kuhn, *Rebellion and its Enemies in Late Imperial China: Militarization and Social Structure*, 1796-1864 (Cambridge: Harvard University Press, 1980)。

政手段（雖然很多時候只流於國家體系的「理想」）同出一轍。其目的是為免讓國家體系認為生性容易滋事的派系、族裔與安分守紀的其他穆斯林混雜，造成雙方的衝突，或後者近墨者黑，成為新的或擴大滋事份子。[93]同時，讓官僚體系更容易監控前者的活動或雙方的互動，在有需要時實施針對性的暴力手段（搜捕、懲處、甚至派系或族群清除），將亂事限制於一地之內。

縱然大清帝國出現與近世歐洲殖民帝國擴張的類似知識生產，如現代地圖繪製，及有別於傳統考據學、使用直接觀察（direct observation）的民俗學，來證明對新拼入清帝國版圖區域的統治合法性及對帝國的多元臣民進行系統化的多元管治；[94]並在乾隆朝的18世紀60年代對具有豐富文字體系的「五族」、「西域」的語言、地理、民俗知識進行官方規範化的翻譯、音譯對被，以及世系簡史等「官方百科全書」編著。[95]然而，需要注意的是，這些較為系統化的清帝國國家體系對穆斯林的知識生產主要注重「回」這能指涵括的突厥穆斯林相關「回部」、「回文」。在沒有如同歐洲殖民知識擴張所生產，關注宗教經卷的「東方學」、「比較宗教學」的情況下，官僚體系的知識分類體系並未能有效地處理伊斯蘭作為多通用語（lingua franca）的論述傳統（discursive traditions）[96]的面向。因而出現前線地方官雖知道有回文（教）經卷，卻不能分辨是波斯語、阿拉伯語或突厥語，更枉論讀懂當中內容的情況。他們大多只能從當地穆斯林的儀式上（例如有否「搖頭念經」），及親政府的穆斯林的狀告中，判斷哪些穆斯林是否國家所允許的教派。這導致在取締哲赫林耶的過程中有誤將「老教」教民入罪的例子，如上文提到的海富潤案，又或是當局逮捕虎菲耶第三代教主，馬來遲之孫——馬五一發往瓊南百色。馬五一被捕原因是他有意改教聚眾；有趣的是，他是利用官方禁習新

---

93 此類邏輯的例子，見本書條目190。

94 見Laura Hostetler, *Qing Colonial Enterprise: Ethnography and Cartography in Early Modern China (Chicago: University of Chicago Press, 2001)* 對大清帝國生產關於貴州苗人類民俗學知識的討論。

95 就這方面在《五體清文鑒》和《西域同文志》的討論，見米華健：《嘉峪關外：1759-1864年新疆的經濟、民族和清帝國》（香港：香港中文大學出版社，2017），頁262-68。

96 伊斯蘭作為論述傳統，見Talal Asad, "The Idea of an Anthropology of Islam," *Qui Parle* 17, no.2 (2009):1-30. 當然，歐美的「東方學」、「比較宗教學」，在後殖民思潮的出現以前，長時間作為東方主義思維的載體，具有從文本固化對他者宗教傳統的傾向。Asad將視為伊斯蘭作為論述傳統，是要提出文本是確立於其演繹、傳習習慣，而這些傳統受與權力關係互為影響，因此伊斯蘭的文本論述體系並非固定的。

教的禁令作為在回民中推廣虎菲耶的依據。[97]即便在擁護國家政策或「正統」的情況下，亦無法確保具內部向心力的伊斯蘭教派不被國家官僚體系扣上擾亂地方秩序的嫌疑。

大清帝國的西進與國內外穆斯林的關係

以往的學術文獻受20世紀民族主義的影響，一般將天山南北路的突厥語系穆斯林與嘉峪關內的漢語系穆斯林分開著述。但在本文關注的19世紀以前的大清，兩者並未完全發展為不可交融的概念實體。這主要體現在兩個層面上：首先是兩者在不同情況下皆被歸納於充滿歧義的「回」能指中。甚至在加上專指國家內部良民的「民」字後，「回民」概念亦能同時包涵上述兩者，歷史研究者這能從官方文獻所述的地方、部落名稱中分辨兩者。從《清實錄》來看，將漢語系穆斯林獨立分辨出來作為「漢回」[98]、「內地回民」。前者見於描述清軍的穆斯林官兵，及在非漢語群體居住地的漢語穆斯林商人。後者多見於乾隆朝拼入天山南北路後，在國家回應撒拉回叛亂，及在回疆實行族群分隔的背景下。另一層面是在官方概念以外，突厥語系穆斯林與位處漢地邊疆的漢語系穆斯林在宗教傳承、經濟商務、通婚習俗上常常是密不可分（不代表他們有著一致的利益——忠誠），而在伊斯蘭教的不同通用語的作用下，利用語言差異來區別開兩個群體就顯得不完全具說服力。

大約在16世紀左右，天山北路吐魯番盆地的突厥農牧民基本上已經跟從泰咪爾盆地的陸洲突厥居民全面伊斯蘭化。這過程中最大的推動力來自納克什班迪蘇菲派。它們具有很強的傳教傾向，而神秘主義元素使其更容易糅合原本天山南北路居民的民間宗教、佛教、東方基督教。此外，納克什班迪蘇菲派強調「在世間」的修行，因而成員能參與到各種世俗事務，慢慢形成其政治影響力。到了16世紀中後期，河中地區原名為艾哈邁德・卡薩尼（Ahmad Kasani；1461-1542）的納克什班迪瑪哈圖木・阿雜木（意為「偉大的導師」），將其影響力擴展至塔里木盆地一帶。他的後裔衍生出兩支後來在天山南北路極具政治影響力並相互鬥爭的納克什班迪派系——黑山派（*Ishaiyya/Qarataghliq*）和白山

[97] 見本書條目197。

[98] 有時候「漢回」是分別指漢人和回人，需要透過文本的語境及其他史料來判斷。見下文注腳103。

派（*Afaqiyya/Aqtaghliq*）。瑪哈圖木・阿雜木的其中一個兒子，伊斯哈克・瓦里（Khoja Muhammad Ishaq Wali；d.1599）首先創立黑山派並將之推廣至喀什噶爾地區的葉爾羌汗國。在伊斯哈克・瓦里去世前，他甚至將葉爾羌汗國君主速檀馬哈麻特（Sultan Muhammad；1592-1609）指定為其道統承繼者，隨之確立了黑山派在喀什噶爾地區（Kashgaria）的政教主導地位。

不久以後，瑪哈圖木・阿雜木的長子後人——上文在論述甘肅蘇菲派時提到的穆罕默德・優素福——廣泛地在塔里木和吐魯番盆地，以及甘肅一帶傳教，並取得各地的認受。在被對手毒害後，其子亦係上文所及的華哲・赫達葉通拉希繼承其道統。華哲・赫達葉通拉希（Khoja Afaq）的派系在天山南北路因而被稱作*Afaqiyya*，即白山派。由此可見，甘肅的虎菲耶和白山派的有著一樣的道承；同樣地，黑山派和哲赫林耶皆傳習高誦主名，因而有學者推斷馬明心有可能是師承黑山派的。[99] 然而，黑山派與白山派跟清政府的關係在一般的理解中，正好和哲赫林耶與虎菲耶相反，這跟內亞政治歷史進程息息相關。

自興起以後，白山派在17世紀中葉一直到1670年代，在喀什有著相當強大的政治影響力。但在葉爾羌汗國第九任君主阿不都拉哈汗於1668年離開當地往麥加朝覲之際，其子堯勒巴斯（Isma'il Khan；d.1668）聯同黑山派將華哲・赫達葉通拉希及白山派勢力趕出該地。華哲・赫達葉通拉希出逃拉薩，並向五世達賴喇嘛（1617-1682）表示自己為喀什噶爾合法統治者。藏傳佛教格魯派（黃教）五世達賴作為結束西藏教派分裂的強勢政教領袖，同意幫助赫達葉通拉希，並請來完成一統天山以北草原的蒙古準噶爾部琿台吉（首領）噶爾丹（1644-1697）幫助赫達葉通拉希重奪喀什噶爾。自1678年起，赫達葉通拉希及其兒子的白山派和卓家族，在歸附控制天山北路的準噶爾部情況下，重新掌管塔里木盆地的陸洲。[100] 天山南路的穆斯林政權就這樣牽扯進大清帝國與準噶爾汗國的爭端中。

由於準噶爾汗國需要應付清廷的挑戰，一度並未對六城地區進行直接管治，只是徵收賦稅，用以支持準噶爾的其他軍事擴張。這讓該地的地方勢力——白山派、黑山派、葉爾羌汗、柯爾克孜、其他伯克——重新開始混戰，

---

[99] 見Lipman, *Familiar Strangers*, 88n.69.

[100] 以上關於天山南路伊斯蘭化和蘇菲派政治的討論，見James Millward, *Eurasian Crossroads: A History of Xinjiang* (New York: Columbia University Press, 2009), 80-8.

造成準噶爾未能順利徵收當地資源。時為準噶爾首領的策妄阿拉布坦（1665-1727）見狀於1713年再度進攻天山南路，並在平定該地後將黑山和白山兩派的和卓後裔遷至伊犁一帶囚禁。其後準噶爾汗國又將黑山派的首領達涅爾派回葉爾羌、喀什噶爾地區管理該地。直到1755年大清帝國最終殲滅準噶爾，白山派的首領波羅尼都（Burhan al-Din）和霍集占（Khwaja-i Jahan）兄弟，即大小和卓才擺脫當人質的局面。波羅尼都在大清的支持下從黑山派中收復六城地區。但由於其弟乘阿睦爾撒納（1723-1757）起事時，南逃回六城地區，並成功說服其兄趁機起事以擺脫淪為大清附庸之實。並於1757年發動所謂的「大小和卓之亂」，但在兩年內即被帝國擊垮。清軍追擊大小和卓至帕米爾以西，這一軍事力量的演示使巴達克山（Badakhshan）的穆斯林領袖不願給大小和卓提供援助，並將他倆的屍首交付清軍。[101]

隨著大清帝國的實力逐漸西擴，國家體系跟其逐步擴張的西部國域內外穆斯林的關係亦隨之而改變，這些關係局部體現在「回民」概念的涵蓋範圍。帝國西征的勝利很大程度上是拜龐大國家機器補給物流的動員能力所賜，而部分漢語穆斯林在這進程中扮演著不可或缺的角色。這些作為國家既有國民的「（內地）回民」，他們要麼成為清軍西進隊伍中的屯田兵民，要麼作為商人確保清軍軍需品的補給。[102] 同時，進入清國版圖的穆斯林亦在不同時期成為「回民」。根據新近就乾隆朝1751年出版的《皇清職供圖》的研究，相對於當年尚未進入大清版圖的中亞哈薩克、柯爾克孜等進貢的「回目／頭目」，或伊犁地區準噶爾治下進京朝覲的「回人」，「回民」範疇是留給乾隆朝以前歸附的突厥穆斯林。他們包括哈密穆斯林，及其他被安插在甘肅地區魯古慶和金塔寺作屯田駐軍的吐魯番穆斯林。[103] 顯然，「回民」範疇在這裡成為一個帶有時間性（temporality）的行政歸類，作為早前已進入清國

---

[101] 見Peter C. Perdue, *China Marches West: The Qing Conquest of Central Eurasia* (Cambridge, MA: Harvard University Press, 2005), 256-299; Millward, *Eurasian Crossroads*, 96.

[102] 見李仁：〈回族地名發微〉，《回族研究》，1991 (4)，頁89；劉錦增：〈清代回族在新疆的經濟開發〉，《回族研究》，2017 (1)，頁47-52。見本書條目138。

[103] 見Laura Hostetler, "The Qing Court and Peoples of Central and Inner Asia: Representations of Tributary Relationships from the Huang Qing Zhigong tu," in Dittmar Schorkowitz and Ning Chia eds., *Managing Frontiers in Qing China: The Lifanyuan and Libu Revisited* (Leiden: Brill, 2017), 184-223. 亦見本書條目13，17。

直接管治持守伊斯蘭教的「民」；而非作為過去漢學界所公認的——呈同心圓的空間——中華世界秩序（Chinese World Order）裡，用以區分接受中華文明開化與否的範疇。這個範疇的運用吻合米華建（James Millward）所言，在清高宗乾隆的世界觀裡被至於與蒙古、滿洲、藏、漢在清皇室面前平起平坐的文化區域；在征服新疆後，穆斯林「在1760年二月第三周的某個時候，回子從野蠻人變成了清帝國的臣民」。[104]

米氏的論據指標是去人格化的「狟」在官方討論新疆的文書中消失，而被中性的「回」所取代。[105] 然而，這些文字概念符號背後所反映的是大清對於其疆域的行政管治的改變。直至1880年直接在新疆建立行省以前，大清對天山南北路的管治是以多種模式並行的。作為接壤內亞的邊疆，新疆的軍事安全在與內亞政權和英俄帝國的競爭中對大清來說攸關重要。因而，18世紀中後段，新疆的管治系統是以軍事決策為首，並在惠遠城設立「總統伊犁等處將軍」作為整個新疆的最高軍政長官。在遊牧民中，特別是天山北路和東路，大清實行如蒙古、青海一樣的箚薩克體系。在進入新疆較為平穩的1760年代前，清政府在1757-1759年間就開始將回部原有的王公勛爵制度納入帝國的勛爵體系並做出相應的級別調整，以吸納當地的穆斯林領主進入帝國的管治系統，並歸由原本處理蒙古王公的理藩院處理。[106] 最值得注目的例子有被派往管理被平定後的喀什噶爾地區的吐魯番箚薩克多羅郡王額敏和卓（Emin Khoja；1694-1777）[107] 和哈密箚薩克和碩親王。這些天山東路較早與大清政府建立關係的穆斯林地方政體主要視與大清的關係為受異教徒的「保護」（阿拉伯文：*himayat*；波斯文：*penah*），並以伊斯蘭教法的語言來論述穆斯林能合法地在這安全保障下發展商貿機會；他們更以此籠絡其他中亞、內亞突厥語系穆斯林支持大清對新疆的統治。[108]

---

104 米華健：《嘉峪關外》，頁259-68。

105 關於「狟」在漢語穆斯林的運用見上文的討論。

106 見Song Tong, "On Lifanyuan and Qianlong Policies Towards the Muslims of Xinjiang," in Dittmar Schorkowitz and Ning Chia eds., *Managing Frontiers in Qing China: The Lifanyuan and Libu Revisited* (Leiden: Brill, 2017), 290-311.

107 額敏和卓與喀什噶爾的大小和卓家族並無關係。

108 見Kwangmin Kim, "Profit and Protection: Emin Khwaja and the Qing Conquest of Central Asia, 1759-1777," *Journal of Asian Studies* 71, no.3 (2012): 603-626.

這種以伊斯蘭教法觀理解大清管治顯然在大清拼入新疆的頭一世紀有一定的理據，因為19世紀以前天山南路和伊黎河谷的陸洲農耕區大清讓當地的穆斯林統治階層、學者／法官（*'ulama*）繼續以伊斯蘭教法處理社會婚俗、財產、教育、宗教儀式等在地事務。然而，這並非完全放任的神權自治。因為維繫這種社會體系的伯克（*beg*）系統是與帝國官僚體系相對應的，並且要回應非伊斯蘭的大清國的世俗管治需求。正如漢地官員一樣，伯克一般被派駐非其原居地的村落、城鎮。他們主要負責處理稅收、農業灌溉、驛站、公安刑罰、商務。同時，在新建立的北疆移民城鎮，如烏魯木齊、巴里坤等地，存在著漢地形式的行政管理模式以管理內地的漢、回屯田移民；該地的官員受陝甘總督管轄。[109]

19世紀以前回疆的主要管治隱患來自：宗教差異、中亞的軍事威脅、以及為支撐該地區防務的經濟負擔。就前者，清政府主要以限制外來移民、設置族群識別界限（如沒有在新疆穆斯林中推行滿洲髮型），以及給予穆斯林自治空間等種族隔離政策應付。[110] 然而，對穆斯林陌生、以至輕視的滿、蒙、漢官僚不斷與當地具活力的社會出現衝突。1765年的烏什事變的主因是派駐管理喀什噶爾的哈密王玉素甫之弟，阿奇木伯克阿布都拉及其屬下伯克等清廷的在地協力者不斷略奪當地穆斯林；同時，滿人烏什辦事大臣素誠父子更被指多次擄拐當地穆斯林婦女至府邸中強姦，甚至達整月之久。當地穆斯林因而在素誠與阿卜都拉派240名回人差役運送沙棗樹進京之時起事。清軍花上數月才能重佔該城，事件以惱怒的乾隆帝下旨屠殺生還的穆斯林壯丁，並將全數婦孺俘虜為奴作結。同時，明瑞與阿桂著手調整了回疆的治理政策八條：一、阿奇木（伯克）之權宜分；二、格訥坦（備辦差稅）之私派宜革；三、回人之差役宜均；四、都官伯克之補用宜公；五、伯克等之僕使宜節；六、民、回之居處宜別；七、賦稅之定額宜明；八、伯克與官員相見之儀宜定。可見當中聚焦當地伯克制度的財政、行政責任和權利的規範化，族群生活的間隔，以及伯克與官員接觸的規範化、相互制衡。滿文檔案顯示清軍曾兩度截獲烏什事變的首領賴黑木圖拉派往布魯特、浩罕等地的中亞穆斯林君主求援。因而清廷大為緊張，甚至派兵圍困喀什噶爾附近的柯爾克孜部

---

[109] 上述軍政府、箚薩克、伯克、漢地官僚體系，參見Millward, *Eurasian Crossroads*, 99-102.

[110] 米華健：《嘉峪關外》，頁259-68、268-70。

族領袖來避免周邊游牧民加入事變。[111]

當大清政府以400毫米降雨線以東的農耕區域為帝國基業，將邊界拓展到中亞東部時，當地政局自為之影響。中亞的伊斯蘭政權早在1760年代，就大清疆域向西擴張帶來的不安開始牽起一波以阿富汗杜蘭尼王朝的創建者艾哈邁德沙・杜蘭尼（Ahmad Shah Durrani；1724-1772）為首的抵抗，旨在聯合穆斯林大清帝國的異教徒作出聖戰。即使大清帝國無力跨越帕米爾高原再向西部侵略，聖戰的聲音仍然維繫多年。哈邁德沙・杜蘭尼連同布哈拉汗國，以巴達克山背叛大小和卓為由入侵該國並殺死其君主。[112] 但在「回疆」被大清政府收入版圖後，中亞各國與大清政府維持了相對穩定的關係。

位於費爾幹納盆地的浩罕汗國在準噶爾被滅族後，與大清帝國通商交往。該國君主開始稱「汗」，並要求帝國給予他們商貿便利。尤其在1785到1792年大清帝國關閉蒙古俄羅斯邊境貿易後，浩罕汗國更在短時間內成為茶葉和大黃進入俄羅斯市場的主要中轉站。然而，浩罕汗國聲稱對喀什噶爾的非清國商人具有課稅權力，造成它與大清帝國之間的長期矛盾。更為嚴重的結構性問題則是喀什噶爾的白山派大小和卓後裔兵敗以後，與信仰者聚居在浩罕汗國，信眾力量遍及浩罕汗國與已在大清軍事力量支配下的喀什噶爾。大和卓之子薩木薩克於1780年代開始在浩罕汗國與回疆境內的支持者聯絡，並為和卓家族復辟籌款；薩木薩克之子張格爾（1790-1827）更在1820年代成功在浩罕汗國支持下恢復南疆的管治。[113] 最終，大清帝國在1832年初與浩罕汗國簽訂了含「單邊治外法權」、「最惠國待遇」、轉讓關稅徵收權等19世紀常見內容的國際條約，方才解決帝國西疆的問題。[114]

---

[111] 見孫文傑：〈從滿文寄信檔看「烏什事變」真相〉，《雲南民族大學學報》，第6期（2016）：128-135；Millward, *Eurasian Crossroads*, 108-9.

[112] Ibid., 109-10; Laura Newby, *The Empire and the Khanate: A Political History of Qing Relations with Khoqand c.1760-1860* (Leiden: Brill, 2005), 30-6.

[113] Millward, *Eurasian Crossroads*, 110-112. 其他中亞國家與大清的互動，如哈薩克汗國，見Jin Noda, *The Kazakh Khanates between the Russian and Qing Empires: Central Eurasian International Relations during the Eighteenth and Nineteenth Centuries* (Leiden: Brill, 2016). 過去華文學界普遍根據俄語傳聞指出英國在19世紀初已劍指中國內陸疆域，然而新近研究已表明這只是俄國情報謬誤，當時英國的情報網對張格爾事件有一定的關注，但並未有直接參與該事件，見惲文捷：〈英國協助張格爾襲擾南疆真偽考〉，《國際漢學》，2017 (3)，頁117-125。

[114] Joseph Fletcher, "The heyday of the Ch'ing order in Mongolia, Sinkiang and Tibet," in John K. Fairbank ed., *The Cambridge History of China* (Cambridge: Cambridge University Press, 1978), 375-85.

總結

17世紀以來穆斯林在大清帝國的政教關係對現代東亞與中亞的宗教與政治歷史具有決定性的影響。本文作者並無意，亦不可能囊括大清帝國伊斯蘭教研究的所有課題。我們只是希望以上簡單的文獻綜論能為讀者簡單梳理大清帝國與穆斯林的政教關係史，並點出一些值得思考或重新審視的課題。就方法論而言，我們對揉和數位方法的人文學科帶有一定的期望，同時認為這些方法能協助我們重新審視東亞伊斯蘭教研究的不同領域。作為一本以關鍵字搜尋為切入點的歷史資料集，我們希望本書能推動數位方法對概念史，及其相關的政教關係史的發展。當然，就如上述文獻綜論所演示的，東亞伊斯蘭教研究是一門涉及多語言、多學科方法、各類文本資料的研究領域。因此，整個領域的發展是需要多方合作推動的。而首要的條件是要讓各方研究者能便捷地使用、存取相關的素材資料。這是本書（及後繼史料資料叢書或資料庫）的最大任務。我們認為本書的另一個主要任務就是透過本導論點出東亞伊斯蘭教研究對回應更廣大的議題的可能性——那些關於中國、伊斯蘭文明、國族主義、全球性互動、現代性、世俗性、多元主義、權力與抗爭等的議題。

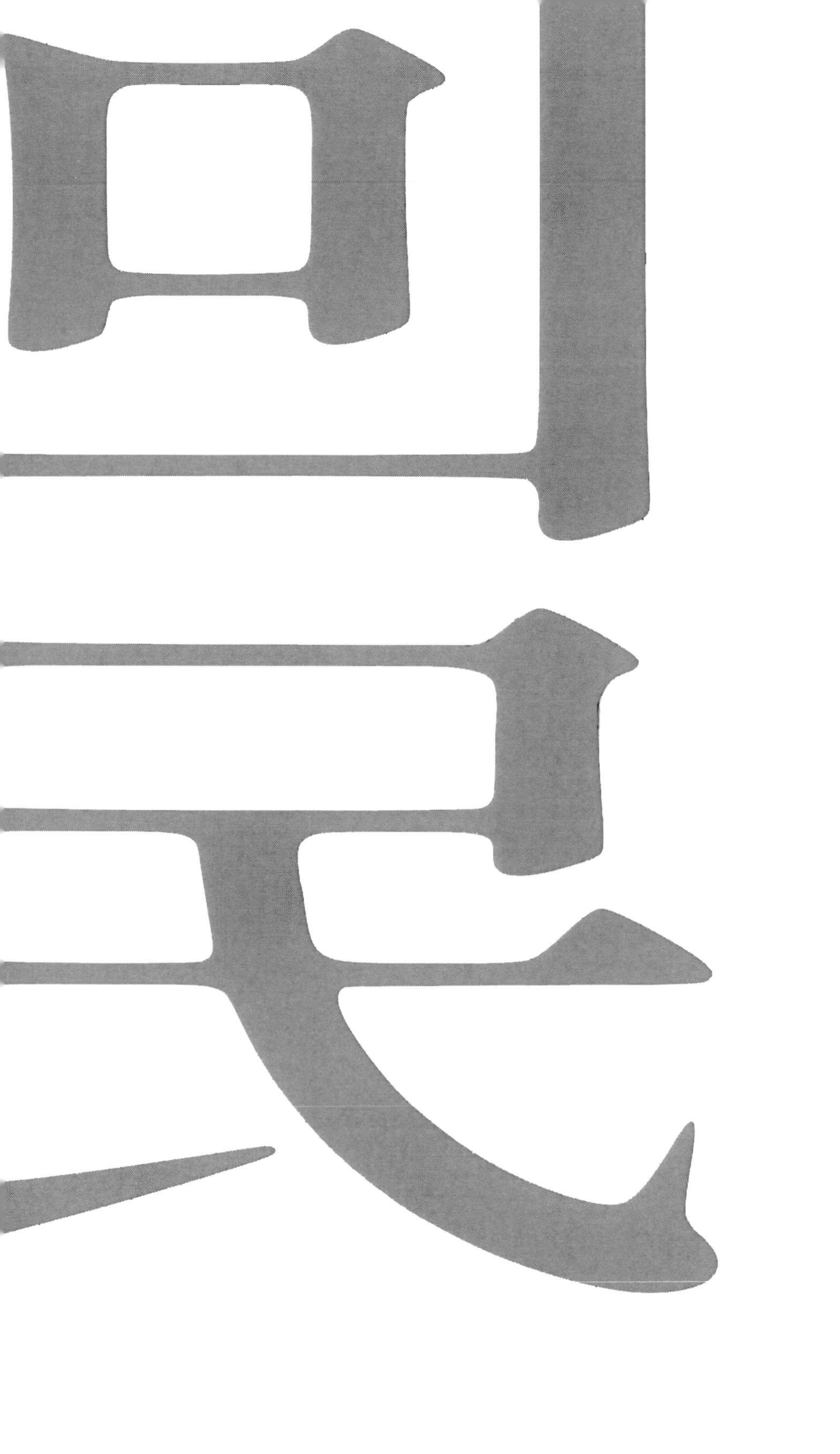

所見回民資料

凡例：

一、時間〔西曆（年月日）〕係使用國立臺灣大學中西曆對照查詢系統（明代以降）轉換。

二、如無明確的「提出者／奏議者／復議者」或「接收者／回應者」，該欄則懸空；其職銜同理。

三、凡皇帝提到某人上奏，然後又將其上奏內容告知內閣或軍機大臣等人，即視為「提出者」而非「接收者／回應者」。

四、「提出者／奏議者／復議者」或「接收者／回應者」之「八旗歸屬／籍貫／民族」，只在人物第一次出現時列出。

五、「提出者／奏議者／復議者」或「接收者／回應者」之「職銜」，如無特別注釋，資料來源皆為相關清實錄條目或／及中研院史語所之人名權威人物傳記資料庫，並只摘錄該官員與條目最直接相關的職銜，除非無法判斷。

六、「提出者／奏議者／復議者」或「接收者／回應者」之「出身」，係指其人通過科舉、捐官等方式仕官，如無特別注釋，資料來源皆為中研院史語所之人名權威人物傳記資料庫；本欄只在人物第一次出現時列出。

序號	時間	時間	提出者／奏議者／復議者				接收者／回應者				內容提要	類別、關鍵詞	關聯條目與事件	問題
	(中曆)	(西曆)	人物	八旗歸屬籍貫民族	職銜	出身	人物	八旗歸屬籍貫民族	職銜	出身				
	明													
1	神宗萬曆10年8月23日	1582.09.09					萬曆	漢	皇帝		先是。陝西宜君縣回民田守邑等與乾州民趙進忠等遊食三水縣。因而打搶鄉民。劫殺過客。官兵襲至。遂擒進忠。巡撫蕭廩會同總督招安回夷。以聞　上責其玩寇廢法。令相機處置。以靖地方。	民變、處罰		
2	神宗萬曆40年7月17日	1612.08.13	兵部				萬曆	漢	皇帝		兵部題。三十六年回夷田分猷等狂逞為非。已梟示懲戒。今馬自賓等假以年荒趁食。羣起為盜。雖經道府州縣多方捉捕。渠魁授首。然而餘孽之盤據山谷者尚多。請將有功各官。副使等官文球等五員紀錄。州判等官黃應隆等四員。千把總官王命等六員。當上經畫善後。議禁革延安等處。沿河一帶私船撥兵防守。韓城縣神道嶺築堡遣官兵防禦。盩厔縣集賢鎮選撥精勇屯住。附近民兵委該縣主簿領管巡防。不許景峪等處回羅出峪行劫。又西延慶等府有回民處所。州縣印捕官揀選民快機兵。會守大縣三百。小縣二百。時加操練。以備征勦。隣近互相救援。坐視者有罰。仍申明保甲。講解　聖諭。如有回夷經過去處。巡捕官帶兵快不時巡邏。仍行臨邊州縣營衛稽查。但有離伍軍士出外。人民根究下落。以免附回為盜。馬自賓。田一寬等十三名。先行處决梟示。馬西河與高起望閻自美等二十八名。巡按　御史陸續審决。上是之。	民變、軍事、處罰		

序號	時間	時間	提出者／奏議者／復議者				接收者／回應者				內容提要	類別、關鍵詞	關聯條目與事件	問題
	(中曆)	(西曆)	人物	八旗歸屬籍貫民族	職銜	出身	人物	八旗歸屬籍貫民族	職銜	出身				
	清													
3	世宗雍正5年2月9日	1727.03.01	雍正	滿洲鑲黃旗(皇帝戶口登記於此旗內，另外皇帝掌控上三旗，即鑲黃、正黃和正白旗)。	皇帝		額敏	維吾爾族(回族？)	扎薩克一等達爾漢		封哈密扎薩克達爾漢白克額敏。為鎮國公。賞銀一千兩。其下種地回民四百人。各賞銀兩布疋。以口外開墾。著有成效也	藩部(哈密札薩克和碩親王世系，第三代為額敏，於康熙五十年，即1711年襲扎薩克一等達爾漢，後被雍正晉封為鎮國公)、封賞		
4	世宗雍正7年4月7日	1729.05.04	雍正		皇帝		內閣				辛巳。諭內閣。直省各處。皆有回民居住。由來已久。其人既為國家之編氓。即俱為國家之赤子。原不容以異視也。數年以來屢有人具摺密奏。回民自為一教。異言異服。且強悍刁頑。肆為不法。請嚴加懲治約束等語。朕思回民之有教乃其先代留遺家風土俗。亦猶中國之人。籍貫不同。嗜好方言。亦遂各異。是以回民有禮拜寺之名。有衣服文字之別。要亦從俗從宜。各安其習。初非作姦犯科。惑世誣民者比則回民之有教。無庸置議也。惟是凡人生產雖不同地。而同具此天良。習	皇帝對回民的態度		

序號	時間	時間	提出者／奏議者／復議者				接收者／回應者				內容提要	類別、關鍵詞	關聯條目與事件	問題
	(中曆)	(西曆)	人物	八旗歸屬籍貫民族	職銜	出身	人物	八旗歸屬籍貫民族	職銜	出身				
											尚雖不同教。而同歸於為善。回民處天地覆載之內。受國家養育之恩。可不孜孜好善。共勉為醇良乎。且朝廷一視同仁。回民中拜官受爵。洊登顯秩者。常不乏人。則其勉修善行。守法奉公。以共為良民者。亦回民之本心也。要在地方官吏。不以回民異視。而以治衆民者治回民。為回民者。亦不以回民自異。即以習回教者習善教。則賞善罰惡上之令自無不行。悔過遷善。下之俗自無不厚也。如陝省之回民。較他省尤多。其販私聚賭私藏兵器。種種不法之案屢出較他省回民為甚。又如奉旨禁宰牛隻。乃勸民務農勤稼所以重惜力耕之物命聞回民頗有怨言。且有私自屠宰者。此即居心殘忍。不務本奉法之一端也。朕念萬物一體之義豈忍視回民與衆民有殊。特此詳加訓誨。為回民者。當知率由禮義講讓興仁。毋恃強而陵弱。毋倚智而欺愚。儻自謂別為一教。怙惡行私則是冥頑無知甘為異類。憲典具在。朕豈能寬假乎。自茲以後父戒兄勉。姻婭族黨。互相箴規。盡洗前愆。束身向善以承天地覆載之恩。以受國家教養之澤。豈不美歟。直省各督撫。等務宣布朕意。咸使聞知			

序號	時間	時間	提出者／奏議者／復議者				接收者／回應者				內容提要	類別、關鍵詞	關聯條目與事件	問題
	(中曆)	(西曆)	人物	八旗歸屬籍貫民族	職銜	出身	人物	八旗歸屬籍貫民族	職銜	出身				
5	世宗雍正7年6月23日	1729.07.18	雍正		皇帝		刑部、步軍統領、順天府尹、五城御史				諭刑部等衙門。聞得外間訛傳。六月二十四五。將開屠宰耕牛之禁。回子等。俱欲齊來謝恩等語。又聞民間竟有私宰耕牛之事。此必姦人造為訛言。誘人犯法。以撓禁令也。凡朕所降旨禁約者。事事皆欲濟民之用。厚民之生。無一事為朕之私心便用而設也。如禁用黃銅。所以裨益鼓鑄。流通國寶。朕豈別有需用黃銅之處乎。如禁賭博。所以端人心而厚風俗。賭博之為害於人心風俗。朕已屢降諭旨。甚詳且悉。非愚頑不移之輩。無一人不以禁約為當也。至於禁宰耕牛。以耕牛為農田所必需。墾田播穀。實藉其力。世間可食之物甚多。何苦宰牛以妨穡事乎。今朝廷所需。除祭祀照例供用。其餘亦一槩不用牛肉矣。年來自禁用黃銅之後。而錢價漸平。民用頗利矣。自禁賭博之後。而開場聚眾者。亦畧知畏懼斂跡矣。自禁宰耕牛之後。而農家向日數金難得一牛者。今已購買易而畜牧蕃矣。可見利益民生之事。亦既行之有效。為良民者。必皆知朕大公愛民之心。為良有司者。必能實心遵朕愛民之政。惟百姓中有回子一類。以宰牛為業。試思貿遷有無。百工技藝。何業不可營生。而必欲為此犯禁傷農之事。國家亦豈肯因一二游手回民無理之營生。而令妨天下萬民之	法律、民生、處罰		

序號	時間	時間	提出者／奏議者／復議者				接收者／回應者				內容提要	類別、關鍵詞	關聯條目與事件	問題
	(中曆)	(西曆)	人物	八旗歸屬籍貫民族	職銜	出身	人物	八旗歸屬籍貫民族	職銜	出身				
											生計。夫朕所禁之事。必審度再四。灼見其必應禁止。然後見諸施行。豈有旋禁旋開。朝三暮四之理乎。今訛傳宰牛開禁之語。必係為匪姦徒。造作言語。煽誘愚民。使之犯法。而於中取利。甚屬可惡。著該部。步軍統領。順天府府尹。五城御史等。通行曉諭京城直省。竝嚴行查訪。如有違禁私宰耕牛。及造為種種訛言。希圖煽誘者。立即鎖拏。按律盡法究治。如該管官不實力嚴查。致有干犯者。定行從重議處			
6	世宗雍正8年2月23日	1730.04.10	理藩院				雍正		皇帝		理藩院遵旨議奏。外國進貢來使。俱有館舍安置。惟回紇未經置館。請撥官房一所立為回紇館。竝擇在京回民頭目二名。居住看守。從之	藩部、進貢		
7	世宗雍正8年5月7日	1730.06.21	魯國華	浙江省-紹興府-會稽縣	安徽按察使(江南安徽按察使(暫署),雍正7年-?)	監生	雍正		皇帝		署安徽按察使魯國華。條奏回民居住內地。不分大小建。不論閏月。以三百六十日為一年。私計某日為歲首。群相慶賀。平日皆戴白帽。設立禮拜清正等寺。妄立把齋名目。違制惑衆。應請嚴行禁革。恪守典章。違者照律定擬。如地方官容隱。督撫徇庇。亦一併議處。得旨。回民之在中國。其來已久。伊既為國家編氓。即皆為國家赤子也。朕臨御天下。一視同仁。豈忍令回民獨處德化之外。是以曾頒諭旨。訓以興孝勸忠。望其型仁講讓。服教慕	皇帝對回民的態度、處罰		

序號	時間	時間	提出者／奏議者／復議者				接收者／回應者				內容提要	類別、關鍵詞	關聯條目與事件	問題
	(中曆)	(西曆)	人物	八旗歸屬籍貫民族	職銜	出身	人物	八旗歸屬籍貫民族	職銜	出身				
											義。共為善良。即數年來。亦未見回民作奸犯科。逞兇肆惡者。且其中有志上進者甚多。應試服官。同於士庶。而以文武科名出身。洊登顯秩。為國家宣力効忠者。常不乏人。至回民之自為一教。乃其先代相沿之土俗。亦猶中國之大。五方風氣不齊。習尚因之各異。其來久矣。歷觀前代。亦未通行禁約。強其畫一也。魯國華比奏。甚屬苛刻怪誕。回民何嘗不遵正朔。而祇以其私記時日。即加以不遵正朔之名。回民何嘗不遵服制。而祇以其使用冠巾。即加以不遵服制之罪。至於禮拜清正等寺名。亦不過如各省村邑。崇奉其土俗之神。皆為祀典之所不載。何獨於回民刻意吹求。指為罪案乎。若回民果有干犯法紀之處。國憲具在。自當按律懲治。並無曲宥回民之條。向後倘回民本無過愆。而大小官員等。但因其習尚少有不同。以此區區末節。故意苛求。妄行瀆奏者。朕必嚴加處分。魯國華此奏。非有挾私報復之心。即欲惑亂國政。著將魯國華交部嚴加議處			
8	世宗雍正8年10月6日	1730.11.15	岳鍾琪、雍正	四川省-成都府-[成都縣]、滿洲鑲黃旗	西路寧遠大將軍(雍正7-10年))皇帝		內閣				辛丑。諭內閣。據寧遠大將軍岳鍾琪奏稱。吐魯番回目額敏和卓。屯田種地。恭順効力。甚屬可嘉。朕聞之。深為喜悅。額敏和卓。賞緞二十疋。其種地效力之回民。賞銀	藩部、封賞		

序號	時間	時間	提出者／奏議者／復議者				接收者／回應者				內容提要	類別、關鍵詞	關聯條目與事件	問題
	(中曆)	(西曆)	人物	八旗歸屬籍貫民族	職銜	出身	人物	八旗歸屬籍貫民族	職銜	出身				
											二千兩。著提督紀成斌。差遣弁員。前往吐魯番。會同額敏和卓。秉公賞給。以示朕加恩外番之至意			
9	世宗雍正8年12月21日	1731.01.28	(西魯特)憲德、雍正	蒙古正白旗	四川巡撫(雍正5-11年)、皇帝	廕生	大臣官員、士庶兵丁、回民				四川巡撫憲德疏言。川省回民。感激天恩。集衆誦經。恭祝萬壽。得旨。數年以來。凡內外臣民等。感戴朕恩。有欲建立碑亭。及開設經壇。以申頌祝者。皆已嚴行禁止。並令大臣官員。殫竭誠意。屏絕虛文。曉諭所屬士庶兵丁等。一體遵奉。屢降諭旨甚明。川省回民集衆誦經。該撫不行禁止。轉為代題。甚屬不合。著嚴飭行。並曉諭衆回民知之	皇帝對回民的態度、處罰		
10	世宗雍正9年5月18日	1731.06.22	雍正		皇帝		內閣、地方有司、肅州經管之員、甘肅省大臣、(納喇)查郎阿、回民	滿洲鑲白旗	吏部尚書(雍正6-13年)、川陝總督(署)(雍正7-9年)、陝西總督(署)(雍正9-10年)。查郎阿在此條目記載當中擔任哪一個總督有待查證。		諭內閣。從前因準噶爾之肆虐吐魯番。回民畏其侵陵。有情願移居內地者。諭令地方有司。善為安插撫綏。使之寬裕從容得所。頃聞在肅州居住之回子等。田瘠水少。收成歉薄。而所有牲畜。亦不敷用。生計未免艱難。此皆經管之員。辦理疏忽。而該省大臣。失於覺察之所至也。著署總督查郎阿。將從前辦理不善之員。查出題參。其有應行加恩撫恤之處。亦著查郎阿酌定請旨。即將此曉諭吐魯番移住內地之回民知之	軍事、安置回民、民生、處罰、皇帝對回民的態度		時任確切職位未能查證

序號	時間	時間	提出者／奏議者／復議者				接收者／回應者				內容提要	類別、關鍵詞	關聯條目與事件	問題
	(中曆)	(西曆)	人物	八旗歸屬籍貫民族	職銜	出身	人物	八旗歸屬籍貫民族	職銜	出身				
11	世宗雍正9年6月3日	1731.07.06	岳鍾琪、雍正	四川省-成都府-[成都縣]	寧遠大將軍(西路寧遠大將軍，雍正7-10年)、皇帝		大學士等、岳鍾琪		皇帝、寧遠大將軍(西路寧遠大將軍，雍正7-10年)		甲午。諭大學士等。寧遠大將軍岳鍾琪摺奏。準噶爾賊衆二千餘人。圍困魯谷慶之城。晝夜攻打。二十餘日。吐魯番回子奮勇出擊。殺死逆賊二百餘人。帶傷之賊甚多。請以三千勁兵。兼程而進。必獲全勝。將來即以此三千兵丁。駐箚吐魯番。合之回民。足備防禦等語。朕前次聞吐魯番回民等。感恩望濟之言。甚為懇切。恐賊衆再以大力侵凌。伊等不能抵敵。為其所困。已降旨令大將軍岳鍾琪。酌量發兵應援。不必拘執前說。今岳鍾琪具奏之日。尚未接到朕旨。是以仍作游移之詞。凡用兵之道。在於隨機應變。不容刻緩。若果岳鍾琪確有所見。即應遣兵速往。一面奏聞。何必待降旨到日。始遣兵前往乎。又奏稱挑選精兵三千名。駐箚吐魯番外。餘剩壯健兵丁。留駐新城防守。儘足備進擊烏魯木齊之數等語。朕思我兵進擊烏魯木齊之時。若有賊衆繞道侵犯新城。當思應援剿殺。豈可但作防守之計。至於此時應援吐魯番。自屬應行之事。但噶爾丹策零。性情躁妄。此次失利之後。或於冬季。多添兵力。攻擾吐魯番。未知我三千兵丁。合之回子之力。便可以從容捍禦否。且我軍既駐箚吐魯番。則將來不得不時為應援。岳鍾琪從前。曾有吐魯番駐兵數萬之奏。若	軍事、皇帝對回民的態度、封賞、民生	岳鍾琪帶兵對戰準噶爾	

序號	時間	時間	提出者／奏議者／復議者				接收者／回應者				內容提要	類別、關鍵詞	關聯條目與事件	問題
	(中曆)	(西曆)	人物	八旗歸屬籍貫民族	職銜	出身	人物	八旗歸屬籍貫民族	職銜	出身				
											此時駐兵三千。將來因此牽制。有不得不加增之勢。此則舍本逐末。必不可行者也。朕又思吐魯番。乃阿爾灰。哈喇沙爾兩路之關鍵。既有我軍駐劄。則將來築城於烏魯木齊時。呼吸相應。賊人不敢繞襲我軍之後。况我軍正欲進攻賊之巢穴。若賊人果以大衆來犯吐魯番。則我軍不勞遠行。可以就近殄滅之。亦是善策。總在岳鍾琪悉心籌畫。務期萬全。若將大營兵丁三千名。派往吐魯番。則此三千之數。當另行撥派以足額。吐魯番地方。難於多養馬匹。况此三千兵丁。乃為防守之用。非為追擊之用。所帶馬匹。可酌量存留。其餘仍遣回大營牧放。至於礮火鉛彈。多帶備用。上年官買吐魯番糧石。不必運送軍營。即著留貯吐魯番。以備大兵之用。吐魯番回目額敏和卓等。誠心向化。盡力擊賊。甚屬可嘉。著大將軍傳旨獎勞。酌量賞給緞疋銀兩茶葉等項。彼地既遭賊人侵害恐收成歉薄。糧食不敷。著即以官買糧石。酌量賞給。務使回民得所。將此詳悉傳諭大將軍岳鍾琪知之			
12	世宗雍正9年6月9日	1731.07.12	岳鍾琪、雍正		寧遠大將軍(西路寧遠大將軍，雍正7-10年)、		岳鍾琪		皇帝、寧遠大將軍(西路寧遠大將軍，雍正		寧遠大將軍岳鍾琪疏言。賊夷圍困吐魯番。臣挑選馬兵三千名。令張元佐。曹勷。張存孝。統領。於四月二十四日進發。又令顏清如帶兵二千名。前赴塔庫駐劄。又備兵四	軍事、安置回民	岳鍾琪帶兵對戰準噶爾	

序號	時間 (中曆)	時間 (西曆)	提出者／奏議者／復議者 人物	八旗歸屬籍貫民族	職銜	出身	接收者／回應者 人物	八旗歸屬籍貫民族	職銜	出身	內容提要	類別、關鍵詞	關聯條目與事件	問題
					皇帝				7-10年)		千名。令紀成斌統領。前赴陶賴要隘駐劄。儻賊人傾衆前來。臣即親身統領陶賴。及塔庫二處駐劄之兵。兼程前往剿戮。惟是回民。若令此時遷移。途中行走不能便捷。三千護禦兵丁。首尾亦不能相顧。擬將應援三千馬兵內。暫留一千名。駐劄吐魯番。以為抵禦防範。其餘二千名馬兵。令其回營。如蒙准臣前奏。安設三千兵。駐劄吐魯番。臣即將駐劄塔庫之步兵二千名。令其前往補數。俟我軍進擊烏魯木齊之時。再令回民遷移內地。即將此一千兵丁護送。可無刦奪之患。得旨。應援吐魯番之舉。朕早已降旨。此奏尚有計算未到之處。今年秋間襲擊。是第一善策。至於應援吐魯番。乃相機不得已之舉耳。若但加意籌畫於應援之師。而不計及於襲擊之舉。是舍本而逐末也。且發應援兵丁三千名之外。又令顏清如領兵二千名。駐劄塔庫。紀成斌領兵四千名。駐劄陶賴。是已派兵九千。與前請旨駐兵三千於吐魯番之奏。大不符合矣。今年原議挑選精兵一萬二千名。進擊烏魯木齊。不知此所派應援吐魯番之九千兵。在此一萬二千名兵丁之外乎。抑即在其內乎。此兵平定吐魯番回營。人馬尚可進擊乎。況前奏設三大卡倫於要隘之處。安兵三千名。此非大營之精兵			

序號	時間	時間	提出者／奏議者／復議者				接收者／回應者				內容提要	類別、關鍵詞	關聯條目與事件	問題
	(中曆)	(西曆)	人物	八旗歸屬籍貫民族	職銜	出身	人物	八旗歸屬籍貫民族	職銜	出身				
											乎。今稱存營兵丁。尚有萬餘。足以防禦。假若賊人既擾吐魯番。使我兵前往應援。又以大衆侵犯軍營。或再如上年之故智。繞過大營。驚擾塔爾那沁。及圖呼魯克等處。則我軍之力既分。不識尚可剿殺耶。或但能防禦新築城也。奏摺中總未言及此。甚屬疏漏。至於吐魯番一部落。乃向來甚費商議。置之度外者。即上年遣發弁兵駝隻。往彼搬運米糧。亦俱未經奏聞。致生賊人窺伺之心。屢次侵擾。此乃從前辦理錯誤。以致目今有不得不應援之勢。今大將軍親在軍營。若確見速應救援。便當遣兵迅往。何必遲迴審顧。且前次奏稱留兵三千名。便可防護吐魯番。萬無一失。今又將吐魯番應否留兵。及回民應否遷移。何時動身之處。請旨定奪。前後全不符合。顯有推諉之意。朕在數千里之外。豈能洞悉地方情形。與臨事機宜。預先一一計算而指示之乎。殊失朕信任倚賴之初心矣。儻見此諭旨。以為吐魯番不應移內。勉強順合朕意。輕率舉行。則尤其不可			
13	世宗雍正9年6月20日	1731.07.23	岳鍾琪、雍正		寧遠大將軍(西路寧遠大將軍，雍正7-10年)、皇帝		岳鍾琪		寧遠大將軍(西路寧遠大將軍，雍正7-10年)		辛亥。寧遠大將軍岳鍾琪疏報。賊夷圍困魯谷慶。四十餘日。賴漢回官兵。協力固守。殺死賊人二百餘名。帶傷者甚多。賊人見攻魯谷慶城不下。遂圍困附近之哈喇火州城堡。用木梯三百餘副。為攻城之具。	軍事	岳鍾琪帶兵對戰準噶爾	

序號	時間	時間	提出者／奏議者／復議者				接收者／回應者				內容提要	類別、關鍵詞	關聯條目與事件	問題
	(中曆)	(西曆)	人物	八旗歸屬籍貫民族	職銜	出身	人物	八旗歸屬籍貫民族	職銜	出身				
											回民等。用鎗擊死賊人三百餘名。賊衆一聞大兵應援之信。倉皇逃遁。遺下馬匹刀鎗等件。竝拋棄所造飯食而去。及總兵官張元佐等。領兵兼程前進。賊衆已遠遁無蹤。張元佐等。到魯谷慶城下。回目額敏和卓。及回民老幼男婦。出城迎接。歡聲震地。張元佐等。因天氣炎熱。馬匹疲乏。雖官兵奮勇滅賊。不敢窮追。今臣將派往之馬兵。撥存一千名駐箚魯谷慶。其餘兵丁。俱行撤回。若賊夷又率二三千人來侵。則官兵與回兵。可以抵禦。儻傾衆而來。臣當親統大軍。就近剿殺。以免我師遠行。若必令回民遷入內地。則俟我軍進擊烏魯木齊之後。即令官兵一千名。護送行走。更屬無虞。得旨。賊夷侵犯吐魯番之舉。實由我軍屯運糧石啓釁。以致有不得不應援之勢。今官兵遄行。空勞往返。恐將來似此無益之舉正多。不知大將軍亦曾計及此否。此番回民感戴救濟之恩。歡聲大震。將來賊夷切齒於吐魯番。必思報復。以大力侵凌之。儻至狼狽流離時。不知仍似此感戴乎。目今賊夷以三萬衆侵犯北路。見據靖邊大將軍傅爾丹等奏報。前岳鍾琪曾有親統大兵。前往吐魯番剿殺。而留紀成斌看守之奏。假若賊人此番。不向北路而向西路。將賊衆分為兩大隊。以一			

序號	時間(中曆)	時間(西曆)	提出者／奏議者／復議者				接收者／回應者				內容提要	類別、關鍵詞	關聯條目與事件	問題
			人物	八旗歸屬籍貫民族	職銜	出身	人物	八旗歸屬籍貫民族	職銜	出身				
											隊先侵吐魯番。及岳鍾琪領兵應援前往。賊人又以大隊侵犯軍營。再散其醜類於塔爾那沁。及圖呼魯克等處。不知我軍之力。尚可從容肆應否。今賊夷圍困魯谷慶。哈喇火州二城。官兵冒暑遠行。疲勞士馬。未遇一人。未戮一賊。而岳鍾琪奏摺中。有奮勇滅賊之語。將以此番之舉。遂謂建功樹績於戎行乎。賊夷聞風而遁。可謂懼我軍威乎。即留兵駐防。與遷移回衆。朕意尚無定見。大將軍身在軍營。與遙揣者不同。若果確有所見。自當因時制宜。以身任之。總之向後若有應援吐魯番之舉。只可委將發兵。便賊首親來攻取吐魯番。大將軍亦不可統兵親往。吐魯番一切事宜。岳鍾琪當與伊禮布。常賚。石雲倬等。詳密籌畫。作速定議			
14	世宗雍正9年8月10日	1731.09.10	石雲倬、雍正	山東省-濟南府-德州	副將軍(西路副將軍，雍正9-10年)、皇帝	康熙45年武進士	內閣、石雲倬		副將軍(西路副將軍，雍正9-10年)		諭大學士等。據副將軍石雲倬奏稱。七月十三四等日。有準噶爾賊人。侵擾吐魯番。副將王廷瑞等。分兵迎敵。與賊連戰屢勝生擒賊人七名。殺賊二百餘人。獲軍器馬匹。不記其數等語。王廷瑞分兵迎賊。甚屬孟浪。此番賊衆。不過一二千人。王廷瑞等。幸獲小勝不但不足為喜。朕更為吐魯番憂之。賊人屢被吐魯番之敗創。其懷恨益深。必復以大衆報復。石雲倬可速傳旨。曉諭吐魯番。嗣後賊人來犯。但當堅守城	軍事、安置回民	岳鍾琪帶兵對戰準噶爾	

序號	時間	時間	提出者／奏議者／復議者				接收者／回應者				內容提要	類別、關鍵詞	關聯條目與事件	問題
	(中曆)	(西曆)	人物	八旗歸屬籍貫民族	職銜	出身	人物	八旗歸屬籍貫民族	職銜	出身				
											垣。不可迎戰。若魯谷慶一城。可以容住回民人衆。則合防守之官兵。堅守一城愈妙。如一城不能容住多人。則別住於相近之哈喇火州等處。將馬匹牲畜。速行收拾城中。柴草預為多貯。以備應用。賊衆若分兵來圍。彼此堅守。堅壁清野。俾賊人無所施其伎倆。且有大軍襲其後。奪取其馬匹。坐致疲敝。自必遠遁。亦不可追逐賊衆長於騎射。吐魯番如於馬上比決勝負。則回民十不及賊人之一。若固守城垣以拒敵。賊人亦十不及回民之一。用我之長。乘賊之短。此萬全無弊之道也。凡事持重鎮靜為之。但能保護吐魯番城垣人衆。其功勝於殺賊多矣			
15	世宗雍正9年11月1日	1731.11.29	順承親王(應為愛新覺羅．錫保)、(瓜爾佳)傅爾丹、雍正	滿洲正紅旗、滿洲鑲黃旗	順承親王、根《清史稿》記載，傅爾丹此時應掌振武將軍印(人物傳記資料庫記載任期為雍正 9-10年)，協辦軍務。		大學士、岳鍾琪		寧遠大將軍(西路寧遠大將軍，雍正7-10年)		雍正九年。辛亥。十一月。庚申朔。諭大學士等。昨據順承親王。及傅爾丹等奏報。知北路賊兵已退。邊境寧謐。已寄知大將軍岳鍾琪。令其不必發兵往阿濟。畢濟矣。但思賊兵雖離北路。冬間或向西路。自應仍前防範。至於吐魯番屢拒賊兵。賊人啣恨。將來擾害吐魯番。勢所必有。今雖暫派官兵三千名駐防。然究非長久之策。回民應否遷移。官兵何時可撤。著岳鍾琪。悉心籌畫具奏	軍事、安置回民	岳鍾琪帶兵對戰準噶爾	

序號	時間 (中曆)	時間 (西曆)	提出者／奏議者／復議者 人物	八旗歸屬籍貫民族	職銜	出身	接收者／回應者 人物	八旗歸屬籍貫民族	職銜	出身	內容提要	類別、關鍵詞	關聯條目與事件	問題
16	世宗 雍正9年11月29日	1731.12.27	刑部、許容	河南省-歸德府-虞城縣	甘肅巡撫(雍正6年-乾隆1年)	康熙50年舉人	雍正		皇帝		刑部議覆。甘肅巡撫許容條奏。回民居住之處。嗣後請令地方官。備造冊籍。印給門牌。以十戶為一牌。十牌為一甲。十甲為一保。除設立牌頭甲長保正外。選本地殷實老成者。充為掌教。如人戶多者。再選一人為副。不時稽查。所管回民。一年之內。竝無匪盜等事者。令地方官酌給花紅。以示鼓勵。應如所請。從之	法律、戶籍、封賞		
17	世宗 雍正10年2月12日	1732.03.08	岳鍾琪、雍正		寧遠大將軍(西路寧遠大將軍，雍正7-10年)、皇帝		岳鍾琪		寧遠大將軍(西路寧遠大將軍，雍正7-10年)		寧遠大將軍岳鍾琪奏言。臣令總兵官曹勷。統領副將紀成斌等。率兵應援哈密。於正月二十七日。將至二堡地方。正遇賊人大隊。約有五千餘人。即奮勇進擊。交戰一晝夜。二十八日。賊衆登山抵拒。曹勷等復四面奮攻。爭先力戰。從卯至午。賊衆大潰。殺傷無數。奪其馬匹牛羊。幷救出兵丁。及漢回商民數百名。所餘賊兵。由沙磧。敗遁西逃。曹勷領兵搜捕。直抵二堡下營。二十九日。曹勷自二堡行至柳樹泉。總兵官張豹。協同哈密副將焦景竑。塔爾那沁副將陳經綸等。與曹勷合兵一處。乘夜追剿。臣思賊人背腹受敵。縱有殘寇兔脫。勢必逃至無克克嶺。臣隨知會副將軍石雲倬。常賚。署鎮安將軍卓鼐等。派遣滿漢兵丁六千名。於無克克嶺南山口之梯子泉一帶截殺。仍著總兵官曹勷。將所領官兵。在沙棗泉駐劄。	軍事、安置回民	岳鍾琪帶兵對戰準噶爾	

序號	時間 (中曆)	時間 (西曆)	提出者／奏議者／復議者				接收者／回應者				內容提要	類別、關鍵詞	關聯條目與事件	問題
			人物	八旗歸屬籍貫民族	職銜	出身	人物	八旗歸屬籍貫民族	職銜	出身				
											以張聲勢。所有大捷緣由。理合繕摺奏報。得旨。大將軍岳鍾琪。奏報各路撥派官兵進剿堵截。及總兵曹勷等擊敗賊人之信。調度有方。運籌亦備。官弁兵丁。奮勇效力。擊敗賊眾。朕心嘉慰。惟是曹勷領兵一路。正當賊鋒。其所帶兵丁。稍覺單弱。而勇健將弁。亦覺尚少。再。賊人若由無克克嶺逃遁。則有常賚石雲倬等。堵邀擊殺。假若敗殘餘賊。由沙磧而遁。必由齊克塔木經過。吐魯番之官兵。早能得信。與回民併力邀擊。豈不更善。又穆壘駐兵一事。朕已降旨與岳鍾琪。令其計議舉行。則吐魯番回民遷移之事。可以緩商。至穆壘築城。若事在必行。以速為善。今賊夷受創而去。乘機動工。更覺順便。竝令岳鍾琪速議奏聞			
18	世宗雍正10年2月19日	1732.03.15	內閣				雍正		皇帝		丁未。諭內閣。朕聞西寧北川口外白塔地方。出產石煤。係附近漢土番回民人。空取販賣。以為生計。每馱納稅錢三十文。西寧府委員收解充餉。約計每年收銀一千九百餘兩。近因西陲用兵之際。西寧移駐兵弁。較前為多。率皆用煤以供炊爨。煤價漸至昂貴。若仍照例徵收稅銀。恐價值不能平減。於兵民均有未便。著將應收稅銀寬免。該督撫轉飭有司。實心稽查。儻胥吏人等。有照舊私收。或借端需索者。	民生、稅收		

序號	時間	時間	提出者／奏議者／復議者				接收者／回應者				內容提要	類別、關鍵詞	關聯條目與事件	問題
	(中曆)	(西曆)	人物	八旗歸屬籍貫民族	職銜	出身	人物	八旗歸屬籍貫民族	職銜	出身				
											務令察出治罪			
19	世宗雍正10年2月25日	1732.03.21	雍正		皇帝		大學士、岳鍾琪		寧遠大將軍（西路寧遠大將軍，雍正7-10年）		又諭。前議三四月間穆壘築城駐兵一事。已降旨大將軍岳鍾琪。令其酌量辦理。今再四思維。以數萬官兵。移駐穆壘。春間馬駝既恐膘力不足。且時日稍覺忙迫。未必事事皆能就緒。不若遲至六月夏秋之交。將諸事預行慎密辦妥。大兵迅發。一舉可成。將來預備兵丁之時。須出其不意。速完城工。則戰守皆易矣。穆壘駐兵之舉既緩。則吐魯番之兵糧。當急為籌畫。吐魯番既有官兵三千名。若再加三千名。則軍勢益壯。不但可以保護回民。即將來禾稼在野之時。賊人前來踐踏。我師合回衆擒剿之。亦易為力。此時發兵三千前往。就便可以將米糧運送。或由沙磧小路。零星運往亦可。儻僱哈密之人運送。而令吐魯番之人接應。皆照數給與腳價。著岳鍾琪悉心妥議辦理	軍事	岳鍾琪帶兵對戰準噶爾	
20	世宗雍正10年2月27日	1732.03.23	雍正		皇帝		大學士				又諭。哈密被賊侵擾。回民等。併力抵禦。甚屬可嘉。聞其在外牧放之牲畜。一時不及收回者。被賊人盜去。雖據報賊遁之後。仍將牲畜奪回。但恐遺失倒斃者已多。朕心深為軫念。其遺失牲畜之頭目回民等著賞銀一萬兩。守城禦賊者。著賞銀五千兩。按名分給。其擒獲賊人者。優加賞賚。務令均沾恩澤	封賞	岳鍾琪帶兵對戰準噶爾	

序號	時間	時間	提出者／奏議者／復議者				接收者／回應者				內容提要	類別、關鍵詞	關聯條目與事件	問題
	(中曆)	(西曆)	人物	八旗歸屬籍貫民族	職銜	出身	人物	八旗歸屬籍貫民族	職銜	出身				
21	世宗雍正10年8月9日	1732.09.27	張廣泗、雍正	漢軍鑲紅旗	副將軍(西路副將軍，雍正10-13年)、皇帝	監生	辦理軍機大臣、張廣泗		副將軍(西路副將軍，雍正10-13年)		論辦理軍機大臣等。據副將軍張廣泗等奏稱。穆壘形勢。四面受敵。必不可以駐劄大兵。牧廠運道。正在可虞。交冬下雪之後。賊人無處不可出沒。甚難籌畫等語。上年據岳鍾琪 奏稱。巴爾庫爾屢被賊人侵擾。穆壘形勢。實為萬全之地。願以全家性命。保其有益無害。是以廷議允從其請。今張廣泗等所奏如此。則岳鍾琪欺罔之罪。擢髮難數矣。目今賊人聞知穆壘駐兵之信。必悉力前來。阻撓侵擾。惟是賊衆現在盤踞北路。未必更有多人。分向西路。我兵速乘此時。撤回巴爾庫爾。乃第一要策也。不必更有遲回。至所稱闊舍圖。烏蘭烏蘇等處。各分別駐兵等語。伊等身在地方。必有真知灼見。聽其酌定就近辦理。務期妥協。至於吐魯番回民。年來輸誠向化。情甚可憫。我兵既撤之後。 回民應如何料理。或酌留官兵在彼防護。或將頭目緊要之人。安插近地。著張廣泗等。就近商議辦理	軍事、安置回民	岳鍾琪帶兵對戰準噶爾	
22	世宗雍正10年9月1日	1732.10.19	雍正		皇帝		西路軍營將弁兵丁、查郎阿、(錫林覺羅)鄂爾泰	(鄂爾泰)滿洲鑲藍旗	查郎阿：吏部尚書(雍正6-13年)、陝西總督(署)(雍正9-10	(鄂爾泰)康熙38年舉人	諭西路軍營將弁兵丁等。噶爾丹策零父子兇頑。世濟其惡。戕害臣服我朝之蒙古部落。窺伺我邊疆。國家不得已用兵之苦心。已屢經曉諭官弁兵丁等知之矣。夫三軍司命。在於將帥。朕慎重其選。以岳鍾琪。乃將門之子。久歷行間。從前用兵	軍事、藩部、處罰	岳鍾琪帶兵對戰準噶爾	

序號	時間	時間	提出者／奏議者／復議者				接收者／回應者				內容提要	類別、關鍵詞	關聯條目與事件	問題
	(中曆)	(西曆)	人物	八旗歸屬籍貫民族	職銜	出身	人物	八旗歸屬籍貫民族	職銜	出身				
									年)、署大將軍(寧遠大將軍(署),雍正10年-?)鄂爾泰：大學士(保和殿大學士,雍正10年-乾隆10年)		青海。曾有勞績。且於西陲情形。素為熟練。伊亦自信克當此任。是以命為西路大將軍。一切徵兵。運餉。選將。設官之事。凡有所請。無不允行。實冀其殫心竭力。奏績邊疆。為一勞永逸之計。豈料伊秉性粗疏。辦事闊略。平居志大言大。似有成算。及至臨時。則張皇失措。意見游移。且賞罰不公。號令不一。不恤士卒。不納善言。自奉太豐。待下鮮恵。今略舉其失機一二事言之。前年冬月陛見入都。軍營之事。全無料理。以致賊人盜竊駝馬。傷我弁兵。嗣後朕時時降旨。諭令慎密周防。乃今年正月。賊人越過大營。直至哈密。及塔爾那沁等處。搶掠牲畜。戕害回民。伊將令不行。調度無術。竟令已入網羅之寇賊。由坦道遁逸而去。又如穆壘駐兵之舉。實由岳鍾琪之奏請。且稱願以全家性命。保其萬全。乃我兵移駐之始。即有賊人潛過穆壘河東。搶擄馬匹傷害官兵。現今運道牧廠。時受侵擾。此皆岳鍾琪失算誤國之昭著者。其他顛倒昏憒。疏忽錯謬之處。不可枚舉。以統兵之人。居心行事如此。無怪乎三軍之士。離心解體。兵氣為之不振也。朕思用兵之事。關係重大。似此一籌莫展。屢失機宜。則軍務何日能竣我三軍之士。何時得以休息。用是特降諭			

序號	時間	時間	提出者／奏議者／復議者				接收者／回應者				內容提要	類別、關鍵詞	關聯條目與事件	問題
	(中曆)	(西曆)	人物	八旗歸屬籍貫民族	職銜	出身	人物	八旗歸屬籍貫民族	職銜	出身				
											旨。將岳鍾琪調回京師。以吏部尚書陝西總督查郎阿。署理大將軍事務。命大學士鄂爾泰。親至肅州。頒賜敕書。指授方略。查郎阿素性忠良。赤心為國。虛懷謙受。能體下情。自辦理軍需以來。事事妥協。邊疆情形。皆所深知。一到軍營。與副將軍張廣泗。常賚等。合志同心。和衷共濟。必能運籌決勝。靖寇安邊。是在爾將弁兵丁等。鼓舞奮興。急公努力。盡洗從前委靡怠惰之習。合千萬之人為一心。則忠誠感格。和氣致祥。必邀上天之默佑。迅速成功。膺國家優隆之爵賞。是此日之更換將帥。酌改規模。實爾西路軍營。通塞否泰轉移之機也。今年七八月間。賊兵以三萬人。侵犯北路。深入厄爾得尼招地方。意欲迎奪喇嘛。擄掠喀爾喀蒙古。我師奮勇前追。殺死賊兵萬人。積屍如山。河水盡赤。賊夷乘夜逃奔。拋遺馬匹牛羊器械。不計其數而我兵受傷者。不過十餘名。領兵之大小將弁。未損一員。此實行間將士。合力同心。仰邀天祐之明驗也。今賊人既受大創於北路。未必不輕視西路。重整餘力。以向巴爾庫爾。冬春防範。尤宜嚴密。不可疏忽。著署大將軍等。將此曉諭各營將弁兵丁。咸使知悉。至岳鍾琪屢次失機之罪甚大。律以國法。不容寬貸。			

序號	時間	時間	提出者／奏議者／復議者				接收者／回應者				內容提要	類別、關鍵詞	關聯條目與事件	問題
	(中曆)	(西曆)	人物	八旗歸屬籍貫民族	職銜	出身	人物	八旗歸屬籍貫民族	職銜	出身				
											又聞軍營弁兵。無不含怨。著署大將軍查郎阿。遍行詢問軍營將弁兵丁等。岳鍾琪自領兵以來。果屬事事乖張。人心共怨否。抑或尚有。可取之處否。務使三軍之衆。人人各抒己見。據實舉出。即有互異。不妨兩奏以聞			
23	世宗雍正10年10月11日	1732.11.28	張廣泗、雍正		副將軍(西路副將軍，雍正10-13年)、皇帝		辦理軍機大臣、查郎阿、劉於義	江蘇省-常州府-武進縣	查郎阿：吏部尚書(雍正6-13年)、陝西總督(署)(雍正9-10年)、署大將軍(寧遠大將軍(署)，雍正10年-？)劉於義：刑部尚書(雍正9-11年)、陝西總督(刑部尚書署，雍正10-11年)	康熙51年進士	乙丑。諭辦理軍機大臣等。吐魯番回民。遷移近邊一事。據副將軍張廣泗等。計議明晰。伊等身在軍營。自有確見。但不知此際有無賊人阻滯。所議遷移之事。曾否舉行。若果於冬月遷移。則天氣寒冷。深可軫念。雖張廣泗等奏稱。塔爾那沁向有城堡。儘可令回民暫住。令其耕種。朕思此地竝無房屋。回民何以棲身。查哈密地方和暖。其城外五堡等處。原係哈密回民居住之所。若將移來之回民。分派此地。暫行安插過冬。令額敏和卓。轉飭本地回民。就近照看。似為有益。若哈密回民。果能同心照看。使之得所。朕必將額敏和卓。及回民等。加以重賞。至於吐魯番新來之回民。著查郎阿等。重加賞賜。派委幹員。加意撫綏。諸凡寬裕料理。務使伊等不知有遷移之苦。將來若令其在塔爾那沁居住。可早為辦理物料。以便及時興造房屋。俾獲寧居。爾等可將此寄信前去。竝令劉於義等知之。儻冬月不即遷移。可遲至春	封賞回民、安置回民		

序號	時間(中曆)	時間(西曆)	提出者／奏議者／復議者				接收者／回應者				內容提要	類別、關鍵詞	關聯條目與事件	問題
			人物	八旗歸屬籍貫民族	職銜	出身	人物	八旗歸屬籍貫民族	職銜	出身				
											間。再議舉行			
24	世宗雍正10年11月3日	1732.12.19	張廣泗、雍正		副將軍(西路副將軍，雍正10-13年)、皇帝		辦理軍機大臣、查郎阿、張廣泗		查郎阿：吏部尚書(雍正6-13年)、陝西總督(署)(雍正9-10年)、署大將軍(寧遠大將軍(署)，雍正10年-?)張廣泗：副將軍(西路副將軍，雍正10-13年)		丙戌。諭辦理軍機大臣等。前據副將軍張廣泗奏稱。十月間料理吐魯番回民遷移之事。若有賊人阻撓。則遲至來春。再作計議等語。比來未見西路奏聞。想賊人於北路大創之後。力量衰竭。不能復侵擾吐魯番。亦未可定。 回民乘此遷移。似屬應行。朕思回民誠心歸嚮。屢拒賊鋒。甚屬可嘉。而冬月寒冷之時。倉皇轉徙。又甚可憫。除在途加意保護外。伊等到時。務須安插妥貼。重加賞賚。出其望外。使老幼男婦。咸慶得所。不可為愛惜錢糧起見。稍負遠人內附之心也。爾等可傳諭查郎阿。張廣泗等知之	安置回民		
25	世宗雍正10年11月12日	1732.12.28	雍正		皇帝		額敏和卓、查郎阿		扎薩克輔國公、署大將軍(寧遠大將軍(署)，雍正10年-?)		乙未。諭吐魯番頭目額敏和卓等。吐魯番部落。遠在邊境之外。去巴爾庫爾軍營。尚有七八百里。易為賊人之所窺伺。我師難於庇護。朕以仁愛為心。是以聽其自便。不強其歸順我朝。致受賊人之侵擾也。乃前歲岳鍾琪竝未奏聞。直以己意。遣官帶領駝隻。前往採買米石。致啓賊人侵擾。而額敏和卓與回衆等。誠心歸嚮我朝。努力奮勇。抗拒賊	安置回民、藩部、軍事、封賞		

序號	時間	時間	提出者／奏議者／復議者				接收者／回應者				內容提要	類別、關鍵詞	關聯條目與事件	問題
	(中曆)	(西曆)	人物	八旗歸屬籍貫民族	職銜	出身	人物	八旗歸屬籍貫民族	職銜	出身				
											兵。上年賊衆三次圍攻。回衆與官兵。併力抵禦。不但全城無恙。且出其不意。乘間擊刺。屢剉賊鋒。忠勇之氣。甚屬可嘉。然賊夷狡獪異常。時以侵擾吐魯番。為疲敝我師之計。是以副將軍張廣泗等。議將爾等搬移近邊之地。以避賊人侵害。前月具奏到日。朕深念爾等移徙之時。賊人或於中途窺伺。又恐天氣寒冷。男婦老幼。苦於行役。屢降諭旨。令署大將軍等。於途次加意防護。到時善為安插。務令人人得所。此數月以來。朕無時不以爾等安土重遷。縈繫於心也。今閱署大將軍查郎阿等奏報。回民大小一萬餘口。已於十月十四十七等日。陸續起程。群情踴躍。計日可到。朕心甚為欣慰。因思年來爾等屢遇強寇。而未遭其戕害。今安穩遷移。永居樂土。世受我朝恩庇。此皆爾等忠誠。感格上天。顯賜福祜之明徵也。除已降旨令署大將軍等。悉心部署。竝優加賞賚外。額敏和卓。著封為扎薩克輔國公。其餘頭目等。有應加恩賞。授官職者。俟大將軍查奏到日。再降諭旨。著將此通行曉諭回民共知之			
26	世宗雍正10年12月17日	1733.02.01	查郎阿、雍正		署大將軍(寧遠大將軍(署)，雍		辦理軍機大臣、劉於義、許容、查郎	(許容)河南省-歸德府-虞城縣、(顏清如)不詳	劉於義：刑部尚書(雍正9-11年)、	(許容)康熙50年舉人、(顏清如)不	庚午。諭辦理軍機大臣等。從前署大將軍查郎阿摺奏。請將吐魯番回衆。在肅州所屬王子莊安插。經廷臣議令署總督劉於義等。確勘詳查。	安置回民		顏清如的籍貫和出身資料不詳

序號	時間(中曆)	時間(西曆)	提出者／奏議者／復議者				接收者／回應者				內容提要	類別、關鍵詞	關聯條目與事件	問題
			人物	八旗歸屬籍貫民族	職銜	出身	人物	八旗歸屬籍貫民族	職銜	出身				
					正10年-?)、皇帝		阿、顏清如		陝西總督(刑部尚書署，雍正10-11年)。許容：甘肅巡撫(雍正6年-乾隆1年)查郎阿：署大將軍(寧遠大將軍(署)，雍正10年-?)顏清如：四川提督(雍正9-13年)	詳	妥協辦理。朕思回民等。輸誠嚮化。自應選給水土饒衍。氣候和煦之地。俾得樂業安居。肅州之王子莊。水泉甚少。可墾之地。不敷回民耕種。查瓜州地土肥饒。水泉滋潤。氣候亦和。與 回民原住地方。風景相似。且現在開墾可種之地。甚為寬闊。足資回民耕收。由塔爾那沁遷至瓜州。路不甚遠。可免跋涉之勞。著署總督劉於義。巡撫許容。將吐魯番回衆。即於瓜州安插。其築堡造房。給與口糧牛種等項。亦即行估辦。交原任潼商道王全臣料理。再令查郎阿 。即於軍營派一武職大員。先赴瓜州。會同王全臣悉心妥辦。回衆自塔爾那沁遷移之時。著提督顏清如。沿途照看至瓜州。安插事畢。顏清如仍回軍營辦事			
27	世宗雍正11年正月(1月)25日	1733.03.10	戶部、二格	不詳	左副都御史(都察院左副都御史，雍正7年-乾隆1年)、協辦肅州軍需事務(雍正9-12		雍正		皇帝		戶部議覆左副都御史二格奏稱。自肅州以至哈密計程一千五百餘里。其間沙州。安西等處。向屬肅州道管轄。但該道駐劄肅州。事務甚繁。於口外地方。鞭長莫及。且現在安西開墾屯種。又有吐魯番回民於瓜州安插。須有大員就近彈壓。撫綏教導。尤屬有益。應如所奏。添設安西兵備道一員。其原設之安西同知一員。移駐瓜州。辦理永利屯田。	安置回民、官制		二格八旗歸屬／籍貫不詳

序號	時間	時間	提出者／奏議者／復議者				接收者／回應者				內容提要	類別、關鍵詞	關聯條目與事件	問題
	(中曆)	(西曆)	人物	八旗歸屬籍貫民族	職銜	出身	人物	八旗歸屬籍貫民族	職銜	出身				
					年)						與原設之靖逆通判。以至四衛一所。俱令該道統轄。從之			
28	世宗雍正11年4月11日	1733.05.24	雍正、查郎阿		皇帝、署大將軍(寧遠大將軍(署)，雍正10年-？)		王大臣				壬戌。論王大臣等。朕前聞武格。在巴爾庫爾軍營。捏造撤兵之說。口稱將吐魯番回民。搬至內地安插。即將巴爾庫爾之兵。全行搬至布隆吉爾一帶駐箚。以致軍營弁兵。各懷退撤之心。不思黽勉效力。又武格在營。諸事怠忽。凡遇操演。從未親加查閱。朕所聞如此。武格。身膺領兵之任。乃以訛言惑衆。重違軍紀。若留在軍營。恐滋事端。是以特降諭旨。將武格革職。拏解來京。嚴加訊問。嗣據署大將軍查郎阿奏稱。武格向張廣泗云。署大將軍曾具奏。欲派兵襲擊。旨意不允。已授倉場侍郎岳爾岱為大將軍。來營料理。張廣泗以為必無之事。而武格猶堅稱係叅贊大臣顧魯告知。親見硃批奏摺等語。朕隨即降旨。令查郎阿 詢問顧魯。據查郎阿奏。顧魯呈稱。顧魯在營最久。軍令捏造謠言。罪在不赦。豈敢以毫無影響之事。憑空捏造。告知武格等語。武格受朕深恩。由侍衛叅領之職。擢用至侍郎巡撫。前因西路領兵滿洲大員甚少。武格平素似尚有勇略。是以召令進京。畀以將軍重任。乃伊一到京師。神氣改常。朕即面加訓飭。伊又奏稱馬爾泰 不勝巡撫之任。此乃希冀復為陝撫之	軍事、處罰		

序號	時間 (中曆)	時間 (西曆)	提出者／奏議者／復議者 人物	八旗歸屬籍貫民族	職銜	出身	接收者／回應者 人物	八旗歸屬籍貫民族	職銜	出身	內容提要	類別、關鍵詞	關聯條目與事件	問題
											意。因朕未遂其願。心懷怨望。勉強前赴軍營。朕猶冀其感恩宣力。特陞為工部尚書。乃伊全無人心。視軍機重務。如同膜外。且時存退縮之念。奏報俱屬子虛。又將賞賚兵丁皮衣皮帽等項。止量行散給。其餘俱留貯軍營。以致恩不下逮。今竟敢揑造全無影響之事。矢口傳述。冀以擾亂軍務。煽惑人心。從來造言生事者。律有不赦之條。按以軍法。決不待時。況假稱朕旨。其罪更甚。著王大臣等。一一嚴訊確供具奏			
29	世宗雍正 11 年 8 月 20 日	1733.09.27	雍正、劉於義		皇帝、陝西總督(刑部尚書署，雍正 10-11 年)		辦理軍機大臣				諭辦理軍機大臣等。據署陝西總督劉於義等奏稱。吐魯番等處回民。已移至安西。男婦大小共八千一十三名口。朕查從前回民。自吐魯番移至塔爾那沁時。共九千二百七十三名口。今其中既有病故。例應扣除口糧。但伊等甫到安西。寧使之食用寬裕。著仍照原數支給。以示朕格外之恩。至總管額敏和卓。及伊親丁。著照官員例。支給粳米。以示優異	安置回民、封賞		
30	世宗雍正 11 年 9 月 5 日	1733.10.12	辦理軍機大臣、劉於義		陝西總督(刑部尚書署，雍正 10-11 年)		雍正		皇帝		辦理軍機大臣等議覆。署陝西總督劉於義奏言。回民頭目。奉旨賞給職銜。請照伊等從前有功等次。定品級之大小。將一等頭目。給與正千戶職銜。二等頭目。給與副千戶職銜。三等頭目。給與正百戶職銜。	封賞		

序號	時間	時間	提出者／奏議者／復議者				接收者／回應者				內容提要	類別、關鍵詞	關聯條目與事件	問題
	(中曆)	(西曆)	人物	八旗歸屬籍貫民族	職銜	出身	人物	八旗歸屬籍貫民族	職銜	出身				
											四等頭目。給與副百戶職銜。照例頒給號紙。應如所請。從之			
31	世宗雍正12年11月29日	1734.12.23	額敏、雍正		哈密幃子(應與之前的扎薩克輔國公額敏為同一人)、皇帝		辦理軍機大臣、查郎阿		署大將軍(寧遠大將軍(署)，雍正10年-?)		庚子。諭辦理軍機大臣等。據哈密幃子額敏奏稱。所屬回民等。有可種四百石穀之地。現在軍營屯田界內。願將此作為官地等語。哈密地方。悉皆朕土。無俟伊等獻納。且大兵既撤之後。此地皆可留與哈密。亦斷無因其獻地。另行安置民人之理。但此地現與官地交錯。若不允其所請。照舊令回民耕種。難免互相爭角。儻收為官地。又係回民生計所資。朕意或另賞伊等地畝。及牛具籽種。或每歲將應得穀石。折給銀兩之處。著署大將軍查郎阿等。就近查議	安置回民、皇帝對哈密一地的態度		
32	世宗雍正13年12月1日	1736.01.13	兵部、劉於義		吏部尚書署陝西總督(雍正11-13年)、吏部尚書(雍正11年-乾隆3年)		雍正		皇帝		兵部議覆。吏部尚書署陝西總督劉於義疏言。金塔營。舊設遊擊一員。應請改設副將一員。今增都司一員。舊設千總一員。把總二員。今增千總一員。把總二員。舊設馬步守兵四百七十三名。今增馬步守兵三百二十七名。照馬四步六例。即於甘標現駐金塔寺新兵內撥補。又金塔營所屬之威魯堡。安插回民。尤為要地。鎮屬之下古城。近在內地。舊設守備一員。馬戰守兵一百四十五名。應改設千總一員。兵一百名。其千總即在金塔寺營內摘派。下古城守備。改為威魯堡守備。有下古	軍事		

序號	時間	時間	提出者／奏議者／復議者				接收者／回應者				內容提要	類別、關鍵詞	關聯條目與事件	問題
	(中曆)	(西曆)	人物	八旗歸屬籍貫民族	職銜	出身	人物	八旗歸屬籍貫民族	職銜	出身				
											城裁摘之兵四十五名。今增兵一百五名。亦於新兵內撥補。又甘標撥防金塔寺新兵五百名。除撥補金塔威魯外。尚餘馬兵六十六名。步兵二名。肅標三營現奏准增兵三千名。應將餘剩甘標之兵。即撥入。又金塔寺改設副將。其附近之清水堡都司。鎮夷營遊擊。雙井堡把總。高臺營遊擊。幷所屬之守備。應請就近改歸金塔營副將轄。均應如所請。從之。			
33	高宗乾隆元年(1年)3月15日	1736.04.25	乾隆	滿洲鑲黃旗	皇帝		總理事務王大臣				又諭。肅州威虜堡回民。自遷移內地以來。我皇考世宗憲皇帝。格外加恩。撫綏安插。查雍正七八年間。伊等曾借倉糧一千二百餘石。以作耔種。年來收穫之糧。止敷日用。未能還補公項。朕思內地民間舊欠。既已豁免。 回民亦應一體加恩。著將七八兩年所借小麥一千二百九十九石二斗。悉行寬免。該督撫可轉飭有司。實力奉行。毋使胥吏中飽。俾回民均霑實惠。	安置回民、民生、回民償還借糧事宜、內地與藩部、乾隆對內地(中國本部)百姓與藩部回民的態度		
34	高宗乾隆元年7月29日	1736.09.04	樊廷	陝西行都司-涼州衛	陝西固原提督(雍正9年-乾隆1年)	行伍	乾隆		皇帝		總統駐防哈密赤靖等處官兵陝西固原提督樊廷等。奏準噶爾逃出回民。所供準噶爾情形。雖未足深信。但賊情難測。惟宜嚴加防範。得旨。知道了。一切事宜。汝等和衷料理。	軍事		

序號	時間	時間	提出者／奏議者／復議者				接收者／回應者				內容提要	類別、關鍵詞	關聯條目與事件	問題
	(中曆)	(西曆)	人物	八旗歸屬籍貫民族	職銜	出身	人物	八旗歸屬籍貫民族	職銜	出身				
35	高宗乾隆元年10月7日	1736.11.09	乾隆		皇帝						準噶爾部回民托克托彌什來降。賞給安插如例。	軍事、準噶爾回民附清、安置回民		
36	高宗乾隆元年11月1日	1736.12.02	乾隆		皇帝		諾敏		理藩院員外郎		命理藩院員外郎諾敏等。前往吐魯番辦理安插回民。	安置回民		
37	高宗乾隆元年11月30日	1736.12.31	劉於義、額敏和卓		署川陝總督兼甘肅巡撫(甘肅巡撫(吏部尚書署川陝總督兼署),乾隆1-2年)、扎薩克公		乾隆		皇帝		署川陝總督兼甘肅巡撫劉於義奏言。瓜州回民。於雍正十三年借給籽種口糧。共一萬二千石。腳價銀二千二百七十一兩。應自乾隆元年為始。分作六年清還。茲據額敏和卓。以回子添製衣服。買補車騾等事。本年秋收所餘糧石。僅供諸項之用。呈懇寬限一年。可否允准之處。伏候訓示。得旨。著照所請行。該部知道。	回民償還借糧事宜		
38	高宗乾隆2年9月8日	1737.10.01	乾隆		皇帝						準噶爾回民米爾阿書爾來降。賞給安插如例。	軍事、準噶爾回民附清、安置回民		
39	高宗乾隆2年11月9日	1737.12.29	乾隆		皇帝						準噶爾回民薩特奇。率親屬五人來降。命賞給安插如例。	軍事、準噶爾回民附清、安置回民		
40	高宗乾隆2年11月13日	1738.01.02	乾隆		皇帝						準噶爾部人策零。回民古爾巴勒。來降。命賞給安插如例。	軍事、準噶爾回民附清、安置回民		

序號	時間	時間	提出者／奏議者／復議者				接收者／回應者				內容提要	類別、關鍵詞	關聯條目與事件	問題
	(中曆)	(西曆)	人物	八旗歸屬籍貫民族	職銜	出身	人物	八旗歸屬籍貫民族	職銜	出身				
41	高宗乾隆3年7月30日	1738.09.13	查郎阿、額敏和卓		查郎阿：大學士管川陜總督事(文華殿大學士，雍正13年-乾隆12年)、川陜總督(雍正13年-乾隆3年)額敏和卓：扎薩克公		乾隆		皇帝		又奏。吐魯番回民。搬移瓜州。耕種小灣踏實之地。道里往返維艱。據扎薩克公額敏和卓。呈請在小灣地方。建築小堡。自行造屋居住。據情奏請。得旨。卿等具題可也。	安置回民		
42	高宗乾隆3年8月2日	1738.09.15	工部、查郎阿		大學士管川陜總督事(文華殿大學士，雍正13年-乾隆12年)、川陜總督(雍正13年-乾隆3年)		乾隆		皇帝		工部議准。大學士管川陜總督事查郎阿奏稱。瓜州地多水少。回民田地。資以灌溉者。惟疏勃河之水。河流微細不敷。查靖逆衛之北。地名蘑菇灘。有川北。鞏昌。兩湖。西流合為一處。名蘑菇溝。其西又有三道柳條溝。北流歸擺帶湖。請從蘑菇溝之中腰。建閘一座。即於閘下濬一渠。截蘑菇溝。及三道柳條溝之水。盡入渠中。為 回民灌田之利。從之。	安置回民、水利工程、甘肅地理		

序號	時間	時間	提出者／奏議者／復議者				接收者／回應者				內容提要	類別、關鍵詞	關聯條目與事件	問題
	(中曆)	(西曆)	人物	八旗歸屬籍貫民族	職銜	出身	人物	八旗歸屬籍貫民族	職銜	出身				
43	高宗乾隆3年11月26日	1739.01.05	戶部、查郎阿		大學士管川陝總督事(文華殿大學士，雍正13年-乾隆12年)、川陝總督(雍正13年-乾隆3年)		乾隆		皇帝		又議。大學士仍管川陝總督查郎阿疏言。甘肅小灣地方。雍正十三年。賞與移住瓜州之土魯番回民耕種。去瓜州住堡。幾及百里。請建築小堡。令其就近安居。應如所請。從之。	安置回民		
44	高宗乾隆3年12月11日	1739.01.20	乾隆		皇帝		查郎阿		大學士管川陝總督事(文華殿大學士，雍正13年-乾隆12年)、川陝總督(雍正13年-乾隆3年)		己丑。免瓜州回民舊借糧銀。諭。乾隆元年。曾借給瓜州回民籽種糧八千石。口糧四千石。並腳價銀二千二百七十餘兩。原定議於豐收之時。分年交還。乾隆二年。大學士查郎阿奏稱。回民所收穀石。僅敷本年食用。所有應交公項。力量艱難。懇請寬期一年。再行交納。朕已降旨。俞允。今聞本年口外收成。仍非大稔。 回民遷移未久。家鮮蓋藏。若責令完公。不無拮据之苦。朕撫恤回民。原欲令其安居樂業。永享昇平。此所欠籽種。口糧。腳價。若仍留為分年帶完之項。伊等心中。籌及每歲輸將。不免多所顧慮。非朕恩養邊民之本意。著將此項糧銀。全行豁免。大學士查郎阿等。可即遵旨出示曉諭。俾回民等永沾實惠。	安置回民、皇帝對回民的態度、民生、回民償還借糧事宜		

序號	時間	時間	提出者／奏議者／復議者				接收者／回應者				內容提要	類別、關鍵詞	關聯條目與事件	問題
	(中曆)	(西曆)	人物	八旗歸屬籍貫民族	職銜	出身	人物	八旗歸屬籍貫民族	職銜	出身				
45	高宗乾隆4年7月5日	1739.08.08	(鄂濟)鄂彌達	滿洲正白旗	川陝總督(乾隆4-5年)	官學生	乾隆		皇帝		川陝總督鄂彌達奏。安插瓜州回民於小灣地方。建築城堡。移駐耕種一案。請添派把總一員。或經制外委一員。赴彼彈壓。於瓜州營添派兵丁二十名。交弁目分撥往來。按季更換。下部議行。	安置回民、軍事、治安		
46	高宗乾隆4年9月29日	1739.10.31	鄂彌達、元展成	直隸省-天津府-靜海縣	川陝總督(乾隆4-5年)、甘肅巡撫(乾隆2-6年)	歲貢生	乾隆		皇帝		又會同甘肅巡撫元展成奏。西寧多壩。七石峽。等處居住之回民蘇爾坦。胡里等。三十人。自康熙五十四年以前。陸續由伊犁一路。來西寧貿易。自五十四年。大兵駐劄口外。難回本處。伊等年久。資本用盡。竟至有求乞者。自應仰體皇上一視同仁之意。酌議每人給土房二間。牛一隻。耕具一副。並一牛所種之地。一切籽種口糧。共需銀五十兩。計三十戶。共銀一千五百兩。得旨。此事尚當酌量。若如是。將來口外之窮番。日來日衆。汝等將何以待之。	安置回民、民生		
47	高宗乾隆5年8月21日	1740.10.11	乾隆		皇帝						準噶爾部人庫本。回民古爾班瑪特。來降。命賞給安插如例。	軍事、準噶爾回民附清、安置回民		
48	高宗乾隆6年6月29日	1741.08.10	(董鄂)永常	滿洲正白旗	陝西安西提督(乾隆6-10年)		乾隆		皇帝		總統駐防哈密等處官兵提督永常奏。到哈時。輕騎減從。查閱回民各堡。週圍巡勘。直打坂。柴打坂。二卡。山勢稍低。羣峯遮掩。不能與鄰汛烟火相通。請於二卡之間。斜出高聳之山。設立一墩。以備瞭	軍事、治安		

序號	時間	時間	提出者／奏議者／復議者				接收者／回應者				內容提要	類別、關鍵詞	關聯條目與事件	問題
	(中曆)	(西曆)	人物	八旗歸屬籍貫民族	職銜	出身	人物	八旗歸屬籍貫民族	職銜	出身				
											望。大木頭。西拉諾爾。塔爾納沁之河源小堡等卡。地勢低下。亦請移設高阜。現今卡座密布。堅壁清野。足以消賊人覬覦之心。然守禦宜謹。武備宜嚴。無事常存有事之想。不敢稍存疏忽。得旨。所奏俱悉。所料賊人。頗得梗概。然無事常作有事之想。此則至要之論。而不可少忽者也。			
49	高宗乾隆6年7月12日	1741.08.22	刑部、(章佳)尹繼善	滿洲鑲黃旗	川陝總督(乾隆5-6年)	雍正1年進士	乾隆		皇帝		刑部等衙門議覆。川陝總督尹繼善奏稱。嗣後安西回民一切命盜等案。倣照榆林。寧夏。口外蒙古之例辦理。如兩造俱係回民。應令扎薩克公。將人犯拘交辦理夷情之部郎查審。徑報理藩院完結。若民人與回民交涉之案。則令安西同知會同部郎。審擬詳報。均由安西道核審。轉移臬司。詳請咨題完結。其承審限期。准於正限外各展恨兩箇月。應如所請。至安西地方屬衛所者。應以衛所為專管。該同知為兼轄。不屬衛所者。即以該同知為專管。均以安西鎮道為統轄。照例分別承督職名。再扎薩克公拘交之回民。責令於限內獲解。如託故挨延。將該管扎薩克公額敏和卓等。及承緝督緝之員職名報部。照例分別議處。地方民員。免其查參。從之。	法律、審訊方式		

序號	時間	時間	提出者／奏議者／復議者				接收者／回應者				內容提要	類別、關鍵詞	關聯條目與事件	問題
	(中曆)	(西曆)	人物	八旗歸屬籍貫民族	職銜	出身	人物	八旗歸屬籍貫民族	職銜	出身				
50	高宗乾隆6年10月21日	1741.11.28	大學士、永常		陝西安西提督(乾隆 6-10年)		乾隆		皇帝		大學士等議覆。安西提督永常奏稱。準噶爾脫出之回夷。例令駐防哈密之總統大臣訊明。果係回民。隸在土魯番者。交瓜州之輔國公額敏和卓收管。隸在哈密者。交鎮國公玉素布收管。至內地蒙古。併準噶爾之夷人。則解交理藩院安插。但瓜州哈密二處。距吐魯番不過千里。彼處蒙古。皆熟回民語言。恐夷情狡詐。假借混冒。或從中探我虛實。或訛傳妄言以惑回人。請嗣後將脫出回民。查明果有父母現在者。准領回收管。如本人已無父母。雖有別項親屬。槩不准留本處。俱解赴理藩院安插等語。此等脫出之回民。其父母未必皆存。若必父母現存者。方准領回。立法過嚴。或阻遠人向化之意。應請嗣後脫出回民。查明雖無父母。其嫡親伯叔兄弟現存。或本處回民識認。果有戶籍可稽者。取具的實保結。仍准照例安插。其並無親屬。無案可稽。實難辨真偽者。應如該提督所請。俱解京交理藩院安插。從之。	藩部、軍事、安置回民、法律、戶籍		
51	高宗乾隆7年3月30日	1742.05.04	尹繼善、軍機大臣		《清實錄》雖然記載尹繼善是以川陝總督身份上奏，但人物傳		乾隆		皇帝		川陝總督尹繼善奏。續辦哈密。安西。善後事宜。一。安西城守營。靖逆協。暨塔爾灣。橋灣。共添兵一千三百名。又標協營。應補實各官親丁并公糧七百五十六名。於現在駐防兵丁挑留三百十二名。餘咨甘肅提。鎮。照數添送。一。哈密	軍事、治安、借糧		《清實錄》雖然記載尹繼善是以川陝總督身份上奏，但人物傳

序號	時間	時間	提出者／奏議者／復議者				接收者／回應者				內容提要	類別、關鍵詞	關聯條目與事件	問題
	(中曆)	(西曆)	人物	八旗歸屬籍貫民族	職銜	出身	人物	八旗歸屬籍貫民族	職銜	出身				
					記資料庫卻顯示川陜總督的任期並沒有包括乾隆7年。						存粟米五萬七千三十餘石。自本年起。米四麵六搭支。月支米十二日。防兵二千名。可食二十餘年。每年屯田所收。支舊存新。酌量出易。一。存白麵四百六十餘萬觔。歷久不堪再貯。回民公稱每年春。願借麵十一萬觔。秋還麥一千石。還糜穀者以一麥二穀計算。照便每年每石。折耗一升。免糧員賠累。一。駐防哈密之副將。防所副參等官。俱聽調度。若仍給副將關防。體制未合。請敕部鑄給駐防哈密統領關防。一。沙州。靖逆。安西。等處。共團練屯兵一千七百八十餘名。各設屯長稽查。已咨甘州提督。撥舊存餘剩鳥鎗。各給一桿演習。得旨。所奏俱悉。關防一事。軍機大臣議奏。			記資料庫卻顯示川陜總督的任期並沒有包括乾隆7年。官職擔任時間不符。
52	高宗乾隆7年4月19日	1742.05.23	大學士、尹繼善		川陜總督《清實錄》雖然記載尹繼善是以川陜總督身份上奏，但人物傳記資料庫卻顯示川陜總督的任期並沒有包括乾		乾隆		皇帝		大學士等議覆。川陜總督尹繼善奏稱。蔡把什湖地畝。租與回民耕種。酌定章程九條。一。屯兵舊有堪用牛騾。并徹回防所挑下馬匹。應按數撥給。其價分作五年帶徵。一。各色耔種。 回民力難自備。應於新收屯糧內給領。一。所借耔種。於秋收後扣還。下剩糧石。照安西之例。官四民六分收。一。 回民既事耕作。自須接濟口糧。應照安西民屯之例。酌借哈密存貯白麵。秋收後交還小麥。一。蔡把什湖各處渠道。向因兵丁屯糧。修濬灌溉。今	安置回民、稅收、軍事		《清實錄》雖然記載尹繼善是以川陜總督身份上奏，但人物傳記資料庫卻顯示川陜總督的任期並沒有包括乾隆7年。

序號	時間	時間	提出者／奏議者／復議者				接收者／回應者				內容提要	類別、關鍵詞	關聯條目與事件	問題
	(中曆)	(西曆)	人物	八旗歸屬籍貫民族	職銜	出身	人物	八旗歸屬籍貫民族	職銜	出身				
					隆 7 年。						易 回民。而兵獨任疏濬。未免偏枯。應令蔡把什湖守備。仍督兵修防。并飭回民協助。交管糧文職稽查。一。 回民所借麥石。原當按時扣還。但於所得六分之內。併令交納。恐力有不繼。應於未分時先扣耔種。既分後再交口糧。仍照一麥二穀例。糜粟兼收。一應還分數。應於每年收穫時。令哈密公移會糧員秉公辦理。一。前經提督李繩武奏明。令各營於蔡把什湖。塔爾納沁。二處。種有餘地各三千畝。所收糧石。即以增給哈密防兵及牲畜餧料等項。今查塔爾納沁。地寒土瘠。收穫無幾。應停耕種。其蔡把什湖餘地三千畝。既經墾種有效。不便棄為曠土。仍令駐防兵丁承種庶兵力不致多分於駐防仍可無誤。均應如所請。行令該督會同永常等辦理。從之。			
53	高宗乾隆 7 年 11 月 18 日	1742.12.14	刑部、黃廷桂	漢軍鑲紅旗	甘肅巡撫(乾隆 6-13 年)	監生	乾隆		皇帝		刑部議准。甘肅巡撫黃廷桂奏稱。瓜州五堡。安插土魯番回民。本屬外夷。與內地民人不同。凡所犯軍流徒罪。若照內地民人之例。一體僉配。在 回民於擺站充徒。既無實用。而遷徙他所。言語不通。飲食各異。恐難存活。殊非仰體聖朝矜恤外夷之意。請嗣後照苗疆辦理之例。准折責枷號完結。仍抄招送部查核。從之。	安置回民、法律、官員對藩部回民與內地(中國本部)百姓的態度		

序號	時間	時間	提出者／奏議者／復議者				接收者／回應者				內容提要	類別、關鍵詞	關聯條目與事件	問題
	(中曆)	(西曆)	人物	八旗歸屬籍貫民族	職銜	出身	人物	八旗歸屬籍貫民族	職銜	出身				
54	高宗乾隆8年閏4月29日	1743.06.21	(蘇完尼瓜爾佳)馬爾泰	滿洲正黃旗	署川陝總督(乾隆7年，正職應為正黃旗漢軍都統，任期同樣是乾隆7年)		乾隆		皇帝		署川陝總督馬爾泰奏。駐防哈密兵丁設卡。原以偵探聲息。保護回民。本非戰兵可比。宜令徹回。查現在駐防兵共四千五百名。內二千五百名。於乾隆五年更換到防。上年已屆徹換之期。應即徹回。其六年到防之二千名。雖未滿二年。為日較淺。然現據準噶爾夷使進藏熬茶。於二月內起身。約計閏四月內。可抵哈濟兒地方。將來即由東科爾貿易赴藏。亦不過再遲兩三月之事。俟夷使過後。再行徹回。至赤靖。橋灣。布隆吉。等處防兵。原議令於新兵到後。即行徹回。而防所馬匹。亦令撥給安西新兵騎操之用。軍器鳥鎗。并令給交。以資操演。應即遵照通行徹回。再各標鎮營備戰馬駝。安西一鎮。為首先禦侮之所。尤須挑撥健壯者充用。如不足額。於內地各鎮標營孳生內撥補。如仍不敷用。即動帑買足。其肅鎮備戰兵丁。與安西相去不遠。馬駝亦屬緊要。應將此二鎮馬駝豫備壯健。現飭內地各提鎮營。分別辦理。得旨。所奏俱悉。	軍事		
55	高宗乾隆8年12月13日	1744.01.27	乾隆		皇帝						諭。哈密向派章京二員。筆帖式一員。前往駐箚。辦理回民事務。新舊交錯。二年一換。瓜州亦派章京筆帖式各一員。前往辦事。照哈密之例。二年交錯更換。朕思二年一換。為期太速。未能熟悉邊情。嗣	官制		

序號	時間	時間	提出者／奏議者／復議者				接收者／回應者				內容提要	類別、關鍵詞	關聯條目與事件	問題
	(中曆)	(西曆)	人物	八旗歸屬籍貫民族	職銜	出身	人物	八旗歸屬籍貫民族	職銜	出身				
											後著定期三年。仍照例新舊交錯更換。庶於邊方有益。			
56	高宗乾隆10年10月3日	1745.10.27	乾隆		皇帝		此處的督撫應為川陝總督和甘肅巡撫，因瓜州位於甘肅省。此時的川陝總督和甘肅巡撫分別是（佟佳）慶復和黃廷桂。清代陝甘總督經歷多次變革，雍正9年曾改為陝西總督管轄陝西和甘肅，另立四川總督。但乾隆元年又廢除四川總督，改名為川陝	滿洲鑲黃旗	川陝總督（乾隆8-12年）、甘肅巡撫（乾隆6-13年）		諭。雍正十一年。瓜州安插回民。開墾地畝。募雇渠夫。借給牛價口糧。例應分年交納。因邊民寒苦。尚有未經還項銀。一千二百餘兩。歷年已久。貧民應當體卹。著照安西等處屯戶未完牛價口糧之例。開恩豁免。可即傳諭該督撫遵行。	安置回民、皇帝對回民的態度、回民償還借糧事宜		注意清代陝甘總督變革對總督頭銜造成的變化。

序號	時間 (中曆)	時間 (西曆)	提出者／奏議者／復議者 人物	八旗歸屬籍貫民族	職銜	出身	接收者／回應者 人物	八旗歸屬籍貫民族	職銜	出身	內容提要	類別、關鍵詞	關聯條目與事件	問題
							總督。其後在乾隆13年又分設了四川總督和陝甘總督。因此此條目的總督職銜應為川陝總督，而不是陝甘總督。							
57	高宗乾隆10年11月15日	1745.12.07	李繩武、乾隆	漢軍正黃旗	安西提督(乾隆10-13年)、皇帝		西北兩路將軍大臣、軍機大臣、乾隆		皇帝		壬午。命西北兩路將軍大臣等。籌備防範事宜。諭軍機大臣等。據安西提督李繩武奏稱。昨據由準噶爾。脫回之吐魯番回民海底里。稟稱噶爾丹策零。於今年九月內。業已病故。彼於各處卡倫。俱添兵防守等語。應寄信密諭西北兩路將軍大臣等。噶爾丹策零病故之信。伊雖未遣使具奏。而固我邊境。防範豫備之處。斷不可忽。至於乘伊有喪之際。發兵征討。此事朕斷不為。但恐伊部落內。彼此心離。易生變亂。或潛至邊境。偷奪牲畜。或有意投入我境。窺伺情形。均未可定。惟當示以大義。固守邊疆。嚴謹卡倫。一切應行豫備之處。令將軍大臣。悉心籌畫。妥協辦理。豫為防範。	軍事、準噶爾統治階層變動、準噶爾情報		

序號	時間	時間	提出者／奏議者／復議者				接收者／回應者				內容提要	類別、關鍵詞	關聯條目與事件	問題
	(中曆)	(西曆)	人物	八旗歸屬籍貫民族	職銜	出身	人物	八旗歸屬籍貫民族	職銜	出身				
58	高宗乾隆11年正月(1月)28日	1746.02.18	黃廷桂、乾隆		甘肅巡撫(乾隆6-13年)、皇帝		乾隆、軍機大臣		皇帝		乙未。甘肅巡撫黃廷桂奏。向來沿邊蒙古。及哈密瓜州回民。幷準夷人等投誠。或令本處團聚或於別處安插。今聞噶爾丹策零病故。恐其部落內亂。致生事端。嗣後辦理投誠夷人。應請少加分別如蒙古番回。原非準夷所屬仍照前例辦理。若有準夷頭目。率衆來款。應請旨定奪。如不過一二無關緊要夷人。前來歸命。或羈管哈密。候夷使進貢。曉諭帶往。或即于卡倫外。賞給口糧。令自行回巢。得旨。軍機大臣議奏。尋議。查噶爾丹策零病故與否。未有確信。如彼處有事。酋目率衆款關投誠。應如所奏。請旨定奪。至尋常投誠之人。仍照舊例辦理。無庸令夷使帶回。及令自行回巢。致失懷遠之義。從之。	安置回民、回民附清、外夷附清、準噶爾統治階層變動、準噶爾情報、清朝對各類有意歸附清朝的外夷之態度		
59	高宗乾隆11年5月29日	1746.07.17	鄂彌達		湖廣總督(乾隆10-11年)、兵部尚書(坐銜)(乾隆10-11年)、都察院右都御史(坐銜)(乾隆10-11年)。注，		乾隆、軍機大臣、慶復		皇帝、川陝總督(乾隆8-12年)		又諭。據鄂彌達奏稱。陝西西寧等處住居之喀什噶爾各處回民。於康熙五十四年以前。陸續來西寧貿易者。共有百十餘人。自五十四年大兵駐劄阻住。不能各回本處。俱留居內地。數十年來。除病故。並往西藏貿易未回外。現在尚有三十人。臣在陝時。見其流離失所。竟有沿途求乞者。曾奏請每人給土房二間。耕具一副。並耔種口糧。共需銀五十兩。統計三十戶。需銀一千五百兩。於公項內動給。嗣臣離任。未竟其事等語。此係鄂彌達任內之事。	安置回民、軍事、商貿		注意清代陝甘總督變革對總督頭銜造成的變化。

序號	時間 (中曆)	時間 (西曆)	提出者／奏議者／復議者 人物	八旗歸屬籍貫民族	職銜	出身	接收者／回應者 人物	八旗歸屬籍貫民族	職銜	出身	內容提要	類別、關鍵詞	關聯條目與事件	問題
					鄂彌達曾在乾隆4-5年期間擔任川陜總督。						今已隔數年。不知該督撫如何安插辦理。現在所存者。尚有幾戶。爾等可傳諭詢問慶復。令其查明具奏。			
60	高宗乾隆11年7月11日	1746.08.27	戶部、慶復		川陜總督(乾隆8-12年)		乾隆		皇帝		戶部議准。川陜總督公慶復奏稱。哈密徹防後。留兵二千。軍屯糧食。尚存十三萬石零。且客民與回民交易。詞訟繁多。兼之回民屯田。四六分糧。碾打收割。務須專員稽查。其防兵口糧錢糧。經官收支。事務尚繁。該處管糧文員。若裁減僅留一員。定難兼顧。應照原議酌派更換。從之。	軍事、商貿、官制		
61	高宗乾隆12年5月13日	1747.06.20	乾隆		皇帝		軍機大臣				諭軍機大臣等。陝西河州回民馬應煥。控告同教馬來遲。邪教惑衆。起明沙會耳內吹沙一事。從來叩閽之案。不論虛實。立案不行。但陝省回教人多。性悍心齊。最易生事。如固原鎮兵。回教十居七八。去冬搶刦商舖。恣行不法。即明驗也。馬應煥所告。雖虛實難定。但據其所稱。於回教之外。又立邪教。將來聚集益衆。彼此角勝。必致仇殺相尋。蔓延滋事。為土俗民風之害。不可不早折其萌芽。痛除邪妄。以靖地方。不可拘立案不行之定例。置之不問。著將舒赫德原奏。抄寄總督張廣泗。巡撫黃廷桂。令伊等據實悉心辦理。如果邪教聚至二三	宗教、皇帝對回民的態度、皇帝對邪教的態度、處罰、審訊方式		

序號	時間	時間	提出者／奏議者／復議者				接收者／回應者				內容提要	類別、關鍵詞	關聯條目與事件	問題
	(中曆)	(西曆)	人物	八旗歸屬籍貫民族	職銜	出身	人物	八旗歸屬籍貫民族	職銜	出身				
											千人。巡撫黃廷桂。亦不應全無聞見。著查明確實。具摺奏聞。不可稍為回護。再馬應煥詞內稱。上年十一月。本州斷明示禁。並不遵依。十二月內。本州接了呈子。三四日不見音信等語。近來州縣官員自理詞訟。既無忠信明決之才。更存因循避事之見。是非曲直。莫辨實情。沉擱遷延。不能結斷。其審案又不過以文告了事。百姓之遵循與否。不復計論。近日山西萬泉聚眾之案。亦因州縣不早為申理。釀成事端。夫身在地方。而令不能行。禁不能止。獄不能折。奸不能懲。亦安賴是木偶為耶。可傳諭該督撫。嚴飭各州縣官。審理詞訟事務。必秉公明斷。應禁止者。嚴行禁絕。盡拔根株。毋得姑息養奸。博寬大之虛名。貽閭閻之隱患。此綏靖邊疆。整齊風俗切要之圖。慎之毋忽。張廣泗尋奏。甘省回民甚繁。河州聚處尤眾。大概誦經禮拜。通教無異。惟開齋有先後。誦經有繁簡。稍為不同。馬來遲向年貿易外省。攜有摘本到家。名明沙勒。即漢語此經截句之謂。並非吹沙入耳。至馬應煥所供。上年十一月。在本州控告審明示禁之語。調卷查無其事。惟有回民馬卜世病故。親戚馬應虎送喪。因散給油香。起釁鬥毆。馬應煥赴州具控。經頭人遞詞銷案。事			

序號	時間	時間	提出者／奏議者／復議者				接收者／回應者				內容提要	類別、關鍵詞	關聯條目與事件	問題
	(中曆)	(西曆)	人物	八旗歸屬籍貫民族	職銜	出身	人物	八旗歸屬籍貫民族	職銜	出身				
											因鬥毆。並非邪教。案內亦無馬來遲名姓。又據河州鎮臣金貴稟稱。本地回民。大概各就附近一寺誦經禮拜。並無明沙會名目。至回衆雖共守一教。然各有本業。禮拜原無多日。事畢各散。並無聚至二三千人者。查該鎮亦係回籍。所言當屬不謬。但馬應煥未經在甘面質。或一面左袒。亦未可知。如果馬來遲惑衆有據。自應窮治。如馬應煥誣控。尤須按律究擬。請將馬應煥解發甘省面質。一面扎致撫臣黃廷桂。飭司道提齊各犯。俟馬應煥到日。徹底審究辦理。得旨。著照所請行。該部知道。			
62	高宗乾隆12年6月29日	1747.08.05	軍機大臣、黃廷桂		甘肅巡撫(乾隆6-13年)		乾隆		皇帝		又議覆。甘肅巡撫黃廷桂。奏請遵照舊例。給與頭目回民。牛具耔種。聽其開墾荒地一摺。查雍正四年。土魯番回民托克托。瑪穆忒等。情願移駐內地。經岳鍾琪奏准。移於肅州之金塔寺。并借給牛具耔種。俾得耕作。今該撫奏稱。回民人多地少。且或拋棄典賣。不敷養贍。現在無地可耕。遊惰成群。請於回民原給地畝外。附近曠土。令其墾闢。一切俱照舊例安插等語。查回民偷惰成習。即另添地畝。暫濟目前。將來終難為繼。若不另為籌酌。究非經久之策。查哈密地方。可以屯糧之處甚多。若以之移駐。則同屬回民。土俗素習。安輯較便。現	安置回民、回民償還借糧事宜、風俗		

序號	時間	時間	提出者／奏議者／復議者				接收者／回應者				內容提要	類別、關鍵詞	關聯條目與事件	問題
	(中曆)	(西曆)	人物	八旗歸屬籍貫民族	職銜	出身	人物	八旗歸屬籍貫民族	職銜	出身				
											在貝子玉素富。所屬回民。皆編有旗分佐領。今將此項回民。分駐哈密。可以就近管束。俾專力耕作。實為久遠之計。其盤費籽種。抖令該撫酌給。再回民春初乏食。借給過口糧一百九十一石。原應秋收還項。今既無以餬口。前項應請豁免。從之。			
63	高宗乾隆12年10月12日	1747.11.14	乾隆、黃廷桂、玉素富	玉素富查無此人	皇帝、甘肅巡撫(乾隆6-13年)、貝子		軍機大臣、黃廷桂		甘肅巡撫(乾隆6-13年)		諭軍機大臣等。前據黃廷桂奏。金塔寺回民。不敷養贍一事。經軍機大臣會同該部。議以移駐哈密。統令該撫黃廷桂。查明具奏辦理。茲據貝子玉素富奏稱。哈密耕種。全資雪水。如遇雪少之年。不足以資灌溉。朕現在批令定議。所有移駐回民之處。此時不必辦理。候旨遵行。至於此等回民。黃廷桂從前奏稱。丁口加增。生計艱難。多有不能餬口。且貪惰性成。不力於農務。則此半載之中。又何以資生度日。且行令查辦。何以遲滯不行具奏。著傳諭一併詢問之。	安置回民、甘肅環境		未能在其他史料中查得玉素富的紀錄
64	高宗乾隆12年10月22日	1747.11.24	乾隆、黃廷桂(乾隆6-13年)、玉素富		皇帝、甘肅巡撫、貝子		軍機大臣				諭軍機大臣等。巡撫黃廷桂覆奏。移駐金塔寺回民一摺。內稱。據貝子玉素富呈稱。哈密渠水缺乏。難以耕種。抖該道鈕廷彩所稟。回民不願遷移等情。此案前經玉素富具奏。現在交議。已傳諭黃廷桂。令伊候旨遵行。抖詢問伊何以遲滯不行覆奏。今黃廷桂始行奏到。甚屬	安置回民、甘肅環境、斥責官員(處罰)		未能在其他史料中查得玉素富的紀錄

序號	時間	時間	提出者／奏議者／復議者				接收者／回應者				內容提要	類別、關鍵詞	關聯條目與事件	問題
	(中曆)	(西曆)	人物	八旗歸屬籍貫民族	職銜	出身	人物	八旗歸屬籍貫民族	職銜	出身				
											遲延。且看伊摺內。不過據玉素富等咨稟之詞轉奏。並無一語議及。竟似無干涉於伊地方之事。可傳諭申飭之。			
65	高宗乾隆12年11月5日	1747.12.06	大學士、玉素富	玉素富查無此人	哈密扎薩克貝子		乾隆		皇帝		大學士等會議。哈密扎薩克貝子玉素富奏稱。奉旨將金塔寺回民。歸入臣所屬旗分。撥給餘地。哈密地方少雨。俱賴山雪融化。流水灌溉。往往被旱歉收。若將金塔寺回民。移居此處。撥給之地。增至一萬餘畝。恐渠水不足等語。查該撫黃廷桂奏。金塔寺回民匱乏。臣等議令移居哈密。今該貝子所奏。種種不便。請仍敕該撫。於金塔寺原圈給回民地界內。查明可墾餘地。將無地回民。每戶撥給百畝。所需牛具籽種。照初次安插者。減半給與。仍嚴飭地方員弁。善為董率。頭目老戶等。教導回衆。盡力農功。毋得仍前怠惰。從之。	安置回民、戶籍、教化回民		玉素富查無此人
66	高宗乾隆12年12月24日	1748.01.24	軍機大臣、黃廷桂		甘肅巡撫(乾隆6-13年)		乾隆		皇帝		軍機大臣等議覆。甘肅巡撫黃廷桂奏。新渠。寶豐。二廢縣。近年陸續墾復。已有二千餘戶。計口萬餘。請改城為堡。令民移居。應如所奏。改為新渠。寶豐。二堡。除原設文武衙署。及廟宇倉廒等官基。仍留備用外。餘准作民基。仍循舊制。二堡各以坍廢鼓樓為界。樓南令回民居住。樓北令漢民居住。其分別回漢。丈給地基之處。亦應照所奏。	政區規劃、戶籍、安置回民、回漢之別		

序號	時間	時間	提出者／奏議者／復議者				接收者／回應者				內容提要	類別、關鍵詞	關聯條目與事件	問題
	(中曆)	(西曆)	人物	八旗歸屬籍貫民族	職銜	出身	人物	八旗歸屬籍貫民族	職銜	出身				
											每間出資三錢。地方官給印照管業。所收地資。即留為本處修補城池等項之用。所有改設之縣丞衙署。准即於寶豐堡內建造。從之。			
67	高宗乾隆13年正月29日	1748.02.27	黃廷桂		暫理陝甘二省事務甘肅巡撫(陝甘總督(署)，乾隆12-13年)、甘肅巡撫(乾隆6-13年)		乾隆		皇帝		暫理陝甘二省事務甘肅巡撫黃廷桂覆奏。安西五衛孳生羊。因乾隆十年冬間。陡遭大雪。凍斃過多。難符原議三年十分考核之數。是以再請展限一年。上年冬底屆期。但冬季孳生確數。必次年春初。始能查辦。至孳牧羊。原因從前口外羊價昂貴而設。近年準夷進貢貿易。帶來羊甚多。又兼回民商販。從青海各路來者絡繹。若仍搭放兵食。扣價還項。則兵無餘利。一時壅積。轉售鋪戶。價必更平。不惟無濟。反致苦累。何敢固執原議。不籌變通。再前奏請將應行搭放之羊。擇口老與不懷羔者。仍照每斤三分價值。令各衛自行變賣。蓋以羊老則易倒斃。不懷羔則無益孳生。均未便留牧。徒糜公項。且秋冬膘肉尚肥。出售無難。若必俟春考核之後。恐冰凍草枯。膘減肉落。且一切雇覓夫工之費。更屬虛糜。是以請變價易糧。並不敢因礙難考核。故意迴護。亦非為留牧無益。全請變價也。再查口外多有牧地。孳生原屬有益。現委員赴各衛牧廠。將節年所生羊羔。勘明確數。合算牧放工本。有無贏虧。乃可定其有益無益	商貿、補貼回民、災荒		

序號	時間	時間	提出者／奏議者／復議者				接收者／回應者				內容提要	類別、關鍵詞	關聯條目與事件	問題
	(中曆)	(西曆)	人物	八旗歸屬籍貫民族	職銜	出身	人物	八旗歸屬籍貫民族	職銜	出身				
											再奏。得旨。這迴奏情節。該部核議具奏。			
68	高宗乾隆13年閏7月29日	1748.09.21	乾隆、黃廷桂		皇帝、黃廷桂：甘肅巡撫(乾隆6-13年)、陝甘總督(署)(乾隆12-13年)		玉素富	玉素富查無此人	貝子		辛巳。諭。據黃廷桂奏稱。哈密蔡湖回屯地畝。本年因渠水缺乏。夏田被旱。補種秋禾。又復缺雨。幷稱回民自種田畝。亦均被旱傷。雖收成與否。尚難豫定。將來總屬歉薄等語。哈密回屯地畝。既被旱傷。其原借耔種糧石。著緩至來歲秋收後徵收。至回民自種地畝。向無因災議撫之例。但哈密遠在邊徼。此種回民。夏秋田禾。疊被傷旱。未免口食拮据。著於哈密倉貯糧內。賞借口糧穈麥二千五百石。交貝子玉素富。擇回民中之乏食者。分散借給。以資秋冬餬口。此項借給口糧。同本年原借出陳易新糧石。統俟己巳年秋後。分作二年帶徵。	稅收、借糧、災荒		玉素富查無此人
69	高宗乾隆13年閏7月29日	1748.09.21	乾隆、黃廷桂		皇帝、黃廷桂：甘肅巡撫(乾隆6-13年)、陝甘總督(署)(乾隆12-13年)		軍機大臣				又諭。據黃廷桂奏。哈密回民。夏秋田禾。疊被旱災。請賞給口糧穈麥二千五百石。同本年原借出陳易新糧石。統俟己巳年秋收後。分作二年帶徵等語。此種回民。非內地民人可比。其所種田禾。收成豐歉不齊。從前數十年中。豈竟無一旱澇。何以向未有因災議撫之事。今黃廷桂既為此奏。設將來偶遇收成歉薄。勢必援例為之料理。轉致多事。但既會同李繩武。合詞奏請。貝子玉素富。斷無不知之理。未便	稅收、借糧、回漢之別、災荒		

序號	時間 (中曆)	時間 (西曆)	提出者／奏議者／復議者 人物	八旗歸屬籍貫民族	職銜	出身	接收者／回應者 人物	八旗歸屬籍貫民族	職銜	出身	內容提要	類別、關鍵詞	關聯條目與事件	問題
											中止。已降旨准行。可傳諭黃廷桂。嗣後遇有此等事件。不得率為奏請。			
70	高宗乾隆15年正月29日	1750.03.07	(西林覺羅)鄂昌	滿洲鑲藍旗	甘肅巡撫(乾隆13-16年)	雍正6年舉人	乾隆		皇帝		甘肅巡撫鄂昌奏。瓜州回民。本年春耕耔種口糧缺乏。兼之去冬嚴寒。牲畜倒斃過多。 無力買補。查該處回民。耕作而外。別無生理。該扎薩克公額敏和卓請借小麥六千石。以為接濟。當即借給如數。秋後徵還。報聞。	災荒、借糧		
71	高宗乾隆15年6月3日	1750.07.06	軍機大臣、(拜都)布蘭泰	滿洲正白旗	直隸古北口提督(乾隆14-17年)		乾隆		皇帝		軍機大臣等議覆。直隸古北口提督布蘭泰奏。酌籌巡防多倫諾爾事宜。一。有眷流民。宜住壩內。查多倫諾爾地方。凡回民客商。原止令貿易往來。若攜帶婦女。牽引多人。將來復有安土重遷之患。今據稱現有眷屬者不過數十家。驅逐尚易。請立限半年。令移壩內。應交直隸總督轉飭該管道員同知等立限驅逐。一。蒙古與民人為婚宜禁。查例載民人出口。在蒙古地方貿易種地。如私行嫁娶者。將所娶之婦離異。民人照內地例治罪。蒙古罰一九牲畜。今據稱現有民人與蒙古為婚者。除已獲之犯。按照辦理外。應令該管地方官嚴禁。如再事犯。即將該管官參處。從之。	商貿、安置回民、回蒙隔離、法律、處罰		
72	高宗乾隆15年11月30日	1750.12.28	豆斌	陝西省-平涼府-固原州	廣西提督(乾隆8-16年)	馬兵	乾隆		皇帝		廣西提督豆斌密奏。臣接閱邸鈔。奉旨。哈攀龍補授固原提督。查固原人悍兵強。甲於全陝。附近多住回民。臣在河西三十年。回子居心	官員對回人的態度、官員對其他官		

序號	時間	時間	提出者／奏議者／復議者				接收者／回應者				內容提要	類別、關鍵詞	關聯條目與事件	問題
	(中曆)	(西曆)	人物	八旗歸屬籍貫民族	職銜	出身	人物	八旗歸屬籍貫民族	職銜	出身				
											行事。頗知其詳。前在固原提督任內。點閱營伍。見回子甚多。私竊駭異。詢其所以。俱云前任楊宏署提督三年。召募回子九百餘名。且誼重教親。任其肆橫。舉城兵民。道路以目。臣旋即調補廣西。聞十一年奪門鬧市之案。其中大半回民。此種人惟恃強梁。不講忠義。富則多事。窮則為竊。其性原與人殊。今哈攀龍又係回子。縱不瞻徇。其如教親何。得旨。所奏甚可嘉。知道了。	員招攬回人一事的態度		
73	高宗乾隆16年5月26日	1751.06.19	乾隆、王進泰	漢軍鑲白旗	皇帝、壽春總兵(江南壽春鎮總兵，乾隆16年)		軍機大臣				諭軍機大臣等。壽春總兵王進泰所奏。壽州回人梅國雄與民人侯世錫。糾合多人。持械鬥毆一摺。此等聚眾逞兇惡習。為地方之累。該州知州陳韶。既因差委未回。而存城之署鳳臺縣知縣為寶。又以民人非該縣所屬。並不出管。以至四月十九日。至二十一等日。格鬥遂經三日。該督黃廷桂。自應確有見聞。何以至今尚未見奏到。著傳諭該督。令其即行查明具奏。尋奏。壽州地方。回漢襍處各分門戶。每以角口細故。群聚逞毆。本年四月十九日。壽鎮左營兵梅國雄。身係回教。在典舖質衣。適幼童係左營兵侯世錫之戚。因人多擁擠。遂挽國雄之衣。國雄掌擊其首。世錫不平。彼此爭嚷。國雄遂邀回民。毆打世錫成傷。彼時知州陳韶。護鎮王綏等。俱辦差	風俗、回漢紛爭、官員失職、處罰、		

序號	時間	時間	提出者／奏議者／復議者				接收者／回應者				內容提要	類別、關鍵詞	關聯條目與事件	問題
	(中曆)	(西曆)	人物	八旗歸屬籍貫民族	職銜	出身	人物	八旗歸屬籍貫民族	職銜	出身				
											未回。而署縣為寶。以非該縣所屬。坐視不管。遊擊萬魏。又以俱係左營兵。右營無涉。以致二十二十一連日。彼此聚集多人。尋毆報復。迨二十二日。鳳陽府知府尤拔世 。飭該署縣將受傷人等。驗明根究。出示嚴禁。方始帖然。此案兵民回漢。互爭混毆。固屬不法。實由為寶。萬魏等。徇縱推諉釀成。臣一據稟報。當即委員查實。將遊擊萬魏。署縣為寶。題參請旨敕部嚴加議處。至不法回民人等。已飭該府縣逐一嚴拏。交廬鳳道許松佶。親往按律究擬。報聞。			
74	高宗乾隆17年3月20日	1752.05.03	乾隆、冶大雄	四川省-成都府-[成都縣]	皇帝、雲南提督(乾隆14-17年)	行伍	根據人名權威人物傳記資料庫記載，乾隆17年的雲貴總督和雲南巡撫分別由(烏雅)碩色和(鈕祜祿)愛必達擔任。	滿洲正黃旗、滿洲鑲黃旗	雲貴總督(乾隆15-21年)、雲南巡撫(乾隆15-20年)	監生、生員	又諭曰。據雲南提督冶大雄。參奏伊子藍翎侍衛冶繼鈞。前在滇省。向回民馬穎等輾轉借貸。是否確實。無憑詰問。請將伊子發回。交該督撫飭審等語。看來情節似不僅止於此。顯有含糊取巧之意。冶繼鈞著革職。發往滇省。交與該督撫等。秉公查訊具奏。如有別項情節。即將冶大雄一併嚴參治罪。若係伊子實止借貸生事。冶大雄不過失察之咎。亦照例議處。	非法借貸、處罰		
75	高宗乾隆17年3月20日	1752.05.03	乾隆		皇帝		軍機大臣				諭軍機大臣等。冶大雄參奏伊子冶繼鈞。向雲南客民白姓借銀五百兩。無從措還。又向回民馬穎等輾轉借	非法借貸、處罰、展現君威		

序號	時間(中曆)	時間(西曆)	提出者／奏議者／復議者				接收者／回應者				內容提要	類別、關鍵詞	關聯條目與事件	問題
			人物	八旗歸屬籍貫民族	職銜	出身	人物	八旗歸屬籍貫民族	職銜	出身				
											貸。有無別故。現密札按察使沈嘉徵查明等語。冶繼鈞已革去藍翎侍衛。交該督撫審明具奏。看來此事必有別故。冶大雄見事不可掩。故先行參奏。以為取巧之術。碩色。愛必達。自必有所聞見。何以不行奏聞。著明白回奏。前交該督查明張凌霞。參奏冶大雄摺內各款。該督顯有回護冶大雄之意。經朕批示。此案務當秉公據實查辦。該督撫等。試思此時尚有人能偏向迴護。自行己私者乎。有稍涉偏徇。能逃朕洞鑒者乎。果屬秉公。原於該督撫毫無干涉。一有偏徇。是將自罹其咎矣。又安能庇人耶。思之慎之。			
76	高宗乾隆17年5月18日	1752.06.29	乾隆		皇帝						諭。前因冶大雄參奏伊子冶繼鈞。向雲南客民白姓借銀。又向回民馬穎輾轉借貸。即令革去藍翎侍衛。交該督撫審明。且傳諭該督撫。以此奏必別有隱情。冶大雄見事不可掩。先行參奏。以為取巧之術。今據碩色。愛必達。查明。所借果係吳尚賢之子吳世榮銀兩。其為巧詐顯然矣。冶大雄辦理營伍。尚屬可觀。是以擢任提督。但其為人習尚浮華。操守不飭。前經總兵張凌霞。奏其嫁女宴會等事。款蹟累累。俱經質詢得實。今查明參奏伊子之處。又復巧詐營私。居心卑鄙。提督重任。為全省武弁表率。豈宜居此。姑念其著有勞績。熟諳營伍。著革	非法借貸、處罰、官職調動		

序號	時間 (中曆)	時間 (西曆)	提出者／奏議者／復議者 人物	提出者／奏議者／復議者 八旗歸屬籍貫民族	提出者／奏議者／復議者 職銜	提出者／奏議者／復議者 出身	接收者／回應者 人物	接收者／回應者 八旗歸屬籍貫民族	接收者／回應者 職銜	接收者／回應者 出身	內容提要	類別、關鍵詞	關聯條目與事件	問題
											職以哈密總兵効力行走。速行赴任。如不奮勉。定行重治其罪。雲南提督員缺。著呂瀚補授。俟冶大雄到哈密後。再赴雲南之任。所有現在雲南提督印務。著王無黨暫行署理。			
77	高宗乾隆19年8月28日	1754.10.14	乾隆、永常、鄂昌		皇帝、陝甘總督(乾隆18-19年)、甘肅巡撫(乾隆13-16年)		軍機大臣				諭軍機大臣等。據陝甘總督永常。甘肅巡撫鄂昌奏。西路一切軍需糧石。已經陸續購辦。將次到齊。可以轉運哈密等語。但思各處調遣之兵。明年三四月。始陸續到營。為期尚遠。此時哈密巡防兵丁。僅止綠旗。及回民人等。殊不足恃。若將一應軍糧。悉行運往哈密堆貯。則守禦未免單弱。恐準夷狡黠。或乘雪前來攘竊。轉足飽其所欲。雍正八年前事可鑒也。永常等所辦軍糧。宜從容緩運。分貯安西以內一帶地方。俟明歲大兵齊集之際。再行運往哈密。則程途既不甚遠。儘可源源接濟。而於防範之道。更為周密。	軍事		
78	高宗乾隆20年6月7日	1755.07.15	乾隆		皇帝						上御太和殿。諸王。貝勒。貝子。公。文武官員。表賀如儀。以恭上崇慶慈宣康惠敦和裕壽純禧皇太后徽號。頒詔天下。詔曰。朕寅紹丕基統御中外。痌瘝念切。宵旰勤求。惟期綏靖邊陲。乂安黎庶。俾享昇平之福。益臻康阜之風。若乃絕域歸誠。膚功迅奏。纘祖宗未竟之緒。綿社稷無疆之庥。固事會之所期。	祭祀活動、回顧歷史、封賞、免除欠款欠糧、大赦天下		

序號	時間	時間	提出者／奏議者／復議者				接收者／回應者				內容提要	類別、關鍵詞	關聯條目與事件	問題
	(中曆)	(西曆)	人物	八旗歸屬籍貫民族	職銜	出身	人物	八旗歸屬籍貫民族	職銜	出身				
											實懋昭之有自。彝章式著。慶典彌光。準噶爾部落。僻處荒陬。未膺朝命。妄思雄長。陵擾諸番。昔我皇祖聖祖仁皇帝。勤三駕以親征。皇考世宗憲皇帝。命六師而致討。迨朕御極。正及徹兵。聊示羈縻。准通貿易詎包荒之既久。乃骨肉之自殘。而逆豎達瓦齊。篡弒相尋。人心瓦解。始則車凌車凌烏巴什等款關請附。繼則阿睦爾撒納 等。率衆來降既不忍拒之遐荒。自當為登之衽席。是用揆幾度勢。命將出師。因其向化之誠。寄以前驅之任。該將軍等同心戮力。布德宣威。大軍所至。自噶勒丹多爾濟。以及諸部各台吉喇嘛。回民等。莫不拜舞輸誠。歡迎載道。壺漿夾路。耕收不移。遂直抵伊犁。收其部衆撫綏安輯。咸慶更生無血刃遺鏃之勞。奏掃穴犁庭之勝計自始事。以迨捷聞。曾未數旬迅成偉績。歷稽往牒。實所希逢在於朕心。倍深兢業。此皆沐蒼穹之默眷。荷列祖之鴻庥。故能暢播遠猷。光昭駿烈。已分遣皇子。恭叩祖陵。代行告祭。謹於乾隆二十年六月初一日親詣太廟。躬申祇告。並遣官祇告天。地。社。稷。暨先師孔子。用申謝悃。至朕日侍璇宮。親承懿訓。溥慈暉於海寓。錫厚澤於生民。仰惟垂裕之恩。宜晉顯揚之號。茲於本月初七日。			

序號	時間	時間	提出者／奏議者／復議者				接收者／回應者				內容提要	類別、關鍵詞	關聯條目與事件	問題
	(中曆)	(西曆)	人物	八旗歸屬籍貫民族	職銜	出身	人物	八旗歸屬籍貫民族	職銜	出身				
											率王公文武群臣。恭奉冊寶。加上聖母崇慶慈宣康惠敦和裕壽皇太后徽號曰。崇慶慈宣康惠敦和裕壽純禧皇太后兩階之文德覃敷。肇皇圖於有永萬國之歡心允洽。介純嘏以彌增。用溥覃恩。聿光盛典。所有應行事宜。開列於後。一。五嶽。四瀆。等祀。照例遣官致祭。一。歷代帝王陵寢。照例遣官致祭。一。凡嶽。鎮。海。瀆。廟宇有傾圮者。該地方官查明估計修葺。以昭誠敬。一歷代帝王陵寢。該督撫查勘修葺。動項報銷。一此次領兵之王大臣。身歷戎行。調度合宜克成偉績。應加懋賞。用志酬庸。一。現在行間之滿洲蒙古將領兵丁。俱能奮勇出力著通行賞賚。其出征之綠旗將領兵丁。亦著一體賞賚一。此次派往西北兩路之在京大臣官員。隨圍豫支俸銀及宗人府生息銀兩。並兵丁借過庫銀未經扣完者。槩行豁免。一。軍機處行走官員。晝夜辦理。甚屬勤勞著交部從優議敘一兩路管理臺站官員。已有旨查明議敘。其兵部司員接辦軍報。黽勉無誤。亦著交部議敘。一。順天府官員料理軍行。俱屬妥協。著照直隸。山西。河南。等省之例。一體交部議敘一。在京王以下。文官五品以上。武官三品以上。俱加恩賜。一。各省將軍。副都統。總督巡撫。提督。抍			

序號	時間（中曆）	時間（西曆）	提出者／奏議者／復議者				接收者／回應者				內容提要	類別、關鍵詞	關聯條目與事件	問題
			人物	八旗歸屬籍貫民族	職銜	出身	人物	八旗歸屬籍貫民族	職銜	出身				
											總兵官。各加恩賜。一。在外諸王以下。公以上。俱加恩賜。一。凡試職各官。俱准實授。一。在京文武各官。俱加一級。其任內有降革處分即以抵銷。一。乾隆丙子年各省鄉試。大省廣額十名。中省七名。小省五名。其丁丑年會試應廣額若干名之處。該部臨時奏聞請旨。一。國子監貢生。監生。及各官學教習。免坐監期一月。一。在京滿洲蒙古漢軍馬步兵丁俱加恩賞一月錢糧一在京巡捕三營兵丁著加恩賞一月錢糧。一。內務府莊頭等所有積欠糧石等項查明請旨豁免。一。各省民欠錢糧著該部查明具奏。其年久應免者。候旨豁免一。從前各省偏災地方。所有借給貧民耔種口糧牛具等項。查明實係力不能完者。著予豁免一。雜派項款。永行禁革。以安民生該督撫嚴察禁革。如有仍前濫徵者。或經參奏或被發覺。定行從重治罪。一。除謀殺故殺外。如原無仇隙。偶因一時忿激相毆。重傷致死者。將兇犯免死。決杖一百。照例追銀四十兩。給付死者家屬。一。現在軍流以下人犯。概予減等發落。一。除十惡不赦外。犯法婦人。盡行赦免。一。現在內外監候質審。及干連人等。久禁囹圄。恐致無辜瘐斃者。概與釋放。一。各省分賠代賠之案。本人業已身故。			

序號	時間(中曆)	時間(西曆)	提出者／奏議者／復議者				接收者／回應者				內容提要	類別、關鍵詞	關聯條目與事件	問題
			人物	八旗歸屬籍貫民族	職銜	出身	人物	八旗歸屬籍貫民族	職銜	出身				
											其子孫實係力不能完者。著查明奏請豁免。一。濫動重刑。舊有嚴禁。有司官員。有因小事輒行夾訊。並違例妄用非刑者。該督撫即行查參具奏。從重治罪。一。各處養濟院。所有鰥寡孤獨及殘疾無告之人有司留心以時養贍。毋致失所。於戲。廣仁恩於茂育。遠敷熙皡之隆。崇光烈之覲揚。永慶綏和之治布告天下。咸使聞知。			
79	高宗乾隆20年7月9日	1755.08.16	乾隆		皇帝		軍機大臣				又諭。前有旨令劉統勳。於黃廷桂到任之後。回京供職。今黃廷桂川省任內。現有應辦之事。不能即赴陝甘。而甘省政務邊防。一切關係緊要。如現議改駐滿兵處所。尤當相度情形。通盤籌畫。劉統勳即應親身前往。會同策楞查勘。并與班第咨商。至將來瓜州回民。仍回吐魯番原住游牧處。於該協督所請改設滿兵之外。另設駐防滿洲兵二千名。則哈密城堡等處。或即於瓜州滿兵內。分撥防守。其綠旗官兵。又可酌量裁減。至貿易處。如何派兵照料。該協督均當親履其地。悉心酌議具奏。劉統勳係軍機大臣。此等事宜。伊即回京。亦分所應辦。將此傳諭該協督令其詳悉熟籌。務期允協。	軍事、安置回民、商貿		

序號	時間	時間	提出者／奏議者／復議者				接收者／回應者				內容提要	類別、關鍵詞	關聯條目與事件	問題
	(中曆)	(西曆)	人物	八旗歸屬籍貫民族	職銜	出身	人物	八旗歸屬籍貫民族	職銜	出身				
80	高宗乾隆20年8月9日	1755.09.14	軍機大臣、陳宏謀	廣西省-桂林府-臨桂縣	甘肅巡撫(乾隆20年)	諸生；雍正1年舉人；雍正1年三甲第十二名進士	乾隆		皇帝		軍機大臣等議覆。前任甘肅巡撫陳宏謀奏。籌辦安西等處事宜。一據稱準噶爾需用內地貨物甚多。向來貿易。三年一次。今既內附。自須推廣。或一年一次。一年兩次。不必官為經理。亦不必令進關抵肅。於哈密以東之布隆吉地方。招集商賈同通事評定物價。於嘉峪關盤驗稽查。量定稅則抽稅。其牛羊聽客商交易。惟馬匹歸官。將茶易換。以充營伍之用。就年來貿易馬價斟酌定數等語。查準噶爾需用貨物。自應量為流通。現經奉旨。西路貿易。定於巴里坤地方。駐兵彈壓。一切事宜。令協督劉統勳。前往籌辦。至馬匹歸官。以茶易換。亦屬籌辦之法。應將所奏。交該協督酌量情形。詳議具奏。一。據稱關外赤金。靖逆。柳溝。安西。沙州。五衛。每衛設守備千總各一員。又安西同知一員。管轄安西。柳溝。沙州。三衛。靖逆通判一員。管轄赤金。靖逆。二衛。每衛所管屯民。不過六七百戶。沙州一衛較多。至塘汛卡座。各有弁兵。衛備千總。無所事事。莫如裁去衛備千總。將五衛歸廳專管。令通判駐劄赤金。同知移駐柳溝。惟沙州一衛。偏在西南。遠難兼顧。添設沙州同知一員。與副將同城。方為合宜。再哈密向於陝甘二省派府佐一員。專管	商貿、官制		

序號	時間	時間	提出者／奏議者／復議者				接收者／回應者				內容提要	類別、關鍵詞	關聯條目與事件	問題
	(中曆)	(西曆)	人物	八旗歸屬籍貫民族	職銜	出身	人物	八旗歸屬籍貫民族	職銜	出身				
											屯田民事。派州縣佐貳一員。收支兵糧。五年更換。究非所宜。不如設同知一員。常駐哈密。責成更事。以上四廳。皆應設巡檢一員等語。查安西等處地方遼闊。裁汰。歸併。添設。移建。事屬更改舊制。是否必應如此辦理。當確按情形。籌酌妥協。應請交該協督。一面詳查確擬。俟總督黃廷桂抵任。公同酌議具奏。至所奏瓜州回民宜遷歸舊地之處。現劉統勳親往巴里坤查勘。俟奏到再議。從之。			
81	高宗乾隆20年8月30日	1755.10.05	劉統勳、軍機大臣	山東省-青州府-諸城縣	協辦陝甘總督尚書(陝甘總督(刑部尚書協辦),乾隆19-20年、刑部尚書，乾隆15-20年)	雍正2年進士	乾隆		皇帝		協辦陝甘總督尚書劉統勳奏。軍機大臣議覆。調任巡撫陳宏謀奏籌辦安西等處事宜一摺。行知到臣。查貿易處所。既定在巴里坤。該撫所奏布隆吉地方。一年一次兩次之處。應毋庸議。其所稱商貨出關盤查。自屬應行事宜。嘉峪關現有遊擊一員。應行知照例辦理。至所稱量定稅則。現在商民未齊。俟試行一二年。商貨果有利息。再定則抽收。馬匹歸官撥營。於事有益。應於哈密貯茶。俟貿易馬到。照近價定數易換。令各營交價領馬。又瓜州回民仍歸舊處。甚為合宜。臣前往查勘。田土平衍。可容千餘人。屯田約可下種九千石。其應如何遷移之處。再行具奏。至所請將赤金等五衛分駐同知通判。添設巡檢四員。臣現行安西道。就該管地方情形。	商貿、稅收、安置回民、官制		

序號	時間(中曆)	時間(西曆)	提出者／奏議者／復議者				接收者／回應者				內容提要	類別、關鍵詞	關聯條目與事件	問題
			人物	八旗歸屬籍貫民族	職銜	出身	人物	八旗歸屬籍貫民族	職銜	出身				
											如何合宜。備細詳覆。俟督臣黃廷桂到任後。公同酌議。具奏請旨。報聞。			
82	高宗乾隆21年3月7日	1756.04.06	乾隆		皇帝		軍機大臣				乙亥。諭軍機大臣等。覽策楞等兩次所奏。分兵前往洪郭爾鄂博。擒捕阿睦爾撒納之處。尚屬近理。但觀伊等情形。並未迅速前進。則於軍行緩急機宜。茫然不曉也。據陸續脫出之人。俱稱阿睦爾撒納 。被回民和卓木擊敗。勢蹙力窮。在洪郭爾鄂博居住。正與現在策楞等領兵前進地方。相距不遠。何必又分略地大隊之兵。以次前進乎。策楞等即當選集勁旅。合力速行。及阿睦爾撒納未得逃竄之先。即行追及。始與事機相協。即使逃出之人。所言未必盡實。或大兵馬力平常。亦應急速趨赴。審量賊情。如賊人之力尚強。則我兵暫為緩行。俟後隊既集。協力進發。亦無不可。今乃未見一人。即已如此遲滯。則雖逆賊窮蹙果真。豈肯坐待策楞等兵至。而束手就縛乎。又豈必俟目睹策楞等到彼。始知倉皇奔竄乎。此即策楞等不知事理之明驗。由伊等延緩情形度之。則阿睦爾撒納 。未必即能擒獲。試思逆賊一日不獲。此事一日可了乎。策楞等一何悖謬至此。伊等縱計慮未周。獨不思如何始可謂之竣事乎。此時阿睦爾撒納。倘已就縛。誠為盡善。若仍未獲。則	軍事、外交		

序號	時間（中曆）	時間（西曆）	提出者／奏議者／復議者				接收者／回應者				內容提要	類別、關鍵詞	關聯條目與事件	問題
			人物	八旗歸屬籍貫民族	職銜	出身	人物	八旗歸屬籍貫民族	職銜	出身				
											此旨到日。阿睦爾撒納 。必早經免脫。或先定一竄跡之地矣。如果逃往哈薩克。布嚕特等處。斷不可虛張追逐之勢。遽行徹兵。即著派達勒當阿。玉保。尼瑪。於索倫兵內。揀選一二千名。奮力追趕。仍先遣人往哈薩克傳諭。阿睦爾撒納。乃叛大皇帝。重負厚恩之逆賊。今逃入汝界。汝等能將伊擒獻。大皇帝必重加恩賞。伊或詭言逆賊到伊界內。又逃往布嚕特。則當諭以逆賊所到之處。大兵當即窮追。期於必獲而後已。並不騷擾汝等。汝等或稍有阻撓。即是甘與賊通。我等必將一體辦理。使之知所震懾。出力追捕。決不可稍為姑息。朕觀外夷情形。均多恇怯。即如阿睦爾撒納 。如此窮蹙。而伊等尚不免畏懼。況我統索倫精兵前往。丕振軍威。伊等無有不讐服之理。逆賊萬一逃往。即遵旨帶領索倫兵。往追務獲。此皆朕先事籌畫者。若俟伊等奏到阿睦爾撒納 脫逃時。始行降旨指示。必致貽誤矣。總之道途寫遠。一切事務。伊等當詳審應緩應急之宜。而一出以果斷。始能適合事機。庶叛賊可以就擒。策楞等其殫心熟籌。勇往辦理。			
83	高宗乾隆21年3月12日	1756.04.11	乾隆、黃廷桂		太子太保(乾隆19-23年)、		軍機大臣、黃廷桂		太子太保(乾隆19-23年)、		又諭。據黃廷桂奏。吐魯番。並無蒙古占據。瓜州回民。各願遷回。並稱向與準噶爾交納方物。即作每	安置回民、進貢、管治回民		

序號	時間	時間	提出者／奏議者／復議者				接收者／回應者				內容提要	類別、關鍵詞	關聯條目與事件	問題
	(中曆)	(西曆)	人物	八旗歸屬籍貫民族	職銜	出身	人物	八旗歸屬籍貫民族	職銜	出身				
					武英殿大學士(乾隆20-24年)、陝甘總督(武英殿大學士兼管)(乾隆20-24年)				武英殿大學士(乾隆20-24年)、陝甘總督(武英殿大學士兼管)(乾隆20-24年)		年貢獻等語。瓜州回民。遷回吐魯番一事。前已降旨。俟策楞。兆惠。於軍務凱旋之便。先先吐魯番地方情形。會同查勘。定議辦理。今雖據額敏和卓。繪圖呈覽。著傳諭黃廷桂。仍遵前旨。曉諭回民。今年仍令暫住瓜州。俟策楞等查勘之後。再為料理遷移。若此旨未到之前。已經遷移。則將此旨寄策楞等。聽其查辦。至伊等進貢方物一節。當稍示區別。如向隸二十一部落者。即係噶爾丹策零之人。今伊犁既經平定。自應奉貢方物。如原係噶勒藏多爾濟。及巴雅爾等所屬。此番遷回故土。應仍歸伊等管轄。方為允協。俟策楞等查勘之後。再行詳議妥辦可也。著傳諭黃廷桂知之。			
84	高宗乾隆21年4月8日	1756.05.06	黃廷桂		陝甘總督(武英殿大學士兼管)(乾隆20-24年)		乾隆		皇帝		乙巳。大學士管陝甘總督黃廷桂覆奏。現辦糧石牛隻解赴巴里坤應用。惟是遠運既艱而令伊犁人等赴彼領取。亦有未便。請於附近蒙古及回民人等處所。易換糧麵牲畜以資口食。得旨。附近亦無一尚可資生之部落。而 回民則各往其本處。今方令人喚回。此等情形。卿不之知耳朕思聚數萬窮乏之人使就軍營而乞食此非良策故無柰令其就巴里坤乞食。或先後而來則不見其多而易為辦理。然尚恐非和起等所能辦。故又有旨令卿前往。其機宜亦屢降諭旨矣。	安置回民		

序號	時間	時間	提出者／奏議者／復議者				接收者／回應者				內容提要	類別、關鍵詞	關聯條目與事件	問題
	(中曆)	(西曆)	人物	八旗歸屬籍貫民族	職銜	出身	人物	八旗歸屬籍貫民族	職銜	出身				
85	高宗乾隆21年閏9月29日	1756.11.21	黃廷桂		陝甘總督(武英殿大學士兼管)(乾隆20-24年)		乾隆		皇帝		大學士管陝甘總督黃廷桂覆奏。安西駐防滿兵。遵旨先撥往三千。豫定章程。查額敏和卓自吐魯番回抵瓜州。即派員照看起程。隨將所遺地畝丈勘。召民佃種收租。以備將來支放滿兵本色月糧。至瓜州及回民所居之頭堡二處。地勢軒敞。應令將軍及副都統等。帶兵分駐。所遺兵房。率皆狹小。原有衙署。不敷分駐。均應另行估建。其 回民分駐五堡。原有土房四千八百餘間。年久坍塌。應行建蓋。再兩省截留一成公費名糧。每歲可省銀二十四萬六千餘兩。其移駐滿兵二千名。合計俸餉糧料本折等項。每年需銀三十六萬六百餘兩。如將家口粟米。一半折給。 回民所遺地畝。並於一半粟米內。搭給二成茶葉。復於五衛額徵內。酌撥京斗青稞等糧九千石外。該歲需銀二十四萬四千餘兩。即以截留綠營公費湊支。有盈無絀。至原議扣留公費兵額。係統於一年內裁扣齊全。一年清還各營墊項。兩年後多有節省。應令滿兵於二十三年秋季涼爽時。派撥來安。得旨。如所議行。	軍事		
86	高宗乾隆22年正月30日	1757.03.19	裘曰修	江西省-南昌府-新建縣	欽差吏部侍郎(吏部右侍郎，乾隆20-22	廩貢生；乾隆1年順天鄉試舉人；乾隆4年進	乾隆		皇帝		又奏。西陲地方極廣。俱係回民。不下數十部落。而厄魯特介乎其中。當策妄等強盛時。各 回民多受其陵奪。切齒日久。此次剋期進勦。計厄魯特必四出竄逸。或闌入回地。	軍事、清廷對外夷的態度、清廷對藩部的態度		

序號	時間	時間	提出者／奏議者／復議者				接收者／回應者				內容提要	類別、關鍵詞	關聯條目與事件	問題
	(中曆)	(西曆)	人物	八旗歸屬籍貫民族	職銜	出身	人物	八旗歸屬籍貫民族	職銜	出身				
					年)	士					閒額敏和卓為諸回部知名之人。今受恩甚重。若令曉諭招徠。可皆為我用。請特頒敕旨。明告諸回部。以我兵所誅。惟厄魯特。且為爾回部除害。爾回部有擒殺厄魯特者。一體賞賚。莽噶里克。係同厄魯特戕我大臣之人。是以用兵誅戮。與各回部無涉。即令額敏和卓詳譯敕旨。遍行曉諭。似於進勦有益。得旨。大凡此等外夷。我力勝。則彼不招而自來。若我力弱雖詳諭百般。彼之觀望自若。所言雖亦一策。徐徐度之可耳。			
87	高宗乾隆22年9月30日	1757.11.11	黃廷桂		陝甘總督(武英殿大學士兼管)(乾隆20-24年)		乾隆		皇帝		大學士管陝甘總督黃廷桂奏。瓜州回民所遺熟地。二萬四百餘畝。經臣奏明。招佃承種。官民分收。隨令安西道。就近於五衛地方。陸續招佃六百八十餘戶。每戶先後撥地三十畝。借給耔種口糧牛具等項。今春督令及時耕種。嗣因夏間口外陡起熱風。苗稼不無吹損。現查收成多寡。照例辦理。此外尚有回民未種荒地。一萬九千餘畝。自應次第經理懇闢。但屢招乏人。蓋因地瘠土堅。耕種匪易。且俱在熟地下游。去水甚遠。必須其年雪厚春暖。消化應時。渠流充暢。始能引水灌溉。否即難免歉薄。似應將此項荒地。照開墾例。招民認墾。官止借給耔種口糧。按年徵還。至所墾地。先令於熟地接水處開起。由近而遠。	安置回民、瓜州環境、借糧		

序號	時間(中曆)	時間(西曆)	提出者／奏議者／復議者				接收者／回應者				內容提要	類別、關鍵詞	關聯條目與事件	問題
			人物	八旗歸屬籍貫民族	職銜	出身	人物	八旗歸屬籍貫民族	職銜	出身				
											試種一年後。如水足有收。即照民地升科。查軍興以來。多有傭工謀食在外者。應先於此等民人內招墾。尚有餘地。再於內地設法招往。得旨。諸凡甚妥。			
88	高宗乾隆22年11月5日	1757.12.15	軍機大臣、(烏雅)兆惠	滿洲正黃旗	定邊右副將軍(乾隆21年-22年)注：乾隆帝是在乾隆22年12月25日下命封兆惠為定遠將軍，所以在11月時他仍然擔任定邊右副將軍的職務。		乾隆		皇帝		軍機大臣議奏。前因兆惠等奏。阿布賚請將馬赴烏嚕木齊交易。臣等議以途遠。商販難集。請官為經理。選熟諳交易之人。照商人例。不必顯露官辦形跡今據該督奏稱烏嚕木齊交易。運費浩繁。似吐魯番為便。其明歲交易。止換馬。若哈薩克帶有駝牛羊。亦係軍營需用。請一體收買。其應需緞。若由內府辦解。絲色精良。而官辦後仍必招商。將來恐成色略減。致煩言論。現在陝省採辦各色緞。及巴里坤現存雜色梭布京莊布。均可敷用。哈密現存茶頗多。運用軍營餘駝。酌量雇覓商駝。添備車輛。遴委道員同知副將。酌派備弁兵丁押送等語。查臣等原議。哈薩克交易在烏嚕木齊。因前與阿布賚定約。奉旨允准。似不便更易。致失信遠人。雖費繁原可增價。至吐魯番近接邊陲。建有城堡。較烏嚕木齊地方空闊。可以隨處開市者不同。恐哈薩克人等。與回民熟習。轉致滋擾。應仍照臣等原議。至收換馬匹。騸馬外有隨帶騍馬。亦可量收。其地牲隻。亦應一體收買。至疲瘦牲隻。一切雜	商貿、清廷對外夷的態度、地緣政治、特別備註：阿布賚為哈薩克汗國中玉茲汗。他雖然向清朝上表要求內附，並被乾隆帝敕封為汗，但同時他也向俄羅斯帝國宣誓效忠並且獲得証書，故他擁有雙重臣服身份。		

序號	時間	時間	提出者／奏議者／復議者				接收者／回應者				內容提要	類別、關鍵詞	關聯條目與事件	問題
	(中曆)	(西曆)	人物	八旗歸屬籍貫民族	職銜	出身	人物	八旗歸屬籍貫民族	職銜	出身				
											貨。雖不應交易。但念攜帶遠來。或減價收留示以節制。其緞疋一項陝省既可採買。應如所奏辦理。至布茶尤哈薩克所必需。今哈密既存有茶。巴里坤亦有購備布。應雇商駝。或添車運送不必挑用軍營餘駝其遴委道員。同知。副將等員。幷酌帶將弁。挑派兵丁。應需鹽菜口糧。及商民人等。願隨前往購買零星物件。各聽其便俱應如所奏。再該督奏派兵一百名。係因吐魯番現有屯兵。足資彈壓。今既仍在烏嚕木齊交易應否添派兵丁亦聽該督酌量辦理。明歲係初次貿易。自當立定章程。不可遷就而交易之際。又必示以公平。卑遐荒咸知天朝柔遠之經。方為妥協。應交該督轉飭道協各員。善為經理。諭曰黃廷桂所奏。籌辦來年哈薩克貿易事宜一摺。已據軍機大臣議奏。但貿易之事。不過因其輸誠內嚮。俾得懋遷有無。稍資生計而彼處為產馬之區。亦可以補內地調撥缺額。並非藉此以示羈縻。亦非利其所有。而欲賤値以取之也。將來交易之際。不可過於繁苛。更不必過於遷就。但以兩得其平為是。可傳諭黃廷桂。令其善為經理。至奏內所稱委派道廳等員。看來貿易之事。終不可全以官法行之能辦政務者。未必熟諳商賈。朕思道員中。如范清洪。同知中。如			

序號	時間	時間	提出者／奏議者／復議者				接收者／回應者				內容提要	類別、關鍵詞	關聯條目與事件	問題
	(中曆)	(西曆)	人物	八旗歸屬籍貫民族	職銜	出身	人物	八旗歸屬籍貫民族	職銜	出身				
											范清曠等伊家原曾承辦軍需。及一切貿易。應尚有舊時商夥。習練其事。或可於此二人中。酌調一人。赴甘承辦是否有益。并著妥議奏聞。			
89	高宗乾隆23年3月25日	1758.05.02	乾隆、黃廷桂		皇帝、陝甘總督(武英殿大學士兼管)(乾隆20-24年)		軍機大臣				又諭。據黃廷桂奏。侍衛孟雅薩爾。帶有回民黑巴斯夫婦三名口。其回婦巴喇彥。稱係伊族妹。因中途撞遇。一同帶歸。現在將伊夫婦等。暫留肅州收管。或應解送京城。或於就近安插。請旨遵行等語。黑巴斯係外藩回民。雖孟雅薩爾。稱係親戚。亦並無實據。伊若已帶同進京。自不防聽從其便。今既留於肅州。則解送來京。殊可不必。即於就近。賞給綠營官員為奴可也。將此傳諭黃廷桂知之。	外藩、安置回民		
90	高宗乾隆23年5月29日	1758.07.04	黃廷桂		陝甘總督(武英殿大學士兼管)(乾隆20-24年)		乾隆		皇帝		大學士管陝甘總督黃廷桂奏覆。軍流情重人犯。發往巴里坤等處屯田。經臣咨商辦理屯務大臣。安置編管。茲據永貴等咨稱。吐魯番以東。俱有回民耕種。 回民之外。又派兵一千四百名。儘力開墾。已無餘地。吐魯番以西。烏嚕木齊。托克三。哈喇沙爾等處。俱無回民。河大水寬。土地亦廣。俟料理屯兵起程後。親往踏勘。今奉諭將發遣人犯。入於綠營兵丁內屯田。如何嚴加管束之處。令臣等會同詳議。除行文阿里衮 。併移會永貴。即速踏勘情形。遵旨就近定議。咨覆到日。臣再參	開發新疆、處置犯人		

序號	時間(中曆)	時間(西曆)	提出者／奏議者／復議者				接收者／回應者				內容提要	類別、關鍵詞	關聯條目與事件	問題
			人物	八旗歸屬籍貫民族	職銜	出身	人物	八旗歸屬籍貫民族	職銜	出身				
											以已見。合一具奏。得旨。知道了。辦此等事。若拘泥成例。畏首畏尾。則一步不可行矣。			
91	高宗乾隆23年10月16日	1758.11.16	乾隆		皇帝		軍機大臣				諭軍機大臣等。黃廷桂所奏伊犁屯田事務一摺。已交軍機大臣議奏矣。但閱該督摺內。未免有竭蹷之意。辦理回子事竣。明年既於伊犁駐兵。則屯田之事。自不可不亟為籌畫。但亦不必過於張皇。總以靜鎮妥速。因時制宜。盡地利而足兵食。斯為允協。若明年二月內。可以趕辦屯務。不誤春耕。於駐防軍需。更為有益。如實有不能趕辦之勢。則隨宜酌量舉行。朕亦必不以從事稍緩。遽為督責。但不得因此遂生作輟之意耳。現在烏嚕木齊。既有屯田官兵。墾種廣闊。將所獲糧石。酌量運往伊犁。以資接濟。可省甘肅。哈密。等處轉運之繁。較烏里雅蘇台。運送糧石至北路軍營。道里亦不甚相遠。況從回部凱旋。綠營兵丁徹回時。兼可留在伊犁屯種。此外或就回民中量行調派應用。則人不煩而事易就。墾得一畝。即可得一畝之用。總之辦理屯務。在該管大臣等。相度事勢。次第通融籌辦。如烏嚕木齊等處。人力有餘。不妨量為挑派。移赴伊犁開墾。如其不能。亦不必勉強。前降諭旨。由近及遠。接次頂補。意正如此。固不必豫事過為周章也。	軍事、開發新疆		

序號	時間	時間	提出者／奏議者／復議者				接收者／回應者				內容提要	類別、關鍵詞	關聯條目與事件	問題
	(中曆)	(西曆)	人物	八旗歸屬籍貫民族	職銜	出身	人物	八旗歸屬籍貫民族	職銜	出身				
92	高宗乾隆23年10月16日	1758.11.16	軍機大臣、黃廷桂		陝甘總督(武英殿大學士兼管)(乾隆20-24年)		乾隆		皇帝		軍機大臣議覆。大學士管陝甘總督黃廷桂奏稱。伊犁地氣和暖。耕種較早。且距內地遙遠。轉瞬仲冬。恐致遲誤。將一切應行辦理之處。飛咨將軍臣兆惠。暨屯田大臣永貴等。定議趕辦。其酌帶官兵。搭派回衆。搬移籽種牛具口糧諸事。請俟兆惠。永貴等。咨覆到日。遵照應付等語。查烏嚕木齊等處。屯田既廣。伊犁一帶。又添辦牛具籽種口糧。恐致顧此失彼。現已遵旨傳諭將軍兆惠等。令將伊犁屯務。酌量情形。或調撥帶往之綠營兵墾種。或派附近回民屯墾。因其所有之籽種牛具。以資耕作。該督黃廷桂。祇應專力於烏嚕木齊等處。伊犁屯務。聽將軍兆惠等籌辦。從之。	軍事、開發新疆		
93	高宗乾隆23年10月19日	1758.11.19	乾隆、黃廷桂		皇帝、陝甘總督(武英殿大學士兼管)(乾隆20-24年)		軍機大臣				又諭。黃廷桂奏。籌辦伊犁屯田事宜一摺。此事前據該督奏到。並鈔錄移咨兆惠。永貴。原文進呈。當交軍機大臣議奏。并降旨傳諭兆惠。令其將伊犁屯田之事。酌量情形。或於帶往之綠營兵內派撥墾種。或於附近回民內調派屯墾。因其所有之籽種牛具。以資屯田耕作之用。該督黃廷桂。祇應專力於烏嚕木齊等處應墾之田。以收地利而足兵食。庶可不致辦理竭蹶。顧此失彼。該督諒尚未經接到。故所奏籌辦籽種農具口糧等事。未免甚費周章。若再傳諭黃廷桂。查照軍機大臣遵旨	軍事、開發新疆		

序號	時間	時間	提出者／奏議者／復議者				接收者／回應者				內容提要	類別、關鍵詞	關聯條目與事件	問題
	(中曆)	(西曆)	人物	八旗歸屬籍貫民族	職銜	出身	人物	八旗歸屬籍貫民族	職銜	出身				
											議覆原文。惟於烏嚕木齊等處屯務。悉心經理。毋致貽誤。其伊犁屯田之事。當以餘力為之。專聽兆惠等遵旨籌辦。如或不能。即緩至明年。儘可從容辦理。不必更費周折也。			
94	高宗乾隆24年3月29日	1759.04.25	(瓜爾佳)吳達善	滿洲正紅旗	陝甘總督(乾隆24年)	乾隆1年三甲第一百三十二名進士	乾隆		皇帝		又奏。參贊大臣永貴。議於阿克蘇地方。就近採買回民糧石。荒徼初附。嗜利貪得。是其素性。固當示以節制。亦不可不因時酌籌。查阿克蘇去歲米麵價賤。現在增長。今議定小麥糜子青稞。每石價各二兩。與彼地時價不敷。較去秋賤價亦虧短。回民未必鼓舞爭先。伏思輓運行營兵糧。除內地腳價勿論外。自肅州運至哈密。闢展轉運托克三。每石腳價銀幾二十兩。至阿克蘇尚不止此。如將阿克蘇採買價量增。較內地長途輓運省多。且指日凱旋。無須再買。請敕永貴。將現買糧價。照彼地時值從寬給發。得旨所奏是。	商貿、物價		
95	高宗乾隆24年閏6月27日	1759.08.19	乾隆、楊應琚	漢軍正白旗	皇帝、陝甘總督(乾隆24年，25-31年)注：值得留意的是《清實錄》裏乾隆24年	廕生	軍機大臣				諭軍機大臣等。楊應琚奏。庫車等處咨調紬緞布疋等項。換易回民糧石。業已酌辦解送一摺。看來各項布疋。於回地既為適用。當此刈穫之時。用以易換糧石。非特軍營得資接濟。且可省內地解運之繁。甚為便益。前已降旨。令戶部酌撥布疋二萬解送肅州。交該督等貯庫備撥。將來或有需用。不妨廣為籌備。多多益善。現在傳諭戶部。再於各	商貿、物價		

序號	時間	時間	提出者／奏議者／復議者				接收者／回應者				內容提要	類別、關鍵詞	關聯條目與事件	問題
	(中曆)	(西曆)	人物	八旗歸屬籍貫民族	職銜	出身	人物	八旗歸屬籍貫民族	職銜	出身				
					6月21日的條目記載陝甘總督楊應琚奏……之後到了同年9月12日記載甘肅總督楊應琚奏稱……，可見閏6月27時楊應琚擔任的職銜仍是陝甘總督。而這個職銜上的轉變恰恰就是他本人向乾隆上奏提議所致)						省產布地方。酌量備解。陸續運甘。庶軍儲倍為充裕。甘省比年歉收。民間食用。庶多方體卹。其糧石草束。本地既務從撙節。不令採辦拮据即布疋一項。亦係小民日用所必需。今既由各省源源接辦備用。則甘省一切可以無需購買。價值亦自平減。該督等正當專力於撫綏賑卹。副朕加惠邊民至意。此時回眾已得因糧之便。軍務亦指日可以告竣。該督等辦理儲胥。使內地靜若無事。斯為經理得宜耳。將此詳悉傳諭知之。			
96	高宗乾隆24年10月14日	1759.12.03	乾隆、愛必達		皇帝、雲貴總督(乾隆22-26年，第二次擔任。第一	生員					諭曰。愛必達參奏。永順總兵哈峻德。將移駐所遺守備衙署。私賣得價。置買公館。復勒派所屬公捐。又令各兵自行製備黑鉛。仍於公費內冒銷銀兩。并將家人內姪分派食糧。仍留內署使用。及與回民哈世	軍事、貪贓枉法、處罰、法律		

序號	時間(中曆)	時間(西曆)	提出者／奏議者／復議者				接收者／回應者				內容提要	類別、關鍵詞	關聯條目與事件	問題
			人物	八旗歸屬籍貫民族	職銜	出身	人物	八旗歸屬籍貫民族	職銜	出身				
					欢擔任是乾隆 20-21 年。)						傑認為弟兄。出入無忌各款。殊屬不法。非尋常卑鄙貪污可比。總兵統轄營伍。豈應恣意妄行。至於此極。況以私人侵食名糧。關係營務。尤為重大。從前雍正年間。屢蒙皇考執法整頓。此弊久已肅清。乃哈峻德膽敢冒占營私。罔知法紀。愛必達此奏。甚屬公當。著將哈峻德革職拏問。交該督等按摺內款犯。嚴審定擬具奏。			
97	高宗乾隆25年正月29日	1760.03.16	楊應琚		陝甘總督(乾隆 25-31 年)		乾隆		皇帝		陝甘總督楊應琚奏。闢展以西各臺兵口糧。係在所屬各城。自行支領。相距或二三站及六七站各臺兵無馱載牲畜。步運殊覺艱難。查庫車沙雅爾塞哩木。拜。阿克蘇。等處回民。業已均平貢賦。而自哈喇沙爾。以至庫車中間庫爾勒等四處。復有新遷多倫回民墾種。請於今歲收成後。飭知各該伯克等覈明各臺官兵數目。於應交糧內就近支給。至附近各臺。及臨近大路地畝。亦飭該伯克等。詢問回民。有願墾種者。俱令移居。及時開墾。將來居民稠密無需更撥護臺之人。播穫收成。支領愈便。得旨。甚好。	軍事、開發新疆		
98	高宗乾隆25年3月12日	1760.04.27	乾隆、永寧	不詳	皇帝		軍機大臣				又諭曰永寧等奏稱固原州回民林福。與民人馬友飲醉互毆扎傷馬友殞命將林福擬以絞候解送巡撫衙門報部入於秋審案內等語哈密尚與肅州相近。若伊犁葉爾羌等處又焉能	法律、處置犯人		永寧八旗歸屬不詳

序號	時間	時間	提出者／奏議者／復議者				接收者／回應者				內容提要	類別、關鍵詞	關聯條目與事件	問題
	(中曆)	(西曆)	人物	八旗歸屬籍貫民族	職銜	出身	人物	八旗歸屬籍貫民族	職銜	出身				
											長途解送肅州此等新定地方。立法不可不嚴將來內地貿易民人與回人雜處凡鬥毆殺人之案即應於本處正法庶凶暴之徒知所儆畏。非可盡以內地之法治也。著傳諭各該駐劄大臣等。遇有似此案件即遵照辦理俟新疆一切就緒。再降諭旨。其林福一犯不必解送肅州著即行正法。			
99	高宗乾隆25年4月15日	1760.05.29	軍機大臣、楊應琚		陝甘總督(乾隆25-31年)		乾隆		皇帝		軍機大臣議奏。陝甘總督楊應琚奏稱。阿克蘇。至葉爾羌。喀什噶爾一帶。相距數千里。地方空闊。前與舒赫德等會議。設立文武大員。分地駐劄。不可無居中聯絡關通之處。查與葉爾羌相距八九站。有地名巴爾楚克。傍近河流。泉源充裕。若多召無業回民。保聚耕作。則灌溉有資。可漸成村落。又距阿克蘇六七站。有多蘭回民。亦藉耕作而食。其舊居之恒額拉克。可墾地畝甚多。若招散處回民。聽其墾藝。亦可成一大聚落。應俟阿克蘇等處籌辦駐官後。各酌派千總一員。駐劄恒額拉克。及巴爾楚克。庶可聲息相通。其應召回民。有貧乏不能自立者。官為借給口糧籽種。統於收成後。酌量分限繳完。查口外屯種事宜。前據該督等議請駐兵運糧。並添設文武大員各摺。經臣等定議。以該處派兵屯墾。祇可隨時酌辦。應俟阿桂今歲前往。試墾一年之後。定有就緒。將來即可酌量照辦。且	開發新疆、新疆地理、借糧		

序號	時間	時間	提出者／奏議者／復議者				接收者／回應者				內容提要	類別、關鍵詞	關聯條目與事件	問題
	(中曆)	(西曆)	人物	八旗歸屬籍貫民族	職銜	出身	人物	八旗歸屬籍貫民族	職銜	出身				
											伊犁及回部。非巴里坤。哈密。內地可比。即須駐兵屯田。仍當以滿洲將軍大員駐守。非鎮道綠營所能彈壓。當即行知。今該督等復請設立員弁。分地駐劄。想此時尚未接到。至所稱巴爾楚克。恒額拉克。兩處可種之地甚多。若招令無業 回民屯墾。俱可漸成村落。查回部地方。耕作迺其恒業。此時以回民墾種回地。本屬便宜應辦之事。但應募而來。貧乏無力者居多。若如該督所請。借給籽種口糧。則購運轉輸。仍所不免。或其中實有情願出力墾種。不必全賴官為經理者。則招集墾種。為因利乘便之舉。亦屬可行。應令舒赫德等。悉心酌辦。其恒額拉克。及巴爾楚克。各派千總一員駐劄之處。亦統俟舒赫德等酌辦後。定有章程另議。從之。			
100	高宗乾隆25年4月28日	1760.06.11	(鈕祜祿)阿里袞	滿洲鑲黃旗	管理屯田大臣、注：人物傳記資料庫並無記錄阿里袞曾擔任該職務。但參照同年的《清實錄》記載，可以發現						管理屯田大臣阿里袞等奏。葉爾羌等處。所種糧穀。於三月二十一二等日。得雨深透。發生甚旺。此地自來雨澤稀少。仰荷聖主恩威遠播。拯救葉爾羌全部回民。是以上天佑順。著太平景象於邊陲瀚磧之地。回民生計。自此充裕。下部知之。	新疆天氣		

序號	時間	時間	提出者／奏議者／復議者				接收者／回應者				內容提要	類別、關鍵詞	關聯條目與事件	問題
	(中曆)	(西曆)	人物	八旗歸屬籍貫民族	職銜	出身	人物	八旗歸屬籍貫民族	職銜	出身				
					阿里袞同時又擔任兵部尚書(乾隆 23-29 年)和參贊大臣(乾隆 24-25 年)二職。									
101	高宗乾隆 25 年 5 月 9 日	1760.06.21	軍機大臣、楊應琚		陝甘總督(乾隆 25-31 年)		乾隆		皇帝		軍機大臣議奏。陝甘總督楊應琚奏稱。葉爾羌舊製錢。以普爾五十枚。為一騰格。作銀一兩。回民歲貢。兵丁月餉。以此為準。後市錢稍廣。經舒赫德等奏。請每銀一兩。以七十文為定。現在市錢日益平減。至以錢百。抵銀一兩。並一百零十文不等。官兵月領錢數十文。不抵應關餉銀之用。既無可加增。又不便議令 回民增錢上納。請將現鑄之錢。重如其舊。惟較舊樣微薄而加廣。於錢面添鑄回子字一分二字。以錢百。作銀一兩。鑄出新錢。即散為現駐官兵月餉。所有回民歲貢。亦照此為則。查錢法之低昂。由於市值之多寡聚散為權衡。時增時減。本無定準。在內地尚不能強繩以官法。節制以定價。況在回部地方。鼓鑄伊始。收舊鑄新。廣為流通。則錢價日就平減。亦屬物情自然。此時祇宜酌市值之貴賤。以定出納之準。若必拘以一文抵銀一分。百	幣制改革、鑄幣、新疆自然資源		

序號	時間	時間	提出者／奏議者／復議者				接收者／回應者				內容提要	類別、關鍵詞	關聯條目與事件	問題
	(中曆)	(西曆)	人物	八旗歸屬籍貫民族	職銜	出身	人物	八旗歸屬籍貫民族	職銜	出身				
											文作銀一兩。則該處白金。本屬稀少。現在白銀一兩。已換至一百零五文至十文不等。焉知將來不再加平減。則官兵等支領百文之錢。仍不抵其應關餉銀之用。況錢式早經頒定。又復減薄分數。於錢上鑄明定值。強制回衆以不得增減。微特勢所難行。轉致更張成例。該督楊應琚業回甘肅。請交舒赫德。酌量市值情形。隨時妥協辦理。所有該督請改定之處。毋庸議。至所稱阿克蘇。每年有貢納銅觔。庫車亦有產銅之山。應令該處回民。量力輸納。即於應徵貢賦内扣抵。以資鼓鑄。事屬可行。應一併令舒赫德。查明妥議具奏。得旨。依議速行。			
102	高宗乾隆25年5月11日	1760.06.23	乾隆、同德	滿洲正黃旗	皇帝、根據人名權威人物傳記資料庫記載，同德此時被革職發往軍臺效力(乾隆21-26年)。在此之前他原本擔任浙江布政使(乾隆 20-21		軍機大臣				又諭曰。同德參奏。協辦錢糧之縣丞鮑立應。因回民孫起雲。與差役馬九互毆。將年逾七十之孫起雲。濫刑致斃。請將該員交部嚴加議處。鮑立應徇庇衙役。違例杖斃無辜。若不重治其罪。何以示懲。鮑立應著革職。枷號示衆。滿日。照發遣民人之例。仍留該處。此等劣員。同德僅請交部議。殊屬輕縱。著傳旨嚴飭。	處置犯人、法律、處罰		

序號	時間	時間	提出者／奏議者／復議者				接收者／回應者				內容提要	類別、關鍵詞	關聯條目與事件	問題
	(中曆)	(西曆)	人物	八旗歸屬籍貫民族	職銜	出身	人物	八旗歸屬籍貫民族	職銜	出身				
					年)和浙江按察使(署)(乾隆20年)									
103	高宗乾隆25年11月3日	1760.12.09	乾隆、(舒穆魯)舒赫德	滿洲正白旗	皇帝、根據人名權威人物傳記資料庫記載，舒赫德此時擔任的相關官職為阿克蘇辦事大臣	監生	軍機大臣				癸卯。諭軍機大臣等。舒赫德奏。阿克蘇等城出產紅銅。現據該伯克等。懇請設爐鑄錢。流通行使。並乞照葉爾羌之例。范為阿克蘇字樣。至工役器具。皆所必需。業經行文該督。辦送器具。其工役等。若於葉爾羌分撥。恐彼此俱不敷用。仍請於內地另行派撥等語。錢文為回民日用所必需。自應照葉爾羌例。一體鼓鑄。著傳諭楊應琚。即查照上年之例。速行妥辦。派員送往。	新疆自然資源、鑄幣		
104	高宗乾隆25年11月13日	1760.12.19	乾隆、吳達善		皇帝、總督銜管甘肅巡撫事(陜甘總督，乾隆24年、總督銜，乾隆24年-？、甘肅巡撫(總督銜管)，乾隆24年)						總督銜管甘肅巡撫事吳達善奏稱。平涼府華亭縣瓦亭驛。乾隆二十年。裁汰驛丞。改歸華亭縣知縣管理。嗣因縣治去該驛太遠。奏准添設巡檢一員。兼司驛務。接年差務。雖無遲誤。但馬匹錢糧。仍須該縣照料。殊多未便。查平涼府屬之固原州。距瓦亭驛八十里。較華亭為近。請將驛務改歸固原州管理。其居民糧賦。一併撥隸。原設華亭驛巡檢應裁。再平涼府屬之鹽茶廳。回民雜處。獄訟繁多。向設同知一員。並無佐雜。因公出署。倉庫監獄。乏員經理。請即以裁減瓦亭驛巡檢。改設鹽茶廳司獄一員。下部議行。	行政區劃、官制		

序號	時間	時間	提出者／奏議者／復議者				接收者／回應者				內容提要	類別、關鍵詞	關聯條目與事件	問題
	(中曆)	(西曆)	人物	八旗歸屬籍貫民族	職銜	出身	人物	八旗歸屬籍貫民族	職銜	出身				
105	高宗乾隆26年3月4日	1761.04.08	軍機大臣、(富察)新柱	滿洲鑲黃旗	葉爾羌辦事都統(葉爾羌辦事大臣，乾隆25-28年)		乾隆		皇帝		軍機大臣等議覆。葉爾羌辦事都統新柱等奏稱。葉爾羌。乃回疆大邑。共二十七城村。兼之安集延。布噜特。敖漢。瑪爾噶朗。巴達克山。博羅爾等部落之伯克。遇有事件。皆遣人前來。與臣等商酌。土伯特。安集延。商賈。亦雲集往返。行旅眾多。現在居民夾雜。竊恐奸宄藏匿。請照哈密。吐魯番。一體編立保甲等語。查從前安西。吐魯番等處回部。編立保甲。究以附近內地。尚易仿行。今葉爾羌。喀什噶爾等城。乃新定之區。可否照內地一體編立保甲之處。必須體察回民情性。熟酌地方情形。始為有益。今舒赫德總理回疆事務。請令會同新柱。額敏和卓等。悉心妥議具奏。從之。	新疆地理、保甲法、管治回民		
106	高宗乾隆26年8月14日	1761.09.12	楊應琚		陝甘總督(乾隆25-31年)		乾隆		皇帝		陝甘總督楊應琚奏。肅州威魯堡回民。遷移闢展。有餘存麥穀六百餘石。帶往彼處。路遠費繁。請就近交貯肅州倉。俟伊等到闢展時。即於該處餘糧內。按數給還。再該回民遷移到彼。諸事創始。請借給明春口糧籽種二千石。分年交還。得旨。好。	安置回民、借糧		
107	高宗乾隆26年8月16日	1761.09.14	乾隆、楊應琚		皇帝、陝甘總督(乾隆25-31年)		軍機大臣				乾隆二十六年。辛巳。八月。壬午。諭軍機大臣等。楊應琚奏。遷居吐魯番回人。現已自肅州起程出關。沿途料理護送等語。前據該督奏。將來回人起程後。所遺熟地。肅州	安置回民、測量田地		

序號	時間	時間	提出者／奏議者／復議者				接收者／回應者				內容提要	類別、關鍵詞	關聯條目與事件	問題
	(中曆)	(西曆)	人物	八旗歸屬籍貫民族	職銜	出身	人物	八旗歸屬籍貫民族	職銜	出身				
											民人俱願認墾升科。經軍機大臣議覆。令於回人起程後。丈明確數。按則升科。該督此時自應遵照前奏。確勘妥辦。其從前瓜州回人。所遺熟地。現在作何辦理之處。著一併查明具奏。尋奏肅州回民遷移後。所遺熟地。丈明共一萬二十一畝。經肅州民人認種升科。其從前瓜州回民所遺熟地二萬四百六十畝。改為民地。給種升科。得旨覽奏俱悉			
108	高宗乾隆26年9月8日	1761.10.05	楊應琚		陝甘總督(乾隆25-31年)		乾隆		皇帝		陝甘總督楊應琚奏。哈密附近之蔡把什湖。有地一萬三千餘畝。除一萬畝。給回民種穫外。其三千畝。曩撥哈密防兵耕種。今哈密防兵陸續徹回。該協移駐兵少。難再分屯。應於安西提標步兵內。酌撥一百名。歸入哈密協。令往蔡把什湖屯種。仍於哈密協兵內每年輪流更換。如再不敷。即於哈密遣犯內。酌撥年力精壯者。令隨耕作。得旨如所議行。	新疆地理、土地使用分配、軍事		
109	高宗乾隆27年4月2日	1762.04.25	乾隆、楊應琚		皇帝、陝甘總督(乾隆25-31年)		軍機大臣				諭軍機大臣等。據楊應琚奏。請將闢展上年種穫菜子。胡麻。分借回民種植。收升穫後扣還籽種。其餘准其量為交官。以抵應輸額賦等語。上年屯兵所種菜子。胡麻。雖已試有成效。但回地向來種植。未嘗有此。恐非回民所素習。若必強令分種。轉非隨俗從宜之道。著傳諭德爾格。酌量回民之能種與否。如果	回民風俗、安置回民、開發新疆		

序號	時間 (中曆)	時間 (西曆)	提出者／奏議者／復議者 人物	八旗歸屬籍貫民族	職銜	出身	接收者／回應者 人物	八旗歸屬籍貫民族	職銜	出身	內容提要	類別、關鍵詞	關聯條目與事件	問題
											伊等樂於承種固善。否則不必拘泥。該督來咨。責令勉強從事。再烏嚕木齊地方廣闊。正在開墾三屯。或即於該處播種菜子。胡麻。以濟用。亦無不可。傳諭德爾格。並令楊應琚知之。			
110	高宗乾隆27年6月29日	1762.08.18	(西林覺羅)鄂弼	滿洲鑲藍旗	陝西巡撫(乾隆27-28年)		乾隆		皇帝		陝西巡撫鄂弼奏。西安各屬回民。素相聯絡。每恃心齊力衆。欺凌漢民。強橫無禮。盜竊公行。閭閻實受其害。偶有發覺。不過照常完結。甚且庸懦有司。遇回民相毆。未致傷命。遂不通報。以致養成兇橫。查 回民聚族而居。各村必有教長。不無讀書明理之人。臣現將回民所犯各案。幷治罪律例。刊刻告示。發交各村教長。令在教堂懸掛。幷責成教長。如遇種種不法。能先期首報。按次優賞。若徇隱不舉。先將教長治罪。至此等兇頑。惟有從嚴懲辦。若有司匿不通報。從嚴參處。得旨。甚是。然應為之以徐。而持之以久。不可操切欲速。	回漢衝突、官員對回民的態度、處置回民犯人、教化回民、皇帝對教化回民和處置回民犯人方法的態度		
111	高宗乾隆27年7月19日	1762.09.06	軍機大臣、(拜都)永貴	滿洲正白旗	喀什噶爾辦事尚書(喀什噶爾參贊大臣(喀什噶爾大臣),乾隆26-27	官學生	乾隆		皇帝		軍機大臣等議覆。喀什噶爾辦事尚書永貴奏稱。伯什克勒木官田。招貧苦回民耕種。交納騰格錢。應如所請。至數年後。地畝全行耕種。或交納糧石。或增加騰格。應令永貴等。屆期籌定具奏。從之。	安置回民、開發新疆		喀什噶爾辦事尚書是單指喀什噶爾參贊大臣(喀什噶爾大臣)一職，還

序號	時間	時間	提出者／奏議者／復議者				接收者／回應者				內容提要	類別、關鍵詞	關聯條目與事件	問題
	(中曆)	(西曆)	人物	八旗歸屬籍貫民族	職銜	出身	人物	八旗歸屬籍貫民族	職銜	出身				
					年、禮部尚書(乾隆 26-33 年))									是指該職加上永貴同時擔任的禮部尚書一職，未能查證。
112	高宗乾隆 27 年 8 月 21 日	1762.10.08	軍機大臣、楊應琚		陝甘總督(乾隆 25-31 年)		乾隆		皇帝		軍機大臣等議覆。陝甘總督楊應琚奏稱。金塔寺。威魯堡等處。在邊牆以外。距肅州百餘里。今各該處增闢地二萬七千餘畝。其已經升科之回民遺地應徵糧石。前經奏准令王子莊州同就近徵收其餘 回民遺地五千三百餘畝。與金塔寺等處招墾地一萬二千餘畝。此外尚有向在肅州徵收。附近王子莊之金塔寺戶口壩等九壩原額正糧八百五十餘石。俱請交與王子莊州同督率墾種。並收放糧石。又威魯堡內外各地悉係種地民人居住不可無就近治理之員。請將該州同照依各州縣分防佐貳之例將附近各村莊鬥毆賭博戶婚田土等案。俱責成該州同辦理疏防失察參處。俱應如所請。從之	稅收(徵糧)、法律、處罰		
113	高宗乾隆 27 年 12 月 12 日	1763.01.25	刑部、閔鶚元	浙江省-湖州府-歸安縣	山東按察使(乾隆 27-28 年)	乾隆 10 年三甲七名進士	乾隆		皇帝		刑部議准。山東按察使閔鶚元奏稱。回民獷悍成習。結黨為匪。僅照常例辦理。不足示懲。請嗣後加民行竊。但經結夥在三人以上。及攜帶兇器者。不分首從。不計贓數次數。悉照積匪例。發雲。貴。兩廣。極	法律、處置回民		

序號	時間	時間	提出者／奏議者／復議者				接收者／回應者				內容提要	類別、關鍵詞	關聯條目與事件	問題
	(中曆)	(西曆)	人物	八旗歸屬籍貫民族	職銜	出身	人物	八旗歸屬籍貫民族	職銜	出身				
											邊煙瘴地方充軍。窩竊分贓之家。一律治罪。從之。			
114	高宗乾隆28年2月10日	1763.03.24	鄂弼		陝西巡撫(乾隆27-28年)		乾隆		皇帝		陝西巡撫鄂弼奏。自乾州以西。至長武。地瘠民勤。鮮刁悍氣習。近省地方繁庶。俗澆難治。自潼關至臨潼縣。西。同。二府所屬署同。蒲城。大荔。朝邑。同州府屬。亦繁庶。而俗較馴。亦知務本。地多回民雜處。上年大懲後。兇毆者漸少。地方官守法勤職者不多得。或地劇才短。現同司。道商調。長武等處。為西陲極衝。各驛夫馬額虛。及衰弱者。查明另參。得旨。覽。具見留心。	回民民風、法律		
115	高宗乾隆28年5月24日	1763.07.04	吏部、阿爾泰		山東巡撫(乾隆22-28年)	雍正1年副榜	乾隆		皇帝		吏部議准。山東巡撫阿爾泰奏稱益都縣之金嶺鎮。在縣城西北七十里。為登。萊。青三府入京大路回民雜處奸匪易藏又壽光縣之候鎮。在縣城東北五十餘里。地近海濱兼有稻田閘座查辦事務。均須駐員管理請將益都縣城縣丞。移駐金嶺鎮。壽光縣城縣丞。移駐候鎮。從之。	山東地理、行政區劃		
116	高宗乾隆29年6月29日	1764.07.27	乾隆、方觀承	安徽省-安慶府-桐城縣	皇帝、直隸總督管巡撫事(乾隆28-33年)	監生	軍機大臣				己酉。諭軍機大臣等。據方觀承奏。調任安肅縣知縣謝昌言。盤獲賊犯馬三丑。供係山東德平縣回民。夥同李二張八等。在江南懷遠壽州等處。屢次行刦。前經懷遠縣拏獲張八。供出馬三丑。曾與德平縣役劉如恒等。往來得贓賣放等語。該犯以積案巨盜。一經拏獲。自應解往	回民罪案		

序號	時間	時間	提出者／奏議者／復議者				接收者／回應者				內容提要	類別、關鍵詞	關聯條目與事件	問題
	(中曆)	(西曆)	人物	八旗歸屬籍貫民族	職銜	出身	人物	八旗歸屬籍貫民族	職銜	出身				
											東省。質訊賄脫實情。再解安徽審擬。但此等賊匪。狡獪異常。今往返押解。地經三省。僅委其責於解役數人。恐途次不免疏虞。著傳諭該撫。自東省起解時。務須添派妥員。嚴密防範。毋得稍有貽誤			
117	高宗乾隆32年2月1日	1767.02.28	乾隆、馮鈐	浙江省-嘉興府-桐鄉縣	皇帝、安徽巡撫(乾隆30-34年)	乾隆2年進士	吳達善		陝甘總督(乾隆31-33年)		又諭。據馮鈐奏。拏獲行竊解京緞箱賊犯王福尹等。訊供。俱係甘肅回民。有該處賊首馬得鰲。為積年巨窩。現在飛咨該督查拏等因一摺。馬得鰲。糾合匪徒。資其盤費。肆出行竊。坐地分贓。大為民害。實屬匪黨首惡。非尋常窩賊可比。著傳諭吳達善。即速妥選弁員。嚴密上緊緝捕。務期迅即弋獲。以正刑誅。倘不實力查拏。致該犯聞風兔脫。惟該督是問。所有王福尹等供出各犯。並著一併躧緝。毋使漏網。即就近嚴行究訊。分別定擬具奏。馮鈐原摺。並著鈔寄	回民罪案		
118	高宗乾隆32年2月20日	1767.03.19	乾隆、馮鈐		皇帝、安徽巡撫(乾隆30-34年)						諭。前據馮鈐奏拏獲賊犯王福尹等。供出甘肅回民馬得鰲。為積年巨窩。因傳諭吳達善令其嚴密上緊緝拏。茲據奏到。業將該犯及夥黨弋獲。現在派委道府審擬等語。所辦甚屬妥速。但積窩巨匪。非尋常盜犯可比。既經緝獲解省。該督即當親率司道府縣等公同審訊。迅速定案。使匪徒立正刑章。以除民害。乃仍照常派委道府。輾轉承審。稽延時	回民罪案、審訊方式		

序號	時間(中曆)	時間(西曆)	提出者／奏議者／復議者				接收者／回應者				內容提要	類別、關鍵詞	關聯條目與事件	問題
			人物	八旗歸屬籍貫民族	職銜	出身	人物	八旗歸屬籍貫民族	職銜	出身				
											日。實外省相沿惡習。豈以道府以下等官。分位相懸。會同審事。即為褻體。督撫等如此養尊處優。殊非為國家實心任事之道。即如朕為天下主。堂廉體統。自極尊崇。至綜理庶政。不遑暇逸。凡事機有應指示者。必召大臣等面為籌辦。而引見文武員弁。即知縣守備千總等官。品級較微。亦無不親加鑒別。此中外臣工所共知者。督撫等。豈宜高自位置。不親細事耶。況積年盜匪。心尤叵測。若令久稽顯戮。則黨夥串供。乘間竄逸。皆所不免。亦不可不防其漸。乃外省每有本案已經審明。仍行監候待質。動輒關移他省。俟各案訊明。方始結案者。亦非所以警兇頑而杜流弊。嗣後各督撫。遇有情罪重大之犯即督同屬員會審。一得實情。迅行定擬歸結。不必俟他省關查到日。始行定案。著將此通諭知之。			
119	高宗乾隆32年3月29日	1767.04.27	(薩克達)阿思哈	滿洲正黃旗	河南巡撫(乾隆33-34年)	官學生	乾隆		皇帝		河南巡撫阿思哈奏。據澠池。靈寶。陝州。陸續稟報。衙署被竊。隨飭各屬多派幹役躧緝。茲據該州縣等報稱。陝省臨潼縣。拏獲拒捕毆傷事主賊犯李世德。訊出夥犯馬大漢等五名。均係甘肅回民。並供出行竊澠池等州縣署。現仍嚴飭各屬。務將逸犯拏獲究報。得旨。汝向稱留心盜竊。常令嚴緝。今果若何。此案宜速即嚴行審究。莫又如外省	回民罪案、皇帝對回民罪案的態度		

序號	時間 (中曆)	時間 (西曆)	提出者／奏議者／復議者				接收者／回應者				內容提要	類別、關鍵詞	關聯條目與事件	問題
			人物	八旗歸屬籍貫民族	職銜	出身	人物	八旗歸屬籍貫民族	職銜	出身				
											惡習。近亦有旨。何不面會司道即審			
120	高宗乾隆32年4月10日	1767.05.07	乾隆、(鄂謨托)彰寶	滿洲鑲黃旗	皇帝、山西巡撫(乾隆30-33年)	繙譯舉人	軍機大臣				癸卯。諭軍機大臣等。據彰寶奏。查出晉省應發新疆遣犯閔良有。即係馬得鰲案內餘黨閔三白子。又遣犯陳福海。雖不在通緝二十八人數內。亦係馬得鰲餘黨。俱應解甘辦理。又馬得才等六名。均係甘省回民。所知夥類亦多。恐有狡飾。亦咨會陝督。再行究明發遣等語。閔三白子等二犯。皆馬得鰲餘黨。自應嚴切根究。即馬得才等六名。既皆甘省回民。或亦係馬得鰲同夥。捏改姓名。希圖避罪。皆未可定。並須逐一詰訊。毋任狡飾。至馬得鰲一案。夥黨多人。散布肆竊。情罪重大。實非尋常竊盜可比。所有未獲各犯。務上緊嚴加蹤緝。迅即弋獲。盡法懲治。并不妨從重多辦數人。大示懲創。俾匪徒永絕根株。著將此傳諭吳達善知之	回民罪案、皇帝對回民罪案的態度		
121	高宗乾隆32年6月22日	1767.07.17	軍機大臣、(章佳)阿桂	原滿洲正藍旗，後隸屬於滿洲正白旗	伊犁將軍(乾隆32-33年)	監生(廕生)；乾隆3年舉人	乾隆		皇帝		軍機大臣等議奏。伊犁將軍阿桂等奏稱。回部向在準噶爾時。本不與哈薩克交通貿易惟與布嚕特。安集延。互易馬畜。嗣因伊犁。雅爾駐箚大兵距內地較遠。馬匹解往需時。是以令向哈薩克互易馬匹。且念回衆歸誠生計不無拮据。因准其一律貿易。今詢之伊等即不與哈薩克通商。惟向布嚕特。安集延。貿易。	商貿、法律		

序號	時間	時間	提出者／奏議者／復議者				接收者／回應者				內容提要	類別、關鍵詞	關聯條目與事件	問題
	(中曆)	(西曆)	人物	八旗歸屬籍貫民族	職銜	出身	人物	八旗歸屬籍貫民族	職銜	出身				
											馬匹亦不致缺短。於生計亦無妨礙請嗣後各分處所。回衆於布嚕特。安集延。霍罕。等部貿易。伊犁。雅爾。與哈薩克貿易。兩得其便。並先行曉諭布嚕特。安集延。於貿易時。酌派頭目約束。勿令滋事。回民前往。給與執照。若不往原定處所。輒敢越境謀利者。將牲畜一半入官示罰。應如所請。從之			
122	高宗乾隆32年閏7月17日	1767.09.09	軍機大臣、阿桂		伊犁將軍(乾隆32-33年)		乾隆		皇帝		戊申。軍機大臣等議覆。伊犁將軍阿桂等奏稱。伊犁地方遼闊陸續添派駐防滿洲。錫伯索倫察哈爾厄魯特攜眷官兵及屯田回民將及二萬戶。屯田修城之綠營兵効力贖罪及發遣人犯。亦有數千名。惠遠綏定二城。商民漸多此皆由各處湊集。良善者少。所有訟獄案牘。彈壓地方等事惟同知一員經理。而監獄亦係該同知管轄。未免過煩。恐有顧此失彼之患。查烏嚕木齊等處俱已設立巡檢伊犁請照例於惠遠城添設巡檢一員。兼理典史事。管理監獄。綏定城添設巡檢一員。兼理倉大使事。彈壓商民該巡檢除管理監獄倉務外。如遇地方有不法情事。即行查拏解送同知衙門審擬定罪。其應給鈐記擬定惠遠城巡檢圖記綏定城巡檢圖記字樣。行文咨部鑄給伊犁乃新定邊疆事務殷繁所有添設巡檢二員請由陝甘二省相當官員內揀選賢能者撥往。俟三年期滿時出具考	軍事、官制		

序號	時間 (中曆)	時間 (西曆)	提出者／奏議者／復議者 人物	八旗歸屬籍貫民族	職銜	出身	接收者／回應者 人物	八旗歸屬籍貫民族	職銜	出身	內容提要	類別、關鍵詞	關聯條目與事件	問題
											語照苗疆倖滿之例陞用。均應如所請從之			
123	高宗乾隆32年8月30日	1767.10.22	吳達善		陝甘總督(乾隆31-33年)		乾隆		皇帝		陝甘總督吳達善奏覆分徙徐帽兒莊戶民一案。臣即飭委署固原州知州姚棻等確查據該州稟覆該莊回民共五十八戶。為匪犯案者三十八戶所剩戶口傳訊鄰莊鄉保人等。僉稱向係業農實未同夥行竊。臣按照巴里坤穆壘烏嚕木齊三處地方。酌量戶口多寡分撥安插分作三起遴員護解查各戶並無田產均係赤貧應照戶民例酌給房地籽種牛具。以裨耕屯再查馬得鰲案內安省咨緝及甘省訊出各夥犯共九十名。業經拏獲審擬者七十九名餘尚未獲十一名節經嚴飭各屬。并分咨各省躧緝務獲。得旨覽又批不可視為通緝完案之事。仍宜嚴緝設法務獲年終將緝獲幾名。具摺奏聞。	回民罪案、安置回民、戶籍		
124	高宗乾隆32年11月7日	1767.12.27	乾隆、永貴		皇帝、烏什辦事大臣(烏什大臣)(乾隆30-33年)						丁酉。諭。據永貴等奏稱。三品頂帶阿奇木伯克素勒坦和卓。自補授英吉沙爾阿奇木以來。招募無業回衆。墾田耕作。且能約束小伯克頭目。撫字窮苦回民。四品頂帶伊什罕伯克托喀。於交辦一切事件。均能黽勉等語。伊等感激朕恩。一切均知奮勉。素勒坦和卓。著賞給二品頂帶。托喀。著賞給三品頂帶。以示獎勵。	安置回民、封賞		

序號	時間	時間	提出者／奏議者／復議者				接收者／回應者				內容提要	類別、關鍵詞	關聯條目與事件	問題
	(中曆)	(西曆)	人物	八旗歸屬籍貫民族	職銜	出身	人物	八旗歸屬籍貫民族	職銜	出身				
125	高宗乾隆34年3月4日	1769.04.10	乾隆、楊廷璋	漢軍鑲黃旗	皇帝、直隸總督管巡撫事(乾隆33-36年)	例貢	軍機大臣、楊廷璋		直隸總督管巡撫事(乾隆33-36年)		又諭曰。楊廷璋奏。羊販回民。踐食麥苗。持械行兇一摺。所辦尚未甚合。已於摺內批示矣。此等不法回民。敢於結夥多人。驅羊恣食麥苗。村民出與理論。輒行持械兇毆。致傷多人。迨官役往捕。又敢不服拘執。情罪甚為可惡。僅擬外遣。不足蔽辜。著傳諭楊廷璋。即速嚴行審鞫。將起意拒毆為首重犯。應照光棍例擬罪。其擅驅羊群食麥。及動手傷人之犯。並發往伊犁厄魯特為奴。即在場隨從情節較輕者。亦應發往煙瘴地方。如此分別嚴懲。庶此等兇徒聞之。各知炯戒。如案內尚有未獲逸犯。務即上緊緝拏。全行弋獲。按罪究治。毋任一人漏網。其餘各州縣。如有似此兇橫羊販。不法滋事者。並著照此辦理。至該縣劉毓德。平時既不能早為嚴辦。禁於未發。及同營員帶領兵役查拏。又止將跪地就縛之犯帶回。其餘夥犯羊隻。悉任遠颺。其為選懦無能。已可概見。並著楊廷璋即行參奏。	回民罪案、回漢衝突、處置犯人		
126	高宗乾隆35年10月12日	1770.11.28	軍機大臣、富森布(本名福森布，富森布為異名)	滿洲鑲黃旗	喀什噶爾參贊大臣(調往喀什噶爾辦事)(乾隆34-39年)		乾隆		皇帝		軍機大臣等議覆。喀什噶爾參贊大臣富森布等奏稱。噶什噶爾回民。每年應交正項租錢。並餘穀棉花等項。折作價錢內。除放給官兵鹽菜銀兩等項外。每年仍剩錢五千串。將此項錢每年動用三四千串外。按時價兌換銀兩貯庫。以備公用。請嗣後每年賞給臣等養廉銀。即於此	稅收		

序號	時間	時間	提出者／奏議者／復議者				接收者／回應者				內容提要	類別、關鍵詞	關聯條目與事件	問題
	(中曆)	(西曆)	人物	八旗歸屬籍貫民族	職銜	出身	人物	八旗歸屬籍貫民族	職銜	出身				
											項銀兩內放給。毋庸由陝甘總督撥解等語。應如所奏。每年造冊奏銷。從之。			
127	高宗乾隆36年10月2日	1771.11.08	乾隆、朝銓	滿洲鑲黃旗	皇帝、盛京刑部侍郎(乾隆25-38年)		軍機大臣、刑部堂官				又諭。據朝銓奏。回民王國勇。於昏夜欲鑽城門。恃強喧扭被拏。經伊兄王國太。向領催等央浼說和私放。分別擬罪一摺。已批交該部議奏矣。王國勇以無賴回民。充當捕役。且有笑面虎綽號。曾經訪拏治罪。自屬兇惡之徒。乃敢不遵禁令。膏夜欲鑽越禁門。逞強喧扭。尤屬強橫不法。改發為奴。所擬尚當其罪。但該侍郎僅云新疆。並未指明何處。猶覺含混。王國勇一犯。應發伊犂給兵丁為奴。伊兄王國太。係捕役頭目。乃因王國勇被拏。輒敢私央領催等擅放。是其兄弟平日必係倚恃護符。同惡相濟。其罪與王國勇相等。問擬亦當同科。僅予枷杖。不足以示懲儆。該侍郎所擬非是。王國太應改發烏魯木齊。給兵丁為奴。著傳諭刑部堂官。於議覆此案時。另行改擬具奏。	回民罪案、處置犯人		
128	高宗乾隆36年11月30日	1772.01.04	乾隆、(索綽絡)德保	滿洲正白旗	皇帝、廣東巡撫(乾隆34-40年)	乾隆2年進士	軍機大臣				又諭。據德保奏。新安縣積匪。改遣軍犯楊大。藍月。在配脫逃。楊大係山東德平縣回民。藍月係直隸滄州 回民。已飛咨經過各省。及原籍查拏等語。此等積匪。情罪較重。原係去死一間之犯。乃既經改發。不知畏法。復敢任意脫逃。尤屬可	回民罪案、處罰犯人		

序號	時間	時間	提出者／奏議者／復議者				接收者／回應者				內容提要	類別、關鍵詞	關聯條目與事件	問題
	(中曆)	(西曆)	人物	八旗歸屬籍貫民族	職銜	出身	人物	八旗歸屬籍貫民族	職銜	出身				
											惡。該犯等現在潛蹤圖脫。但多繫戀家室。使暫時詭避他處。日久自必潛回本籍。著傳諭周元理 。徐績。即行嚴飭所屬。於該犯等原籍。即行設法購線緝拏。務期迅速就獲。照例辦理。其原籍經由之江西。湖北。安徽。河南。各省。亦著一體飭屬。加緊偵捕。毋得稍有疏懈。致稽顯戮。			
129	高宗乾隆37年3月22日	1772.04.24	乾隆、(高佳)高晉、徐績、何煟	滿洲鑲黃旗、漢軍正藍旗、浙江省-紹興府-山陰縣	皇帝 高晉：兩江總督(乾隆30-44年)、文華殿大學士(乾隆36-43年) 徐績：山東巡撫(乾隆36-39年) 何煟：河南巡撫(乾隆36-39年)	高晉：監生 徐績：監生(捐)；乾隆12年舉人 何煟：監生	軍機大臣	徐績、何煟	山東巡撫(乾隆36-39年)、河南巡撫(乾隆36-39年)		諭軍機大臣等。昨據高晉等。勘訊淮關被盜一案。現在尚未究出蹤線。已經派委員弁。分赴山東。河南。等省。密訪嚴拏等語。淮關被盜情形。原報有用杆子登屋。似屬山東。河南。慣盜。並有聞其聲口。亦似山東河南之語。今閱時已久。尚未獲盜。或各犯因江南偵捕嚴緊。竄歸本籍潛藏。冀圖漏網。亦未可定。但盜刦銀至二千餘兩之多。斷無不分贓使用。即一時匿藏。日久亦必敗露。且關署銀色。易於識認。即如銀舖錢莊。交易之處。俱可稽查。而盜犯多係素來貧乏之人。若忽有銀錢揮霍。尤不難留心蹤跡。現在江省雖已移咨豫。東。兩省。派員協緝。但恐地方官等。視為鄰省通捕。不甚經意。著傳諭徐績。何煟。即密飭各屬。選派妥幹捕役。設法嚴密躧緝。務獲正盜。仍將作何辦理緣由。具摺覆奏。將此傳諭知之。尋山東巡撫徐績奏。朝城縣報獲盜	口音、緝拿犯人、回民罪案		

序號	時間	時間	提出者／奏議者／復議者				接收者／回應者				內容提要	類別、關鍵詞	關聯條目與事件	問題
	(中曆)	(西曆)	人物	八旗歸屬籍貫民族	職銜	出身	人物	八旗歸屬籍貫民族	職銜	出身				
											犯丁月等六名。係直隸滄州。鹽山。等處回民。供刦直隸東明縣客銀。贓內起獲元寶。臣恐即刦淮關盜。批飭嚴究。旋關到事主認贓。非淮關銀。但各盜供內。有曾竊直隸清豐。山東觀城。平度。等州縣署銀。幷供出夥賊子二等十二名。俱滄州回民。該犯等既慣竊衙署。夥黨又衆。從此或可究出淮盜消息。已飛咨直隸。將丁二等拏解來東嚴審。仍飭各屬。躧緝淮關正盜。河南巡撫何煟奏。淮關被盜。接江督咨。即分派幹員。於兩省聯界各州縣緝捕。並委河北道。督緝河北各屬。開歸道。南汝光道。督緝河南各屬。衛河水路。飭沿河汛官查緝。均報聞。			
130	高宗乾隆37年4月20日	1772.05.22	乾隆、(覺羅)圖思德	滿洲鑲藍旗	皇帝、貴州巡撫(乾隆37-44年)。注：《清實錄》乾隆37年4月10日記載：以貴州布政使圖思德為貴州巡撫。因此4月	生員	罪犯押解入京途徑省份的督撫				又諭。據圖思德奏。陝省解來軍犯馬如芳。係甘肅固原州回民。於本年二月脫逃。現飭各屬嚴拏。並飛咨原籍。及經過省分一體查緝等語。此等配所脫逃匪犯。多有竄歸本籍。潛蹤冀免者。地方官如果上緊查拏。無不就獲之理。著傳諭文綬。即飭所屬。迅速嚴行協拏務獲。毋任漏網。再該犯或於途中逗遛匿跡。亦未可定。所有由黔至陝經過省分。自應一體查拏。將此一併傳諭各該督撫知之。圖思德摺並著鈔寄閱看。	回民罪案、緝拏罪犯		有關貴州巡撫的任期，人物傳記資料庫和清代職官資料庫不符。

序號	時間	時間	提出者／奏議者／復議者				接收者／回應者				內容提要	類別、關鍵詞	關聯條目與事件	問題
	(中曆)	(西曆)	人物	八旗歸屬籍貫民族	職銜	出身	人物	八旗歸屬籍貫民族	職銜	出身				
					20 日的條目時，圖思德應以貴州巡撫身份上奏。在這之後 5 月 30 日的條目，也見貴州巡撫圖思德奏的字眼。因此判斷 4 月 20 日時圖思恩已經調任貴州巡撫。只是有關貴州巡撫的任期，人物傳記資料庫和清代職官資料庫有衝突。後者顯示圖思德的任期是乾隆 37-39，42-44									

序號	時間(中曆)	時間(西曆)	提出者／奏議者／復議者				接收者／回應者				內容提要	類別、關鍵詞	關聯條目與事件	問題
			人物	八旗歸屬籍貫民族	職銜	出身	人物	八旗歸屬籍貫民族	職銜	出身				
					年。在39-42年期間分別由韋謙恒、袁守侗、裴宗錫先後擔任貴州巡撫。									
131	高宗乾隆37年12月26日	1773.01.18	乾隆、伊薩克	庫車回部人	皇帝		軍機大臣、伊薩克				諭軍機大臣等。據伊薩克奏。情願往伊犁駐防。隨舒赫德學習。請將遊牧事。交付伊弟厄默特等語。伊薩克。實屬真心奮勉。朕甚嘉慰。伊隨舒赫德學習。可以成就。朕又得一好回僕。著傳諭舒赫德。俟伊薩克至伊犁時。作為領隊大臣。一切應得之項。俱照例支給。或令管厄魯特。或令管屯田回民。舒赫德酌量派定。加意指教。伊遊牧事。即照伊所請。交伊弟厄默特辦理。並著傳諭伊薩克知之。	乾隆對勤奮好學官員的態度		
132	高宗乾隆38年3月15日	1773.04.06	刑部、圖桑阿	滿洲正白旗	皇帝、甘肅按察使(乾隆36年-41年)	官學生					刑部議准。甘肅按察使圖桑阿奏稱。定例回民行竊。結夥在三人以上。發極邊煙瘴充軍。其恃強搶奪。未設專條向僅分別人數多寡予以杖徒。未免輕縱。請嗣後。如結夥三人以上不分首從。俱發黑龍江。給兵丁為奴倘有脫逃即行正法。其不及三人。而有糾謀持械逞強情形者。發極邊煙瘴充軍。照例刺字。如無	法律		

序號	時間 (中曆)	時間 (西曆)	提出者／奏議者／復議者 人物	八旗歸屬 籍貫民族	職銜	出身	接收者／回應者 人物	八旗歸屬 籍貫民族	職銜	出身	內容提要	類別、關鍵詞	關聯條目與事件	問題
											逞兇情狀。照搶奪本例擬結。以儆兇頑。從之。			
133	高宗 乾隆39年8月10日	1774.09.15	(宜特墨)勒爾謹	滿洲鑲白旗	陝甘總督(乾隆37-41年)	乾隆9年繙譯舉人；乾隆10年繙譯進士	乾隆		皇帝		陝甘總督勒爾謹奏。新疆地方回民雜處。一切刑名案件。時有應辦今伊犁。烏嚕木齊。辦理鬥殺等案。業經奏准照例問擬。而哈密接連安西。已屬內地。除嗣後遇有情罪重大。決不待時之犯。一面辦理。一面奏聞外。其尋常問擬監候案件。應請照伊犁一例辦理。得旨自應如此。知道了。	法律、行政區劃		
134	高宗 乾隆39年9月22日	1774.10.26	乾隆、姚立德、徐績、周元理、瑪爾清阿	姚立德：浙江省-杭州府-仁和縣 周元理：浙江省-杭州府-仁和縣、瑪爾清阿：滿洲正黃旗	皇帝、姚立德：河東河道總督(乾隆39-44年) 徐績：山東巡撫(乾隆36-39年)、提督銜(山東巡撫兼)(乾隆36-39年)注：9月17日的記載提到：山東巡撫徐績	姚立德：廕生 周元理：乾隆3年舉人	軍機大臣、徐績、舒赫德、周元理		徐績：山東巡撫(乾隆36-39年)、提督銜(山東巡撫兼)(乾隆36-39年) 舒赫德：武英殿大學士(乾隆38-42年)、軍機大臣(乾隆38-42年) 周元理：直隸總督		諭軍機大臣等。姚立德。徐績。奏稱。賊營之內。尤當潛為解散。徐績因臨清回民甚多。現差回教把總王萬清。外委王得官。覓人扮作賣柴賣菜。潛入賊營。密為解散衆心。並令王萬清等。糾合洪家莊回衆。熟悉舊城路徑者數百人。俟打仗時。直入巢穴。擒其巨魁。許以重賞。已密令往辦等語。所見亦可。但此法用之於初起之時。尚屬權宜之一法。今賊匪敢於刦縣殺官。擾害良民。且敢顯與大軍抗拒。實堪切齒。今派滿洲勁旅前往。自可即就殲擒。以申國法況聞山東沿河一帶。回子兇惡者多。尤當趁此多殺數人。示之炯戒。若賊黨內本有回人。轉令其因以邀功受賞。何以使之儆懼設或數年後。又有効尤者出。更復成何事體。徐績所籌。仍係外省大事	宗教、軍事、賞賜回民、回民與朝廷合作、剿賊、皇帝對回民罪犯的態度、皇帝對與朝廷合作的回民的態度	山東王倫之亂	

序號	時間	時間	提出者／奏議者／復議者				接收者／回應者				內容提要	類別、關鍵詞	關聯條目與事件	問題
	(中曆)	(西曆)	人物	八旗歸屬籍貫民族	職銜	出身	人物	八旗歸屬籍貫民族	職銜	出身				
					奏……因此確定此時徐績未調任周元理：直隸總督(乾隆36-44年)、直隸河道總督(兼)(乾隆36-44年)瑪爾清阿：督標中軍副將(乾隆38-39年)				(乾隆36-44年)、直隸河道總督(兼)(乾隆36-44年)		化小事之惡習。不過遷就了事非此時所辦正道。若已辦就。即無可如何。但不可因此將賊黨開脫不加重罪。如辦無端緒。即著徐績。將所差之把總外委徹回。不必復行催促。並傳諭舒赫德。妥為經理。務當奮揚我武。掃盡賊氛。不可稍存姑息。同日周元理奏。據中軍副將瑪爾清阿稟稱。十九日四更。在油坊帶兵起程。差人往王家淺一帶。察探賊信。行至塔灣西南。距臨清三里遇賊匪百餘。從劉家莊放火搶劫而回。經把總李鼎等。殺其青布纏頭之賊一名王三。又兵丁王春等。砍死不知姓名賊匪一名。割獻首級。並奪其所刦衣物首飾諸項等語。此事亦好。惜所殺太少。又瑪爾清阿所帶之兵幾何。著周元理查明奏聞。即此可見賊勢日漸衰弱。自可迅速勦除。盼信甚切。將此由六百里加緊發往。并諭周元理知之。仍各將勦賊得勝情形。加緊馳奏。			
135	高宗乾隆39年9月25日	1774.10.29	乾隆、楊景素	江蘇省-揚州府	皇帝、直隸布政使(乾隆36-39年)注：楊景素在同年10月1日才補授為山東巡	監生	周元理、楊景素		周元理：直隸總督(乾隆36-44年)、直隸河道總督(兼)(乾隆36-44年)		又諭。據楊景素奏稱。本月二十三日。忠順營都司張世富。派撥馬兵鎗手。并帶領回兵白虎。曉諭回民洪印。洪全等。二百餘人。於臨清三岔河口。堵截賊匪。殺死賊二百餘人。淹斃三四百人。燒燬大船三隻。船內燒死約百人。拏獲活口二十七人等語。都司張世富。帶領回兵白虎。曉諭回民洪印。洪全等。	封賞回民、剿賊、回民與朝廷合作、帝對與朝廷合作的回民的態度	山東王倫之亂	

序號	時間(中曆)	時間(西曆)	提出者／奏議者／復議者 人物	八旗歸屬籍貫民族	職銜	出身	接收者／回應者 人物	八旗歸屬籍貫民族	職銜	出身	內容提要	類別、關鍵詞	關聯條目與事件	問題
					撫。				楊景素：直隸布政使(乾隆36-39年)		奮勇勦擊。燒燬賊船。殺賊多人。甚屬可嘉。張世富。著於事平後交部議敘。回兵白虎。著交該督周元理 。以把總拔補其在事出力之弁兵。及回民洪印洪全等。並著楊景素就近查明。酌量獎賞以示鼓勵。			
136	高宗乾隆39年10月3日	1774.11.06	乾隆		皇帝		軍機大臣、周元理		直隸總督(乾隆36-44年)、直隸河道總督(兼)(乾隆36-44年)		諭軍機大臣等。現在查訊鹽山縣回民王珣進書一事。據供。五六月間。曾將此書。送到鹽山學諸葛移處不收。復送滄州許學正。也不收。隨送韓村張外委。轉送張千總。及四道口守備處。呈送鹽山縣知縣陳洪書。後來仍將書發還了我等語。該犯所供。雖未足盡據。但所獻書內。頗多狂誕悖逆之詞。武弁或不諳文義。遞行轉送。該知縣既見此等逆詞。理應切齒痛恨。即行嚴拏究問。稟明該上司。據實奏聞。乃祇將原書發還。置之不問。甚屬非是。單功擢。已陞任直隸藩司。現令回直隸查辦賑務。著傳諭單功擢。即將陳洪書解任。派員押解來京。聽候質訊。一面即委員署理鹽山縣印務。將此並諭周元理知之。	法律、處罰、回民罪案	山東王倫之亂	
137	高宗乾隆39年10月8日	1774.11.11	乾隆、舒赫德、楊景素		皇帝、舒赫德：武英殿大學士(乾隆38-42年)、軍機		軍機大臣	舒赫德、何煟、周元理、楊景素	舒赫德：武英殿大學士(乾隆38-42年)、軍機大臣(乾		戊子。諭軍機大臣等。舒赫德奏。覆查已未獲各犯內。解陶。閻吉祥。二犯。俱已就獲監禁。楊進德即楊峻德。亦拏獲監禁。張祥即已獲之張立祥等語。楊峻德。不過尋常賊黨。止須在該處斬決。其解陶。係	處置犯人、法律、封賞回民、皇帝對回民的態度	山東王倫之亂	

序號	時間 (中曆)	時間 (西曆)	提出者／奏議者／復議者 人物	八旗歸屬籍貫民族	職銜	出身	接收者／回應者 人物	八旗歸屬籍貫民族	職銜	出身	內容提要	類別、關鍵詞	關聯條目與事件	問題
					大臣(乾隆 38-42 年) 楊景素：山東巡撫(山東巡撫兼提督銜)(乾隆 39-42 年)				隆 38-42 年) 何煟：河南巡撫(乾隆 36-39 年)、總督銜(乾隆 39 年)注：《清實錄》乾隆 39 年正月 22 日有記載：諭。河南巡撫何煟。於地方諸事。俱能實心經理。其幫辦河工。亦甚妥協。著加恩授以總督銜。仍管河南巡撫事。以示嘉獎。因此此條目發生時何煟		賊元帥。閻吉祥。係賊義兒。張立祥。係賊探馬。均屬案內要犯。應仍押解進京。又現據王經隆等犯供。有國太係賊宣行。且為賊上京探信。山東語音。讀國如歸。似即歸岱。訊之李旺。據供。國太係壽張人。年三十餘歲。均著舒赫德。楊景素 。查訪明確。即速拏獲。一併解京審究。又現在訊據李旺供。王經隆糾衆入夥時。係蕭連城為之糾約。張居仁為之記賬。並著楊景素 。即速嚴拏。從重辦理。又據舒赫德審擬葉信一案。果如所供。竟似當日專心為公。並不顧家。但恐其事後遁詞卸過。朕思葉信若九月初五六日並未回署。自無暇照料家口。如曾回署內。即不得謂非豫先安置。著舒赫德即就近查訊明確。並著令何煟查問千總趙亮。是否與葉信相商。抑係葉信家眷自行上船之處。令其據實供明覆奏。又據舒赫德奏。有直隸清河縣紳士里民康仲叔等。備物呈獻。深明大義。甚屬可嘉。著傳諭周元理 。查明量為獎賞。其倡率之人。並著賞給匾額。以示獎勵。又向聞東省回民。最為悍狠不法。而此次勦捕賊匪。 回民等甚為出力。如洪印。洪全等。率領回兵。奮勇殺賊。白虎等。曾招回人効用。頗能知禮奉公。並堪嘉尚。著楊景素 。遵旨出示。分別獎賞。俾其益			

序號	時間	時間	提出者／奏議者／復議者				接收者／回應者				內容提要	類別、關鍵詞	關聯條目與事件	問題
	(中曆)	(西曆)	人物	八旗歸屬籍貫民族	職銜	出身	人物	八旗歸屬籍貫民族	職銜	出身				
									已掛上總督職銜近10個月。周元理：直隸總督(乾隆36-44年)、直隸河道總督(兼)(乾隆36-44年)楊景素：山東巡撫(山東巡撫兼提督銜)(乾隆39-42年)		知勸勉。			
138	高宗乾隆40年3月26日	1775.04.25	勒爾謹		陝甘總督(乾隆37-41年)		乾隆		皇帝		陝甘總督勒爾謹疏報。巴里坤屬三道溝地方。回民馬世友等。報懇地四百二十畝。	田地		
139	高宗乾隆40年8月8日	1775.09.02	乾隆、熊學鵬、李侍堯	江西省-南昌府-[南昌縣]、原漢軍正藍旗,乾隆39年(1774)抬入漢軍鑲黃旗	皇帝、根據人名權威人物傳記資料庫記載，此時熊學鵬確切擔任的官職為根據人名	雍正8年三甲第四十五名進士、麿生	軍機大臣、黎顯宗(黎維祧，又名黎維禟，1717-1786，1740-1786在		安南國王(後黎朝第二十四代君主)		諭軍機大臣等。前據熊學鵬續奏。小鎮安等處。自安南逃回廠徒。已至一千餘名。較初次所奏。幾多三倍。更不便存留本地。是以諭令該督撫。將此等廠徒。分發烏嚕木齊。仍曉諭以謀生之處。切勿稍露端倪。妥為辦理。今據李侍堯奏。竄回民人。現已二千有奇。嚴究滋事要犯。從重定擬。如止係附近貿易傭工之	外交、處置犯人、越境犯罪、戶籍、皇帝對安南的態度、法律、越境犯罪用何國法		此處「回民」紀錄未必與穆斯林相關

序號	時間	時間	提出者／奏議者／復議者				接收者／回應者				內容提要	類別、關鍵詞	關聯條目與事件	問題
	(中曆)	(西曆)	人物	八旗歸屬籍貫民族	職銜	出身	人物	八旗歸屬籍貫民族	職銜	出身				
					權威人物傳記資料庫記載，此時楊景素確切擔任的官職為廣西巡撫(乾隆38-40年)和廣東巡撫(乾隆40-41年)，但因《清實錄》此處有記載起程前赴粵西日期。即行奏聞。李侍堯未到之前。熊學鵬務須處以鎮靜。不可因人多事大。稍涉張皇。因此我認為熊學鵬此時擔任廣		位)				人。訊明原籍住址。解交地方官嚴行管束等語。所辦未妥。計李侍堯拜發此摺時。尚未接奉前兩次所降諭旨。故為此奏。此等匪徒。大都皆游手無賴。不安本分之人。若使仍留本地。伊等於安南道路熟習。日久必潛越夷境。仍滋事端。惟是人數已至二千餘。為數太多。非但烏嚕木齊一帶。難容如許匪徒。即沿途遞解。人數太多。照料亦殊不易。自應分別妥辦。但其事頗有關係。恐非熊學鵬所能經理。著李侍堯 。迅即親赴粵西。細查此項竄回人衆內。如有在安南滋事不法之犯。即應照例另辦。其中如有蠢笨無能。及有親族產業可依者。尚可飭發各本籍。交地方官。嚴加管束。令在境內傭耕手藝營生。毋許再行出境滋事。日後如有違犯。加倍重治其罪。若隻身無籍之徒。斷不可仍留本地。致令日久復萌故智。李侍堯當詳加察勘。視其形跡稍覺獷悍者。即發往烏嚕木齊等處。令其屯田出力。其人尚馴懦者。酌量於內地省分安插。聽其各謀生理。但不可令在沿途及苗疆省分。并毗連兩廣地方。致使日後復得逃回滋事。並於起解時。明切撫諭。此係特。旨。念其貧苦無依。授以自謀之地。並非發遣。並飭解員妥為防範。勿使中途竄脫。若有在路逃遁者。拏獲	律處置、非法越境		

序號	時間 (中曆)	時間 (西曆)	提出者／奏議者／復議者 人物	八旗歸屬 籍貫民族	職銜	出身	接收者／回應者 人物	八旗歸屬 籍貫民族	職銜	出身	內容提要	類別、關鍵詞	關聯條目與事件	問題
					西巡撫的可能性更大 李侍堯則擔任兩廣總督(乾隆32年-乾隆42年)。						之日。即照遣發新疆例正法。仍於近邊各處。嚴密防衛。酌定善後章程。毋許再復有人。竄至安南滋事。李侍堯於辦妥時。即行覆奏。先將奉到此旨。起程前赴粵西日期。即行奏聞。李侍堯未到之前。熊學鵬務須處以鎮靜。不可因人多事大。稍涉張皇。至所稱安南國王。拏獲首犯張德裕等三名。從犯張學昌等十五名。解送前來。現飭左江道接收。解赴粵東審辦等語。自應按照律例辦理。毋稍姑息。如已趕解赴東。即在東省監禁另辦。不必因李侍堯 現赴粵西。復行解往。若尚未起解。即可候李侍堯 到時。一併審辦。但現在南寧地方。所有竄回各犯。皆聚於彼。此等首從要犯。不宜復解彼處。致令餘衆驚疑。著李侍堯 另酌。於經途妥當府分。嚴行監禁。俟辦完全案回程。再行審訊辦理。至閱安南國王原咨。有請將進口散衆。求矜容免究之語。雖屬該國王美意。但內地民人。越境滋事。自當分別繩以內地之法。未便概為姑寬。應將此檄示該國王。俾知天朝德威所在。不容絲毫假借。現令軍機大臣代擬李侍堯檄稿。諭以接准該國王來咨。將在廠滋事之張德裕。古宇湯。李喬光。三犯。幷夥徒十五人。委員押解進關。咨內聲明該犯等。首服認咎。投納兵			

序號	時間 (中曆)	時間 (西曆)	提出者／奏議者／復議者				接收者／回應者				內容提要	類別、關鍵詞	關聯條目與事件	問題
			人物	八旗歸屬籍貫民族	職銜	出身	人物	八旗歸屬籍貫民族	職銜	出身				
											器。聽候處分。又稱夥伴合力營生。非是生事為匪。如進口回籍。上憲自廣矜容。免其究處等因。固是該國王美意。代求曲予矜全。接閱來咨。深為嘉悅。惟是內地民人。敢於越境滋事。天朝律有明條。難於輕宥。不但所執首從十八犯。應按律從重究處。即竄回人衆。本閣部堂現亦親赴粵西省。就近詳細研求。若其中尚有與首犯附和不法者。仍須依律懲治。即係一時烏合。聞拏投仗而散者。雖與持械拒捕有間。但既至外國生事。即不便概置不問。今本閣部堂逐一查訊。視其情節輕重。分別內遣外遣。及發回原籍羈管。不許復出生事。違者加倍治罪。現在奏聞大皇帝候旨遵行。中國法度所在。從無絲毫假借。不便因該國王之申請。曲法徇情。且本閣部堂所以按律嚴懲之故。亦欲儆戒將來。不使匪徒復至爾國滋擾。仍是保護爾國之意。該國王必能深體本閣部堂執法防弊之深心也。再本閣部堂現在嚴定章程不許內地民人。再至該國邊境。居住滋事。嗣後如有沿邊百姓。私越邊界。潛居該國者。該國王務須隨時報聞。以便檄令拘解究治。更為妥協。著發交該督。繕寫回文。行知該國王遵照。仍將安南原咨。發回該督存案。將此由六百里傳諭知之。			

序號	時間	時間	提出者／奏議者／復議者				接收者／回應者				內容提要	類別、關鍵詞	關聯條目與事件	問題
	(中曆)	(西曆)	人物	八旗歸屬籍貫民族	職銜	出身	人物	八旗歸屬籍貫民族	職銜	出身				
140	高宗乾隆40年11月22日(可能不關真回民事)	1776.01.12	乾隆、李侍堯		兩廣總督(乾隆32年-乾隆42年)		軍機大臣				諭軍機大臣等。據李侍堯奏。接准安南國咨覆。以毗連西省地方。實無土物可以互市。現在照覆停止等語。奸民出境貿易。易致滋生事端。例本宜禁。况近有張德裕等。在安南開礦讎殺之案。逃回民人甚多。尤不可不整飭邊防。盤詰禁止。至定期互市之說。原恐安南或有仰藉中國貨物之處。難以概行杜絕。因令以該督之意。行知該國王。酌議呈報覈辦。今該國王既以互市為未便。則奸商更無從藉詞偷越。邊境尤為肅清。惟當嚴飭沿途文武員弁。實力稽查。毋許一人竄逸。並宜令該國王一體留心。如有內地商民潛赴彼國者。即令其拘拏。呈送該督辦理更為周妥。因令軍機大臣代擬檄稿。寄交該督。諭以該國送星廠。有內地民人張德裕等。聚眾滋事一案。除該國拏獲解審。並有陸續投回者甚多。均經本閣部堂奏明。分別嚴懲。內地民人。原不許私越邊境。况該國王素稱恭順。此輩不安本分之徒。尤不便聽其在爾境滋擾。業經嚴飭沿邊各員。禁止民人出口。第恐爾國。或有仰藉中國貨物之處若概行禁絕恐於爾國生計有礙。是以本閣部堂擬令民人在近邊互市。俾爾國懋遷有資。於整飭之中仍寓體卹之意。因行文該國王。查詢該處情形。酌擬呈覆。近據該國王覆	外交、處置犯人、越境犯罪、皇帝對安南的態度、法律、商貿、非法越境		可能不關真回民事

序號	時間 (中曆)	時間 (西曆)	提出者／奏議者／復議者 人物	提出者／奏議者／復議者 八旗歸屬籍貫民族	提出者／奏議者／復議者 職銜	提出者／奏議者／復議者 出身	接收者／回應者 人物	接收者／回應者 八旗歸屬籍貫民族	接收者／回應者 職銜	接收者／回應者 出身	內容提要	類別、關鍵詞	關聯條目與事件	問題
											稱。以邊地民俗樸陋。無需中州重貨。互市之法。恐為虛設。細籌良有未便等語。爾國既無需內地貨物。互市之法。原可不行則邊境更得肅清。於爾國尤為有益。因即檄行照覆。今已嚴飭沿邊文武員弁實力巡察稽查。毋許一人出口。並飭永遠遵行。此次查禁之後。設有匪徒。潛行偷越。仍至爾國逗留者。該國王即行查拏呈送本閣部堂。按法處治。奸民自必益凜條教。爾境亦得永臻寧輯。該國王其遵奉毋忽將此傳諭李侍堯 知之併即照繕發往。			
141	高宗乾隆41年4月6日	1776.05.23	乾隆、楊景素		皇帝、山東巡撫(山東巡撫兼提督銜)(乾隆39-42年)						諭。臨清舊城。當水陸衝要。向來商賈駢集。廛市殷闐。民居亦極稠密。前年逆匪王倫等。竄踞其地。搶掠焚毀。人多蕩析離居。朕心每深軫念。雖曾加恩撫卹。冀得安全。尚未能信其是否均霑實惠。茲蹕路經行。親臨周閱。見商民廬舍。修葺者已十之八九。閭閻環集。貨肆列陳。風景漸可復舊。甚為慰懷。因念勦捕逆匪時。敕發禁旅遄行。始得迅速蕆事。而所調駐防。及綠營兵衆。亦頗不少。然係內地捕賊。非征調用兵可比。一切應需日用。各有本分糧餉。可以抵支。乃徐績等過涉張皇。妄照軍需之例支放。實屬錯誤。因責令分賠。以示懲儆。但念此項為數稍多。且因地方公務動用。尚非伊等冒銷冒領。自未便	商貿、軍事、財政、處罰、封賞回兵、回民、平民	山東王倫之亂的後續	

序號	時間	時間	提出者／奏議者／復議者				接收者／回應者				內容提要	類別、關鍵詞	關聯條目與事件	問題
	(中曆)	(西曆)	人物	八旗歸屬籍貫民族	職銜	出身	人物	八旗歸屬籍貫民族	職銜	出身				
											全令賠還。因交楊景素 。查明徐績等已未完細數。開單呈覽。內除徐績身任封疆。辦理不善。致地方有逆匪倡亂之事。本應治罪。業已加恩宥免。所有伊名下應賠之數。自應罰令全賠。其藩司國泰名下。尚未完銀一萬三千兩零。原任臬司孫廷槐名下。尚未完銀一萬兩零。並著加恩免其分賠。准予開銷。再朕今日在舊城親臨閱看。逆賊等占據之汪姓大宅。及大寺兩處。詢及官兵勦捕情形。彼時參將武靈阿。剛塔 。俱係在事出力之人。雖已加恩擢用。仍著賞戴花翎示獎。又賊匪前此攻犯臨清新城。計七八日。經副將葉信。參將烏大經。署知州秦震鈞。晝夜設法拒守。殺賊保城。均屬可嘉。今烏大經已擢授總兵。葉信。於病故後。仍給還副將原銜。至秦震鈞。雖以知州陞用。但至今尚未得實缺。著賞緞二匹。以旌其勞。並著該省出缺即用。又回兵洪印。率領回民。勦殺賊匪。頗為奮勉。著加恩交該撫。即以把總拔補。俾衆共知鼓勵。又據楊景素 奏稱。前年在臨清河西帶兵時。有臨清州民王彧。每日清晨煮粥數石。送至河岸。供饋衆兵朝餐。旬餘不懈等語。王彧以里巷小民。能知大義。深可嘉尚。著加恩賞給七品頂帶。並賞緞二匹。用示獎勸。朕於賞罰			

序號	時間（中曆）	時間（西曆）	提出者／奏議者／復議者 人物	八旗歸屬籍貫民族	職銜	出身	接收者／回應者 人物	八旗歸屬籍貫民族	職銜	出身	內容提要	類別、關鍵詞	關聯條目與事件	問題
											功過。惟視其人之自取。權衡悉協於平。以昭彰癉。將此諭衆知之。			
142	高宗乾隆42年5月21日	1777.06.25	刑部				乾隆		皇帝		乙酉。刑部奏。回民結夥三人以上。執持兇器毆人。除致斃擬抵一犯外。其餘共毆各犯。應照回民結夥三人行竊例。擬軍。三人以上。徒手未執兇器者。減等擬徒。十人以上。雖無兇器而毆傷人者。仍擬軍。從之。	回民罪案、處置犯人、法律		
143	高宗乾隆42年5月22日	1777.06.26	乾隆、刑部、（富察）國泰	滿洲鑲白旗	皇帝、皇帝、《清實錄》乾隆42年5月11日的部分記載：護山東巡撫布政使國泰覆奏……因此可以相信5月22此時國泰確切擔任的官職為山東布政使(乾隆37-42年)、山東巡撫	監生	軍機大臣、國泰		山東布政使（乾隆37-42年）、山東巡撫（護理）(乾隆42年)。		丙戌。諭軍機大臣曰。刑部議覆。山東定陶縣回民張四。聽從沙振方。糾衆謀毆趙君用。至途中扎死葛有先。將張四問擬斬候。沙振方發遣烏嚕木齊等因一摺。已依議行矣。此案回民沙振方等。因與趙君用口角微嫌。輒敢糾約至十五人。執持鎗械。謀毆洩忿。行至途中。遇葛有先一言肇釁。該犯先用鎗扎。以致張四用刀。將葛有先立斃其命。不法已極。自應將首從各犯全獲。按律重懲。方足以儆兇頑而安良善。現在逸犯未獲者。尚有米貴臣等十三人。著傳諭國泰。即派委幹員。勒限嚴緝務獲。無使一人漏網。不得以海捕具文塞責。將此由四百里諭令知之。仍將現在曾否就獲之處覆奏。尋奏。現飭定陶。菏澤。兩縣會緝。再添委幹員。剋日務獲。得旨。覽。今續獲幾名否。	回民罪案、處置犯人、法律		

序號	時間	時間	提出者／奏議者／復議者				接收者／回應者				內容提要	類別、關鍵詞	關聯條目與事件	問題
	(中曆)	(西曆)	人物	八旗歸屬籍貫民族	職銜	出身	人物	八旗歸屬籍貫民族	職銜	出身				
					(護理)(乾隆42年)。									
144	高宗乾隆42年11月19日	1777.12.18	乾隆、勒爾謹		皇帝、陝甘總督(乾隆41-46年)		軍機大臣				又諭曰。勒爾謹奏。河州民黃國其家。聚集多人。豎旛念經。並勒令居民。供應糧食。且敢抗拒傷差等因一摺。殊堪駭異。按察使李本。與勒爾謹。先後馳往查拏。自應如此辦理。內地民人。敢於設教聚衆。並立有教主。豎旛占聚一村。入教者皆以白布為號。即與前此山東叛逆王倫無異。其情罪實為可惡。所有首夥各要犯。必須上緊弋獲。盡法重治其罪。以示嚴懲。但陝甘兩省。回民最多而易滋事。此案若係回民。或恐恃其勇悍。敢於抗拒。不可不用官兵勦捕。今勒爾謹前往。自必帶有兵役。第恐為數無多。或不敷應用。提督法靈阿。近在該省。應即選帶精兵。星夜馳往協勦。如各犯業就全獲則已。若尚有抵拒情形。法靈阿。即在彼調度。加之以兵。或勦或擒。相機妥辦。勿使一犯漏網。就獲後。勒爾謹即將案內各要犯。嚴訊起意聚衆。煽惑糾約各實情。分別淩遲斬決。一面於該處正法梟示。一面奏聞。	宗教(邪教)、清廷對陝甘回民的態度、軍事、法律、處置犯人		
145	高宗乾隆42年11月20日	1777.12.19	乾隆、勒爾謹		皇帝、陝甘總督(乾隆41-		軍機大臣				諭軍機大臣等。昨勒爾謹奏。河州民黃國其。聚衆豎旛。倡教拒捕一案。實屬不成事體。且非光天化日	罪案、處置犯人、清廷對陝		

序號	時間	時間	提出者／奏議者／復議者				接收者／回應者				內容提要	類別、關鍵詞	關聯條目與事件	問題
	(中曆)	(西曆)	人物	八旗歸屬籍貫民族	職銜	出身	人物	八旗歸屬籍貫民族	職銜	出身				
					46年)						之下所宜有。其情罪甚為可惡。業經勒爾謹親往查拏。自可將各犯迅就弋獲。嚴訊重治。以示懲創。果爾。甚善。但恐該省回民最多。又素習拳勇。性復護其同類。恃衆滋事。即如從前馬得鰲一案。窩盜縱刦。蔓延不法。其聲勢固大。但恐綠營兵丁。必有 回民在內。若輩袒護徇情。積習難改。或不肯奮勇上前。或有奸惡回人。潛與勾結。皆勢所不免。則雖有官兵在彼。仍不能得力。因思此等勦賊打仗之事。臨時勇往爭先。恥於退怯。惟滿洲兵最為足恃。從前王倫一案。派大學士舒赫德。督率八旗兵前往。不旬日即行勦滅。其明驗也。該省距京較遠。惟調駐防兵。最為便易。著傳諭三全。於寧夏駐防內。即選派滿洲兵一千名。索諾木策淩 。於烏嚕木齊駐防內。即選派滿洲兵二千名。並將應用馬匹器械乾糧等項。迅速妥辦豫備。候勒爾謹之信遄行。勒爾謹到彼。如首夥各犯。盡數擒獲。不但毋庸另調滿兵。即法靈阿。亦當停其前往。若勒爾謹。法靈阿。到後。逆匪仍前抗拒。尚未能剋期完事。即一面由六百里馳奏。一面即用六百里加緊印文。飛調寧夏。及烏嚕木齊。滿兵赴勦。三全。索諾木策淩 。一得勒爾謹印文。隨到。隨即起行。帶兵兼程前往。仍將帶	甘回民的態度、軍事、		

序號	時間	時間	提出者／奏議者／復議者				接收者／回應者				內容提要	類別、關鍵詞	關聯條目與事件	問題
	(中曆)	(西曆)	人物	八旗歸屬籍貫民族	職銜	出身	人物	八旗歸屬籍貫民族	職銜	出身				
											兵起程日期。迅速奏聞。第法靈阿。三全。辦事雖極認真。然向未經歷行陣。於調度機宜。未必遽能悉合。因查固原鎮總兵圖欽保。在金川軍營數年。曾經著有勞績。帶兵之事。乃所熟嫻。著傳諭圖欽保。接奉此旨。即由該處馳驛。迅赴河州。幫同法靈阿。辦理勦捕之事。寧夏兵到。伊幷可幫帶滿兵。祇期於公事有益。彼此均不可稍存畛域之見。如勒爾謹此時。已經獲犯完案。即圖欽保。亦當行文停其前往。至勒爾謹昨奏此事。僅由四百里驛遞。尚屬不知緩急。現在如已獲犯竣事。著即由六百里奏聞。此旨著由六百里加緊發往。一幷諭令知之。仍各將應行覆奏事宜。迅速覆奏。			
146	高宗乾隆43年正月30日	1778.02.26	乾隆、索諾木策凌(本名為索諾穆策凌，根據人名權威人物傳記資料庫記載，索諾木策凌為異名)	滿洲鑲黃旗	皇帝、烏嚕木齊都統(乾隆40-45年)	官學生	軍機大臣、索諾木策凌		烏嚕木齊都統(乾隆40-45年)		諭軍機大臣等。據索諾木策凌奏。辦理河州逆匪案內發遣家口。現將各項隻身。詳加查覈。其兵丁奮勉。戶民淳樸。及雲南各省發來人丁誠實者。按其年數。先行注冊。酌定給配等語。自應如此辦理。至所稱。此內回婦不少。除發來本處。幷舊有河州回民。不便給配等語。所辦尚未妥合。所謂知其一不知其二。回民與百姓。均係赤子。自當一視同仁。無庸強生分別。使回衆聞知。妄生疑惑。祇須俟該犯婦等到時。將其原係回民婦女。即酌量配給屯兵。其原係回民。或可將漢婦配給。	安置回民與漢民、皇帝對回民與漢民的態度、軍事		

序號	時間(中曆)	時間(西曆)	提出者／奏議者／復議者				接收者／回應者				內容提要	類別、關鍵詞	關聯條目與事件	問題
			人物	八旗歸屬籍貫民族	職銜	出身	人物	八旗歸屬籍貫民族	職銜	出身				
											不動聲色。自行酌辦。不必明示其故。方為妥善。將此傳諭索諾木策凌知之。			
147	高宗乾隆43年9月17日	1778.11.05	乾隆、永貴		皇帝、烏什參贊大臣(參贊大臣)(乾隆43-44年)、吏部尚書(乾隆42-48年)。		軍機大臣、永貴		烏什參贊大臣(參贊大臣)(乾隆43-44年)、吏部尚書(乾隆42-48年)		又諭。昨據永貴參奏。高樸苦累回民一摺。已降旨。俟此案審實。即將高樸在彼正法。因思伊什罕伯克。乃幫同阿奇木辦事之人。高樸擾累回民。理當諫阻。而阿布都舒庫爾和卓。從中慫慂取利。情實可惡。著再傳諭永貴。嚴行訊鞫。即與高樸一併正法。如此回衆始能心服而畏法令。其弟阿布賚則斯等。隨同附和。亦應分別示懲。再閱色提巴爾第呈內。有高樸自鄂對故後愈甚之語。是其苦累回衆。非自今日。若不嚴加懲治。必致回人俱不聊生。因而瓦解。永貴辦理此事。務必秉公審辦。庶足示儆。不得少事姑容。	處罰官員、法律、安撫回民		
148	高宗乾隆43年9月27日	1778.11.15	乾隆、軍機大臣、納蘇圖		皇帝、侍衛		軍機大臣、勒爾謹		陝甘總督(乾隆41-46年)		又諭。本日軍機大臣訊據侍衛納蘇圖供稱。庫車辦事之常喜。本年曾拏獲葉爾羌回子等。偷出玉石。送高樸處辦理。高樸以五十觔以下之玉塊。向來俱不具奏。因招商變賣。每觔定價一錢等語。此等犯禁偷出之玉石。無論多寡大小。一經盤獲。該處之大臣官員。自應一面具奏。並將玉石送京。一面將偷帶之人。照例治罪。何以轉送葉爾羌覈辦。致高樸得以操縱自如。滋生弊端。常喜所辦。本屬非是。或係相沿如	官員與回民罪案、官商勾結、處置官員與回民、法律		納蘇圖查無此人，但從《清實錄》中可得知他是侍衛。

序號	時間(中曆)	時間(西曆)	提出者／奏議者／復議者				接收者／回應者				內容提要	類別、關鍵詞	關聯條目與事件	問題
			人物	八旗歸屬籍貫民族	職銜	出身	人物	八旗歸屬籍貫民族	職銜	出身				
											此。他處俱各相同。抑係常喜一人之意。著永貴。查明具奏。至五十觔以下之玉。向不具奏。及招商變價。每觔一錢之例。係何時所定。何人任內所辦。曾否奏明。亦著查明具奏。並著傳諭回疆辦事大臣等。嗣後凡盤獲偷帶玉石之回民商販。即行具奏治罪。并將玉石開明觔重塊數解京。不得仍前以較小之玉。私自變賣完結。如敢故違不遵。別經發覺。定行從重究治。至新疆偷運內地玉石。必進嘉峪關。例應盤詰。勒爾謹向來作何查辦。且並未見有拏獲之案。著勒爾謹。一併查明具奏。將此傳諭知之。			
149	高宗乾隆43年9月28日	1778.11.16	乾隆		皇帝						又諭曰。高樸在葉爾羌。苦累回民。採辦玉石。串商私賣。又復婪索金銀。盈千累萬。回衆嗟怨。經阿奇木伯克色提巴爾第。向永貴呈控。永貴據情參奏。隨查抄高樸家中。所有寄回金玉等物。與原參單開之項。大略相符。玆復據永貴奏。查詢原控各款俱實。并查得高樸彼處仍現有銀一萬六千餘兩。金五百餘兩。高樸貪婪無忌。罔顧法紀。實出情理之外。已另降諭旨。將高樸革職嚴審。即於該處正法矣。至綽克托 。係總辦回疆事務之人。朕加恩用為吏部尚書。高樸如此聲名狼籍。豈偶爾一二事短發價值。失於	官員罪案、官商勾結、贓款、法律、回民受苦、處罰官員、封賞官員、		

序號	時間	時間	提出者／奏議者／復議者				接收者／回應者				内容提要	類別、關鍵詞	關聯條目與事件	問題
	(中曆)	(西曆)	人物	八旗歸屬籍貫民族	職銜	出身	人物	八旗歸屬籍貫民族	職銜	出身				
											查察者可比。綽克托 所司何事。何以不據實參奏。其通同徇隱。幾釀事端。實為深負朕恩。綽克托 。著革職。幷著奎林。前往直隸。山西。一帶。傳旨拏交刑部治罪。所有吏部尚書員缺。仍著永貴補授。朕於臣工功罪。一秉大公至正。如高樸貪黷負恩若此。較伊父高恒尤甚。不能念係慧賢皇貴妃之姪。高斌之孫。稍為矜宥也。又如綽克托 。前因其總理回疆。尚覺認真。特加擢用。乃敢徇私誤公。咎難輕逭。因即黜革拏問。若永貴。原因市恩李漱芳 。身獲重譴之人。今辦理此事。公正可嘉。因復加恩擢用。此諸臣所共知共見。禍福惟視其人之自取。朕並不稍存成見於其間。將此通諭知之。			
150	高宗乾隆43年10月2日	1778.11.20	乾隆		皇帝						諭曰。高樸在葉爾羌。向回民勒索金寶諸物。又多累回人開採玉石。串商牟利。並公然遣家人載赴內地私賣。種種貪婪款跡。均出情理之外。已降旨將高樸革職嚴審。即於該處正法矣。回疆辦事大臣。經理該處事務。責任匪輕。當體朕意撫輯回民。俾得安居樂業。不宜稍有派累滋擾。致蹈素誠覆轍。貽誤國事。即間有不能潔己畏法之人。意圖染指。或向商人私分餘潤。未必非事之所無。然亦幸而不發。得逃法網。乃高樸在葉爾羌。勒取回人	官員罪案、官商勾結、走私、處罰官員、法律、回民受苦、安撫回民		

序號	時間	時間	提出者／奏議者／復議者				接收者／回應者				內容提要	類別、關鍵詞	關聯條目與事件	問題
	(中曆)	(西曆)	人物	八旗歸屬籍貫民族	職銜	出身	人物	八旗歸屬籍貫民族	職銜	出身				
											財物。贓數纍纍。已屬從來所無。又先期奏請開採久經封閉之密爾岱山。豫為作弊地步。遂派回人三千餘。至該山採取玉石。致諸回受累含怨。且與蘇商串通。以官玉私獲厚利。並差家人。裝運多車。至內地各處。冀得重價。實屬從來所罕見。是直全無人心。非復人類之所為。朕豈能廢法。稍為曲貸。即現在如此辦理。已屬從寬矣。至綽克托 。為總辦回疆事務大臣。各城之事。皆應留心體察。乃高樸狼籍若此。且現訊解到馬德亮供詞。亦稱高樸在彼。回人無不抱怨。烏什距葉爾羌不遠。且綽克托 亦曾至其地。豈竟毫無聞見。何以不據實指參。其徇隱之罪。實無可逭。至淑寶。與高樸同城辦事。高樸肆行不法。贓跡纍纍。更不得諉為不知。若訊明與高樸通同作弊。亦當解京。即正典刑。設僅係畏懼高樸。不敢舉發。雖誤國家回疆重務而不顧。其罪更重於綽克托 。亦不能輕宥也。今年三月。鄂對病故。高樸即奏請以鄂對之子鄂斯璊。接辦該處阿奇木伯克事。朕以為若如此。父子相繼辦事。竟似葉爾羌之阿奇木。為伊家世職。久之與唐時藩鎮何異。因將色提巴爾第。調至該處。以鄂斯璊調赴喀什噶爾。意在為回部伯克防微杜漸。並非令色提巴爾第往			

序號	時間	時間	提出者／奏議者／復議者				接收者／回應者				內容提要	類別、關鍵詞	關聯條目與事件	問題
	(中曆)	(西曆)	人物	八旗歸屬籍貫民族	職銜	出身	人物	八旗歸屬籍貫民族	職銜	出身				
											查高樸之事也。及色提巴爾第到彼。聞知高樸貪婪不法各款。及回衆抱怨情形。並據高樸代其遣人至採玉處。取回元寶五十個。色提巴爾第。即將元寶。交伊通事薩木薩克封貯。一面將高樸之事。向永貴呈控。其事乃得敗露。若照高樸之奏。令鄂斯璊在彼為阿奇木伯克。鄂斯璊。知其父鄂對。與高樸相好。有礙顏面。且伊年輕未能更事。必順從高樸所為。扶同徇隱。不能如色提巴爾第之和盤托出矣。至於永貴之往烏什。因綽克托 年班已滿。而永貴適有市恩李漱芳 之事。身獲重譴。隨即革職示懲。念其向在新疆年久。事尚熟習。因賞以三品銜。派令換綽克托 回京。然猶恐永貴才力。未必能如綽克托 之周到。更不冀其有整頓稽覈之效也。乃永貴一接色提巴爾第之呈。即據實參奏。且迅馳往葉爾羌。親身查辦。遂令高樸臟款。水落石出。使綽克托 不換。雖得色提巴爾第之呈。未必能如永貴之秉公辦理也。是色提巴爾第之調缺。永貴之換班。朕初意並未逆億及此。乃因二人到彼。而高樸之事。始得敗露。回衆藉以輯寧。若無此調換。其事必不能破。回衆積怨日深。一二年內。必致如昔年素誠。在烏什激變之事。而葉爾羌地大城堅。較烏什尤甚。尚復成何事體。			

序號	時間	時間	提出者／奏議者／復議者				接收者／回應者				內容提要	類別、關鍵詞	關聯條目與事件	問題
	(中曆)	(西曆)	人物	八旗歸屬籍貫民族	職銜	出身	人物	八旗歸屬籍貫民族	職銜	出身				
											此實仰賴上蒼眷佑。默啓朕衷。故不期然而然。辦此大案。誠非意計所及。而高樸之黷貨營私。喪心放膽。亦非意計所及。夫高樸以昏妄乖張。自罹顯戮。在彼實為大失。而於國家綏靖回疆之舉。則為大得。朕益惟感天庥而凜敬畏耳。永貴原摺。已譯漢發鈔。令滿漢九卿等閱看。並以朕於諸臣功罪。悉秉大公。惟視其人之自取。從不豫存成見之處。明白宣示矣。至辦理此事原委。及無意中調派之益。則衆所未曉。著再行明白通諭知之。			
151	高宗乾隆43年10月2日	1778.11.20	乾隆、(納喇)伊勒圖	滿洲正白旗	皇帝、伊犁將軍(乾隆38年-乾隆50年，第三渡擔任。前兩次為乾隆33年；乾隆35年-乾隆36年)		軍機大臣、伊勒圖		伊犁將軍(乾隆38年-乾隆50年)		諭軍機大臣等。據伊勒圖奏稱。哈喇沙爾。回商雜處。有竊盜鬥毆事件。請交辦事大臣管理。土爾扈特游牧。人衆事繁。請派侍衛管理。如遇要事。該處呈報盟長。轉報大臣等語。應如所奏。前曾令舒通阿來京。現在辦事需人。舒通阿不必來京。著加恩賞給侍衛。前往伊犁當差。即著在伊犁侍衛內挑選一員。遣往哈喇沙爾。管理土爾扈特游牧。現在高樸擾累 回民一案。已交永貴審明後。即於彼處正法。淑寶。綽克托 。俱交刑部治罪。伊犁地方。厄魯特回人雜處。又與哈薩克交易。恐有不肖官員。侵漁勒索。將軍大臣等。自應留心詳查。據實參奏。倘扶同徇隱。一經發覺。綽克托 等。即前車之鑒。斷不寬貸。著傳諭伊	回民罪案、封賞、官制、法律、處罰官員		

序號	時間 (中曆)	時間 (西曆)	提出者／奏議者／復議者 人物	八旗歸屬籍貫民族	職銜	出身	接收者／回應者 人物	八旗歸屬籍貫民族	職銜	出身	內容提要	類別、關鍵詞	關聯條目與事件	問題
											勒圖等知之。			

序號	時間 (中曆)	時間 (西曆)	提出者／奏議者／復議者 人物	八旗歸屬籍貫民族	職銜	出身	接收者／回應者 人物	八旗歸屬籍貫民族	職銜	出身	內容提要	類別、關鍵詞	關聯條目與事件	問題
152	高宗乾隆43年11月1日	1778.12.19	乾隆、勒爾謹		皇帝、陝甘總督(乾隆41-46年)						又諭。據勒爾謹等奏。審訊在西安拏獲私販玉石之吳芑洲等七犯。堅供各玉石。或係發賣綢緞。在口外阿克蘇。幷肅州價買。或係在肅州。涼州。蘭州等處。以結欠貨帳。折得玉石。幷或以貨換玉。帶回銷售。該犯等與常永。趙鈞瑞。並不認識。實未向伊等接買玉石。質之趙鈞瑞。亦供未認識其人。不敢混扳。反覆嚴審。矢口不移。至搜出玉石。並無官給照票。自係私販。但向無治罪專條。請敕部定擬。分別治罪等語。轉可不必如此辦理。自平定回部以來。所產玉石。除文官所餘。招商變價外。其回民違禁私賣。奸商潛蹤私買。載回內地。製器牟利者。並不始於此時。而邇年來。蘇州所製玉器。色白而大者。不一而足。非自回疆偷售而何。朕久經深悉。第以國家幅幀廣闢。地不愛寶。美玉充盈。以天地自然之利。供小民貿易之常。尚屬事所應有。故雖知之而不加嚴禁。此即抵璧於山之意。至高樸駐箚回疆。敢於明目張	走私罪案、回民與奸商走私玉石、充公走私玉石、審查犯人、處置犯人、法律		

序號	時間	時間	提出者／奏議者／復議者				接收者／回應者				內容提要	類別、關鍵詞	關聯條目與事件	問題
	(中曆)	(西曆)	人物	八旗歸屬籍貫民族	職銜	出身	人物	八旗歸屬籍貫民族	職銜	出身				
											贓。偷賣官玉。價逾鉅萬。實出情理之外。雖已審明在該處正法。尚不足抵其罪愆。其案內之商人張鑾。鄉約趙鈞瑞。膽敢交結大臣。夥同其家人沈泰。李福。常永輩。偷販覓利。情罪可惡。自難輕逭。至吳芑洲等。既訊與趙鈞瑞等。不相認識。並非高樸案內有名人犯。則不必與張鑾等同科。但吳芑洲所販之玉。既無官給照票。其為私販無疑。若伊等謂買時實不知情。乃必無之事。此等狡獪伎倆。豈能欺人乎。況已人贓並獲。偷販之罪。實無可辭。亦伊等所自取。但究非與高樸通同販賣。尚可末減。若將此七人治罪。則前此私販回疆玉石之人。轉得漏網。亦非情法之平。今該犯等所販之玉。俱已查明入官。亦足以蔽辜。無庸另行治罪。吳芑洲等。現據該撫奏明解京。俟解到時。軍機大臣會同刑部。覆訊供詞。如果無虛捏。即行奏聞釋放。昨陳輝祖奏。於襄陽盤獲玉商楊添山等十七名。解到時。亦著詳悉研鞫。是否與張鑾。趙鈞瑞。同夥。或不相干涉。訊取確供。分別辦理具奏。其現在或有續獲者。亦照此辦理。此乃朕格外之恩。凡屬商衆。俱當感激改悔。若經此次查辦之後。復有私赴新疆。偷販玉石者。一經查獲。即照竊盜滿貫例。計贓論罪。不能			

序號	時間	時間	提出者／奏議者／復議者				接收者／回應者				內容提要	類別、關鍵詞	關聯條目與事件	問題
	(中曆)	(西曆)	人物	八旗歸屬籍貫民族	職銜	出身	人物	八旗歸屬籍貫民族	職銜	出身				
											復邀寬貸矣。將此通諭中外知之。			
153	高宗乾隆43年11月7日	1778.12.25	乾隆		皇帝				各回城駐劄大臣官員及伯克		癸巳。諭。從前各城回衆。於厄魯特時。派喀喇罕前往駐劄。受其種種苦累。復被霍集占兄弟。任意擾害。回子等甚屬難堪。朕因憐憫西域群生。特移平定準部之兵。前往平定回部。安撫地方。即於各城分駐官兵。並派欽差大員。經理其事。是以回子等。賴以得就生理。各安本業。後素誠在烏什。不知愛養回人。且與阿奇木伯克阿布都拉。任意滋擾。於私事輒行派累差使。以致回人怨憤激變。復經派兵平定。迄今二十年來。各處辦事大臣。均知守法。撫輯地方。頗屬寧謐。不意高樸。又與鄂對。阿布都舒庫爾等。朋比為奸。恣意勒索。希圖漁利。私行派撥三千餘人。往密爾岱山採取玉石。夥通奸商。潛赴內地售賣。而鄂對。阿布都舒庫爾等。亦冀攜帶伊等私玉。遂告知高樸。復湊派二百餘人。致令回子力不能支。各懷怨恨。實非意料所及。殊堪駭異。幸色提巴爾第。感激朕恩。念地方緊要。據實呈告。永貴即秉公參奏。其事始得敗露。徹底查辦。以肅法紀而輯回民。若再遲一二年不辦。安知不又有如烏什從前之事耶。今已將高樸。並慫恿附和之伊什罕伯克阿布都舒庫爾等。審訊明確。均於彼處正法。並將協同辦事	回民受苦、軍事、官制、新疆各地現狀、乾隆對新疆各地區官員的期望		

序號	時間	時間	提出者／奏議者／復議者				接收者／回應者				內容提要	類別、關鍵詞	關聯條目與事件	問題
	(中曆)	(西曆)	人物	八旗歸屬籍貫民族	職銜	出身	人物	八旗歸屬籍貫民族	職銜	出身				
											之淑寶。及派往密爾岱山採玉之達三泰。瞻徇未奏之烏什參贊大臣綽克托 等。亦俱拏交刑部治罪。其與高樸代赴蘇州。販賣玉石之商人張鑾。趙鈞瑞。及高樸家人李福。常永。沈泰。均經查明解京嚴訊。從重辦理。以昭炯戒。並因色提巴爾第。據實控告。賞給貝子職銜。永貴秉公參奏。亦仍擢用尚書。又念回子等屢被擾累。甚為可憫。因將高樸所有派累之騰格普爾。令其於官項內動支。照數撥還。其派出採玉之回子三千餘人。所有明歲應輸錢糧。概行蠲免。今經此番整理。嗣後自無人復敢似此恣意妄行。第恐日久。仍有負恩不法。如高樸。及鄂對。阿布都舒庫爾者。尚不能保其不滋生事端。必須酌定章程。方可遵行永久。不致稍有流弊。因特降諭旨。將密爾岱山採玉之例。永行禁止。交色提巴爾第管理。以絕滋擾。又將葉爾羌。和闐。所採廢玉。停其變價。概行送京。以杜藉端冒濫之弊。此等事之緊要者。節經朕洞鑒酌定。其微細條例。必須相度地方情形。籌畫辦理。其應作何防範偷採玉石。不致擾累。俾回子等各安生理等事。已諭令永貴定議。俟其具奏到時。另降諭旨外。朕辦理庶務。一秉大公。惟視其人之自取。從不肯稍存成見。駐劄各			

序號	時間	時間	提出者／奏議者／復議者				接收者／回應者				內容提要	類別、關鍵詞	關聯條目與事件	問題
	(中曆)	(西曆)	人物	八旗歸屬籍貫民族	職銜	出身	人物	八旗歸屬籍貫民族	職銜	出身				
											回城辦事大臣官員伯克等。果能仰體朕愛養回衆之至意。善為撫馭。於伊等應行輸納官賦之外。毫不多為派累。俾新疆回衆。永享昇平。方不失滿洲體面。副朕恩眷。倘有肆行擾累。不知體恤撫育。恣意勒索。致令回子心存怨望。釀生事端。朕必重治其罪。斷不稍為寬宥。高樸即其榜樣也。近復諭令軍機大臣。將各城伯克。每日上衙門。及大臣接見伯克禮節。另行酌議。向後自不至復有往來交結之事。如將來衆伯克內。仍有如鄂對。及阿布都舒庫爾之營私作弊。該管大臣。能據實參奏者。除訊明將該伯克從重治罪外。必將持正之大臣。加以獎賞。若大臣中。有如高樸之貪黷狠籍。斂怨於人。伯克等。有能如色提巴爾第之據實告發者。一經審實。亦必將該伯克。照色提巴爾第之格外施恩。將此傳諭各回城駐箚大臣官員。及伯克等。俾各凜遵奉行。			
154	高宗乾隆44年2月9日	1779.03.26	乾隆、索諾木策凌		皇帝、烏嚕木齊都統(乾隆40-45年)		軍機大臣、永貴		烏什參贊大臣(參贊大臣)(乾隆43年-44年)、吏部尚書(乾隆42年-48年)、		又諭。據索諾木策凌 奏稱。接奉諭旨。令將額敏和卓。所管莽噶里克屬下回民徹出。另設阿奇木伯克管理。查從前莽噶里克所管回民。編入額敏和卓佐領者。僅十九戶。餘俱移駐伊犁。將此十九戶徹出。另設伯克。不成部落。請幷入素賚璊所管回戶內。作為素賚璊屬下。安插魯布沁。其餘回衆。全行徹出。	安置回民、戶籍、軍事、官制		

序號	時間	時間	提出者／奏議者／復議者				接收者／回應者				內容提要	類別、關鍵詞	關聯條目與事件	問題
	(中曆)	(西曆)	人物	八旗歸屬籍貫民族	職銜	出身	人物	八旗歸屬籍貫民族	職銜	出身				
									鑲藍旗滿洲都統(乾隆44-45年)。		仍住吐魯番。烈木沁。闢展。托克遜。哈喇和卓等處。酌設伯克管束。再吐魯番係居中之地。田肥水足。請建城。撥滿兵駐防。裁闢展大臣。請旨另放領隊大臣一員。駐箚吐魯番等語。朕以吐魯番等處。為通烏嚕木齊扼要之區。彼處 回民衆多。若令素賚璊管領。延及世世。所領回民益多。非經久之計。素賚璊現既獲咎。應乘此時整頓。故特降諭旨。令將前在瓜州隨額敏和卓。後復派往本游牧舊屬人。仍留與素賚璊管理。其餘莽噶里克。舊領人地。悉徹出。照布固爾。庫車等處例。另設伯克管理。今閱索諾木策凌 所奏。莽噶里克舊管回人。祇十九戶。歸額敏和卓管束。徹出另設伯克。不成部落。請拼入素賚璊所管回戶安插。查素賚璊現管回戶。雖非莽噶里克屬回。然係節次施恩。著額敏和卓管領者。並非素賚璊正項屬人。即徹出分撥。亦無不可。但未審 回民果否情願。於伊等生計。果否有益。永貴此時。諒已至闢展。著傳諭永貴。會同索諾木策凌 。詳悉籌議具奏。再素賚璊現已到京。命軍機大臣等。另行擬辦矣。朕意欲留彼在京。不行遣回。至吐魯番建城駐兵。裁闢展大臣。設領隊大臣。駐箚吐魯番。尚非今日急務。均著傳諭永貴。與索諾木策凌 。一			

序號	時間	時間	提出者／奏議者／復議者				接收者／回應者				內容提要	類別、關鍵詞	關聯條目與事件	問題
	(中曆)	(西曆)	人物	八旗歸屬籍貫民族	職銜	出身	人物	八旗歸屬籍貫民族	職銜	出身				
											并熟籌。定議奏聞。			
155	高宗乾隆44年3月3日	1779.04.18	乾隆、勒爾謹		皇帝、陝甘總督(乾隆41-46年)		軍機大臣				諭軍機大臣等。據勒爾謹奏。蘭州府循化同知。所轄之郎家族番民。慘殺撒拉回民多命。獲犯審擬。分別正法發遣一摺。所辦總不成事。已於摺內批示矣。此案郎家族番人。慘殺 回民五命。且敢將被殺之屍。剝皮支解。兇惡已極。自應將現獲各犯。嚴訊明確。即於番境。集衆正法梟示。庶足以警兇頑而戢殘暴。乃該督獲犯審辦時。致令監斃五名。已屬倖逃顯戮。及審訊擬罪。僅將者黑隆本。乙舍完的。二犯。請即行正法。餘犯七名。改發伊犁為奴。實屬姑息。至該番頭人。雖於事後。將兇犯綁縛獻出。然其平日約束不嚴。致所屬番人。兇橫不法若此。自有應得之咎。勒爾謹。何竟置之不問。亦屬疏漏。至勒爾謹一聞循化同知稟報。自應即差大員。帶領兵役。前往緝捕。乃先遣通丁喇嘛往諭。繼則操演鎗礮籐牌。遙示兵威。實覺可笑。該督從前查辦河州王伏林一案。頗能妥速。今辦此案。舛謬無能。與前案如出兩人。殊不可解。勒爾謹。著傳旨嚴行申飭。仍著將擬遣各犯。俱行押赴番境。同者黑隆本。乙舍完的。一併正法示衆。並將該頭人。擬以管轄不嚴之罪。酌令罰贖。俾知凜畏。庶足儆戒將來。將此由六百里諭令知之。	番人罪案、回民被殺、法律、處置犯人		

序號	時間	時間	提出者／奏議者／復議者				接收者／回應者				內容提要	類別、關鍵詞	關聯條目與事件	問題
	(中曆)	(西曆)	人物	八旗歸屬籍貫民族	職銜	出身	人物	八旗歸屬籍貫民族	職銜	出身				
											仍將辦理情形。即行覆奏。尋奏。遵旨將原擬發遣伊犁為奴七犯。改同者黑隆本。乙舍完的。委員押赴番境。正法示衆。並傳飭該頭人約束不嚴之罪。令其罰贖。得旨。覽。			
156	高宗乾隆44年8月18日	1779.09.27	乾隆、(馬佳)英廉	漢軍鑲黃旗	皇帝、直隸總督(署)(乾隆44年-?)和管理戶部事務(乾隆44年-?)	雍正10年舉人	軍機大臣、刑部堂官				又諭。據英廉奏。拏獲富新倉花戶李老等。向關米領催。多索錢文。及民人楊老等。在倉門口重利放帳一摺。已交刑部審究矣。該犯等。於關放甲米之時。膽敢以放給好米為詞向各領催等嚇詐。多索錢文。每米一石於例給四十文之外。多索錢至一百六七十文。情節甚屬可惡。至民人楊老等。即於倉門放帳盤剝。自朝至暮。獲利加一。亦屬不法。均應從重懲治。俾奸徒稍知斂跡。著傳諭刑部堂官。即提集各犯。嚴加訊究。從重定擬具奏。并將各犯等於應得罪名外。仍枷示倉門數月。俾衆共知懲儆。尋奏。花戶李老。陳大。藉詞放給好米詐索多贓。回民楊老。楊六。康七。乘各領催關米需用。重利盤剝。均屬目無法紀。俱應從重發往烏嚕木齊。給種地兵丁為奴。先行枷號四個月。遊示各倉。懲一儆百。滿日發遣。從之。	回民罪案、勒索錢財、處置犯人		
157	高宗乾隆44年12月5日	1780.01.11	乾隆、(顏扎)申保	滿洲鑲白旗	皇帝、正紅旗滿洲副都統(乾隆43-		申保等人		正紅旗滿洲副都統(乾隆43-45年)、		又諭曰。申保等奏稱。審出庫車阿奇木伯克阿卜都哩蒂卜。苛派所屬回人。並縱放回奴呢雅斯等。赴各鄉村。勒索牛馬羊錢。稍不如意。	回人罪案、勒索錢財、處置犯人		烏什辦事大臣(乾隆44-45年)這一

序號	時間	時間	提出者／奏議者／復議者				接收者／回應者				內容提要	類別、關鍵詞	關聯條目與事件	問題
	(中曆)	(西曆)	人物	八旗歸屬籍貫民族	職銜	出身	人物	八旗歸屬籍貫民族	職銜	出身				
					45年)、禮部左侍郎(乾隆43-44年)、烏什辦事大臣(乾隆44-45年)、左都御史(乾隆44-46年)				禮部左侍郎(乾隆43-44年)、烏什辦事大臣(乾隆44-45年)、左都御史(乾隆44-46年)		即行緝打等語。從前申保等參奏。庫車阿奇木伯克阿卜都哩蒂卜。虐使回民。該部擬以發往伊犁。具奏時。朕以阿卜都哩蒂卜。苛索物件。尚屬無多。因特加恩。免其發往伊犁。僅發烏什。充當苦差。今申保等。復又究出苛索之事甚多。著傳諭申保等。不必遵前旨辦理。將案內人犯確審。照例定擬具奏。			官職的直接相關可能性最大。
158	高宗乾隆46年4月5日	1781.04.28	乾隆		皇帝		軍機大臣				諭軍機大臣曰。逆回傷害職官占據河州一案。總係勒爾謹平日不能豫為覺察。以致養癰貽患及事發後。又不詳查起釁根由。確實陳奏事完之日阿桂 。和珅 必須徹底根究。實在如何貽誤之處。不得稍涉含糊。再王廷贊所奏安定縣回民馬明心。係新教之主。則其人實為此案首犯。但究係何時拏獲。如何審辦勒爾謹從前並未陳奏。殊不可解。至此等回匪將來辦理時。凡隨同逞兇肆逆。搶占河州圍逼省城者。均應勦洗不得稍存姑息。使鄰近番人知所畏懼。此為綏靖邊方起見。不得不如此辦理。至賊匪人數。據勒爾謹原奏。連婦女不過二千人。而王廷贊奏稱。圍蘭州時有三千人。蓋伊身在圍城。未免。為群言淆惑。其實逆賊。既占河州。必不肯捨棄。自必留人占守。甚或分其黨羽。侵犯狄道。亦	回民叛亂、指示官員如何平叛		

序號	時間	時間	提出者／奏議者／復議者				接收者／回應者				內容提要	類別、關鍵詞	關聯條目與事件	問題
	(中曆)	(西曆)	人物	八旗歸屬籍貫民族	職銜	出身	人物	八旗歸屬籍貫民族	職銜	出身				
											未可定。焉得復有三千餘賊。圍逼省城。此或賊人所過地方。脅迫良民為之先驅。將來執訊時不可不分別辦理。此皆阿桂 。和珅 到省時。應行留心酌辦之事。著即先行傳諭。令其存記。遵照妥辦。			
159	高宗乾隆46年4月9日	1781.05.02	勒爾謹、(鈕祜祿)仁和	滿洲鑲黃旗	陝甘總督(乾隆41-46年)、甘肅提督(乾隆44-46年)	(仁和)親軍	乾隆		皇帝		陝甘總督勒爾謹。甘肅提督仁和奏。逆回蘇四十三等。由河州山僻小路。潛至省城附郭一帶。放火搶奪。因官弁兵丁防守嚴密。退占離省數里之山梁。形勢甚為險峻。必須四面圍勦。所調各路官兵。計三四日已可齊集。惟有悉心籌酌。以期一鼓殲擒。得旨此時賊匪既經占據山梁。必當厚集兵力。同時併進。迅就殲擒。方為妥善。勒爾謹等所稱。三四日內。各路調兵到齊會勦。自應如此辦理。所有伍彌泰 。馬彪。帶往之西安滿漢官兵。此時諒亦全到。如已能將逆匪勦洗淨盡。固屬甚善。否則將留駐西安聽調之京兵一千五百名。徑令直抵甘肅。會同圍勦。則聲勢更大。尤可一鼓成擒。再本日和珅 奏到途次檄令伍彌泰 等先行籌辦一摺。目今光景。辦理似為較易。但和珅 此時仍須迅速前往。會同辦理。即阿桂 亦仍著前往督辦。不必即回京。畢沅 在西安。得信較近。京兵到陝時。如甘省尚未蕆事。即令速往。再現在所獲人犯。及陸續擒獲者。應嚴密押解省城。	回民叛亂、軍事、指示官員如何平叛、處置犯人		

序號	時間	時間	提出者／奏議者／復議者				接收者／回應者				內容提要	類別、關鍵詞	關聯條目與事件	問題
	(中曆)	(西曆)	人物	八旗歸屬籍貫民族	職銜	出身	人物	八旗歸屬籍貫民族	職銜	出身				
											監禁審訊。俟阿桂 和珅 到彼覆審後。將首夥要犯。嚴加鎖鐐。派委乾清門巴圖魯侍衛等。押赴熱河。照從前拏獲王倫案內逆犯辦理。俾衆共知儆戒。至馬明心一犯。據王廷贊奏稱本係安定回民。則此案中。必有民人中素常為匪者。為之主謀煽惑並著阿桂 。和珅勒爾謹等確實嚴查覆奏。			
160	高宗乾隆46年5月5日	1781.05.27	阿桂、(鈕祜祿)和珅	滿洲正紅旗	阿桂：欽差大學士公(武英殿大學士，乾隆42年-嘉慶2年，清代職官資料庫數據)、軍機大臣(乾隆41年-嘉慶2年，清代職官資料庫數據)、翰林院掌院學士(兼)(乾隆45-57年)、兵部尚書	文生員	乾隆		皇帝		欽差大學士公阿桂 。尚書和珅奏。撒拉爾回民。分為十二工。每工各有掌教。韓哈濟。係總掌教。乾隆二十六年。與賀麻六乎同在章哈寺念經不和。賀麻六乎另造禮拜寺三座。韓哈濟稟知循化廳。斷令仍歸一處。賀麻六乎轉以韓哈濟串通馬國寶斂錢惑衆。誘人入教等情。赴臬司控告而韓哈濟。又訴稱二十七年。馬明心夥同楊回子。潛入撒拉爾。與賀麻六乎馬索南。韓哈勺等。妄言禍福。煽惑愚民。經地方官訪明。將馬明心等。逐出撒拉爾。詎賀麻六乎等。又在章哈寺牆壁畫門為圖。妖言顯聖。搖頭念經跳舞等因。在臬司衙門具呈。嗣經審明誣告。照例擬罪。并議該犯等教既有異同。飭令撒拉爾十二工。各舉一人充當掌教。其新寺三座。分開禮拜。以杜爭端。咨部完結。此新教流傳。與舊教互相仇殺緣由也。至蘇四十三即係賀麻六乎一黨。撒拉	宗教(邪教)、回人罪案、處置犯人		阿桂有許多官職在人物傳記資料庫中雖有明確開始擔任時間，但卻無明確的結束擔任時間。而阿桂和和珅有關軍機大臣的擔任時間的數據來源皆為清代職官資料庫。

序號	時間	時間	提出者／奏議者／復議者				接收者／回應者				內容提要	類別、關鍵詞	關聯條目與事件	問題
	(中曆)	(西曆)	人物	八旗歸屬籍貫民族	職銜	出身	人物	八旗歸屬籍貫民族	職銜	出身				
					(署)(乾隆 43-嘉慶 1 年)和珅：軍機大臣(乾隆 41 年-嘉慶 4 年，清代職官資料庫數據)、戶部尚書(乾隆 45-49 年)						爾止此一種。多穿白褐。翦短鬚辮。營中並無此類食糧之人。其在循化河州。充當衙役者間或有之。本年三月內。舊教 回民韓哈拉勿等。以蘇四十三請來安定教師馬明心。韓二個等。另立新教。因伊叔韓哈戶長不從。互相仇殺共殺老教四十餘人等情。在總督衙門控告。當派知府楊士璣。副將新柱。前往查拏。蘇四十三約會新教之人。帶鳥鎗器械。將楊士璣。新柱。戕害。其時勒爾謹審出馬明心傳教滋事。飭安定縣黃道煚。將馬明心拏獲解省。此蘇四十三起釁滋事情形也。查馬明心。於二十七年逐回原籍後。潛來撒拉爾傳經惑衆。地方官並不查究。致釀事端。至兩教互相仇殺之後。舊教至省控告時。勒爾謹並不查明強弱衆寡情形。即派副將帶兵前往。激而生變。實勒爾謹辦理不善所致。再現獲逆犯馬復才。據供洪濟橋。唐家川。六處回子。均係馬明心新教徒弟。為蘇四十三扎筏渡河。及蘇四十三分遣賊匪。往安定會寧一帶求救。現在盤獲奸細馬應高。供亦相同。均已分遣弁兵。各處防範得旨。此案起釁釀毒已久若勒爾謹早為嚴切辦理。何致構成事端。乃伊竟毫無措置。以致誤事不小。實斷不可復留。至新教逆回如此肆擾。實為罪大惡極。不可不			

序號	時間	時間	提出者／奏議者／復議者				接收者／回應者				內容提要	類別、關鍵詞	關聯條目與事件	問題
	(中曆)	(西曆)	人物	八旗歸屬籍貫民族	職銜	出身	人物	八旗歸屬籍貫民族	職銜	出身				
											嚴斷根株如所稱洪濟橋。唐家川六處回子。素與馬明心蘇四十三潛通。且扎筏渡賊匪過河。尤為罪不容誅。此事應於勦賊事平後。趁兵威嚴整之時。痛加懲治。以儆兇頑不可姑息了事。此皆阿桂 在彼應督辦之事。其餘地方善後各事宜。不妨交李侍堯 辦理。其拏獲之馬復才等。及從前已獲各犯。即派員先行解京。至朕為此次逆匪之案。日夜焦勞籌計於數千里外。阿桂 須仰體朕懷。悉心督辦。隨時奏聞。以慰廑念。			
161	高宗乾隆46年5月7日	1781.05.29	乾隆		皇帝		李侍堯、各省督撫		陝甘總督(署)(乾隆46-47年)、兼署兵部侍郎(千年龍46年-？)。注，李於乾隆45-46年因貪污被革職。其後在乾隆46年4月2日被正式免罪，《清實錄》該日記載：李		又諭。本年安南國貢使到京。著派禮部堂官一人。帶往熱河瞻覲後。遣令回國。革回民掌教名目。諭。昨阿桂 等奏。查明甘肅逆回新舊教起釁仇殺緣由一摺。此等逆回在該處煽惑愚人。妄言禍福。甚至設立掌教。及總掌教之名。以致無知回民。被其愚惑入教。指揮聽令。現在逆回蘇四十三等。即其餘黨。竟敢率眾抗拒官兵。總由當日養癰貽患而致。著李侍堯於辦理撒拉爾善後事宜內。將總掌教名目。不動聲色。令其裁去。並各省有無似此等回教名目者。亦各一體妥為裁革。至韓哈濟與賀麻六乎等。爭教互訐。非尋常案犯可比。自當據實奏聞。按律嚴辦。以示懲儆。乃當日該督撫。僅以咨部完結。刑部亦照咨率覆。或入於彙奏。朕實不知均屬錯	外交、朝貢、安南、回人罪案、宗教(邪教)、處置犯人、法律、宗教叛亂	蘇四十三之亂後續處理。蘇四十三之亂簡介揭露了甘肅捐監冒賑案。此案亦乃清代最大的集體貪污案。此外，在平定叛亂過程中，阿桂不滿和珅延誤軍機在事後聯同多人上	李侍堯具體擔任的官職經過考證後勉強可以給出合理推論。

序號	時間	時間	提出者／奏議者／復議者				接收者／回應者				內容提要	類別、關鍵詞	關聯條目與事件	問題
	(中曆)	(西曆)	人物	八旗歸屬籍貫民族	職銜	出身	人物	八旗歸屬籍貫民族	職銜	出身				
									侍堯著加恩免罪。賞給三品頂戴。並賞戴花翎。之後，時任陝西總督勒爾謹因平定蘇四十三之亂不力，被乾隆帝革職。《清實錄》乾隆46年4月27日部分記載乾隆帝怒斥：朕初意本以逆匪滋事時轉不便輕易地方大吏今勒爾謹如此辦理錯謬其罪甚大難以姑容著阿桂和珅傳旨將勒		誤。嗣後各省督撫。遇有此等邪教爭控聚眾念經之案。即應親提案犯嚴審。從重究擬。據實具奏。以淨根株。不得顢頇了事。率行咨部完結。致復蔓延滋事。刑部堂官。遇有此等外省咨結之案。亦即據實特奏。從重定擬。不得咨覆完案。至邪教案內。凡有發遣之犯。不得發往奉天吉林。及新疆等處。將邪教復行煽惑。民人被其愚誘。將此傳諭李侍堯 。及各省督撫。一體遵照。		書請求乾隆帝禁止和珅再度領兵。而和珅在知道阿桂帶頭攻擊他後與阿桂結下不解之恨。	

序號	時間（中曆）	時間（西曆）	提出者／奏議者／復議者				接收者／回應者				內容提要	類別、關鍵詞	關聯條目與事件	問題
			人物	八旗歸屬籍貫民族	職銜	出身	人物	八旗歸屬籍貫民族	職銜	出身				
									爾謹革職拏交刑部治罪并派妥幹章京押解送部目。而平亂過程中乾隆帝認為反而是李侍堯負責在背後處理了許多事務，因此決定讓他擔任陝甘總督。同日的《清實錄》記載：今即擒勦賊匪淨盡而善後之事正資料理因思李侍堯雖以簠簋不飭獲罪而其才實能理繁治劇陝甘總督員缺。著					

序號	時間	時間	提出者／奏議者／復議者				接收者／回應者				內容提要	類別、關鍵詞	關聯條目與事件	問題
	(中曆)	(西曆)	人物	八旗歸屬籍貫民族	職銜	出身	人物	八旗歸屬籍貫民族	職銜	出身				
									李侍堯以三品頂帶馳驛前往管理。李侍堯未到之先著阿桂暫行兼管。此朕用人苦衷。中外宜共諒之。除此之外，在同年4月20日的《清實錄》記載當中，發現乾隆也命他署理兵部侍郎的事務：又諭曰胡高望現在出差工部侍郎。著曹文埴署理。仍兼署戶部侍郎其曹文埴之					

序號	時間	時間	提出者／奏議者／復議者				接收者／回應者				內容提要	類別、關鍵詞	關聯條目與事件	問題
	(中曆)	(西曆)	人物	八旗歸屬籍貫民族	職銜	出身	人物	八旗歸屬籍貫民族	職銜	出身				
									兵部侍郎事務。著李侍堯署理。但人物傳記資料庫沒有記載他有擔任兼署兵部侍郎。不僅如此，在乾隆46年4月2日有有這一段記載。該條目先記載道：農起。著賞戴花翎馳驛前赴甘肅。辦理軍需。然後又記載:又諭。現在甘省事務紛繫。急需大臣協同料理。而軍需出					

序號	時間	時間	提出者／奏議者／復議者				接收者／回應者				內容提要	類別、關鍵詞	關聯條目與事件	問題
	(中曆)	(西曆)	人物	八旗歸屬籍貫民族	職銜	出身	人物	八旗歸屬籍貫民族	職銜	出身				
									入。尤關緊要因思李侍堯前經獲罪。但其才識可用。此時需人之際。不能復拘常格。已傳旨免其前罪。賞給三品頂戴花翎。令前往甘肅。由此可見，李侍堯在46年4月內背負了三項職務。但負責甘肅軍需的相關官職是沒有明確記載的。而擔任兵部侍郎和陝西總督則					

序號	時間 (中曆)	時間 (西曆)	提出者／奏議者／復議者 人物	八旗歸屬籍貫民族	職銜	出身	接收者／回應者 人物	八旗歸屬籍貫民族	職銜	出身	內容提要	類別、關鍵詞	關聯條目與事件	問題
									有明確記載。					
162	高宗乾隆46年5月11日	1781.06.02	乾隆		皇帝		軍機大臣、阿桂、李侍堯		阿桂：武英殿大學士(乾隆42年-嘉慶2年，清代職官資料庫數據)、軍機大臣(乾隆41年-嘉慶2年，清代職官資料庫數據)、翰林院掌院學士(兼)(乾隆45-57年)、兵部尚書(署)(乾隆43-嘉慶1年) 李侍堯：陝甘總督(乾隆47-49年)		癸未。諭軍機大臣。現在賊勢日益窮蹙。又屢經官兵四面圍勦。自斷不能復出搶掠。即從前所掠糧食較多。而困守山梁日久。人畜必漸皆乏食。所謂釜底游魂計日待斃此時轉須計出萬全。不宜輕率舉動稍傷兵力惟賊人自知窮迫難支。不甘就死或。於黑夜中乘間分竄。此則不可不實力嚴防。著傳諭阿桂 。於派員安兵各隘口。務須晝夜嚴密巡查。毋使一賊得以逃竄。至昨日奏到摺內稱。山上並無水泉。我兵難以久駐等語。賊人所據之山。無水可汲官兵防守又嚴。賊更何從得飲。果如所言。則山下之水溝。我兵即應占守。既杜其飲汲之源。兼截其逸出之路。阿桂 久歷行間。於此等事最為嫻習。自應一一籌計及之也。至此案起釁滋事緣由。係安定縣回民馬明心。潛行往來撒拉爾地方。傳經惑衆。該犯以內地 回民。敢於如此肆逆。則該處必尚多匪回聚集。隨同入教者。必須查拏嚴辦。以淨根株。至撒拉爾地方。番回錯處是否循化廳同知。得有幹練之員。即足以資料理抑另須大員彈壓。再此次起事之始。因省城駐兵較少。以致不能即時撲滅將來事畢後甘省地方竟宜多添官兵數千時常操演平時	軍事、指示官員如何剿賊、回民叛亂、宗教(邪教)		

序號	時間 (中曆)	時間 (西曆)	提出者／奏議者／復議者 人物	八旗歸屬籍貫民族	職銜	出身	接收者／回應者 人物	八旗歸屬籍貫民族	職銜	出身	內容提要	類別、關鍵詞	關聯條目與事件	問題
											既足以資鎮壓。臨事更易以供調遣。較之有事後遠為派調徒費錢糧。不能濟急者。得失較然其應於何處添駐。并一切事宜并著阿桂 李侍堯於善後案內。一併妥議具奏。			
163	高宗乾隆46年5月13日	1781.06.04	乾隆、(費莫)綽克托	滿洲正紅旗	皇帝、鑲藍旗蒙古都統(乾隆44-49年)、工部尚書(乾隆44-49年)、參贊大臣(往烏什總理回城事務)(乾隆44-49年)						諭曰綽克托 等奏。遵旨賞給從前拏獲安集延回民所失馬匹什物之蘇勒通部落畢依尼沙緞匹。該畢依尼沙之母。現年一百八歲。遣其子至烏什謝恩。朕聞之。深為嘉獎。且現年百有八歲在外夷部落。似此有壽者尤少。著加恩賞給畢依尼沙之母大緞四匹。貂皮六張。綽克托 等接到時即差人送往蘇勒通部落賞給。俾其母子咸知感激朕恩。諸事奮勉。	藩部、封賞、乾隆對年長者的態度		
164	高宗乾隆46年5月18日	1781.06.09	乾隆、和珅		皇帝、軍機大臣(乾隆41年-嘉慶4年，清代職官資料庫數據)、戶部尚書(乾隆45-49年)		阿桂、李侍堯		阿桂：武英殿大學士(乾隆42年-嘉慶2年，清代職官資料庫數據)、軍機大臣(乾隆41年-嘉慶2		庚寅。諭軍機大臣曰和珅奏。唐家川等六處回民。難以千數兵力分勦。俟勦賊完竣。於甘涼兵丁徹回之便。順路勦洗。至安定。會寧一帶俱已派兵彈壓。各處 回民尚皆安靜。馬復才等一面之詞。未必非搖惑人心之計。是以且不露端倪等語。唐家川等處逆回。人數不少。此時未便即行分勦。所慮亦是至安定。會寧等處 回民。現在尚皆安靜。或竟係賊匪令馬復才等。假揑供詞。以為	回民叛亂、軍事、宗教、邪教		

序號	時間	時間	提出者／奏議者／復議者				接收者／回應者				內容提要	類別、關鍵詞	關聯條目與事件	問題
	(中曆)	(西曆)	人物	八旗歸屬籍貫民族	職銜	出身	人物	八旗歸屬籍貫民族	職銜	出身				
									年，清代職官資料庫數據)、翰林院掌院學士(兼)(乾隆45-57年)、兵部尚書(署)(乾隆43-嘉慶1年) 李侍堯：陝甘總督(署)(乾隆46-47年)。		搖惑人心之計。亦未可知。但既有此供。不可不嚴加防範。且舊教新教。雜居一處。究屬非妥。此次起釁之由。即因新舊教爭殺而起。況新教即係邪教。著傳諭阿桂 。李侍堯 。務須熟籌妥計。將新教一類。使之不留餘跡。以期永不滋事。			
165	高宗乾隆46年5月21日	1781.06.12	乾隆、軍機大臣、阿桂		皇帝、武英殿大學士(乾隆42年-嘉慶2年，清代職官資料庫數據)、軍機大臣(乾隆41年-嘉慶2年，清代職官資料庫數據)、		阿桂 、李侍堯		阿桂：武英殿大學士(乾隆42年-嘉慶2年，清代職官資料庫數據)、軍機大臣(乾隆41年-嘉慶2年，清代職官資料庫數據)、		癸巳諭軍機大臣曰。阿桂奏。十三日派兵誘賊出拒。賊仍藏匿不出。擬俟屯練兵到。添派兩路進兵。一舉殲滅等因。用兵機宜。設卡安營。自應與賊逼近。聲勢方能聯絡。今賊匪在城西。而大營轉遠在城東。中隔一城。安能遙為照應。今詳閱奏進圖說。方得洞悉形勢。從前城東安營之處。究屬錯誤。阿桂 到後。住居城內轉覺與賊相近。且可安城中百姓之心。而前此伍彌泰 。馬彪等之安營錯誤。阿桂 自必見及。亦因成事不說耳。至為賊紮栰過渡之犯。及蘭州西南兩關廂。並河州回	回民叛亂、軍事、指示官員如何平叛、處置犯人、宗教、邪教		

序號	時間 (中曆)	時間 (西曆)	提出者／奏議者／復議者 人物	提出者／奏議者／復議者 八旗歸屬籍貫民族	提出者／奏議者／復議者 職銜	提出者／奏議者／復議者 出身	接收者／回應者 人物	接收者／回應者 八旗歸屬籍貫民族	接收者／回應者 職銜	接收者／回應者 出身	內容提要	類別、關鍵詞	關聯條目與事件	問題
					翰林院掌院學士(兼)(乾隆45-57年)、兵部尚書(署)(乾隆43-嘉慶1年)				翰林院掌院學士(兼)(乾隆45-57年)、兵部尚書(署)(乾隆43-嘉慶1年)李侍堯：陝甘總督(署)(乾隆46-47年		民從逆者。均屬亂民。當概行勦洗。馬明心家屬例應緣坐者。亦當即行查辦。毋使兔脫。至解京賊匪除現行起解外。止須將蘇四十三。及黨惡要犯數人解送。其餘即於該處正法。以免疏虞。至此案辦理關鍵現在總以幫扶舊教滅除新教為詞。明白曉諭。以安舊回衆之心。著阿桂 。李侍堯 。妥協經理。			
166	高宗乾隆46年閏5月1日	1781.06.22	乾隆、阿桂		皇帝、武英殿大學士(乾隆42年-嘉慶2年，清代職官資料庫數據)、軍機大臣(乾隆41年-嘉慶2年，清代職官資料庫數據)、翰林院掌院學士(兼)(乾						又諭曰。阿桂等奏到各摺。賊匪情勢日見窮蹙。屯練兵到齊後。自可剋期勦滅。但兵丁跋涉遠來。應休息數日。以期一舉集事。至蘇四十三事急北走之語。恐係故為揚言。以為向西奔竄之計。蓋回人向以西方為正面。猶內地之以南方為正。前閱和珅 所攜之圖。賊營向西一帶。亂山叢雜。路徑甚多。阿桂 等務宜加意防守。實力堵禦。勿使一人乘間兔脫。方為妥善。至所稱馬明心正法後。安定一帶回民。安堵如常。並無蠢動形跡。所奏固是。但馬明心拏獲解送時。蘇四十三尚未攻圍蘭州。該處 回民。自不敢遽行蠢動。及馬明心正法後。官兵即陸續雲集。馬明心家屬黨羽。即使	回民叛亂、軍事、宗教、邪教、指示官員如何平叛		

序號	時間	時間	提出者／奏議者／復議者				接收者／回應者				內容提要	類別、關鍵詞	關聯條目與事件	問題
	(中曆)	(西曆)	人物	八旗歸屬籍貫民族	職銜	出身	人物	八旗歸屬籍貫民族	職銜	出身				
					隆45-57年)、兵部尚書(署)(乾隆43-嘉慶1年)						得信。亦未敢肆行不法。然馬明心究係傳教首犯。該處一帶 回民。平日素與交結者。不可不留心訪察辦理。至其家屬應緣坐者。尤應嚴行查辦。務使根株悉絕。不可存姑息完事之見。又據奏。甘肅新舊教 回民雜處之各州縣。不下數十處。統俟事竣後。立法查辦。革去名目等語。亦祇可如此辦理。但如唐家川。洪濟橋等處。從逆 回民。則勦洗不可不盡。斷勿稍存姑息。以致養癰貽患。			
167	高宗乾隆46年閏5月8日	1781.06.29	乾隆、國泰、袁守侗	山東省-濟南府-長山縣	皇帝、山東巡撫(乾隆42-47年)、直隸總督(乾隆44-46年)	乾隆14年舉人	各總督巡撫				又諭。前以甘省番回。有掌教及總掌教之名。恐易惑眾滋事。因傳諭各督撫留心查革。茲據國泰奏稱。東省回民。與土著民人比閭而居。實屬安靜。並無滋事之人。亦無掌教及總掌教之名。但念經祈福。即為惑衆之漸。嗣後遇有爭控邪教聚衆念經之案。即親提審辦。其田土錢債爭控細故。亦令赴地方官控理等語。本日又詢據袁守侗奏稱。直隸通州。滄州天津等處 回民較多。尚皆安靜。惟其傳經之人。稱為師父等語。 回民念經祈福。是其習俗相安已久。若概行禁止恐地方官奉行不善。或致騷擾。激成事端。若有名無實。虛應故事。又屬無益。何必為此。惟其中有借傳經為煽播邪教者。則不可不實力嚴查。親提審辦。至直隸 回民念經之人。稱為	宗教、邪教		

序號	時間	時間	提出者／奏議者／復議者				接收者／回應者				內容提要	類別、關鍵詞	關聯條目與事件	問題
	(中曆)	(西曆)	人物	八旗歸屬籍貫民族	職銜	出身	人物	八旗歸屬籍貫民族	職銜	出身				
											師父。雖亦如師徒俗稱。但究不若并其名而去之。向來地方官。平日於此等事。並不留心查察。及奉有諭旨。又未免辦理過當。不能深喻朕意。徒滋胥役得錢放免。著再傳諭各督撫。務須不動聲色。留心妥協查辦。毋致吏胥人等藉端滋擾。及蹈虛文塞責之習。			
168	高宗乾隆46年閏5月12日	1781.07.03	乾隆		皇帝						又諭。前已屢次傳諭阿桂 。以賊營迤西一帶。山逕叢雜。小路甚多尤須留心防範。即或伊勢窮計蹙。竟爾自焚自戕。必當檢驗屍身。確有憑據。方為完事。此尤辦理之最要者。馬明心之家屬黨羽。自當按名查拏。嚴行辦理。其伏羌縣為馬明心斂銀之回民。如果查明屬實。亦必須一併嚴辦。不可稍事姑息。阿桂 。李侍堯 。務須妥協經理。以期永靖邊陲。	軍事、處置犯人		
169	高宗乾隆46年6月22日	1781.08.11	乾隆、阿桂		皇帝、武英殿大學士(乾隆42年-嘉慶2年，清代職官資料庫數據)、軍機大臣(乾隆41年-嘉慶2						癸巳。諭。據阿桂 等奏。本月十五日。令海蘭察 。明亮。率同乾清門侍衛。并侍衛章京等。帶領奮勇官兵。屯練降番。及阿拉善兵。豫備埋伏。令海祿 等帶兵策應。舒亮等各由本卡進攻。乘密雨時。出賊不意。將板綑土袋。拋入賊壕。我兵勇氣百倍。哈當阿。帶領降番。首先跳入壕內。與賊攪殺。並用撓鉤鉤開土袋板片。一面拋擲火彈。一面踴身而上。勦殺賊眾。占得賊卡	軍事、封賞士兵、處置犯人、懲戒官員		

序號	時間	時間	提出者／奏議者／復議者				接收者／回應者				內容提要	類別、關鍵詞	關聯條目與事件	問題
	(中曆)	(西曆)	人物	八旗歸屬籍貫民族	職銜	出身	人物	八旗歸屬籍貫民族	職銜	出身				
					年，清代職官資料庫數據)、翰林院掌院學士(兼)(乾隆 45-57 年)、兵部尚書(署)(乾隆 43-嘉慶 1 年)						賊壕。俱經拆毀填滿。海蘭察　。明亮又督率官兵。遠則鎗箭齊發。近則短兵相接。各路官兵。咸懷振奮。分占𨁈上賊卡。海蘭察　。明亮。又拏立木柵。帶兵撲入賊營。痛加勦殺。抛射火箭火牌。將帳房板屋。盡行燒毀。奪獲賊人刀矛鳥鎗無算。賊匪退回華林寺死守。海蘭察　。明亮。又逼拏木柵。賊人被我兵鎗箭擊死甚多。除被賊搶去屍身未經割獲首級外。共割得賊人首級一百二十餘顆。並首逆蘇四十三。黨惡韓一提巴拉。周阿渾。張懷德。馬黑提卜等首級。此外被官兵殺死及帶傷者三百餘人。現止二百餘人。退回華林寺死守。均不過殘敗賊黨。數日內即可勦戮淨盡等語。此次圍勦賊巢。海蘭察　。明亮。屢次率衆爭先。攻奪賊卡。殲戮甚多。實屬首先奮勇出力。並哈當阿。著交部從優議敘。其餘在事出力之大小各員弁。著阿桂　等查明。分別等第。一體咨部議敘。其陣亡之三等侍衛吉爾坦保。著交部照例給與卹典。拜唐阿塔克達那。並著加恩。照藍翎侍衛例議卹。此外受傷各員弁。及陣亡被傷之官兵等。均著阿桂　等查明。照例給與優卹。至此次川省降番。尤為鼓勇先登內受傷者。著阿桂　先行賞賚。其餘一槪再行賞給一月錢糧。以示獎勵。其首逆蘇四			

序號	時間	時間	提出者／奏議者／復議者				接收者／回應者				內容提要	類別、關鍵詞	關聯條目與事件	問題
	(中曆)	(西曆)	人物	八旗歸屬籍貫民族	職銜	出身	人物	八旗歸屬籍貫民族	職銜	出身				
											十三首級。並著傳示各省俾回民等各知儆戒。再阿桂 等奏此次官兵殺死逆黨阿渾五人內。查出海朝宗一犯。係四月中旬。伍彌泰 。仁和。馬彪。公同商酌。遣赴賊營曉示。解散黨羽。被賊留住。即稱阿渾。與首逆同坐議事。據實參奏等語。伍彌泰 等。身任將軍提督。均有奏事之責。既經遣人赴賊營曉諭。又復被留未回。何以並未陳奏。直待阿桂 等查出。甚屬錯謬。伍彌泰 。仁和。馬彪。俱著交部嚴加議處。			
170	高宗乾隆46年6月22日	1781.08.11	乾隆		皇帝		軍機大臣、阿桂		武英殿大學士(乾隆42年-嘉慶2年，清代職官資料庫數據)、軍機大臣(乾隆41年-嘉慶2年，清代職官資料庫數據)、翰林院掌院學士(兼)(乾隆45-57年)、兵部尚書		諭軍機大臣。此時餘黨無多。且要犯首犯。已皆殲斃。所餘不過敗殘賊衆。何以尚然如此死守。實不可解。但不值復煩我官兵用力攻勦。止須圍守嚴密。或待其饑渴自斃。便可乘機擒捕。惟在掃除淨盡。不致漏網為要。至蘇四十三。雖已不能生擒檻送。盡法處治。以快人心。但其黨惡要犯中。尚有韓黑提卜。馬作南。二犯。均係頭人。如能設法生擒。解京審辦。亦可根究賊人起事的確實情。盡法處治。至蘇四十三首級。當照康熙年間。辦理噶爾丹之例。傳示各省 回民居住地方。每處懸示數日。使之共知儆戒。再此時勦捕餘賊。自屬易辦之事。所有由京派往之海蘭察 。額森特 。及侍衛官員等。著阿桂 酌量。如將來辦理餘黨。尚須伊等帶兵。則仍	軍事、平定叛亂、處置犯人		

序號	時間	時間	提出者／奏議者／復議者				接收者／回應者				內容提要	類別、關鍵詞	關聯條目與事件	問題
	(中曆)	(西曆)	人物	八旗歸屬籍貫民族	職銜	出身	人物	八旗歸屬籍貫民族	職銜	出身				
									(署)(乾隆 43-嘉慶 1 年)		行暫留。倘已無需多員。或就其中酌令陸續先行回京。並傳諭伊等到京後。准其在家休息。俟八月初。再赴熱河。以示優卹。			
171	高宗乾隆46年7月12日	1781.08.30	乾隆、阿桂、李侍堯		乾隆：皇帝 阿桂：欽差大學士(武英殿大學士,乾隆 42年-嘉慶2年，清代職官資料庫數據)、軍機大臣(乾隆 41年-嘉慶2年，清代職官資料庫數據)、翰林院掌院學士(兼)(乾隆45-57年)、兵部尚書(署)(乾隆43-嘉慶1年) 李侍堯：		軍機大臣、阿桂		欽差大學士(武英殿大學士,乾隆 42 年-嘉慶 2 年，清代職官資料庫數據)、軍機大臣(乾隆 41 年-嘉慶 2 年，清代職官資料庫數據)、翰林院掌院學士(兼)(乾隆 45-57 年)、兵部尚書(署)(乾隆 43-嘉慶 1 年)		欽差大學士公阿桂 。署理陝甘總督李侍堯奏。本月初五日。臣等帶兵。直至華林寺牆邊攻撲。賊抵死抗拒。午後。退竄寺屋。及圍牆內藏匿。我兵用樹枝等物焚燒寺基。酉刻。屋簷坍倒。打死焚斃之賊甚多。餘俱竄至後牆。及兩廂牆圈內。用鎗石抵禦。時已黑夜。暫將官兵徹回。初六日卯刻。我兵撲至寺後。緣牆而上。向下放鎗擲石。斃賊殆盡。有賊百餘。從西邊滾下直磡。我兵追至平坦處。並有在外豫備堵截官兵。一時奮勇。將賊重重圍裹。擒殺淨盡。無一名漏網。又奏。安定縣逆犯馬明心家屬。並伏羌縣為伊斂銀之新教阿渾。與各犯家口。已派按察使福寧。前往查拏。解省審辦。又奏。蘇四十三。韓一提巴拉。二犯家屬。業經正法。現在省城。暨河州循化等處逆犯婦女幼孩。應分別發遣。又奏。逆犯馬明心。刱教起釁。實係禍首罪魁。現已刨出屍身。應照蘇四十三例。將首級傳交各省回民地方懸示。諭軍機大臣曰。此次勦捕逆回。雖因其死守抗拒。遲至三月有餘。始行殲滅。然使賊於一月前衝突而逃。勦捕正自	軍事、平定叛亂、處置犯人、搜查回民		

序號	時間(中曆)	時間(西曆)	提出者／奏議者／復議者 人物	八旗歸屬籍貫民族	職銜	出身	接收者／回應者 人物	八旗歸屬籍貫民族	職銜	出身	內容提要	類別、關鍵詞	關聯條目與事件	問題
					署理陝甘總督(乾隆46-47年)						費力。今乃占聚華林山寺。俾官兵得以全數殲擒。竟無一名漏網。仰賴上天嘉祐。朕愉快之餘。惟益深虔畏耳。至阿桂 等。所稱馬明心家屬徒弟。并伏羌縣歛銀之新教阿渾。與各逆黨家屬。已委按察使福寧。前往查辦等語。所奏甚是。此等。從逆 回民。露有形跡證據者。必須全行搜查。不可稍存將就了事之見。至省城及循化河州等處。監禁逆犯之婦女幼孩。人數甚多。著阿桂 等查明。將應發煙瘴者。即行分別發遣。毋令久稽監獄。			
172	高宗乾隆46年7月30日	1781.09.17	乾隆、畢沅	江蘇省-蘇州府-鎮洋縣	皇帝、陝西巡撫(署)(乾隆45-48年)	乾隆22年順天鄉試舉人；乾隆25年一甲第一名進士	各總督巡撫				又諭。據畢沅 奏。查禮拜寺中規例。於過往回民。不論識認與否。皆收留居住。最易滋弊。現經傳集西安各寺回衆。再三開導。嗣後過往投止回人。倘見形跡可疑。即密稟地方官查究。並飭各屬概行出示曉諭等語。所辦好。已於摺內批示矣。回衆散處各省。良莠不一。無藉之徒。恃有禮拜寺收留居住。遂致四出遊蕩。安保無潛結為匪之事。畢沅 妥為飭禁。不動聲色。令 回民安然樂從。是即不禁自禁之法。辦理頗為合宜。著將畢沅 摺奏。鈔寄各督撫等。照畢沅 所辦。督率屬員。明切曉諭。毋任胥役等紛紛查訪。致滋事端。將此各傳諭知之。並著隨時具奏。	監控回民、安置回民、治安		找不到畢沅的正職。

序號	時間	時間	提出者／奏議者／復議者				接收者／回應者				內容提要	類別、關鍵詞	關聯條目與事件	問題
	(中曆)	(西曆)	人物	八旗歸屬籍貫民族	職銜	出身	人物	八旗歸屬籍貫民族	職銜	出身				
173	高宗乾隆46年8月27日	1781.10.14	乾隆、(瓜爾佳)復興	滿洲鑲黃旗	皇帝、葉爾羌辦事大臣(乾隆42-47年)、理藩院右侍郎(乾隆43-46年)、鑲藍旗滿洲副都統(乾隆46年-?)。注：根據《清實錄》乾隆46年3月22日的記載，可以得知復興在該日起從正藍旗漢軍副都統調任為鑲藍旗滿洲副都統。其後，在《清實錄》乾隆46年11月19日的記載		綽克托、復興		綽克托：鑲藍旗蒙古都統(乾隆44-49年)、工部尚書(乾隆44-49年)、參贊大臣(往烏什總理回城事務)(乾隆45-49年) 復興：葉爾羌辦事大臣(乾隆42-47年)、理藩院右侍郎(乾隆43-46年)、鑲藍旗滿洲副都統(乾隆46年-?)。注：根據《清實錄》乾隆46年3月22日的		又諭。據復興奏。德風控告烏什哈達。收受阿奇木伯克邁達雅爾綢緞皮張。交年班伯克運寄回京。并縱容家奴。暨筆帖式等。姦宿回婦。又烏什哈達控告德風。借修萬壽宮之名。多派回民。修理衙署。兼於回人私藏玉石之案。詐贓至二三千兩之多。并剋扣官兵鹽菜銀兩等款。朕披閱之下。不勝駭異。烏什哈達。謀利營私。不能約束下人。獲咎固重。至德風。乃朕棄瑕錄用之人。且係尚書德保之弟。闔家受恩深重。如此肆無忌憚。其罪不更浮於烏什哈達耶。著傳諭綽克托。復興。秉公審辦。毋得偏袒。致干嚴譴。	官員犯罪、法律、皇帝對官員犯罪的態度		

序號	時間	時間	提出者／奏議者／復議者				接收者／回應者				內容提要	類別、關鍵詞	關聯條目與事件	問題
	(中曆)	(西曆)	人物	八旗歸屬籍貫民族	職銜	出身	人物	八旗歸屬籍貫民族	職銜	出身				
					也可得知從該日起復興才由理藩院右侍郎調任都察院左都御史。				記載，可以得知復興在該日起從正藍旗漢軍副都統調任為鑲藍旗滿洲副都統。其後，在《清實錄》乾隆46年11月19日的記載也可得知從該日起復興才由理藩院右侍郎調任都察院左都御史。					
174	高宗乾隆46年9月29日	1781.11.14	軍機大臣、阿桂、李侍堯		阿桂：欽差大學士(武英殿大學士，乾隆42年-嘉慶2年，清代職官資料庫數據)、軍機		乾隆		皇帝		軍機大臣等議覆。欽差大學士公阿桂 。署理陝甘總督李侍堯 奏稱。辦理蘭州軍務善後各事宜。一。礮位宜添製分貯也。甘省礮位。銹炸者多。應派委員。赴各營堡勘驗。將堪用者。分貯督撫提鎮駐箚各城。餘悉銷燬。添製大神威劈山等礮。按照兵丁二百名給礮一尊之數酌製。一。回民新教。宜嚴禁除也。新教之禮拜寺。毀後不許復建。并	軍事、宗教、監控回民、安置回民、法律、商貿		

序號	時間 (中曆)	時間 (西曆)	提出者／奏議者／復議者 人物	八旗歸屬籍貫民族	職銜	出身	接收者／回應者 人物	八旗歸屬籍貫民族	職銜	出身	內容提要	類別、關鍵詞	關聯條目與事件	問題
					大臣(乾隆41年-嘉慶2年，清代職官資料庫數據)、翰林院掌院學士(兼)(乾隆45-57年)、兵部尚書(署)(乾隆43-嘉慶1年)李侍堯：署理陝甘總督(乾隆46-47年)						不得妄稱阿渾名目。及收留外來回人。復選老成 回民。充當鄉約。勸誡稽查。年終。將實無新教之處。聯名具結咨部。一。撒拉爾回人。宜嚴稽察也。該土司回人。散處十二工。其貿易城鎮者。令循化廳同知。給票稽覈。并嚴飭充當兵役之禁。如有濫准承充者。參處本官。仍禁內地遊匪潛往煽惑。一。回犯發遣。宜定章程也。內地 回民。向有番地習經之禁。若將新疆緣事者。發至內地。恐致誘惑生事。應即於各城互相安插。一。地方繁簡。宜酌改也。蘭州道地居省會。番回雜處。查察非易。應改部選中缺。為衝繁難兼三要缺。請旨簡放。循化廳同知。撫綏控馭。最為緊要。應改部選中缺。為疲繁難兼三要缺。在外題補。河州太子寺地方。向設州判。旋經裁汰。該處習俗黠悍。距州治又遠。應復舊制。設立州判分防。均應如所請。至私販硝磺。該省關係最重。其內地偷售者。應比照附近苗疆五百里內偷售例。計觔數分別軍流。與外地番回交易者。應比照商船夾帶出洋論斬例。從重科罪。從之。			
175	高宗乾隆46年10月18日	1781.12.03	乾隆		皇帝		軍機大臣、綽克托、復興		綽克托：鑲藍旗蒙古都統(乾隆44-		又諭。昨閱綽克托 。復興。審擬德風。烏什哈達互控一案。所辦究屬含混。德風非烏什哈達可比。德風係進士出身。由司員擢用侍郎。旋	懲戒官員、官員互控、法律、回民		

序號	時間	時間	提出者／奏議者／復議者				接收者／回應者				內容提要	類別、關鍵詞	關聯條目與事件	問題
	(中曆)	(西曆)	人物	八旗歸屬籍貫民族	職銜	出身	人物	八旗歸屬籍貫民族	職銜	出身				
									49年)、工部尚書(乾隆44-49年)、參贊大臣(往烏什總理回城事務)(乾隆45-49年)復興：葉爾羌辦事大臣(乾隆42-47年)、理藩院右侍郎(乾隆43-46年)、鑲藍旗滿洲副都統(乾隆46年-？)。注：根據《清實錄》乾隆46年3月22日的記載，可以得知復興在該日起從正藍		因私委知縣修理盛京官署革職。復經特恩賞給三品職銜。發往和闐効力贖罪。伊尚不自知已過。將回民偷賣玉石交出五百有餘騰格錢。私自那用。修理衙署等項。又因與烏什哈達不睦。挾嫌編造款蹟控告。綽克托　。復興。將德風擬絞。雖不為過甚。然其事尚不至如高樸私賣玉石肥己。即於該處正法示衆也。已降旨交軍機大臣議奏。但此事究係誰先起意。綽克托　。復興。摺內並未聲明。著速將前後根由查明。或係德風先控。烏什哈達先控之處。即行奏聞。	走私		

序號	時間	時間	提出者／奏議者／復議者				接收者／回應者				內容提要	類別、關鍵詞	關聯條目與事件	問題
	(中曆)	(西曆)	人物	八旗歸屬籍貫民族	職銜	出身	人物	八旗歸屬籍貫民族	職銜	出身				
									旗漢軍副都統調任為鑲藍旗滿洲副都統。其後，在《清實錄》乾隆46年11月19日的記載也可得知從該日起復興才由理藩院右侍郎調任都察院左都御史。					
176	高宗乾隆47年2月2日	1782.03.15	乾隆、此人應為(博爾濟吉特)福祿	蒙古鑲黃旗	皇帝、根據人名權威人物傳記資料庫記載，此時福祿擔任的官職為理藩院左侍郎(乾隆45-54年)、庫車辦事大臣(乾隆45-47						諭。據福祿奏。向來南路各回城駐劄辦事大臣。稽察回民。俱於年終自行具奏。請嗣後轉報烏什參贊大臣彙奏。所見尚是。著照所請行。因思伊犁等處。亦應如此辦理。嗣後伊犁所屬各城辦事大臣。亦著於年終申報伊犁將軍彙奏。	制度變化		福祿的具體擔任的確切官職有待查證。因從《清實錄》當中無從判斷

序號	時間(中曆)	時間(西曆)	提出者／奏議者／復議者				接收者／回應者				內容提要	類別、關鍵詞	關聯條目與事件	問題
			人物	八旗歸屬籍貫民族	職銜	出身	人物	八旗歸屬籍貫民族	職銜	出身				
					年)、喀喇沙爾辦事大臣(乾隆 47-49年),具體擔任的確切官職有待查證。									
177	高宗乾隆47年4月30日	1782.06.10	伊勒圖		伊犁將軍(乾隆 38-50年)		乾隆		皇帝		伊犁將軍伊勒圖奏。伊犁地方。向無積穀。於屯田綠營兵三千名內。撥出五百名。充補各項匠役。並看守倉庫外。每年留二千五百名。屯田納糧。乾隆四十三年。經臣奏准。將三千換班單身綠營兵。改由內地出派三千攜眷綠營兵。常川駐防。伊等到伊犁時。照舊撥出五百名。充當雜差。餘二千五百名。仍令屯田。但伊犁地處極邊。此項兵丁。常川駐守。與換班兵丁不同。練習弓馬技藝。亦甚緊要。每年二月屯田。至十月收穫。雖乘時演習武備。亦不過塞責而已。查該處積穀。因連年成熟。現貯至五十餘萬石。伊犁每年共應放穀十六萬石。此項存貯之穀。足可備放三年有餘。而綠營兵民回民等。每年應交米穀十八萬餘石。除本年應放外。仍餘二萬餘石。歷年積貯太多。易致黴爛。且兵丁不能習練技藝。請於二千五百名屯田兵內。徹出一千。教演技藝。仍餘一千五百名屯田。每年一	屯田、軍事、皇帝重視綠營兵操練(重視訓練度)、封賞官員		

序號	時間(中曆)	時間(西曆)	提出者／奏議者／復議者 人物	八旗歸屬籍貫民族	職銜	出身	接收者／回應者 人物	八旗歸屬籍貫民族	職銜	出身	內容提要	類別、關鍵詞	關聯條目與事件	問題
											半差操。一半耕作。則駐防兵丁。既可使弓馬嫻熟。而屯田所穫之米。足供一年支放。雖遇歉收。亦敷接濟。得旨嘉獎。			
178	高宗乾隆47年6月3日	1782.07.12	乾隆、朱椿	江蘇省-松江府-婁縣	皇帝、廣西巡撫(乾隆46-48年)	監生	軍機大臣、朱椿、畢沅		廣西巡撫(乾隆46-48年)、(署)(乾隆45-48年)。		戊辰。諭軍機大臣等。據朱椿奏。盤查回民搜獲書籍。現在嚴辦一摺。內稱。據桂林府知府貴中孚稟報。盤獲廣東崖州 回民海富潤。有鈔錄回字經二十一本。又漢字天方至聖實錄年譜等書。現在逐一嚴訊。從重究擬等語。所辦殊屬過當。甘省蘇四十三。係回教中之新教。即邪教也。今已辦盡根株。至於舊教 回民。各省多有。而在陝西及北省居住者尤多。平日所誦經典。亦係相沿舊本。並非實有謗毀。顯為悖逆之語。且就朱椿現在簽出書內字句。大約俚鄙者多。不得竟指為狂悖。此等 回民愚蠢無知。各奉其教。若必繩繩繩以國法。將不勝其擾。況上年甘省逆回滋事。係新教與舊教相爭起衅。並不借經典為煽惑。朱椿獨未聞知乎。朕辦理庶政。不肯稍存成見。如果確有悖逆狂吠字跡。自當按律嚴懲。不少寬貸。若如此等回教書籍。附會其詞。苛求字句。甚非朕不為已甚之意。此事著即傳諭朱椿。並畢沅 等。竟可毋庸辦理。嗣後各省督撫。遇有似此鄙俚書籍。俱不必查辦。將此一併傳諭知之。	回民持有書籍、宗教、皇帝對回民持有宗教類書籍的態度、皇帝與官員在處理回民攜帶書籍一事上態度的不同、安撫回民、(朱椿嚴審回民案)		

序號	時間	時間	提出者／奏議者／復議者				接收者／回應者				內容提要	類別、關鍵詞	關聯條目與事件	問題
	(中曆)	(西曆)	人物	八旗歸屬籍貫民族	職銜	出身	人物	八旗歸屬籍貫民族	職銜	出身				
179	高宗乾隆47年6月18日	1782.07.27	乾隆、閔鶚元	浙江省-湖州府-歸安縣	皇帝、江蘇巡撫(乾隆45-55年)	乾隆10年三甲七名進士	軍機大臣、朱椿		廣西巡撫(乾隆46-48年)		癸未。諭軍機大臣等。本日據閔鶚元奏。接據廣西咨會。起出回經。幷拏獲作序刊書各犯。訊供具奏一摺。此事前據朱椿奏到。業經降旨不必查辦。並通飭各督撫。嗣後如有似此回民經典。俱毋庸苛求。致滋擾累。蓋緣舊教 回民。在西北省分為多。而各省亦在在俱有。其所奉經典。 回民中亦屬家喻戶曉。即與僧道喇嘛無異。焉能盡人其人而火其書乎。且伊等平日持誦經典。自唐宋以來。早流傳中國。迥非若白蓮等教起立名色。專為斂錢聚衆。甚且作亂者比。若過為搜求滋擾。則安分守法之 回民。轉致不能自安。無所措其手足。封疆大吏。如遇有地方邪教悖逆等事。自應認真辦理。若此等久有之回教經典。遽照違悖之案。通行嚴辦。殊屬荒唐錯謬。朱椿初任巡撫。不諳事理之輕重。即飛咨各省。一律查辦。甚屬非是。朱椿。著傳旨嚴行申飭。所有閔鶚元奏到起出。回經。及拏獲作序刊書之人。俱當妥為安撫。概予省釋。至各省督撫接據廣西咨會。均著一例停止。毋庸查辦。將此由六百里加緊再行通諭知之。	回民持有書籍、宗教、皇帝對回民持有宗教類書籍的態度、皇帝與官員在處理回民攜帶書籍一事上態度的不同、安撫回民、(朱椿嚴審回民案)		
180	高宗乾隆47年6月22日	1782.07.31	乾隆、(伊爾根覺羅)薩載	(滿洲正黃旗)	皇帝、兩江總督(署)(乾隆45-48	乾隆13年繙譯舉人					丁亥。諭。據薩載奏。接准廣西撫臣朱椿。咨拏回民海富潤案內之改紹賢等三犯。當即轉飭查辦。解赴江蘇撫臣究審一摺。所辦殊屬非是。	回民持有書籍、宗教、皇帝對回民持		

序號	時間	時間	提出者／奏議者／復議者				接收者／回應者				內容提要	類別、關鍵詞	關聯條目與事件	問題
	(中曆)	(西曆)	人物	八旗歸屬籍貫民族	職銜	出身	人物	八旗歸屬籍貫民族	職銜	出身				
					年)、江南河道總督(兼署)(乾隆46-47年)、太子少保(乾隆47-51年)						此案海富潤有鈔錄回字經卷。及漢字天方至聖實錄年譜等書。其書內大意。約略揄揚西域回教之意居多。回民持誦經典。自唐宋以來。早已流傳中國。現在相沿舊本。在 回民中俱屬家喻戶曉。並無謗毀悖逆之語。則是 回民之各奉其教。即與此時之僧道喇嘛無異。焉能盡人其人而火其書乎。此案前據朱椿奏到。節經降旨通飭各省督撫。毋庸查辦。乃薩載 接准朱椿咨會。並不權衡事理之輕重。遽行飛飭各屬。將改紹賢等搜查。押解究審。如此矜張辦事。殊非大臣實心任事之道。實屬可鄙可笑。薩載 久任封疆。在督撫中。尚屬老成歷練。明白曉事之人。乃亦與朱椿之初任巡撫。遇事茫無主見者相同。能不知所愧乎。地方大吏。遇有奸民倡立邪教。及惑衆斂錢之事。自當實力嚴查究辦。務淨根株。以除風俗人心之害。若回教民人。各省多有。無論西北省居住者固多。即江省一帶零星散處。其飲食作息。俱與平民相等。不過不食狗豕肉耳。如以傳習經卷。與邪教悖逆之書。一例查辦。則安分守法之 回民。轉致無所措其手足。且從前山東王倫。及甘省王伏林等。滋事不法。 回民中即有首先奮勇打仗者。即上年蘇四十三之事。其舊教 回民。倡義率衆。協同官兵勦捕。	有宗教類書籍的態度、皇帝與官員在處理回民攜帶書籍一事上態度的不同、安撫回民、斥責官員、(朱椿嚴審回民案)		

序號	時間	時間	提出者／奏議者／復議者				接收者／回應者				內容提要	類別、關鍵詞	關聯條目與事件	問題
	(中曆)	(西曆)	人物	八旗歸屬籍貫民族	職銜	出身	人物	八旗歸屬籍貫民族	職銜	出身				
											甚為出力。經朕節次獎賞。則朕之視回教民人。皆吾赤子。各省督撫。安得歧而二之乎。現在此案查拏之改紹賢諸人。雖已據薩載 摺內聲明。業經遵旨概行省釋。其書籍板片。亦即給還。並當出示詳悉曉諭回民。務各循分守法。各安本業。毋致驚惶擾累。但各省督撫。若因有此旨。遂致因噎廢食。將地方實係邪教重案。亦藉詞鎮重。姑息養奸。竟置不辦。則是誤會朕意。不度事理。將來發覺時。恐不能當其罪也。將此通諭中外知之。			
181	高宗乾隆47年6月26日	1782.08.04	綽克托		烏什辦事大臣(參贊大臣(往烏什總理回城事務),乾隆45-49年)		乾隆		皇帝		烏什辦事大臣綽克托 奏。據布古爾阿奇木伯克瑪瑪達布拉。拜城阿奇木伯克阿拉瑚里等呈稱。我等係烏什所屬托克遜地方回人。自投誠後。仰蒙大皇帝恩施。授為阿奇木伯克。數十年來樂業安居。惟是我等祖塋。現在烏什東。塋傍有祖遺田地。懇將此田賞給等語。即交烏什阿奇木伯克邁瑪特阿普都拉等詳查。據報稱。托克遜山根下。果有瑪瑪達布拉等祖塋田地。此田自三十一年烏什事後。給與阿克蘇移來之回民兩戶耕種。然托克遜地方甚大。除此田外。尚有未耕之田。另行擇給阿克蘇 回民。其瑪瑪達布拉塋田。請賞給阿拉瑚里。從之。	封賞回民、安置回民、請求賞賜田地		

序號	時間(中曆)	時間(西曆)	提出者／奏議者／復議者				接收者／回應者				內容提要	類別、關鍵詞	關聯條目與事件	問題
			人物	八旗歸屬籍貫民族	職銜	出身	人物	八旗歸屬籍貫民族	職銜	出身				
182	高宗乾隆47年6月29日	1782.08.07	李侍堯		陝甘總督(乾隆47-49年)		乾隆		皇帝		陝甘總督李侍堯 奏。據河州知州于鍠。稟請查照雍正年間河州二十四關。設立鄉勇例。編伍團練。以重邊防等因。查鄉勇之設。農忙歸業。農隙操演。仿古寓兵於農之法。其實半係游手無業之徒。况河州所屬。大半回民。良莠混雜。難保無借此為名。私製軍械。糾結藏奸。查該州鄉勇舊設五千人。乃去年逆匪攻搶河州。任其滋擾彼時所稱鄉勇者何在。可見有名無實。今事平之後。因官禁私藏鳥鎗。復指稱鄉勇名色。冀得照舊存留。河州逼近撒拉爾。保無串通番回滋事之處。况該處設鎮添兵。足資防範。請將鄉勇盡行革除。並將私藏禁械。一體收銷。得旨。是極。汝實解事之人也。	民防、軍事、回民民風		
183	高宗乾隆47年7月2日	1782.08.10	乾隆、畢沅		皇帝、陝西巡撫(署)(乾隆45-48年)。		畢沅		陝西巡撫(署)(乾隆45-48年)。		又諭。據畢沅 奏。接據朱椿咨會。查繳回民海富潤。經本書籍。並未轉行查辦。恭候諭旨遵行一摺。所奏未免過遲。陝甘 回民甚多。其安分守法者。傳習經卷書籍。由來已久。斷無查辦之理。畢沅 既見及此。即應據實陳奏。方不愧封疆大臣實心任事之道。乃直待朕降旨。始行遵辦。豈有伊所見及之事。朕轉不能洞悉其應辦與否乎。畢沅 此奏。明係有心觀望。以文飾其具奏遲延之故。其藉詞取巧。實為朕所鄙笑。將此諭令知之。	回民持有書籍、宗教、皇帝對回民持有宗教類書籍的態度、皇帝與官員在處理回民攜帶書籍一事上態度的不同、安撫回民、斥		

序號	時間 (中曆)	時間 (西曆)	提出者／奏議者／復議者 人物	提出者／奏議者／復議者 八旗歸屬籍貫民族	提出者／奏議者／復議者 職銜	提出者／奏議者／復議者 出身	接收者／回應者 人物	接收者／回應者 八旗歸屬籍貫民族	接收者／回應者 職銜	接收者／回應者 出身	內容提要	類別、關鍵詞	關聯條目與事件	問題
												責官員、(朱椿嚴審回民案)		
184	高宗乾隆47年7月6日	1782.08.14	乾隆、朱椿		皇帝、廣西巡撫(乾隆46-48年)		軍機大臣				辛丑。諭軍機大臣等。前據朱椿奏。查辦回民海富潤。攜帶回字經卷等書一案。以 回民素習之經典。該撫輒視為悖逆不法。請旨查辦。已屬可笑。且自以為急公。不待接奉諭旨。即分咨各直省。一體查辦。幸此事朕早慮其滋擾。即降旨通諭各督撫。毋庸辦理。現據各督撫紛紛覆奏。俱以接奉諭旨。即停飭屬查拏。設皆如朱椿之率行搜查經卷。則各省 回民。不勝其擾。更復成何事體耶。朱椿。著再傳旨嚴行申飭並著傳諭朱椿。伊此事辦理錯謬。本應照譚尚忠 之例降調。因其初任不諳。又尚為辦事起見。其所奏並非若譚尚忠 之有意邀譽沽名者比。是以免其議處。嗣後務當準酌事理輕重。留心妥辦。副朕委任。若再蹈前轍。冒昧從事。則是自貽伊戚。	回民持有書籍、宗教、皇帝對回民持有宗教類書籍的態度、皇帝與官員在處理回民攜帶書籍一事上態度的不同、安撫回民、斥責官員、(朱椿嚴審回民案)		
185	高宗乾隆47年7月10日	1782.08.18	乾隆、姚成烈	浙江省-杭州府-錢塘縣	皇帝、湖北巡撫(乾隆46-49年)	乾隆3年舉人；乾隆10年二甲第二名進士					諭。本日姚成烈 奏。遵旨省釋回民一摺。內稱接據朱椿來咨。當將袁二拏訊。因旋奉諭旨毋庸辦理。隨將袁二當堂省釋等語。袁二。本係安分 回民。年已七十。該撫自當即行釋放。此事前據朱椿具奏時。朕即降旨通諭各督撫。停其查辦。今	皇帝與官員在處理回民攜帶書籍一事上態度的不同、斥責官員、		接收者不清楚

序號	時間(中曆)	時間(西曆)	提出者／奏議者／復議者				接收者／回應者				內容提要	類別、關鍵詞	關聯條目與事件	問題
			人物	八旗歸屬籍貫民族	職銜	出身	人物	八旗歸屬籍貫民族	職銜	出身				
											姚成烈 奏。據咨查拏袁二。致年逾七旬之人。無辜受累。可見各省因此滋擾者已不少。皆朱椿辦理錯謬所致。朱椿雖不致如譚尚忠 之徊情邀譽。而其不諳事理輕重。率行分咨查辦。冒昧之咎。亦所難辭。朱椿。著交部察議。	懲戒官員、(朱椿嚴審回民案)		
186	高宗乾隆47年7月27日	1782.09.04	乾隆、(覺羅)巴延三	滿洲正紅旗	皇帝、兩廣總督(乾隆44-49年)	官學生	巴延三		兩廣總督(乾隆44-49年)		又諭。據巴延三覆奏。回民海富潤無庸查辦一摺。此等回教經卷。非違悖書籍可比。况海富潤即係廣東回民。巴延三身任總督。兩省皆其管轄。接准粵西咨文時。即應酌量停辦。據實奏明。方不愧封疆之任。總督與巡撫。雖屬同僚。但遇有巡撫辦理失當之處。自應隨時改正。乃亦如尋常鄰省咨查事件。意存觀望。直至接奉朕旨。始行停止查辦。殊屬非是。看來巴延三於兩省公事。竟不能加意整飭。設伊身任陝甘總督。亦不過如勒爾謹之庸懦無能。自取咎戾而已。巴延三。著傳旨嚴行申飭。	皇帝與官員在處理回民攜帶書籍一事上態度的不同、斥責官員、(朱椿嚴審回民案)		
187	高宗乾隆47年8月28日	1782.10.04	復興		葉爾羌參贊大臣(乾隆42-47年)		乾隆		皇帝		葉爾羌參贊大臣復興。特通額奏。回民購買外夷為奴。本干例禁。請嗣後拏獲販賣人口商儈。除從重責懲外。仍按所買人數。酌罰騰格錢。獎賞拏獲之台站回民。報可。	回民購買奴隸、法律、懲戒違法商人、獎賞回民		

序號	時間	時間	提出者／奏議者／復議者				接收者／回應者				內容提要	類別、關鍵詞	關聯條目與事件	問題
	(中曆)	(西曆)	人物	八旗歸屬籍貫民族	職銜	出身	人物	八旗歸屬籍貫民族	職銜	出身				
188	高宗乾隆47年9月4日	1782.10.10	乾隆		皇帝						諭。刑部進呈雲南省招冊內。有該撫原擬情實者。鄭起。黃禹鼎。二案。有由九卿改入。情實者。三保。羅士朝。二案。覈其情節。俱有可原。如回民鄭起。與民人管宏亮。合夥開礦。彼此爭論。管宏亮。因鄭起係屬 回民。忌諱豬油。抱住鄭起。將豬油抹口。該犯正持刀切物。一時不能掙脫。用刀嚇戳。致中管宏亮右腿一傷。越日殞命。黃禹鼎。因沈姓酒醉查詢。沈姓即行詈罵。幷揪扭推跌毆打。該犯掙扎不脫。順拔身佩小刀。戳傷其臂膊肩甲二處殞命。此二人者傷由圖脫。殺本無心。與逞兇疊戳者有間。乃該撫定擬情實。刑部亦照擬覈覆。皆因曾降諭旨。有金刃傷人。應入情實一條。遂爾不權輕重。及傷痕多寡。未免過於拘泥。至九卿所改情實二起。如三保。向孫皮匠索欠被毆。該犯回毆致斃。事本理直。死出無心。羅士朝。因被黃春元父子二人抱住。疊加毆踢。該犯一時情急用刀嚇劃。致傷黃春元身死。與持刃逞兇者不同。九卿改入情實。亦未免過當。夫金刃殺人。所以令入情實者。原以此等人犯。彼此逞忿。輒用金刃殺人。不可不嚴行懲儆。至其中情罪稍有可原者。勾到時原可不至予勾。此等人犯。經十次秋審。便可入於緩決。各該犯久坐囹	回民漢民互相傷人、法律、處置犯人、皇帝對傷人案的量刑準則。		

序號	時間 (中曆)	時間 (西曆)	提出者／奏議者／復議者 人物	八旗歸屬籍貫民族	職銜	出身	接收者／回應者 人物	八旗歸屬籍貫民族	職銜	出身	內容提要	類別、關鍵詞	關聯條目與事件	問題
											圜。既可抑其強悍之氣。使衆人亦知所儆惕。此朕辟以止辟。刑期無刑。原非有意從嚴也。且即以金刃傷而論。亦當覈其情事之曲直。傷痕之多寡。今不詳細確覈。一概入於情實。又豈朕矜慎庶獄之意乎。秋讞大典。人命攸關。理宜悉心推究。以期無枉無縱。蘇軾所謂臯陶曰殺之三。堯曰宥之三。朕嘗著論闢之。蓋讞獄之道。必須準酌情理。其情真罪當。與夫一線可原者。應宥應殺。俱有一定權衡。不得存畸重畸輕之見。若罪應殺者。即堯亦應曰殺之三。罪應宥者。即臯陶亦應曰宥之三。設如所云。則是君臣相率為偽以取名。豈可以為法乎。總之兇暴之徒。不可不嚴加整治。若意存姑息。欲積陰功。則每年秋審。竟可不辦。令死者含冤地下有是理乎。然欲避寬縱之名。而故為刻深周內。則失入之咎。比失出為尤重。凡內外問刑各官。皆不可不深體此意也。除已進各冊朕逐一親加詳覈。所有未進各省招冊。著刑部堂官。再行覆覈。如有似此等案情者。俱著於黃冊內本案條下。黏簽聲明。候朕親定。並將此通諭中外知之。			
189	高宗乾隆47年9月6日	1782.10.12	乾隆、朱椿		皇帝、廣西巡撫(乾隆46-		各省督撫				又諭。據朱椿參奏。部選廣西南寧府同知程德炯。於上年十二月內。在安徽本籍。呈報患病調理。迄今	官員舉報官員藉病規避職		

序號	時間	時間	提出者／奏議者／復議者				接收者／回應者				內容提要	類別、關鍵詞	關聯條目與事件	問題
	(中曆)	(西曆)	人物	八旗歸屬籍貫民族	職銜	出身	人物	八旗歸屬籍貫民族	職銜	出身				
					48 年)						九月有餘。未據。咨報病痊赴任。明係規避遠缺。藉病遷延。請旨革職等語。程德炯。係部選人員。理合依限赴任。乃託詞患病。至九月有餘。顯係有心規避。程德炯。著革職。發往軍臺効力贖罪。以示懲儆。至朱椿。前於回民海富潤一案。辦理錯謬。因降旨交部察議。經部議以降二級調用。不准抵銷。實所應得。已將此本折留。本擬降旨依部議行。今於程德炯規避遠缺之處。即能據實參奏。尚屬留心。所有部議朱椿降調一本。著加恩改為革職留任。該部知道。其朱椿奏到原摺併發。各省督撫。遇有似此規避劣員。俱著留心查察據實具奏。毋得稍為徇隱。	責、懲戒官員、因舉報減輕官員處罰、皇帝對藉病規避職責官員的態度		
190	高宗乾隆 48 年 4 月 14 日	1783.05.14	乾隆		皇帝		軍機大臣、李侍堯		陝甘總督(乾隆 47-49 年)		諭軍機大臣等。甘省撒拉爾回人。只有十二工。從前蘇四十三滋事逆黨。止係三工新教回衆。其餘九工之舊教回人。亦俱隸循化廳所屬。昨詢據善德奏稱。舊教回人。亦係撒拉爾種類。與內地回民不同。現在該處舊教回人。目睹上年大加懲創之後。各知畏懼。安分守法。不致再生事端等語。撒拉爾回人。既另行居住。各為一種。則與內地 回民。自應區別。其往還結親。亦當聽伊九工之衆。自為婚配。內地回民。不得雜入其中。致日久滋事。前李侍堯 在京時。未經面諭。著遇	宗教、安置回民、撒拉爾回民與內地回民的區別、官方區隔撒拉爾回民與內地回民		

序號	時間 (中曆)	時間 (西曆)	提出者／奏議者／復議者 人物	八旗歸屬籍貫民族	職銜	出身	接收者／回應者 人物	八旗歸屬籍貫民族	職銜	出身	內容提要	類別、關鍵詞	關聯條目與事件	問題
											便傳諭李侍堯　。於回任之後。飭屬留心體察。設法防範。開導內地　回民。各知守法自愛。勿與撒拉爾回衆。往來聯絡。總宜不動聲色。為之以漸。日久風俗自然移易。方為妥善。至黑帳房番人。與撒拉爾回衆。種類本殊。又各奉一教。向來亦互有恃強凌弱之事。嗣後亦當隨時訪察防閑。使各安居守業。勿致生事。惟在該督等。嚴飭所屬。實力奉行將此一併諭令知之。			
191	高宗乾隆48年7月11日	1783.08.08	乾隆、步軍統領衙門		皇帝		刑部堂官				又諭。據步軍統領衙門奏。有大學士三寶家轎夫傅大。在西單牌樓大街醉鬧。與賣羊肉回民滿廷顯。爭毆。隨有同夥轎夫藍大。張大等。前往幫同毆打。並砍傷馬玉兒等一案。已交該部嚴審矣。傅大身充轎夫。竟敢逞醉打鬧。其同夥藍大張大等。聞聲踵至。同惡共濟。竟用刀棍傷人。種種兇橫。實屬愍不畏法。至轎夫頭目王二。當領催趙德往拏之時。尚復恃強揪扭髮辮。與拒捕何異。尤屬目無法紀。轎夫本係無籍之徒。最易生事。若不嚴加懲治。無以示儆。著傳諭刑部堂官。將此案人犯。即照光棍律定擬具奏。	平民與回民鬥毆、法律、處置犯人		
192	高宗乾隆48年7月14日	1783.08.11	乾隆		皇帝		(伊爾根覺羅)三寶	滿洲正紅旗	大學士(東閣大學士，乾隆45-49	官學生；乾隆4年繙繹進士	又諭曰。三寶因轎夫之事。接奉諭旨。令其明白回奏一摺。稱轎夫住址。距伊稍遠。是日傳大等與回民鬥毆時。伊並未聞知。事後家人始	平民與回民鬥毆、皇帝與官員商量處		

序號	時間	時間	提出者／奏議者／復議者				接收者／回應者				內容提要	類別、關鍵詞	關聯條目與事件	問題
	(中曆)	(西曆)	人物	八旗歸屬籍貫民族	職銜	出身	人物	八旗歸屬籍貫民族	職銜	出身				
									年)		行告知等語。此奏尤屬非是。三寶身任大學士。所養轎夫。何不令其近處居住。即伊住宅不能容納。亦應於住宅左近置房數間。令其居住。似此縱令遠離。則安保其無賭博等事耶。今三寶接奉諭旨。奏稱轎夫住處隔遠。即能免罪乎。著傳旨申飭。	置其門下的犯人(轎夫)		
193	高宗乾隆48年9月22日	1783.10.17	乾隆、法靈阿	滿洲正藍旗	皇帝、阿克蘇辦事大臣(乾隆45-48年)		軍機大臣、綽克托		鑲藍旗蒙古都統(乾隆44-49年)、工部尚書(乾隆44-49年)、參贊大臣(往烏什總理回城事務)(乾隆45-49年)。		又諭。據法靈阿奏。布嚕特比伯爾克。私行率領該處數百餘戶。由彼游牧。逃赴充巴噶什游牧。及見哈爾噶齊使人查問。竟抗拒搶擄人畜。因而出派弁兵。前往追拏等語。法靈阿辦理此案。殊覺冒昧。布嚕特皆係打牲度日。與哈薩克相同。今雖率屬遷徙。即作為逃竄。派兵追逐。已屬過當。著傳諭綽克托 。此時已行抵烏什。令將布嚕特比伯爾克。查明遷徙緣由。若無他故。即遣人趕往安撫息事。將所派弁兵。即行徹回。如係有意逃往他處生事。綽克托 酌量可否辦理情形。可息則息。可辦則辦。詳悉籌畫具奏。況布嚕特等。不過各處打牲。游牧成習。即使遷徙。亦何必追拏。非內地回民可比。此時官兵追往。如業經就獲。著即具奏辦理。以示懲儆。若已經遠颺。逃匿他處。亦不必深求。似此些須小事。原不值興師動衆。綽克托 。即遵旨酌量辦理具奏。	官員與皇帝商議如何應對邊境遊牧出入大清邊境、皇帝將邊境遊牧與內地回民的風俗相對比		

序號	時間	時間	提出者／奏議者／復議者				接收者／回應者				內容提要	類別、關鍵詞	關聯條目與事件	問題
	(中曆)	(西曆)	人物	八旗歸屬籍貫民族	職銜	出身	人物	八旗歸屬籍貫民族	職銜	出身				
194	高宗乾隆48年10月5日	1783.10.30	乾隆、劉峩	山東省-兗州府-單縣	皇帝、直隸總督管巡撫事(總督直隸管巡撫事)(乾隆48-55年)。此案犯罪者走私贓物的地點在山西，劉峩在此前擔任山西布政使(乾隆46-48年)。《清實錄》乾隆48年3月10日記載：以山西布政使劉峩。為廣西巡撫。但其後在乾隆48年5月17日又記載道：又諭曰。	貢生(捐貢)	畢沅		陝西巡撫(署)(乾隆45-48年)、陝西巡撫(乾隆48-50年)、陝甘總督(陝西巡撫署)(乾隆48年)。注：以山西布政使劉峩。為廣西巡撫。畢沅在乾隆48年正月16日被正式授予陝西巡撫的職銜，《清實錄》當天記載：實授薩載。為兩江總督。畢沅。為陝西巡撫。劉秉恬。		又諭。前據劉峩奏。西寧縣拏獲陝西回民馬之玉等偷買賊馬一案。據馬之玉供出上年九月。十月。及本年二月。曾同直隸民人侯二小。陝西回民王二。共三次出口。竊販蒙古丹津多爾濟。什特瓦。偷來馬十餘匹。及二十餘匹不等。均由山西大同之鎮門口趕進售賣。王二等現在逃匿屢次行催。該省尚未將王二緝獲。著傳諭畢沅。即行嚴飭所屬。實力訪緝。獲日速行派員解赴刑部歸案辦理。	回民犯罪、走私贓物(馬匹)、處置犯人、法律		職銜有一些混亂，但應該能確定確切擔任的職銜。

序號	時間	時間	提出者／奏議者／復議者				接收者／回應者				內容提要	類別、關鍵詞	關聯條目與事件	問題
	(中曆)	(西曆)	人物	八旗歸屬籍貫民族	職銜	出身	人物	八旗歸屬籍貫民族	職銜	出身				
					直隸總督員缺。著劉峩補授。劉峩接奉諭旨。即行速赴新任。其未到任以前。著劉墉前往署理。所遺廣西巡撫員缺。著孫士毅補授。如此一來，劉峩雖然在該年由山西布政使調任廣西巡撫(乾隆48年)，但就任約兩個月就再被調任直隸總督。至於被火速調任的原因，在《清				為雲南巡撫。其後，在同年2月8日時，因為李侍堯需要進京面聖，畢沅暫時接替了李侍堯陝甘總督的印務，而他陝西巡撫的印務則暫時交由圖薩布暫行護理。《清實錄》於該日記載如下：諭軍機大臣等。李侍堯於上年奏請陛見。朕以西安城工。須畢沅在彼督辦。將來工程完					

序號	時間	時間	提出者／奏議者／復議者				接收者／回應者				內容提要	類別、關鍵詞	關聯條目與事件	問題
	(中曆)	(西曆)	人物	八旗歸屬籍貫民族	職銜	出身	人物	八旗歸屬籍貫民族	職銜	出身				
					實錄》乾隆 48 年 6 月 4 日的這段記載可能會為我們提供一些線索：直隸總督。於旗民交涉事件最多。必須秉公持正。不避嫌怨。方為無負委任。劉峩。平素人尚質實。是以加恩擢用。伊在直年久。於朕辦理庶務。一秉大公至正。自應深悉。				竣時。李侍堯並可順道查勘。是以諭令暫緩來京。今既據奏此項工程。計蕆事之期。當在三年內外。一切鳩工辦料。李侍堯道出西安。亦可詳加稽覈等語。所奏情節如此。自應准其來京。所有陝甘總督印務。仍著遵照前降諭旨。即令畢沅前赴甘肅接署。其陝西巡撫印務。即					

序號	時間	時間	提出者／奏議者／復議者				接收者／回應者				內容提要	類別、關鍵詞	關聯條目與事件	問題
	(中曆)	(西曆)	人物	八旗歸屬籍貫民族	職銜	出身	人物	八旗歸屬籍貫民族	職銜	出身				
									著圖薩布暫行護理。將此傳諭李侍堯。並諭畢沅知之。然而在同年6月28日《清實錄》記載陝西巡撫畢沅奏。，可見畢沅應該已經回復了陝西巡撫的職銜。所以本條目10月5日之時，畢沅的職務應為陝西巡撫。						
195	高宗乾隆48年10月28日	1783.11.22	乾隆		皇帝		軍機大臣等				諭軍機大臣等。刑部審擬偷馬賊犯馬之玉等一案。據馬之玉供出。有直隸民人李三。即李文普。陝西回民王二。共三次出口。竊販蒙古丹津多爾濟。什特瓦偷來馬十匹。及二十餘匹。進口售賣等語。該二犯現在逃匿。尚未緝獲。又從前降旨	回民犯罪、走勢贓物(馬匹)、處置犯人、法律		

序號	時間(中曆)	時間(西曆)	提出者／奏議者／復議者				接收者／回應者				內容提要	類別、關鍵詞	關聯條目與事件	問題
			人物	八旗歸屬籍貫民族	職銜	出身	人物	八旗歸屬籍貫民族	職銜	出身				
											飭緝之偷馬賊犯孫八。係陝西臨潼縣人。孟大。係山東人。吳大。王四。係陝西人。久經查拏。俱未獲解。著傳諭各該督撫。即行嚴飭所屬。實力躧緝。務將該犯等拏獲。派員解送刑部審辦。毋致遠颺漏網。			
196	高宗乾隆48年11月4日	1783.11.27	乾隆、綽克托		皇帝、鑲藍旗蒙古都統(乾隆44-49年)、工部尚書(乾隆44-49年)、參贊大臣(往烏什總理回城事務)(乾隆45-49年)。		綽克托等		鑲藍旗蒙古都統(乾隆44-49年)、工部尚書(乾隆44-49年)、參贊大臣(往烏什總理回城事務)(乾隆45-49年)。		又諭。據綽克托 奏。請於烏什設立義倉穀石。借支回民。俟秋收後照數歸還等語。向來回疆從無呈報水旱等事。若照內地設立義倉。出入穀石之時。必生弊端。於 回民仍屬無益。著傳諭綽克托 等。將所立義倉裁徹。其存倉穀石。酌量情形辦理。以歸簡易。	安置回民、儲存糧食、回疆與內地措施之別		
197	高宗乾隆49年閏3月8日	1784.04.27	乾隆、李侍堯		陝甘總督(乾隆47-49年)		陝西、湖廣、河南等省沿途各督撫、李侍堯		陝甘總督(乾隆47-49年)		又諭曰。李侍堯 奏。河州回民馬成基等。呈控馬來遲之孫馬五一。並同黨馬國甫。馬萬德等。堅守改教一案。因該州出示。不許 回民從習新教。脫鞋念經。令各出具甘結。馬五一始則隨同具結。繼乃詭言奉官飭取不許念經甘結。即係不念沐浴經文。妄欲衆 回民隨伊具結。藉以行其祖父之教。并在該犯家內。起獲明沙經一本。當即銷燬外。請	回民違法改變宗教信仰、回民舉報回民、處置犯人、隔離回民。		

序號	時間	時間	提出者／奏議者／復議者				接收者／回應者				內容提要	類別、關鍵詞	關聯條目與事件	問題
	(中曆)	(西曆)	人物	八旗歸屬籍貫民族	職銜	出身	人物	八旗歸屬籍貫民族	職銜	出身				
											將馬五一。馬國甫。馬萬德。三犯。發往瓊南百色煙瘴地方。分別安插等語。亦祇可如此辦理。已於摺內批示。但該犯等。由甘肅發往瓊南百色地方。經由陝西。湖廣。河南等省。該處沿途。俱有 回民居住。誠恐馬五一等。在途遇見交談。又復互相煽誘。致滋事端。殊屬未便。著傳諭沿途各督撫。於該犯等押解過境時。務飭各該地方官。嚴加管束。毋令馬五一等。與該處 回民見面通語。仍須不動聲色。俾回衆相安無事。方為妥善。將此由五百里發往。並諭李侍堯 知之。			
198	高宗乾隆49年4月4日	1784.05.22	乾隆、(佟佳)保成	滿洲鑲紅旗	根據人名權威人物傳記資料庫記載，此時保成擔任的確切官職為喀什噶爾參贊大臣(乾隆47-51 年)。不過根據人名權威人物傳記資料庫記載，在同時期有另	義學生	軍機大臣、(佟佳)保成等		喀什噶爾參贊大臣(乾隆47-51年)		諭軍機大臣等。據保成奏。訊有未經攢斂錢物之回人艾什霍卓等。現交看守等語。此等無過回民。毋庸查拏看守。著傳諭保成等。即行釋放。免致回衆驚疑。綽克托 。仍將阿其睦妥速拏解來京。	安撫回民		

序號	時間	時間	提出者／奏議者／復議者				接收者／回應者				內容提要	類別、關鍵詞	關聯條目與事件	問題
	(中曆)	(西曆)	人物	八旗歸屬籍貫民族	職銜	出身	人物	八旗歸屬籍貫民族	職銜	出身				
					一位名為保成的人(1738-？)，隸屬於滿洲正紅旗。此人在乾隆42-49年擔任貴州鎮遠鎮總兵。但本條記載牽扯到當時擔任參贊大臣(往烏什總理回城事務)，身處新疆的綽克托。擔任喀什噶爾參贊大臣的(佟佳)保成也理應身處新疆。故在此記載中向乾隆上奏的保成是(佟佳)保									

序號	時間(中曆)	時間(西曆)	提出者／奏議者／復議者				接收者／回應者				內容提要	類別、關鍵詞	關聯條目與事件	問題
			人物	八旗歸屬籍貫民族	職銜	出身	人物	八旗歸屬籍貫民族	職銜	出身				
					成則更為合理。									
199	高宗乾隆49年4月22日	1784.06.09	乾隆		皇帝		(富察)傅玉、(愛新覺羅)莽古賚、畢沅	滿洲鑲黃旗、滿洲正藍旗	根據人名權威人物傳記資料庫記載，此時傅玉擔任的確切官職為西安將軍(乾隆47-49年)、杭州將軍(乾隆49年)、散秩大臣(乾隆49-54年)。由於此事發生在甘肅，而西安臨近甘肅，因此推測傅玉尚未從西安將軍調任杭州將軍；根據人名權威人物傳記資料庫記載，		又諭。甘肅逆回新教。自前歲大加懲創之後。田五等復敢私起新教。糾夥聚衆。甚至傷害百姓。攻破城堡。不法已極。自係前因人數衆多。搜捕未淨所致。即應迅速勦捕。以靖地方。但此案係內地回民。非撒拉爾可比。尚易撲滅。蘭州距該處甚近。李侍堯 。接據剛塔 咨移。自己馳往。會同妥辦。李侍堯 係能事之人。剛塔 及各鎮。亦多係久歷戎行。似此小醜跳梁。無難即速擒捕。況此案係舊教 回民稟首。可見舊教 回民。原知安分守法。李侍堯等查辦時。務須明切曉諭。慰安舊教。其新教不法之徒。更可搜除淨盡。李侍堯 等。總以迅速擒捕。毋使蔓延滋事。至西安州止係城堡。賊匪亦不能久占滋擾萬一有須調集兵力之處。現已另降諭旨。傳知傳玉 。莽古賚。先期豫備。並著傳諭畢沅 。不動聲色。一體豫為籌辦。以備調用。	宗教、內地回民叛亂、回民舉報回民、平叛、軍事、皇帝清晰區分舊教新教回民	田五起事	

序號	時間	時間	提出者／奏議者／復議者				接收者／回應者				內容提要	類別、關鍵詞	關聯條目與事件	問題
	(中曆)	(西曆)	人物	八旗歸屬籍貫民族	職銜	出身	人物	八旗歸屬籍貫民族	職銜	出身				
									此時莽古賚擔任的確切官職為奉國將軍(乾隆40-50年)、寧夏將軍(乾隆44-49年)、杭州將軍(乾隆49-50年)。由於此事發生在甘肅，而寧夏毗鄰甘肅，因此推測莽古賚尚未從寧夏將軍調任杭州將軍；根據人名權威人物傳記資料庫記載，此時畢沅擔任的確切官職為陝西巡撫(乾					

序號	時間 (中曆)	時間 (西曆)	提出者／奏議者／復議者 人物	八旗歸屬 籍貫民族	職銜	出身	接收者／回應者 人物	八旗歸屬 籍貫民族	職銜	出身	內容提要	類別、關鍵詞	關聯條目與事件	問題
									隆 48-50年)。					
200	高宗 乾隆49年4月24日	1784.06.11	乾隆、李侍堯		皇帝、陝甘總督(乾隆47-49年)		李侍堯		陝甘總督(乾隆47-49年)		又諭。據李侍堯 奏。據平慶道沈鳴臯參將李良輔會稟。小山回民田五等。已經起事戳傷百姓衙役各一名。占據西安州營土堡現在該參將督兵擒拏並據剛塔 札稱。已調各鎮營兵。前往協勦等語小山 回民。聚衆私立邪教。攻破城堡。看來此等小醜。不但不似撒拉爾之蘇四十三。並非王倫。王伏林之聚衆滋事者可比。今既竄伏西安城堡若官兵四面圍截。已成釜底。自無難立時撲滅現在李侍堯 。剛塔 。已親赴該處。相機辦理。且各處所調之兵。已有二千餘名。儘足擒勦。不值欽派大臣往辦。但甘肅逆回新教。自前歲大加。懲創之後。為時無幾。乃田五等。復敢私起新教。糾衆攻占城堡。不法已極。著傳諭李侍堯 。即督率官兵。迅速擒捕。審明後。必須盡法殲除。務淨根株。不可藉稱脅從。稍存姑息。使兇頑得以漏網。	回民叛亂、軍事、宗教、平叛、皇帝指示如何處置新教信徒。		
201	高宗 乾隆49年4月25日	1784.06.12	乾隆、李侍堯		皇帝、陝甘總督(乾隆47-49年)		軍機大臣等、李侍堯、(烏濟克忒)剛塔	滿洲正藍旗	陝甘總督(乾隆47-49年)、陝西固原提督(乾隆49年)。《清	剛塔出身不詳	己酉。諭軍機大臣等。據李侍堯 奏。接平慶道沈鳴臯等稟稱。回匪李玉化等。現已藏匿化山。其倡立新教之首犯田五。亦竄回山內。現在參將李良輔等。帶兵前往堵截擒拏等語。同日又據剛塔 奏賊匪自攻破西安土堡之後。由雞窩山。沙溝店子	回民叛亂、宗教、平叛、軍事、安撫舊教回民、獎賞回民、皇		

序號	時間	時間	提出者／奏議者／復議者				接收者／回應者				內容提要	類別、關鍵詞	關聯條目與事件	問題
	(中曆)	(西曆)	人物	八旗歸屬籍貫民族	職銜	出身	人物	八旗歸屬籍貫民族	職銜	出身				
									實錄》乾隆四十九年正月二十七日記載：諭曰。湖廣提督李國梁之父李瑞。年屆九旬。李國梁。著加恩調補直隸提督。俾得就近侍養。其湖廣提督。地居衝要。兼轄水陸。馬彪在提督任內有年。頗為出力。著調補湖廣提督。所遺陝西固原提督。著剛塔調補。剛塔於交界處送駕		一帶搶掠。竄往西北地方等語。是剛塔 所奏現在情形。賊匪不盡竄匿山內。尚有逸在他處滋事者。與李侍堯 所奏不符。且兩摺聲敘亦均未明晰。固原鹽茶廳一帶。回民較多。賊匪既竄往雞窩山等處。恐有潛相煽動。糾約入教等情。該督等。務宜迅速帶兵。堵截擒拏。勦捕淨盡。毋使一名漏網。至此案田五等。復敢倡設新教。糾眾滋事。究係從前李侍堯 。未能殲絕根株。以致復萌餘孽。自難辭辦理不善之咎。而此時緊要關鍵。總以撫安舊教為主。所有稟首之李應得。李化雄。應酌量獎賞。並給以外委虛銜頂帶。以示獎勵。即其餘 回民內。或有新教之人。現因畏罪。自稱舊教。亦可暫且毋庸深究。再督提各標所屬兵丁內。 回民居多。其中恐不無暗從新教者。此最緊要。不可不密防。此時伊果係隨同出力。亦祇可置之不問。然李侍堯 。剛塔 。不可不密為留心訪查。隨時防範。總俟此案完結。一半年後。再行嚴查辦理。務令新教名目。淨絕根株。永無後患。方為妥善。將此由六百里加緊傳諭知之。仍將現在辦理情形。迅速覆奏。	帝指示如何處理藏匿的新教信徒。		

序號	時間	時間	提出者／奏議者／復議者				接收者／回應者				內容提要	類別、關鍵詞	關聯條目與事件	問題
	(中曆)	(西曆)	人物	八旗歸屬籍貫民族	職銜	出身	人物	八旗歸屬籍貫民族	職銜	出身				
									後。即行速赴新任。馬彪。李國梁。俱俟新任接印交代後。再行起程。各赴新任。李國梁未到任以前。其直隸提督。著李奉堯暫行署理。可見在四月時剛塔已經不是直隸總督而是陝西固原提督。					
202	高宗乾隆49年4月30日	1784.06.17	乾隆		皇帝		軍機大臣等				諭軍機大臣等。此次逆回聚衆滋擾。節經李侍堯 等奏報情形。尚不至如蘇四十三之猖獗。況甘肅省城。自四十六年以後。城垣已一律修整。華林山又增添營堡。各營汛亦俱添設額兵。河州有總兵。固原有提督。形勢聯絡。足壯聲援。似此小醜跳梁。無難剋期撲滅。陝省相距遙遠。亦何必紛紛調集多兵。徒滋煩擾。	回民叛亂、軍事、平叛、安撫回民、皇帝清晰區分新教舊教回民		

序號	時間(中曆)	時間(西曆)	提出者／奏議者／復議者 人物	八旗歸屬籍貫民族	職銜	出身	接收者／回應者 人物	八旗歸屬籍貫民族	職銜	出身	內容提要	類別、關鍵詞	關聯條目與事件	問題
											且該處將軍。都統。俱已帶兵起程。藩。臬兩司。又赴交界地方。料理護送。畢沅 復札派興漢。延綏。兩鎮。各帶兵一千名。赴鳳翔。定邊等處堵禦。又復密咨晉省。豫備兵二三千名候調。所辦殊屬張皇。蓋因畢沅 本係書生。未嫻軍旅所致。現在陝省各路。官兵業經起程自當聽甘省派撥。協同堵禦。其山西兵。竟可毋庸豫備。著傳諭農起 。即行停止派撥。至陝省各屬。回民甚多。伊等俱係舊教。從前曾降旨李侍堯 。令其明切曉諭慰安舊教。嚴辦新教。畢沅 亦應照此辦理。況賊人既已西去。自無復東回之理。尤宜不動聲色。妥為撫輯。			
203	高宗乾隆49年5月6日	1784.06.23	乾隆		皇帝		李侍堯		陝甘總督(乾隆47-49年)		又諭。賊首已殲。餘黨竄散。現已派添官兵。截拏追剿。自無難剋期撲滅。所有賊人馬鬍子。李鬍子。務須迅速擒捕。審明正法。不可復令竄逸自戕。幸逃顯戮。至賊匪滋擾靖遠時。城內竟有回民內應。實屬罪不容誅。所有拏獲一百餘犯。李侍堯 於審明賊匪蹤跡後。著將各犯。即予駢誅。以示懲儆。漢民展廷隆父子。及隣人等。因不從逆回。俱被殺害。情殊可憫。著李侍堯 查明賞卹。	回民叛亂、平叛、軍事、處置犯人		

序號	時間	時間	提出者／奏議者／復議者				接收者／回應者				內容提要	類別、關鍵詞	關聯條目與事件	問題
	(中曆)	(西曆)	人物	八旗歸屬籍貫民族	職銜	出身	人物	八旗歸屬籍貫民族	職銜	出身				
204	高宗乾隆49年5月11日	1784.06.28	乾隆		皇帝		軍機大臣等				乙丑。諭軍機大臣等。賊人屯聚馬家堡。經官兵剿殺後。仍退回堡內。看此光景。賊人既屯聚一處。不能四散刦掠。轉屬易於辦理。此時李侍堯 在靖遠駐劄。不過籌辦糧草事務。可以委道員等代辦。李侍堯 當前往馬家堡。督率調度。較之剛塔一人在彼。呼應更為得力。況鹽茶監禁賊回家屬。俱已正法。其靖遠內應回民。亦經按名拘獲正法。賊匪現退入山內。自不能復至靖遠滋擾。即或拚命回撲。官兵正可就其出巢。半路截殺。更易為力。現在賊匪所據馬家堡。前左右三面。俱係深溝大河。官兵嚴密圍攻。已如釜底游魚。困守空山。食盡計窮。自不能長久占據。惟堡後靠山居險。防其別尋路徑。或由山後逸出。該督等。不可專意在前攻圍。疎防後路。致賊人或乘間竄逸。將來虛勞兵力。圍守空堡。竟成笑話。況馬家堡地方。想亦不甚廣濶。所調西安。甘州。等處官兵。早已齊集。儘可四面圍堵。將出路悉行截住。無難盡數殲除。此事最關緊要。李侍堯 等。尤宜加意留心也。至李侍堯 辦理地方事務。素稱諳練。而用兵非其所長。現據伍岱 奏明。暫留該處協剿。從前伍岱 。在西路金川。屢著勞績。曾為參贊大臣。於行軍事宜。最為諳習。朕所深悉。李侍	平叛、軍事、回人參與叛亂、處置犯人、皇帝指示如何平叛		

序號	時間(中曆)	時間(西曆)	提出者／奏議者／復議者 人物	八旗歸屬籍貫民族	職銜	出身	接收者／回應者 人物	八旗歸屬籍貫民族	職銜	出身	內容提要	類別、關鍵詞	關聯條目與事件	問題
											堯 。正當委其領兵進剿。至賊人屯聚馬家堡。亦不過與蘇四十三之困守華林山。情勢相同。而賊巢中並無鳥鎗火器。尤非撒拉爾之以打牲為業者可比。官兵箭鎗齊發。賊人自不能支。但綠營施放鳥鎗。往往未見賊眾。混行施放。一經膽怯。則準頭必高。此皆由平時將領。不能訓練嫻習。致臨時緩急失宜。該督等。務宜飭令帶兵將弁。詳悉曉諭各兵。以鳥鎗弓箭。原為殺賊而設。若未見賊面。先行遠放。則交仗時。轉致火藥盡而箭射完。無以抵禦。如此開導。使知準頭施放機宜。自更為得力。此時賊匪已成窮蹙之勢。官兵若能迅速剿除。固屬甚善。萬一賊人尚敢負嵎抗拒。該督等又宜嚴守前後路徑。轉不必存急於完事之見。務將賊眾圍截嚴密。盡數剿挐。勿使一名兔脫。			
205	高宗乾隆49年5月13日	1784.06.30	乾隆、李侍堯		皇帝、陝甘總督(乾隆47-49年)		行在王大臣等、阿桂、交京王大臣		欽差大學士(武英殿大學士,乾隆42年-嘉慶2年，清代職官資料庫數據)、軍機大臣(乾隆41年-		諭。據李侍堯 奏。接提臣剛塔 咨稱。五月初五日。據弁兵探得馬家堡內。賊匪竄逃。惟見空營一座。搜獲山溝內避賊回民。訊據供稱。賊回見官兵勢大。黑夜從轍家梁翻山。至鐵木山而遁。不知去向等語。所奏大奇。前因該督等奏。馬家堡後。靠山居險。朕即慮其翻山逃逸。早經節次傳諭。並令李侍堯 迅速親赴該處。會同剛塔 等。設法四面嚴密圍堵。務將賊匪全行剿殺。毋使	平叛、軍事、回人參與叛亂、皇帝準確預測叛軍動向、處置犯人、斥責官員		

序號	時間	時間	提出者／奏議者／復議者				接收者／回應者				內容提要	類別、關鍵詞	關聯條目與事件	問題
	(中曆)	(西曆)	人物	八旗歸屬籍貫民族	職銜	出身	人物	八旗歸屬籍貫民族	職銜	出身				
									嘉慶2年，清代職官資料庫數據)、兵部尚書(署)(乾隆43-嘉慶1年)。		一名免脫。乃本日李侍堯 奏。賊匪果由山後逸出。是朕先幾一動。不意竟如所料。而剛塔 率領數千官兵。在彼攻剿。止向山前截殺。並不慮及山後。設法嚴防。李侍堯 則安坐請遠。並不親身前往。相度機宜。督率調度。雖經朕屢降諭旨。令伊等嚴防後路。皆已不及。朕惟當自愧用人之不當耳。前因賊首田五殲斃。大局已定。曾降旨將李侍堯 交部議敘。剛塔 從優議給世職。乃現在所存。不過賊人餘黨。竟不能即時剿滅。致有逃逸之事。是李侍堯 。剛塔 。不但無功。而且有罪。所有議敘之處。著停止。乃令戴罪立功。迅速追剿。務將賊匪盡數擒拏。如有一名漏網。惟李侍堯 。剛塔 是問。仍俟事竣後。覈其功罪。另降諭旨。所有硃批李侍堯 摺。及節次所降諭旨。著發交行在王大臣等閱看。並著鈔寄阿桂 。交在京王大臣等閱看。			
206	高宗乾隆49年5月15日	1784.07.02	乾隆、畢沅		皇帝、陝西巡撫(乾隆48-50年)。		何裕城、湖北督撫	浙江省-紹興府-山陰縣	河南巡撫(乾隆48-50年)。	貢生	又諭。本日據畢沅 奏。河州回民馬五一等。由甘解至陝西。已於四月十五日。解交河南閿鄉縣。接收轉遞等語。馬五一黨同馬國甫。馬萬德。堅守新教。前尚冀其改過自新。是以止令發往瓊南百色煙瘴地方安插。今甘省復有新教回民。聚衆滋擾之事。看來此等回匪。改立新教。煽惑人心。牢不可破。恐其到配。	押送犯人、宗教、新教回民叛亂、皇帝更改對犯人的裁決、處置犯人		

序號	時間	時間	提出者／奏議者／復議者				接收者／回應者				內容提要	類別、關鍵詞	關聯條目與事件	問題
	(中曆)	(西曆)	人物	八旗歸屬籍貫民族	職銜	出身	人物	八旗歸屬籍貫民族	職銜	出身				
											又復倡教惑衆。斷難望其悛改。復予姑容。著傳諭何裕城 。將馬五一。馬國甫。馬萬德。三犯。於解到地方。即行正法示衆。如已出境。即著湖北督撫。派員迎赴該犯解到之處。監視正法。仍一面即行具奏。			
207	高宗乾隆49年5月17日	1784.07.04	乾隆、剛塔、李侍堯		皇帝、陝西固原提督(乾隆49年)、陝甘總督(乾隆47-49年)。		軍機大臣、伍岱(此人應為(瓜爾佳)五岱，伍岱為異名、(富察)福康安、李侍堯	滿洲正黃旗、滿洲鑲黃旗	根據人名權威人物傳記資料庫記載，此時伍岱擔任的官職為固原提督(署)、都統、鑲藍旗蒙古都統、乾清門侍衛、尚書房總諳達(全部皆為乾隆49年-?)，具體擔任官職有待查證。(沒有擔任署理固原提督，因為伍岱在乾		辛未。諭軍機大臣曰。剛塔奏。初九日馬營街勦賊情形一摺。看此光景。較前稍有起色。但賊現屯聚馬營街。剛塔 。俞金鰲 。圖桑阿等所帶之兵。俱已到齊。即應各領弁兵。分布前後左右。將賊人四面合圍。併力進攻。方能一舉集事。盡數殲除。不致仍前翻山逃竄。乃閱摺內。該提督等。仍會集一處。並不籌算及此。若復致賊人翻山而遁。更屬不成事體。又本日據李侍堯 奏稱。請遠現無留辦之事。即起程前赴鞏昌。安定。一帶賊蹤較近處。駐箚辦理等語。李侍堯 。既知應親往辦理。即當星赴馬營街打仗處所。與剛塔 等面商妥辦。乃僅於賊蹤較近之處。逗留駐箚。是何言耶。看來此事。剛塔 惟知在賊後尾追。全不籌及繞在賊前。並督率官兵。分布左右。以期四面圍殺。不使竄逸。俞金鰲 。圖桑阿等。則以勦賊為剛塔 一人專責。伊等如幫辦者然。而李侍堯 。則一味退縮不前。仍思於賊蹤不到之處。遙遙安駐。似勦賊事宜。與伊無涉。彼此推諉。竟無	平叛、軍事、斥責官員、皇帝對平叛過程的要求、皇帝指示如何平叛		時任確切職位未能查證

序號	時間(中曆)	時間(西曆)	提出者／奏議者／復議者				接收者／回應者				內容提要	類別、關鍵詞	關聯條目與事件	問題
			人物	八旗歸屬籍貫民族	職銜	出身	人物	八旗歸屬籍貫民族	職銜	出身				
									隆四十九年五月二十六日才被乾隆委任為署理固原提督。）福康安：軍機大臣(乾隆48-49年)、兵部尚書(乾隆49年)、工部尚書(兵部尚書兼管)(乾隆49年)、總管內務府大臣、清字經館總裁、欽差大臣、參贊大臣。《清實錄》乾隆四十九年閏三月一日記載：又諭曰。兵部尚書		一人實心承辦。李侍堯　。剛塔　。俞金鰲　。圖桑阿。著再傳旨嚴行申飭。此時若再不派重臣前往督率。恐有貽誤。昨已令尚書福康安　。同領侍衛內大臣海蘭察　。帶同巴圖魯侍衛章京等。馳驛前往。但福康安到彼。尚需十餘日。而此時勦賊。正在緊要之際。伍岱　素嫻軍旅。曾為參贊大臣。福康安　未到之先。即著伍岱　總理一切。所有彼處帶兵之大臣官員。俱聽其節制調度。伍岱此時。務當相度機宜。速籌圍勦。不可使賊人有一名兔脫。亦不可因福康安　未到。稍存觀望等候之見。至賊人自馬家堡奔竄後。又有楊填四等。聚衆接應。並有張阿渾。馬建功等。亦被賊人糾約入夥。以致復行屯聚。且賊營內。俱係新白布帳房。又有鳥鎗等項器械。賊人甫經竄逸。各處回民。即紛紛接應入夥。帳房器械等物。俱非倉猝可辦。從前蘇四十三滋事。尚因副將新柱。知府楊士璣激成。此次賊匪。竟係蓄謀已久。暗中勾約豫備。所以能同時聚擾。皆由李侍堯　。平時不能督率地方文武員弁。漫無防範覺察所致。俟事竣後。著福康安查明。詳悉參奏。另降諭旨。又前此賊人田五等。自小山起事後。其餘賊由鹽茶廳。至西鞏驛一帶。四出奔竄。所經之處。地方已屬遼遠。沿途村			

序號	時間	時間	提出者／奏議者／復議者				接收者／回應者				內容提要	類別、關鍵詞	關聯條目與事件	問題
	(中曆)	(西曆)	人物	八旗歸屬籍貫民族	職銜	出身	人物	八旗歸屬籍貫民族	職銜	出身				
									員缺。著福康安補授。工部尚書事務。即著復興署理。福康安仍行兼管。可見福康安在四十九年閏三月一日開始擔任兵部尚書的同時兼管工部尚書。《清實錄》乾隆四十九年閏三月三日記載：以兵部尚書福康安。為總管內務府大臣。可見福康安在同年閏三月三日開始擔任		堡。被賊搶掠。百姓受害者必多。且前據該督等。查有民人展廷隆。因賊脅令入夥不從。父子被害。可見民人等。平時受朕撫恤深恩。雖遭荼毒。仍至死不肯從賊。殊堪嘉憫。昨已降旨。令福康安 到彼。會同該督。即詳晰查明。酌量撫卹。李侍堯 接奉諭旨。即速先行普諭各屬。務期良民安輯。毋使一人失所。再據李侍堯 奏。分竄鷹窩石賊匪。經副將八十五。玉柱等。帶兵迎截。擊斃甚多。所辦尚好。八十五。玉柱等。於分竄之賊。能奮勇截殺。亦屬可嘉。著存記。俟事竣後。福康安 。查明果係出力。奏聞候朕降旨。其餘賊二十餘人。李侍堯 。仍嚴飭該副將等。上緊擒拏務獲。勿任乘間逃竄。			

序號	時間	時間	提出者／奏議者／復議者				接收者／回應者				內容提要	類別、關鍵詞	關聯條目與事件	問題
	(中曆)	(西曆)	人物	八旗歸屬籍貫民族	職銜	出身	人物	八旗歸屬籍貫民族	職銜	出身				
									總管內務府大臣。《清實錄》乾隆四十九年四月十八日記載：以戶部尚書和珅。兵部尚書福康安。充清字經館總裁。可見福康安在同年四月十八日開始擔任清字經館總裁。《清實錄》乾隆四十九年五月二十日記載：又諭。現令阿桂前往甘肅。會同福康安。辦理剿賊事宜。所					

序號	時間	時間	提出者／奏議者／復議者				接收者／回應者				內容提要	類別、關鍵詞	關聯條目與事件	問題
	(中曆)	(西曆)	人物	八旗歸屬籍貫民族	職銜	出身	人物	八旗歸屬籍貫民族	職銜	出身				
									有福康安佩帶之欽差大臣關防。即可令阿桂作為將軍印信。福康安。海蘭蔡。伍岱等。並為參贊大臣。協同經畫。至屆期進勦時。賊匪內有應誅戮者。即行誅戮。若俘獲賊匪要犯。酌揀數名。派委幹練官兵護送。迅速解赴熱河。務飭該解員等。沿途小心防護。毋稍疏縱。並					

序號	時間 (中曆)	時間 (西曆)	提出者／奏議者／復議者 人物	八旗歸屬籍貫民族	職銜	出身	接收者／回應者 人物	八旗歸屬籍貫民族	職銜	出身	內容提要	類別、關鍵詞	關聯條目與事件	問題
									於起解時。飛咨所過省分督撫。嚴飭地方文武員弁。按站派兵。協同護解。可見福康安在同年五月二十日開始擔任參贊大臣。李侍堯：陝甘總督(乾隆 47-49 年)。					
208	高宗乾隆49年5月18日	1784.07.05	乾隆、伍岱		皇帝、根據人名權威人物傳記資料庫記載，此時伍岱擔任的官職為固原提督(署)、都統、鑲藍旗蒙古都統、乾		軍機大臣等、阿桂、劉峩、何裕城、畢沅		阿桂：欽差大學士(武英殿大學士，乾隆42年-嘉慶2年，清代職官資料庫數據)、軍機大臣(乾隆41年-嘉慶2		壬申。諭軍機大臣等。據伍岱 等奏。賊人復行竄逸。且有石峰堡等處回民。聚集滋擾之事。並稱回匪頭人。有馬阿不都。馬之元。沙之玉。馬世雄。四人。都是三掌教頭目。更有小頭人四名等語。新教匪徒。竟有三掌教名目。可見伊等掌教內。已有等第層次。是其蓄謀已久。必非朝夕所能猝合。李侍堯 身為總督。且從前勦除蘇四十三後。所有斷除新教之事。即責成該督專辦。乃該督於新教回匪等。公然自立掌	宗教、新教回民叛亂、平叛、軍事、斥責官員、皇帝指示如何平叛		伍岱職務不清楚

序號	時間	時間	提出者／奏議者／復議者				接收者／回應者				內容提要	類別、關鍵詞	關聯條目與事件	問題
	(中曆)	(西曆)	人物	八旗歸屬籍貫民族	職銜	出身	人物	八旗歸屬籍貫民族	職銜	出身				
					清門侍衛、尚書房總諳達(全部皆為乾隆49年-？)，具體擔任官職有待查證。伍岱在乾隆四十九年五月二十六日被乾隆委任為署理固原提督。				年，清代職官資料庫數據)、兵部尚書(署)(乾隆43-嘉慶1年)。劉峩：直隸總督管巡撫事(總督直隸管巡撫事)(乾隆48-55年)何裕城：河南巡撫(乾隆48-50年)畢沅：陝西巡撫(乾隆48-50年)。		教名目等次之事。毫無覺察。任其煽惑勾結。以致釀成事端。豈封疆大臣。惟知厚享廉俸。安坐衙齋。而於地方此等重大事件。全不知留心防範。有是理乎。福康安到後。即查明此事。如果係李侍堯　。平時漫不經心。養癰貽患所致。即據實參具奏。至賊人屢次逃逸。糾合夥衆。擾害地方。揆度情形。必須滿洲勁旅。前往。方能迅速蕆事。著傳諭阿桂　。於火器。健銳。兩營內。挑選精兵一千名豫備。聽候諭旨。再行帶領起程。所有分隊帶領之侍衛章京等。並著酌量選派。京兵聲勢壯盛。經阿桂　帶領前往。尤足以壯軍勢而懾人心。阿桂　所帶京兵一到。自可會同調度。剋期竣事也。所有沿途應用車輛。著傳諭劉峩。何裕城　。畢沅　。不動聲色。飭屬密行妥備。勿致臨時遲誤。亦不可稍涉張皇。直隸派景祿。河南派江蘭　陝西派圖薩布。專司其事。護送出境。			
209	高宗乾隆49年5月26日	1784.07.13	乾隆		皇帝		李侍堯、福康安、剛塔、(把岳忒)哈當阿、伍岱	(把岳忒)哈當阿：蒙古正黃旗	李侍堯：陝甘總督(乾隆47-49年)(此條目內容即與乾隆革除其陝甘總督官		庚辰諭。從前甘省蘇四十三。因新舊爭教。地方官辦理不善。致釀事端。小醜跳梁。立時撲滅。節經降旨李侍堯　。將通省新教回民。當不動聲色。密行查辦。斷絕根株。以靖邊疆而安良善舊教之　回民。是查辦新教。乃李侍堯　分內專責。經數年間。該督祇查拏一二人。奏明辦	宗教、新教回民叛亂、平亂、官員失職、懲戒官員、法律、軍事、官員調任		職務不清晰之處較多。

序號	時間 (中曆)	時間 (西曆)	提出者／奏議者／復議者				接收者／回應者				內容提要	類別、關鍵詞	關聯條目與事件	問題
			人物	八旗歸屬籍貫民族	職銜	出身	人物	八旗歸屬籍貫民族	職銜	出身				
									職有關）福康安：軍機大臣(乾隆 48-49 年)、兵部尚書(乾隆 49 年)、工部尚書（兵部尚書兼管)(乾隆 49 年)、總管內務府大臣、清字經館總裁、欽差大臣、參贊大臣（以上皆為乾隆 49 年-？）、陝甘總督(乾隆 49-53 年，此條目內容即為福康安接替李侍堯成為陝甘總督）。		理。乃為時無幾。復有固原所屬小山 回民田五等。聚眾謀逆之事。攻城掠堡。傷害官兵。因令李侍堯 。查明賊人起事根由。據奏。請遠城內 回民。勾通內應一節。本年三月十五日。眾新教回人。齊集禮拜寺。將田五糾眾謀逆情節告知。約令臨期內應等語。是賊人多係新教。久蓄逆謀。公然於縣城內齊集糾約。李侍堯 安坐省城。毫無聞見。則從前之查拏一二回匪。不過藉以塞責。而其並不實心查辦。已屬顯然。迨賊首田五就斃。餘黨竄入馬家堡。剛塔 等帶兵追趕。李侍堯 惟知株守靖遠。藉稱審辦賊犯家屬。而於一切攻勦機宜。竟視為非伊總督本分內應辦之事。祇委之提督。以致軍營統攝無人。賊匪乘間翻山而逸。經朕再四訓飭。李侍堯 始行移駐安定。仍與剛塔 等軍營。相距遙遠。彼此信息。祇憑文札往來。從來行軍之道。有如此之玩延懦怯者乎。且各處從逆賊匪。一經拏獲。即當審明立時正法。乃據奏鹽茶。靖遠。安定地方。尚有現審未辦之犯。此等為逆回匪。有何疑難躭擱。李侍堯 無非藉以遷延觀望。遠避賊鋒。巧為卸過地步。是其避重就輕。豫存文飾之見豈能逃朕洞鑒。真所謂欲蓋彌彰也。此事李侍堯 。既玩愒於平時。又畏葸於臨事。遂使賊勢			

序號	時間	時間	提出者／奏議者／復議者				接收者／回應者				內容提要	類別、關鍵詞	關聯條目與事件	問題
	(中曆)	(西曆)	人物	八旗歸屬籍貫民族	職銜	出身	人物	八旗歸屬籍貫民族	職銜	出身				
									哈當阿：甘肅固原鎮總兵(乾隆46-49年)、陝西提督(固原提督)(乾隆49-53年，此條目內容即乾隆任命哈當阿接替剛塔成為固原提督）。伍岱：固原提督(署)(此條目內容即為哈當阿在正式接替剛塔成為固原提督前，乾隆暫時由伍岱擔任固原提督）、都統、鑲藍旗蒙古都		蔓延猖獗。到處勾通。李侍堯 之罪。實無可逭。李侍堯 。著革職。暫留甘省。帶罪効力。辦理軍需事務。俟勦滅事竣。再降諭旨。其陝甘總督員缺。著福康安補授。福康安 到甘時。再行傳旨。接印任事。至剛塔 於賊匪竄入馬家堡時。並不堵截後路。縱賊潛逃。復札會總督。輾轉躭延。迨賊遠颺。始帶兵尾追。以致賊人四出勾結。日益滋蔓。擾害地方。且於賊人攻破通渭縣城。及在石峰堡肆行紛擾之處。毫無策應。失機僨事。其罪更無可逭。剛塔 。著革職拏問。解交刑部治罪。其固原提督員缺。著哈當阿補授。現在河州有防範事宜。哈當阿不宜即離該處。其未到任之前。著伍岱署理固原提督印務。現在各處官兵厚集。阿桂 。福康安 。先後到彼。相機攻勦。諒此窮竄么麼。自無難即時殄滅。所有李侍堯 。剛塔 。辦理此事。始終貽誤緣由。及朕批閱李侍堯 原摺。著一併發鈔。通諭中外知之。			

序號	時間（中曆）	時間（西曆）	提出者／奏議者／復議者				接收者／回應者				內容提要	類別、關鍵詞	關聯條目與事件	問題
			人物	八旗歸屬籍貫民族	職銜	出身	人物	八旗歸屬籍貫民族	職銜	出身				
									統、乾清門侍衛、尚書房總諳達（全部皆為乾隆49年-？），具體擔任官職有待查證。					
210	高宗乾隆49年5月28日	1784.07.15	乾隆、阿桂		皇帝、阿桂：欽差大學士（武英殿大學士，乾隆42年-嘉慶2年，清代職官資料庫數據）、軍機大臣（乾隆41年-嘉慶2年，清代職官資料庫數據）、兵部尚書（署）（乾隆43-嘉慶1年）。		軍機大臣、阿桂、福康安		阿桂：欽差大學士（武英殿大學士，乾隆42年-嘉慶2年，清代職官資料庫數據）、軍機大臣（乾隆41年-嘉慶2年，清代職官資料庫數據）、兵部尚書（署）（乾隆43-嘉慶1年）。福康安：軍機大臣		諭軍機大臣曰。阿桂 奏。查辦新舊教回民。必須分晰明確。但 回民有一家祖孫父子兄弟。各從新舊兩教者。一時驟難區別。若概予駢誅。恐人人自危。不免聞風疑懼。惟有於現在逆回勦除淨盡後。即將賊匪所經過。及煽誘之處。實力搜緝。有形跡可疑者。多加殄戮。此外各州縣。惟責成該督。飭屬善為化導。緩圖消除之法等語。自應如此辦理。朕用福康安 之意。即為此也。已於摺內批示。阿桂 到甘省時。各路所調官兵。陸續齊集。軍勢已盛。賊匪自當速就撲滅。阿桂 於勦除淨盡後。所有安定。會寧。通渭。及官川。鹽茶廳。各處。凡賊匪經過煽誘地方。務宜會同福康安 。派員詳細訪緝。實力搜捕。遇有形跡可疑之人。殲戮務淨。勿使匪徒得有一人漏網。此外各州縣 回民。竟宜嚴飭地方官。多方曉諭。善為開導。	新教回民叛亂、宗教、區分新舊教信徒、肅清可疑人士、安撫回民、調查官員失職		

序號	時間	時間	提出者／奏議者／復議者				接收者／回應者				內容提要	類別、關鍵詞	關聯條目與事件	問題
	(中曆)	(西曆)	人物	八旗歸屬籍貫民族	職銜	出身	人物	八旗歸屬籍貫民族	職銜	出身				
									(乾隆48-49年)、兵部尚書(乾隆49年)、工部尚書(兵部尚書兼管)(乾隆49年)、總管內務府大臣、清字經館總裁、欽差大臣、參贊大臣(以上皆為乾隆49年-?)、陝甘總督(乾隆49-53年，此時肯定已經接替李侍堯)。		仍當隨時周密防範。緩圖消滅。所謂為之以漸也阿桂　。福康安　等。當詳悉熟籌妥協。密為辦理。不可洩漏。又前據李侍堯　等奏。正月內。田五至靖遠掌教哈得成。頭人哈彥家。商同謀逆。哈得成於三月十五日。趁衆新教回人齊集禮拜寺。將田五糾從謀逆情節告知。勾令臨期內應等語。前此阿桂　等。於蘇四十三勦滅後。辦理善後事宜。已奏將新教所建之禮拜寺。盡行拆毀。何以此次新教回匪。又得齊集禮拜寺。潛為勾結。是否係李侍堯　因循不辦。將舊有新教所建之禮拜寺。未經飭屬毀去。抑係新教回匪。於拆毀後。又私行建蓋。而李侍堯　及地方官等。竟漫不經心。毫無覺察。並著阿桂　。福康安　。查明。據實覆奏。將此由六百里加緊。密行傳諭知之。阿桂　摺。並著鈔寄福康安閱看。			
211	高宗乾隆49年5月29日	1784.07.16	乾隆、傅玉等		皇帝、西安將軍(乾隆47-乾隆49年)。《清實錄》乾		阿桂　、福康安		阿桂：欽差大學士(武英殿大學士，乾隆42年-嘉慶2		又諭。據傅玉　等奏。賊匪現占之石峰堡。形勢險要。請俟所調各處官兵到齊。再四面圍攻。並用礮轟擊等語。總不成話。前據伍岱　。剛塔等會奏。十七日有賊千餘名。逸出鹿鹿山。至離山七十里之烏家坪紮	叛亂、軍事、斥責官員、調查官員失職、審訊犯人、懲		

序號	時間 (中曆)	時間 (西曆)	提出者／奏議者／復議者 人物	八旗歸屬籍貫民族	職銜	出身	接收者／回應者 人物	八旗歸屬籍貫民族	職銜	出身	內容提要	類別、關鍵詞	關聯條目與事件	問題
					隆四十九年六月八日記載：辛卯。諭曰。永鐸現在鹿鹿山等處。勦辦回匪。且年力強壯。即著調補西安將軍。傅玉著調補杭州將軍。俟甘肅事竣。再赴新任。可見傅玉此時並為調任杭州將軍。				年，清代職官資料庫數據)、軍機大臣(乾隆41年-嘉慶2年，清代職官資料庫數據)、兵部尚書(署)(乾隆43-嘉慶1年)。福康安：軍機大臣(乾隆48-49年)、兵部尚書(乾隆49年)、工部尚書(兵部尚書兼管)(乾隆49年)、總管內務府大臣、清字經館總裁、欽差大臣、參贊大臣(以上皆		營。伍岱 。剛塔 等。帶兵前往追勦。現在鹿鹿山。石峰堡尚有賊數千。留傅玉 。永安在鹿鹿山要口。紮營堵禦。何以本日傅玉 摺內。又稱自十三以後。連日大雨。繼以大霧。至十七日霧散。賊人乘勢逃竄。不知去向。是鹿鹿山現已並無賊匪。傅玉 雖年老糊塗。豈不知賊已潛逃。斷無坐擁重兵。圍守空山之理。乃該將軍等。並不前赴烏家坪。會同協勦。轉思以空言獻策。思為用巧之計。傅玉 。永安。何不曉事至於此極。著傳旨嚴行申飭。再據傅玉 奏。詢之居民人等。稱石峰堡。本係舊時險要處所。上年五月間。新教回人。又加修理整固。衆回人約定於本年五月初五日起事。是以通渭。靜寧。各州縣。據報。均係同日被賊搶刦等語。石峰堡一帶地方。自必設有營汛兵弁。並州縣文員管轄。今賊人於上年。公然聚集多人。在該處修理城堡。豫營巢穴。附近居民。既經共見。豈有該處員弁兵役等。獨無聞見之理。此事以傅玉 之無能。尚知詢問土人。訪出情節。何以李侍堯 。剛塔 。節次拏獲賊匪奸細。審問供詞。轉無一人將此事供出。伊等又並不訊及。至賊人起事。早經定有日期。傅玉以客官甫抵甘境。即聞紛紛傳說。詢之居民。及所獲賊犯。供亦相同。	戒官員、賞賜回民、平叛		

序號	時間	時間	提出者／奏議者／復議者				接收者／回應者				內容提要	類別、關鍵詞	關聯條目與事件	問題
	(中曆)	(西曆)	人物	八旗歸屬籍貫民族	職銜	出身	人物	八旗歸屬籍貫民族	職銜	出身				
									為乾隆49年-？)、陝甘總督(乾隆49-53年，此時肯定已經接替李侍堯)。		何以李侍堯 等。屢次摺內。總未據實奏聞。看來李侍堯 。竟係有心迴護。刪減供詞。以為避。罪之計。福康安 先抵甘省。即當將傅玉 所奏五月五日起事。及去年五月修理石峰堡情節。迅速詳細查明。阿桂 。亦應於沿途留心訪問。如李侍堯 於賊匪謀逆。修理城堡各緣由。果有隱謀諱不奏之處。是革職不足以蔽辜。著阿桂 。福康安 。即將伊拏問。速解熱河。先將此等情節。嚴審錄供具奏。其石峰堡。係何府縣營汛所轄地方。賊人如此豫謀聚衆。肆逆不法。該管文武員弁。所司何事。並著福康安 。逐一查明。將專管之文武員弁。革職拏問。審明治罪。其兼管文武各員。亦著一併參奏。又閱傅玉 所繪圖內。石峰堡係在衆山之中。想周圍地面。亦不甚廣闊。賊人家眷。俱藏匿在內。其意似不肯復行遠颺。該處勢如釜底。此時所調之西寧。寧夏。阿拉善。四川屯練。各項兵丁。自己陸續到彼。兵力既厚。自無難於設法堵截圍勦。計福康安 。月內即可行抵該處。務宜詳細妥籌。迅速蕆事。至此事始經發覺時。係據紅滂壩鄉約李應得。李化雄等稟首。嗣又據剛塔 奏稱。有大莊回民馬世雄。帶眷投案。稟稱石峰堡 回民。聚衆謀逆。糾伊入夥。連夜前來首報等語。此			

序號	時間 (中曆)	時間 (西曆)	提出者／奏議者／復議者 人物	八旗歸屬籍貫民族	職銜	出身	接收者／回應者 人物	八旗歸屬籍貫民族	職銜	出身	內容提要	類別、關鍵詞	關聯條目與事件	問題
											等誠實民人既肯舉報賊情。李侍堯。剛塔。若將該民人留於軍營。作為鄉導。自可得進兵路徑。李應得等。前已給予外委頂帶。著福康安。再各拔補千總。其馬世雄亦著一體賞給千總。以示勸獎。並派隨營充當嚮導。領路進勦。自更得力。			
212	高宗乾隆49年6月1日	1784.07.17	乾隆		皇帝		阿桂、福康安		阿桂：欽差大學士(武英殿大學士，乾隆42年-嘉慶2年，清代職官資料庫數據)、軍機大臣(乾隆41年-嘉慶2年，清代職官資料庫數據)、兵部尚書(署)(乾隆43-嘉慶1年)。福康安：軍機大臣(乾隆48-49年)、兵部尚書		乾隆四十九年。甲辰六月甲申朔。諭。甘省逆回滋事。先經革職總督李侍堯奏稱。此事因小山逆回田五等。謀興新教起釁。經朕以該犯等欲興新教。糾眾謀逆。遂降旨飭詣。始據該督將本年正月內。田五在靖遠哈得成。哈彥家。商同謀逆各情節覆奏。又據西安將軍傅玉奏。訊之甘省居民。僉稱眾回匪於上年五月。即修理石峰堡。並約定本年五月五日起事。通謂等處。亦據報同日被賊搶刦等語。是賊人肆逆不法。早已豫蓄奸謀。並非因爭教起事。夫內地回人。其來已久。我國家威稜遠播。平定準部。回部。西域咸隸版圖。新疆回人。年班入覲。往來絡繹。內地民人。亦多至回疆貿易。其有查對經卷。講習規條者。相習為常。例所不禁。遂有紅帽。白帽。新教。舊教之名。其實新疆之回人。正其舊教也。且現在內地回民所習之教。所講之經。皆與喀什噶爾。葉爾羌等處回人經教無異。原無新舊之別。况內外均屬編氓赤	回民叛亂、宗教、邪教、皇帝對內地回民與新疆回民的態度、皇帝對新舊教的態度、平叛、搜捕叛民、安撫回民		

序號	時間	時間	提出者／奏議者／復議者				接收者／回應者				內容提要	類別、關鍵詞	關聯條目與事件	問題
	(中曆)	(西曆)	人物	八旗歸屬籍貫民族	職銜	出身	人物	八旗歸屬籍貫民族	職銜	出身				
									(乾隆 49 年)、工部尚書(兵部尚書兼管)(乾隆 49 年)、總管內務府大臣、清字經館總裁、欽差大臣、參贊大臣(以上皆為乾隆 49 年 -？)、陝甘總督(乾隆 49-53 年，此時肯定已經接替李侍堯)。		子。順則恩有可加。逆則法無可宥。今賊首田五。已就殲斃。其餘黨馬鬍子。李鬍子等。膽敢於光天化日之下。聚眾鴟張。攻城掠堡。即屬回民中之邪教。如僧中白蓮教之類而已。昨已命大學士阿桂 。陝甘總督福康安 。前往督辦。並派京兵。及飛調四川屯練降番。暨阿拉善。鄂爾多斯。各處蒙古兵丁。到彼協勦。大兵雲集。諒此么麼小醜。自無難速就殲除。至阿桂 。福康安 。於勦滅賊匪後。祇須將賊人經過煽誘之處。所有平時與賊。人勾結知情。及賊人起事後。代為往來送信。接濟糧食之人。即係邪教亂民。必須實力搜捕正法。勿使復如李侍堯之養癰。其餘並未從逆之回人。不必更分舊教新教。皆係良民。概毋庸波及。以免株連。總之查辦此事。止當分別從逆與否。邪正之殊。不必論其教之新舊。即如僧道原非例禁。而白蓮等邪教之必應查究者。亦以其左道惑民。聚眾滋事也。嗣後阿桂 等奏摺內。凡從逆回匪。俱稱邪教。不必復分新舊名目。俾 回民等咸知朕洞悉其教根源。不分畛域。斷不肯因滋事賊匪。將無辜守法良民。一併株連之至意。將此通諭中外知之。並著阿桂 。福康安 。及各直省。於凡有 回民處。謄黃遍貼。宣示知之。			

序號	時間	時間	提出者／奏議者／復議者				接收者／回應者				內容提要	類別、關鍵詞	關聯條目與事件	問題
	(中曆)	(西曆)	人物	八旗歸屬籍貫民族	職銜	出身	人物	八旗歸屬籍貫民族	職銜	出身				
213	高宗乾隆49年6月6日	1784.07.22	乾隆		皇帝		福康安		福康安：軍機大臣(乾隆48-49年)、兵部尚書(乾隆49年)、工部尚書(兵部尚書兼管)(乾隆49年)、總管內務府大臣、清字經館總裁、欽差大臣、參贊大臣(以上皆為乾隆49年-?)、陝甘總督(乾隆49-53年，此時肯定已經接替李侍堯)。		又諭。此次伍岱 等勦擊賊匪。殲其頭目三人。且慮賊翻山逃遁。派兵繞上山梁。攻搶賊營。較前稍有起色。看來伊等。因朕以該處領兵大員。不能辦賊。特遣福康安 前往督勦。亦知愧激。且聞福康安 將抵甘境。有所倚仗。精神俱略加振作。至賊經官兵追擊。即棄營南竄。自是向秦州而去。伍岱 等既已派兵前往。若能與三德兩面合勦。痛加殲洗。先肅清一路。固屬甚好。倘賊人仍竄入石峰堡內。該處地勢雖險。亦不過如蘇四十三所據之華林山。官兵進攻時。祇須加意防範。據其高處。並於左近尋覓路徑。詢之誠實居民。或即令為嚮導。帶兵尋逕。繞上山頂。建瓴而下。勢如破竹。賊人自無由兔脫。即使路徑險窄。官兵實難前進。然官兵既不能進。賊亦何從而出。果能即其總路。帶兵嚴密堵住。則賊人困守空山。更可不勞窮追。而盡數殲除也。至伏羌等處賊匪。既有伍岱 等在彼勦辦。牽掣賊勢。福康安 。尤可專心勦辦隆德等處之賊。隆德現有莽古賚。帶到兵一千名。靜寧存有守城兵七百餘名。而延綏兵一千名。阿拉善蒙古兵一千名。自己陸續到彼。福康安 又帶有山西。陝西。兵四百名。是兵力已不為少。福康安 。與海蘭察 。及巴圖魯侍衛等。竟宜乘	平叛、軍事、皇帝指示如何平叛、獎賞回民		

序號	時間	時間	提出者／奏議者／復議者				接收者／回應者				內容提要	類別、關鍵詞	關聯條目與事件	問題
	(中曆)	(西曆)	人物	八旗歸屬籍貫民族	職銜	出身	人物	八旗歸屬籍貫民族	職銜	出身				
											此兵力。先將隆德潘隴山之賊。勦滅淨盡。再往靜寧勦捕翠屏山之賊。俟此兩處賊匪洗淨。然往赴石峰堡。設法堵勦。但仍應步步留心。並派委明幹將領。帶兵殿後策應。此為最要。又據李侍堯 奏稱。靜寧一帶。文報往來。恐為賊匪所阻。現擬改由蘭州。涼州。安設軍臺。接到沿邊軍臺馳送等語。此不過一時權宜之計。俟福康安 將靜寧。隆德等處賊匪辦盡。文報仍宜由舊路馳遞。較為捷近。再據伍岱 等奏。在伏羌城外。拏獲賊匪。及婦女幼孩。令守城出力之老教鄉約白中偉等。逐一辨認等語。此等老教鄉約。並不為賊人脅誘。且助官兵守城禦賊。著福康安 於勦捕石峰堡賊匪完竣。前往伏羌時。查明該鄉約白中偉等。如果實在出力。即應優加獎賞。俾老教回民。均知感奮。			
214	高宗乾隆49年6月9日	1784.07.25	乾隆、伊星阿	滿洲鑲黃旗	皇帝、伊星阿：江西巡撫(乾隆49年)。《清實錄》乾隆四十九年四月二十七日記載：辛亥。諭。前已						壬辰。諭。本日據伊星阿奏到。五月二十四日。有發配煙瘴之甘省邪教回匪馬五一等三犯。解抵長沙。另有文牌無名。跟隨到楚之河州回民丁正祥。馬三格。馬五十一等三犯。訊係馬五一等親屬。一路跟隨做飯。所過州縣盤詰。俱稱起解時。回明跟來。並搜獲各犯等。隨身俱帶有銀兩。帽纓等物等語。馬五一等三犯。因堅守邪教。恐其煽惑人心。復為滋擾。是以免其一死。發	宗教、回民犯人、回民犯人私帶銀兩和帽纓、押送路線、皇帝指示官員押送犯人時務必提高警惕、		

序號	時間	時間	提出者／奏議者／復議者				接收者／回應者				內容提要	類別、關鍵詞	關聯條目與事件	問題
	(中曆)	(西曆)	人物	八旗歸屬籍貫民族	職銜	出身	人物	八旗歸屬籍貫民族	職銜	出身				
					有旨。將李綬補授江西巡撫。但該省巡撫。兼管提督事務。李綬係翰林出身。未能諳悉營伍。李綬著調湖南巡撫。其江西巡撫員缺。著伊星阿補授。仍照例兼管提督事務。可見6月9日時伊星阿已經擔任江西巡撫一職。						往瓊南百色煙瘴地方安插。與尋常軍流人犯不同。地方官於起解時。自應詳細檢點。慎重僉差。並知照沿途經過地方。一體慎密護送。乃馬五一等。竟敢於皐蘭本地。即帶丁正祥等。一路行宿。藉稱自造飯食。以致沿途逐站遞送。並不盤詰來歷。此總係李侍堯 平日辦理邪教。漫不經心。押解官員。於起解時。一任該犯等。招同黨類。一路隨行。疏蹤已極。且各犯隨身攜帶銀至二百餘兩。帽纓至六百餘頭之多。到配時。仍得貿易多貲。安居樂業。勢必故智復萌。又於該處倡興邪教。煽誘良民。更屬不成事體。所有甘省押解馬五一等之員。已有旨令福康安 查明。拏交刑部治罪。嗣後遇有此等免死發配緊要重犯。各督撫。務宜飭屬嚴密檢查。並飭解員。沿途小心管押。毋得得似此玩忽干咎。但不得因有此旨。將尋常軍流人犯。亦一律查點。不准其攜帶親屬銀物。致令到配。無以自存。是又非朕法外施仁之意。總之朕辦理庶獄。寬嚴適中。務期情理之平。內外問刑衙門。其各仰體朕意。毋或畸重畸輕。以成弼教協中之治。將此通諭知之。	斥責官員		
215	高宗乾隆49年6月9日	1784.07.25	乾隆、伊星阿		皇帝、伊星阿：江西巡撫		軍機大臣等、福康安		福康安：軍機大臣(乾隆48-		諭軍機大臣等。據伊星阿奏。湖北省解到充發煙瘴之甘肅邪教 回民馬五一等三犯。此外尚有 回民丁正	宗教、回民犯人、回民犯人		

序號	時間	時間	提出者／奏議者／復議者				接收者／回應者				內容提要	類別、關鍵詞	關聯條目與事件	問題
	(中曆)	(西曆)	人物	八旗歸屬籍貫民族	職銜	出身	人物	八旗歸屬籍貫民族	職銜	出身				
					(乾隆 49 年)。《清實錄》乾隆四十九年四月二十七日記載：辛亥。諭。前已有旨。將李綬補授江西巡撫。但該省巡撫。兼管提督事務。李綬係翰林出身。未能諳悉營伍。李綬著調湖南巡撫。其江西巡撫員缺。著伊星阿補授。仍照例兼管提督事務。可見 6 月 9 日時伊星阿已經				49 年)、兵部尚書(乾隆 49 年)、工部尚書(兵部尚書兼管)(乾隆 49 年)、總管內務府大臣、清字經館總裁、欽差大臣、參贊大臣(以上皆為乾隆 49 年 - ？)、陝甘總督(乾隆 49-53 年，此時肯定已經接替李侍堯)。		祥。馬三格。馬五十一等。隨同到楚。係文牌內無名之人。訊係馬五一等親屬。因迷戀異教。情願遠道跟往。已將馬五一等即行正法。並將丁正祥等。均擬絞候。又搜出馬五一等所帶銀二百四十餘兩。涼纓六百餘頭。概行入官等語。所辦甚是。馬五一等。係充發煙瘴重犯。其親屬不憚遠道跋涉。跟同前往。可見邪教煽惑人心牢不可破。況該犯因邪教惑人。竄之遠方。何得任其多帶銀物。潛攜黨羽。倘該犯等至配所後。仍得安居樂業。故智復萌。倡興邪教。尚復成何事體。且該犯等僉解時。曾降旨令各該督。撫。轉飭所過地方。不得令其生事。其銀兩從何而來。而雨纓尤為甘肅所產。必係該犯臨行所攜帶。此在沿途地方官轉解時。或未能詳細檢點。而甘省起解之初。何得竟聽其攜挈親屬同行。多帶財物。非尋常錯誤可比。著傳諭福康安 。即查明馬五一等發遣時。係派何員押解。一面參奏。一面即將該員拏交刑部治罪。伊星阿摺。並著鈔。寄閱看。至此案內馬五一等三犯。及伊親屬丁正祥。均係河州 回民。可見該處回民。被邪煽誘。執迷不悟。不可因此次未經隨同逆回肆擾。遂信為安靜良回。不加留意。務於此案辦理完竣後。仍宜密飭屬員。嚴慎訪	私帶銀兩和帽纓、調查官員失職、懲戒官員、監視回民		

序號	時間 (中曆)	時間 (西曆)	提出者／奏議者／復議者				接收者／回應者				內容提要	類別、關鍵詞	關聯條目與事件	問題
			人物	八旗歸屬籍貫民族	職銜	出身	人物	八旗歸屬籍貫民族	職銜	出身				
					擔任江西巡撫一職。						察。毋使故智復萌。方為妥善。			
216	高宗乾隆49年6月12日	1784.07.28	乾隆、(鈕祜祿)特成額	滿洲鑲黃旗	皇帝、湖廣總督(乾隆49-51年)。						乙未。諭曰。特成額 奏。據湖南。藩臬兩司稟報。五月二十六日。已將逆回馬五一等。截留正法。並查出回民丁正祥三人。隨同行走。現已審明定擬。因請將湖北。湖南。兩省各員。及委解員弁。請旨交部嚴加議處等語。所辦過當。	處置回民犯人		
217	高宗乾隆49年6月13日	1784.07.29	乾隆、李侍堯		皇帝、李侍堯此時應該仍是革職狀態。		軍機大臣等				丙申。諭軍機大臣等。本日據李侍堯 奏。拏獲賊犯馬三九子。供有賊人欲往蘭州。河州。勾合新教之語。已密札藩司。暨河州鎮。將供出蘭州河州之犯。按名嚴拏訊辦等語。蘭州。河州二處。經哈當阿設法嚴防。又有伍岱 等。斷賊前往之路。而現在供出勾合各犯。復已按名查拏。自可不致復行滋擾。但該二處。回民較多。從前蘇四十三滋事時。即由河州前至蘭州。而該二處。亦有 回民送賊渡河。餽送糧食之事。將來若仍留新教名目。不能淨絕根株。恐致芽櫱復萌。又須另起鑪竈。但業經被賊勾合者。自即當按名嚴拏正法。其或實係邪教。而未露從賊形跡者。若一概查拏辦理。未免致 回民驚畏。實難措手。著傳諭阿桂 。福康安 。將來辦理善後事宜時。應將拏獲賊目。逐一詳細研究。	回民犯人圖謀勾結蘭州、河州新教、宗教、審訊合謀犯人、處置勾結合謀回民		

序號	時間	時間	提出者／奏議者／復議者				接收者／回應者				內容提要	類別、關鍵詞	關聯條目與事件	問題
	(中曆)	(西曆)	人物	八旗歸屬籍貫民族	職銜	出身	人物	八旗歸屬籍貫民族	職銜	出身				
											令其將邪教一一指名供出。不論蘭州。河州。以及西安各處。一經賊目供扳。即可按名查拏嚴辦。如此辦理。既不致逆匪漏網。而且查辦有因。朕輾轉思維。此乃善後第一緊要關鍵。舍此恐別無善策。阿桂 。福康安 。素稱能事。或別有計議。俾得一勞永逸。亦未可定。伊二人務宜慎密。熟籌盡善。據實奏聞。仍著將拏獲訊過各賊目。酌分一半。派委妥員。解送熱河。以備親行鞫訊。其餘一半。仍留在營中。聽候伊等質問。如此將該賊目等兩處嚴訊。自可使賊人底裏畢露。不致稍有未盡也。			
218	高宗乾隆49年6月16日	1784.08.01	乾隆		皇帝		軍機大臣等、阿桂、福康安		阿桂：欽差大學士(武英殿大學士，乾隆42年-嘉慶2年，清代職官資料庫數據)、軍機大臣(乾隆41年-嘉慶2年，清代職官資料庫數據)、兵部尚書		乾隆四十九年。甲辰。六月。己亥。諭軍機大臣等。近日軍營漸有起色。旗鼓一新。自當立勦匪徒。但念此次逆回田五等。豈有無故即能糾合黨羽。定期起事。遠近回人。亦即附和隨從之理。朕於此事。再四思維。反躬自問。自臨御以來。數十年兢兢業業。並不敢稍存滿假。於民生疾苦。無不時時廑念。務期得所。而於甘省。尤加意撫恤。該省連年以來。並未聞水旱災歉。斷無貧黎失所。致匪徒得乘機煽誘。或地方官有勒索苛派。苦累百姓。因而賊人倡亂滋事。抑或李侍堯 查辦邪教不密。致逆回得謊稱勦洗回民。藉詞煽誘。以上種種各情節。思之	調查回民宗教叛亂之緣由、調查官員失職、懲戒官員、搜捕叛亂回民餘黨		

序號	時間	時間	提出者／奏議者／復議者				接收者／回應者				內容提要	類別、關鍵詞	關聯條目與事件	問題
	(中曆)	(西曆)	人物	八旗歸屬籍貫民族	職銜	出身	人物	八旗歸屬籍貫民族	職銜	出身				
									(署)(乾隆 43-嘉慶 1 年)。福康安：軍機大臣(乾隆 48-49 年)、兵部尚書(乾隆 49 年)、工部尚書(兵部尚書兼管)(乾隆 49 年)、總管內務府大臣、清字經館總裁、欽差大臣、參贊大臣(以上皆為乾隆 49 年-?)、陝甘總督(乾隆 49-53 年)。		總不得其故。究竟因何而起。不得不徹底根究。著傳諭阿桂 。福康安 。務向擒獲賊目。逐一研鞫。並於該處。詳晰詢訪起釁緣由。據實奏覆。毋得稍存迴護之見。至賊人於上年。即豫備石峰堡巢穴。以為退守之地。其所積糧食器械必多。自係陸續運往。斷難掩人耳目。何以地方文武員弁。竟昏如聾瞶。毫無聞見。此非尋常失察可比。著阿桂 。福康安 。查明貽誤之員。嚴參治罪。至賊人前此肆行無忌。往來逃竄。其所需糧食等項。尚可向各處村莊搶刦。今見官兵聲勢壯盛。又經福康安 等。痛加勦戮。餘賊自必竄回石峰堡。福康安 等。派兵四面嚴密圍堵後。賊人及老幼眷屬。不下萬人。藏於堡內困守。其積蓄自必立形匱乏。無從覓食。惟防各處邪教匪徒。尚有為之暗中饋送者。此等為賊接濟之人。罪與逆賊無異。必當嚴密查捕。一經拏獲。即究訊姓名居址。不可使一名漏網。此係盡絕邪教根株之法。阿桂 。福康安 。當留心遵照妥辦。不可稍存姑息。			
219	高宗乾隆 49 年 6 月 20 日	1784.08.05	乾隆、福康安		皇帝 阿桂：欽差大學士(武英殿		軍機大臣等、阿桂、福康安		阿桂：欽差大學士(武英殿大學士,		諭軍機大臣等。據福康安 奏。賊匪陸續投出者。共二百四十餘人。已分起交臬司。於隆德隔別收禁等語。所辦甚是。其底店投順回民。共有	軍事、叛變回民投降、處置回民犯		

序號	時間	時間	提出者／奏議者／復議者				接收者／回應者				內容提要	類別、關鍵詞	關聯條目與事件	問題
	(中曆)	(西曆)	人物	八旗歸屬籍貫民族	職銜	出身	人物	八旗歸屬籍貫民族	職銜	出身				
					大學士，乾隆42年-嘉慶2年，清代職官資料庫數據)、軍機大臣(乾隆41年-嘉慶2年，清代職官資料庫數據)、兵部尚書(署)(乾隆43-嘉慶1年)。福康安：軍機大臣(乾隆48-49年)、兵部尚書(乾隆49年)、工部尚書(兵部尚書兼管)(乾隆49年)、總管內務府大臣、清字經館				乾隆42年-嘉慶2年，清代職官資料庫數據)、軍機大臣(乾隆41年-嘉慶2年，清代職官資料庫數據)、兵部尚書(署)(乾隆43-嘉慶1年)。福康安：軍機大臣(乾隆48-49年)、兵部尚書(乾隆49年)、工部尚書(兵部尚書兼管)(乾隆49年)、總管內務府大臣、清字經館總裁、欽差大臣、		千餘。雖據福康安 奏。令俞金鰲 帶兵一千三百名。在該處駐劄彈壓。但此等從逆之人。見官兵勢盛。始行投降。其心究不可信。著福康安酌量。或送至省城。或分別就近各府縣監禁。俟事定後。分別正法發遣。總之此次查辦逆黨。務期淨盡。不可姑息。李侍堯 即喫此虧。阿桂 。福康安 。慎勿再留後患也。馬文熹現在隨營効力。此事究險。竟當仍照前旨。即將該犯解送熱河。並於起解時。嚴加鎖鐐。法靈阿。人尚結實。令其酌帶弁兵數名。沿途小心解送。自不至或有疏虞。又據馮光熊奏。莊浪外委黃榮等報稱。在白楊嶺遇賊百餘人。將營盤衝散。守備福泰。夏治。千總趙良樞。外委秦玉等被害等語。玉柱等帶兵五百五十名。搜捕賊匪。何至遇賊百餘人。即被衝散。此或是一處之賊。或是兩處之賊。著阿桂 。福康安 。查明初九日白楊嶺遇賊時。若止係福泰等在彼。玉柱或往別處捕賊。尚屬可原。若彼時玉柱。亦在白楊嶺。為賊衝退。或竟躲避。即當將該副將嚴參治罪。其守備福泰等。雖遇賊被害。但似此庸懦無能。是自取其死。與奮勇陣亡者有間。亦不值交部議卹。至福泰等。既於白楊嶺遇賊。而黑圪塔井地方。據馮光熊奏。又有賊匪一百餘人。自萱	人、押送犯人、調查軍隊為何導致重大損失、搜捕叛亂回民餘黨		

序號	時間 (中曆)	時間 (西曆)	提出者／奏議者／復議者 人物	八旗歸屬籍貫民族	職銜	出身	接收者／回應者 人物	八旗歸屬籍貫民族	職銜	出身	內容提要	類別、關鍵詞	關聯條目與事件	問題
					總裁、欽差大臣、參贊大臣(以上皆為乾隆49年-?)、陝甘總督(乾隆49-53年)。				參贊大臣(以上皆為乾隆49年-?)、陝甘總督(乾隆49-53年)。		帽塔北山白銀廠。竄往藏匿。現在阿桂 。福康安 等。辦賊將次完竣。豈容此等匪徒。分路滋擾。看來黑砣塔井。白楊嶺。二處賊匪。自亦係底店潰出之賊。玉柱等在彼勦捕。或不能得力。著傳諭阿桂 。福康安 。即於侍衛章京內。酌派一二人。或即派伍岱 。帶兵前往。實力搜捕。務將竄逸餘賊。迅速殲擒。方為妥善。			
220	高宗乾隆49年6月21日	1784.08.06	軍機大臣、(烏朗罕吉勒們)雅滿泰	蒙古正黃旗	庫車辦事大臣(乾隆48年-乾隆49年)		乾隆		皇帝		軍機大臣議奏。據庫車辦事大臣雅滿泰奏稱。各城打牲回民。置買鉛觔。行文經過地方查覈等語。所辦未免紛繁。嗣後請由各該大臣處。領票購買。經過各卡稽察。毋庸行文。從之。	簡化回民購買鉛觔之過程		
221	高宗乾隆49年7月8日	1784.08.23	乾隆		皇帝		阿桂、福康安		阿桂：欽差大學士(武英殿大學士，乾隆42年-嘉慶2年，清代職官資料庫數據)、軍機大臣(乾隆41年-嘉慶2年，清代職官資料		又諭。此次逆回滋事。敢於攻擾城池。傷害官兵。實屬罪大惡極。其遺孽即予以寸磔。亦所應得。但朕心究有所不忍。且首從各犯。一律辦理。亦未免無所區別。前據福康安 奏。賊人眷屬。俱藏匿石峰堡內。又向各處裹脅回民入夥。令其男口隨同打仗。婦女留於堡內作當。是賊人巢穴之內。老弱男婦。正復不少。著傳諭阿桂 。福康安 。於查辦時。所有石峰堡。底店賊犯。如張阿渾。大通阿渾。馬阿渾。楊填四等。為賊黨中阿渾者。自不應復留孽種。其名下幼孩。即年未及歲。	回民叛亂、處置犯人、皇帝對部分叛亂回民法外開恩、繼續從犯人口中調查叛亂緣由、軍事		

序號	時間	時間	提出者／奏議者／復議者				接收者／回應者				內容提要	類別、關鍵詞	關聯條目與事件	問題
	(中曆)	(西曆)	人物	八旗歸屬籍貫民族	職銜	出身	人物	八旗歸屬籍貫民族	職銜	出身				
									庫數據)、兵部尚書(署)(乾隆 43-嘉慶 1 年)。福康安：軍機大臣(乾隆 48-49 年)、兵部尚書(乾隆 49 年)、工部尚書(兵部尚書兼管)(乾隆 49 年)、總管內務府大臣、清字經館總裁、欽差大臣、參贊大臣(以上皆為乾隆 49 年-？)、陝甘總督(乾隆 49-53 年)。		俱當概予駢誅。其餘各犯。以及被賊擄掠入夥之犯。凡男口年在十五歲以下者。著從寬免其一死。仍遵前旨。賞給別省官兵。及降番屯練為奴。至賊眾婦女。如阿渾妻妾。亦不可赦宥。其餘賊犯名下眷口。并賊所擄掠婦女。雖已從賊者。亦著免其一死。仍遵前旨。分賞為奴。再前降諭旨。令阿桂 等。於拏獲賊目後。使其指名供出。始行拏究。則查辦有因。良善 回民。不致疑懼。今思若輾轉根追。未免人數太多。蔓引株連。將來阿桂 等辦理善後時。止向現獲賊犯。隔別研鞫。如有供出黨羽。即指名出示。拘拏治罪。不必又向續拏之犯。再令輾轉指供。其中倘有被賊供出。到案後。審明實係賊人仇扳者。亦當分別辦理。不可波及無辜。如此則匪徒黨羽。仍不漏網。而安分 回民。亦可不致連累。著阿桂 。福康安 。即悉心妥商。據實覆奏。至賊人現經官兵四面圍住。水道又已斷絕。萬無生路。何以尚敢負嵎死守。竟無投出乞降者。況賊營人眾。不下數千。若非有主謀為首之人。當此窮蹙之時。賊眾豈不立時渙散。乃石峰堡內阿渾。又有如許之多。賊眾仍前齊心死拒。其故殊不可解。著阿桂 。福康安 。訊訪確查。一併具奏。			

序號	時間	時間	提出者／奏議者／復議者				接收者／回應者				內容提要	類別、關鍵詞	關聯條目與事件	問題
	(中曆)	(西曆)	人物	八旗歸屬籍貫民族	職銜	出身	人物	八旗歸屬籍貫民族	職銜	出身				
222	高宗乾隆49年7月11日	1784.08.26	乾隆、阿桂、福康安		皇帝、阿桂：欽差大學士(武英殿大學士，乾隆42年-嘉慶2年，清代職官資料庫數據)、軍機大臣(乾隆41年-嘉慶2年，清代職官資料庫數據)、兵部尚書(署)(乾隆43-嘉慶1年)。福康安：軍機大臣(乾隆48-49年)、兵部尚書(乾隆49年)、工部尚書(兵部尚書兼管)(乾隆		阿桂、福康安		阿桂：欽差大學士(武英殿大學士，乾隆42年-嘉慶2年，清代職官資料庫數據)、軍機大臣(乾隆41年-嘉慶2年，清代職官資料庫數據)、兵部尚書(署)(乾隆43-嘉慶1年)。福康安：軍機大臣(乾隆48-49年)、兵部尚書(乾隆49年)、工部尚書(兵部尚書兼管)(乾隆49年)、總管內務		甲子。甘肅石峰堡逆回平。諭曰。據阿桂 。福康安 奏。初四日。石峰堡內。投出老弱賊匪一千五百餘名。阿桂 福康安 。恐賊人詭譎伎倆。希冀官兵見賊衆投出。防範稍懈。即乘勢撲出竄逸。豫派官兵。層層分布。埋伏豫備。初五日子刻。賊首張阿渾果同楊填四等。帶領賊衆。向外直撲。思欲奪路竄逃。官兵鎗箭如雨。盡力截殺。殲賊千餘。張阿渾等竄回堡內。其時天色黎明。福康安 同海蘭察 。帶領各官兵。一湧而上。進堡搜捕。將首逆張阿渾即張文慶。大通阿渾即馬四娃。並賊目楊填四。黃阿渾即黃明。馬建成。馬良茂。馬金玉楊存義。馬見幾。馬建業。馬保全數擒獲。兩日打仗。殲擒賊回共二千餘名。拏獲首從逆犯。及各賊眷屬孩稚。共三千餘口等語。覽奏實深欣慰。國家愛養黎元。凡直省編氓。遇有水旱災荒。無不立時蠲賑。至甘省回民。久隸帡幪。食毛踐土。便與齊民無異。該省地方磽瘠。間有不登。即行蠲免賑濟。較他省為尤多。 回民等同在編氓之中。百數十年。仰沐膏澤。家給人足。伊等具有天良。豈不當稍知感激。且地方官並無苛徭酷派。激變事端。乃逆回等敢於光天化日之下。肆其逆謀。實為國法不容。神人共憤。而前此李侍堯 。	搜捕叛亂回民、軍事、平定叛亂、封賞官員、封賞將士		

序號	時間	時間	提出者／奏議者／復議者				接收者／回應者				內容提要	類別、關鍵詞	關聯條目與事件	問題
	(中曆)	(西曆)	人物	八旗歸屬籍貫民族	職銜	出身	人物	八旗歸屬籍貫民族	職銜	出身				
					49 年)、總管內務府大臣、清字經館總裁、欽差大臣、參贊大臣(以上皆為乾隆49年-？)、陝甘總督(乾隆49-53年)。				府大臣、清字經館總裁、欽差大臣、參贊大臣(以上皆為乾隆49年-？)、陝甘總督(乾隆49-53年)。		剛塔 等。辦理不善。致賊四出勾結。蔓延猖獗。經朕特派大學士阿桂 。陝甘總督福康安 。先後帶領巴圖魯侍衛等。前往督辦。並諭以底店係賊匪門戶。當先由該處。以次進勦。福康安 先抵甘省。數日之內。即將底店賊匪。勦辦淨盡。肅清後路。俾賊衆聞風膽落。萌蘗潛消。阿桂抵石峰堡後。復會同福康安 。遵照朕硃筆圈示之處。安營設卡。將賊匪嚴密圍堵。並斷其水道。辦理均為妥協。且勦辦甫經一月。即能將賊匪迅速殲除。而賊首張文慶等。俱悉數生擒。並拏獲活口三千餘名。不使有一人兔脫。此皆仰荷上天嘉佑。是以軍士用命。俾該犯等惡貫滿盈。按名生致。盡法懲治。而諸臣之蕆功完善。不可不特沛殊恩。以昭懋賞。阿桂 前於平定金川時。已封頭等公爵。現為大學士。恩施無可復加。著再給予輕車都尉世職。即令阿桂 。於伊子孫內揀選一人。奏聞承襲。福康安 籌辦底店賊匪。先得機宜。較為出力。前於平定金川時。已封為嘉勇男。著再晉封嘉勇侯。海蘭察 。前在金川。超衆奮勉。已封侯爵。今在甘省節次打仗。復能首先帶領官兵。奮勇殺賊。前已加恩。將伊子安祿。擢授二等侍衛。在乾清門行走。著再給與騎都尉世職。即令安祿承襲。伍岱 。係			

序號	時間 (中曆)	時間 (西曆)	提出者／奏議者／復議者 人物	八旗歸屬籍貫民族	職銜	出身	接收者／回應者 人物	八旗歸屬籍貫民族	職銜	出身	內容提要	類別、關鍵詞	關聯條目與事件	問題
											塔爾巴哈台班滿回京之人。路過甘省。即自奏留該處協勦。且於福康安 未到之先。在伏羌等處擊退賊匪。頗為奮勉。著授為都統。亦給與騎都尉世職。其餘巴圖魯侍衛章京等。及領兵各員。分投勦殺。兼有能不避箭石。殺賊受傷者。均屬奮勇可嘉。所有此次勦賊受傷出力之帶兵大小各員弁。著阿桂 。福康安 。查明出衆特等者。及其餘出力之侍衛章京官弁兵丁等。分別等第奏聞。交部議敘。以示獎勵。至此次勦辦回匪。三月以來。朕披覽奏章。指示機宜。和珅 首承諭旨。繕寫寄發。巨細無遺。一體宣勞。和珅 本身現襲輕車都尉。著再給與輕車都尉世職。歸併前職。照例議襲。其餘在事慶成之軍機大臣梁國治。董誥 。福長安 。並軍機章京之勤勞出力者。著一併交部議敘。所有此次賞給各世職。俱著世襲罔替。其應如何議襲之處。俱著該部查例具奏。阿桂 。福康安 。摺。並交發鈔。將此通諭中外知之。			
223	高宗乾隆49年7月11日	1784.08.26	乾隆、阿桂等		皇帝、阿桂：欽差大學士(武英殿大學士，乾隆42年-嘉慶		軍機大臣等、阿桂、福康安		阿桂：欽差大學士(武英殿大學士，乾隆42年-嘉慶2年，清代		諭軍機大臣等曰。阿桂 等奏。官兵勦洗石峰堡賊巢一摺。已明降諭旨。交部議敘矣。至張阿渾等。敢於到處勾結匪徒。肆行滋擾。殺害官民。實為罪大惡極。前節次傳諭阿桂 。福康安 。將拏獲賊目。詳悉嚴訊。有供出黨羽。即行指名出示。拘拏	軍事、平定叛亂、押送犯人、審訊犯人、斥責官員、調查官員		

序號	時間	時間	提出者／奏議者／復議者				接收者／回應者				內容提要	類別、關鍵詞	關聯條目與事件	問題
	(中曆)	(西曆)	人物	八旗歸屬籍貫民族	職銜	出身	人物	八旗歸屬籍貫民族	職銜	出身				
					2年，清代職官資料庫數據)、軍機大臣(乾隆41年-嘉慶2年，清代職官資料庫數據)、兵部尚書(署)(乾隆43-嘉慶1年)。				職官資料庫數據)、軍機大臣(乾隆41年-嘉慶2年，清代職官資料庫數據)、兵部尚書(署)(乾隆43-嘉慶1年)。福康安：軍機大臣(乾隆48-49年)、兵部尚書(乾隆49年)、工部尚書(兵部尚書兼管)(乾隆49年)、總管內務府大臣、清字經館總裁、欽差大臣、參贊大臣(以上皆為乾隆		治罪。今賊首張阿渾等。既全數擒獲。著阿桂　。福康安　。即速向其詳悉根究。並隔別研鞫。將供出匪黨。指名出示。拏獲嚴辦。仍即將張阿渾等。選派妥幹大員。分起押解。沿途嚴密防範。迅送熱河。嚴鞫治罪。以申國法而快人心。又昨據奏到。拏獲賊犯李自黨。供稱田五係馬明心之徒。欲為馬明心報仇。所以造反等語。田五縱欲為馬明心報仇。遂思謀反。而張阿渾。大通阿渾等。並非馬明心之徒。何以亦敢四出勾煽匪黨。安心作逆。况底店。石峰堡等處。賊眾滋擾。俱在田五自戕之後。田五雖自戕。即應查其緣坐。亦不可漏。其張阿渾等。仍敢煽誘多人。肆行擾害地方。尤屬可惡。賊目賊夥。俱經拏獲。著傳諭阿桂　。福康安　。將張阿渾等。因何又思謀逆之處。詳細嚴訊。務令供出實情。勿致得有狡展。至阿桂　等奏。賊匪夤夜撲出。保無有乘隙竄逸者。現派舒亮等分路搜拏。及各州縣一體堵截緝拏等語。所辦甚是。要犯既全數搜獲。即有一二竄出之犯。經官兵分路搜捕。及各州縣分投截堵。自當陸續就擒。不致漏網。況各處村莊。被賊擒刦殺害。懷恨已深。如有餘賊潛逃到彼。亦必當即時擒獻也。又據奏。乾隆四十六年三月。有　回民馬正芳。馬	失職、懲戒官員、搜捕叛亂餘黨		

序號	時間	時間	提出者／奏議者／復議者				接收者／回應者				內容提要	類別、關鍵詞	關聯條目與事件	問題
	(中曆)	(西曆)	人物	八旗歸屬籍貫民族	職銜	出身	人物	八旗歸屬籍貫民族	職銜	出身				
									49 年-？)、陝甘總督(乾隆 49-53 年)。		壯等。將石峰堡修理。民人董有赴通渭縣知縣趙元德處控告。該縣查明 回民占去地土。將一分斷給 回民。後來王慢到任。董有又行控告。王慢說。此事已經前任斷結。遂行批駁。現將王慢及經手胥吏原告等。解赴熱河等語。趙元德。已於前年監糧案內正法。將來王慢解到審明後。亦自當明正典刑。但該犯等敢肆行無忌。公然修理城堡。逆蹟昭然。李侍堯 係該省總督。毫無見聞。養癰貽患。其罪固無可逭。而該管之道府各員。所司何事。乃竟亦身同聾瞶。茫無覺察。豈此等重大事件。竟諉為該縣未經稟報。伊等遂得卸罪耶。著傳諭阿桂 。福康安 。查明該管道府。係屬何人任內之事。仍遵前旨。解赴熱河審明治罪。又前降諭旨。令阿桂 。福康安 。於事竣後。趁京兵及山陝各兵徹回之便。就近親赴底店等處。將賊人種種逆蹟。詳細履勘。並究出黨羽。按名拏辦。以淨孽種。此時辦賊。業經完竣。阿桂 。福康安 。自能遵照前旨。親往妥協辦理也			
224	高宗乾隆 49 年 7 月 11 日	1784.08.26	乾隆、阿桂、福康安		皇帝、阿桂：欽差大學士(武英殿大學士，乾隆 42		阿桂、福康安		阿桂：欽差大學士(武英殿大學士，乾隆 42 年-嘉慶 2		丙子。諭。前據阿桂 。福康安 奏。逆回此次滋事。緣田五。張文慶。李可魁等。俱係馬明心徒弟。本年正二月間。田五。先與李可魁。商同謀逆。糾約張文慶。及各回匪訂期起事。欲與馬明心報復等語。可	回民叛亂、叛亂回民首領關係網、邪教、皇帝對部分		

序號	時間	時間	提出者／奏議者／復議者				接收者／回應者				內容提要	類別、關鍵詞	關聯條目與事件	問題
	(中曆)	(西曆)	人物	八旗歸屬籍貫民族	職銜	出身	人物	八旗歸屬籍貫民族	職銜	出身				
					年-嘉慶2年，清代職官資料庫數據)、軍機大臣(乾隆41年-嘉慶2年，清代職官資料庫數據)、兵部尚書(署)(乾隆43-嘉慶1年)。福康安：軍機大臣(乾隆48-49年)、兵部尚書(乾隆49年)、工部尚書(兵部尚書兼管)(乾隆49年)、總管內務府大臣、清字經館總裁、欽差大臣、				年，清代職官資料庫數據)、軍機大臣(乾隆41年-嘉慶2年，清代職官資料庫數據)、兵部尚書(署)(乾隆43-嘉慶1年)。福康安：軍機大臣(乾隆48-49年)、兵部尚書(乾隆49年)、工部尚書(兵部尚書兼管)(乾隆49年)、總管內務府大臣、清字經館總裁、欽差大臣、參贊大臣(以上皆		見田五等滋事不法。總由爭教而起。該犯等俱係內地回民。自其祖先以來。食毛踐土。蒙國家豢養深恩者。已百數十年。同隸編氓。毫無區別。乃馬明心以邪教魁首。甫經正法。田五等尚復私守其教。且敢於光天化日之下。聚眾鴟張。思為報復。不法已極。今石峰堡賊匪。業經殲擒淨盡。其底店從逆回匪。據阿桂 。福康安 奏。該犯等曾經攻擾城池。搶掠百姓。法無可宥。是以遣員往辦。亦已辦理完竣。此外凡屬邪教回眾。本應徹底根究。但念此次逆回滋事。經官兵殲戮。及拏獲正法者。人數已復不少。雖係該犯等孽由自作。朕心究覺惻然不忍。且恐輾轉查辦。或致良善 回民。波及株連。更非朕不為已甚之意。是以格外施仁。除審明實係平日與逆犯等通同謀逆者。查拏治罪外。其餘概免追究。予以自新。 回民等務須革面洗心。遵守爾等歷來舊教。各安生業。永享昇平之福。況田五等。糾眾謀逆。不過欲倡復新教。試思新教起於馬明心。馬明心。及身既正刑誅。妻子靡有孑遺。從其教者為蘇四十三。蘇四十三。則又經官兵殲斃。妻妾子女。概予駢誅。今田五張文慶。馬四娃。李可魁等。謀興新教。復經官兵拏獲。身膺寸磔。闔家俱緣坐正法。是新教不但	叛亂回民法外開恩、安撫回民		

序號	時間	時間	提出者／奏議者／復議者				接收者／回應者				內容提要	類別、關鍵詞	關聯條目與事件	問題
	(中曆)	(西曆)	人物	八旗歸屬籍貫民族	職銜	出身	人物	八旗歸屬籍貫民族	職銜	出身				
					參贊大臣(以上皆為乾隆49年-?)、陝甘總督(乾隆49-53年)。				為乾隆49年-?)、陝甘總督(乾隆49-53年)。		與 回民無益。且至喪軀破家。其禍尤烈。回衆等何苦甘為所愚。執迷不悟。受其流毒。若經此次寬免之後。尚有陽奉陰違。或敢滋生事端。則是自外生成。斷不能復為曲貸。著阿桂 。福康安 。即將此旨謄黃普貼。出示曉諭。凡屬良善 回民。益宜安分守法。即有向從新教者。亦當觸目警心。及早改悔。勉為順化良民。毋負朕法外施仁。諄切戒導之至意。			
225	高宗乾隆49年7月23日	1784.09.07	乾隆、福康安等		皇帝、福康安：軍機大臣(乾隆48-49年)、兵部尚書(乾隆49年)、工部尚書(兵部尚書兼管)(乾隆49年)、總管內務府大臣、清字經館總裁、欽差大臣、參贊大臣(以上皆為乾隆						又諭。據福康安等參奏。陝西署隴州知州高淳。於拏獲崇信縣回匪陳四娃一犯。訊出同李二等。偕往河州行竊。路遇逆回馬五。招誘入夥等供。該州於五月二十四日獲犯。至六月十九日始行具詳。並不將該犯解省審辦。續經臬司王昶稟報。陳四娃被獲時。止有行竊之供。經該州棒責百餘。始行承認聽從馬五入夥。該犯隨已身死等情。請將詳報遲延。嚴刑拷訊斃命之署隴州知州高淳。革職拏問等語。 回民陳四娃被拏時。既有聽馬五入夥之供。該州並不一面解審。一面飛稟查拏馬五。實屬玩誤事機。若止係糾夥行竊。該署州輒棒責逼令誣供。以致該犯傷重身死。亦屬濫刑斃命。高淳著革職拏問。交該督撫會同嚴審究擬。並將陳四娃等。是否從逆。抑僅係行竊之處。審明具奏。	審訊犯人、回民聚衆叛亂的過程、懲戒官員用刑逼供過度致使嫌犯死亡		

序號	時間	時間	提出者／奏議者／復議者				接收者／回應者				內容提要	類別、關鍵詞	關聯條目與事件	問題
	(中曆)	(西曆)	人物	八旗歸屬籍貫民族	職銜	出身	人物	八旗歸屬籍貫民族	職銜	出身				
					49 年-？)、陝甘總督(乾隆49-53 年)、戶部尚書(乾隆49-51 年)。《清實錄》乾隆四十九年七月二十日記載：癸酉。諭曰。伍彌泰。著補授大學士。和珅。著調補吏部尚書。協辦大學士事務。其戶部尚書員缺。著福康安補授。現在甘省地方緊要。福康安。著仍留陝甘									

序號	時間	時間	提出者／奏議者／復議者				接收者／回應者				內容提要	類別、關鍵詞	關聯條目與事件	問題
	(中曆)	(西曆)	人物	八旗歸屬籍貫民族	職銜	出身	人物	八旗歸屬籍貫民族	職銜	出身				
					總督之任。所有戶部尚書事務。仍著和珅兼管。目今京中吏部尚書事務。著慶桂暫行兼署。毋庸署理工部。可見七月二十九日時福康安已經兼任戶部尚書一職。但要留意，通過《清實錄》記載也能夠發現福康安雖然不是以坐銜這種虛銜擔任，但實際的職務工作仍然由和珅處									

序號	時間	時間	提出者／奏議者／復議者				接收者／回應者				內容提要	類別、關鍵詞	關聯條目與事件	問題
	(中曆)	(西曆)	人物	八旗歸屬籍貫民族	職銜	出身	人物	八旗歸屬籍貫民族	職銜	出身				
					理。									
226	高宗乾隆49年7月29日	1784.09.13	乾隆、阿桂等		皇帝、阿桂：欽差大學士(武英殿大學士，乾隆42年-嘉慶2年，清代職官資料庫數據)、軍機大臣(乾隆41年-嘉慶2年，清代職官資料庫數據)、兵部尚書(署)(乾隆43-嘉慶1年)。						又諭。據阿桂 等查奏。回民馬正芳等。於乾隆四十六年三月。修理石峰堡。係革職鞏秦階道文德。任內之事。其四十七年八月。經民人董有。復行控告。未經查辦。係前任知府張婁。已革道員張廷桂任內之事。至田五。於本年正二月間謀逆起事。打造器械。係署鹽茶同知敦柱。平涼府知府王立柱。護平慶道永盛。平慶道沈鳴皐。各該員任內之事。請將該員等。革職拏問。審明治罪等語。除文德一犯。就近拏交刑部審訊外。張婁。敦柱王立柱。永盛。沈鳴皐。俱著革職拏問。解交刑部審明治罪。該部知道。	調查官員失職、懲戒官員		
227	高宗乾隆49年7月30日	1784.09.14	(愛新覺羅)永瑢	滿洲	多羅質郡王		乾隆		皇帝		多羅質郡王永瑢 等議奏。陝甘總督福康安 查參。前任總督李侍堯 。提督剛塔 。於甘肅逆回田五等。謀逆滋擾。失機僨事。請照留京王大臣。大學士。九卿科道。覈議擬斬。即行正法。以為大臣失機觀望者戒。得旨。此案李侍堯 。身為總督。到甘數年。於回民修堡謀逆。毫無聞	調查官員失職、懲戒官員、法律、皇帝法外開恩		

序號	時間	時間	提出者／奏議者／復議者				接收者／回應者				內容提要	類別、關鍵詞	關聯條目與事件	問題
	(中曆)	(西曆)	人物	八旗歸屬籍貫民族	職銜	出身	人物	八旗歸屬籍貫民族	職銜	出身				
											見。非從前撒拉爾之變起倉猝者可比。迨賊匪四出奔竄。復逗留靖遠。安定。其於此事始終貽誤。罪實難辭。伊係曾經獲罪之人。朕加恩寬宥。仍用為總督。原令其倍加整頓。以贖前愆。乃竟因循債事。朕實引以為媿。此案經留京王大臣。及大學士九卿科道等會議。擬以斬決。復命隨從之王大臣等。覆覈照議。本應依擬即行正法。但念地方因有不逞之徒。滋事擾害。致本省總督。即罹典刑。轉恐起刁風而滋厲階。非所以遏寇虐。靖邊疆也。從前蘇四十三滋事時。將勒爾謹革職拏問。經廷臣覈擬斬決。彼時亦曾加恩。改為監候。後因該省折收監糧案發。是以賜令自盡。原不因蘇四十三之事。今李侍堯 玩誤因循。其罪雖浮於勒爾謹。但念其歷任總督多年。於地方事務。尚屬諳練通曉。至於軍旅。本非其所嫻。此次若因逆回蠢動。遂誅及總督。轉非綏靖地方之道。李侍堯 。著從寬改為應斬監候。秋後處決。令其覥坐囹圄。自思罪戾。至剛塔 。本係武夫。有勇無謀。甫到固原提督之任。即值逆回起事。不能先期覺察。及賊人竄聚馬家堡時。剛塔 在山前紮營。不思設法堵截後路。致墮賊計。迨賊已潛遁。又不能繞出邀截。惟知在後尾追。予以重辟。亦屬罪所應得。			

序號	時間(中曆)	時間(西曆)	提出者／奏議者／復議者 人物	八旗歸屬籍貫民族	職銜	出身	接收者／回應者 人物	八旗歸屬籍貫民族	職銜	出身	內容提要	類別、關鍵詞	關聯條目與事件	問題
											但究係甫經到任。未悉地利。其勦賊時。各路官兵尚未到齊。伊所帶之兵。不過數百名。尚能殲斃賊首田五。幷於馬泉灣殺獲賊人家口牲畜。且身受箭傷。覈其情罪。尚可量從末減。剛塔　。著免其死罪。發往伊犁効力贖罪。以觀後效。朕辦理庶獄。一秉大公。凡臣工功罪。惟視其人之自取。不使一毫畸重畸輕。所有辦理此案緣由。明晰宣諭中外。咸使聞知。			
228	高宗乾隆49年8月16日	1784.09.30	乾隆、阿桂、福康安		皇帝、阿桂：欽差大學士(武英殿大學士，乾隆42年-嘉慶2年，清代職官資料庫數據)、軍機大臣(乾隆41年-嘉慶2年，清代職官資料庫數據)、兵部尚書(署)(乾隆43-嘉		乾隆		皇帝		諭曰。阿桂　。福康安　。參奏洮岷協副將趙繼鼎。因外委趙宗先。搜捕馬家河逃竄賊匪。聲言欲將該處盡行勦洗。致賊匪等。逼脅未經從賊回民。齊上空堡抵禦。該副將隨帶兵前往擒拏。賊匪等分投逃竄。該副將將堡內男婦百餘人。盡行殺死。並跟蹤追捕。凡遇道塗奔竄窨洞藏匿　回民。即行擒戮。計所殺男婦二百餘人。並非全係賊犯。請將趙繼鼎。革職發往伊犁効力贖罪等語。所擬殊失之輕縱。趙繼鼎為副將大員。帶兵搜勦餘賊。凡遇有擒獲之人。即當詳悉訊明。如實係從賊匪徒。始行正法。即有偽供者。亦當解該督詳審。方為無枉無縱。豈得不問是賊與否。遇有回民。即行擒戮。以致無辜受其戕害者二百餘人。實出情理之外。阿桂等僅擬發往伊犁効力。未為允協。趙繼鼎	回民叛亂、官員平叛途中濫殺無辜回民、軍事、調查官員失職、懲戒官員、法律、皇帝要求加重刑罰		

序號	時間	時間	提出者／奏議者／復議者				接收者／回應者				內容提要	類別、關鍵詞	關聯條目與事件	問題
	(中曆)	(西曆)	人物	八旗歸屬籍貫民族	職銜	出身	人物	八旗歸屬籍貫民族	職銜	出身				
					慶1年)。福康安：軍機大臣(乾隆48-49年)、兵部尚書(乾隆49年)、工部尚書(兵部尚書兼管)(乾隆49年)、總管內務府大臣、清字經館總裁、欽差大臣、參贊大臣(以上皆為乾隆49年-？)、陝甘總督(乾隆49-53年)、戶部尚書(乾隆49-51年)。						竟當定為斬監候。秋後處決。餘著覈擬具奏。			
229	高宗乾隆49年8月18日	1784.10.02	乾隆、刑部、阿桂、福康安		皇帝、阿桂：欽差大學士		軍機大臣、乾隆		皇帝		辛丑。諭軍機大臣等。本日據刑部覈擬。阿桂 。福康安 參奏。洮岷協副將趙繼鼎治罪一摺。細閱摺內。	回民叛亂、官員平叛途中		

序號	時間	時間	提出者／奏議者／復議者				接收者／回應者				內容提要	類別、關鍵詞	關聯條目與事件	問題
	(中曆)	(西曆)	人物	八旗歸屬籍貫民族	職銜	出身	人物	八旗歸屬籍貫民族	職銜	出身				
					(武英殿大學士，乾隆42年-嘉慶2年，清代職官資料庫數據)、軍機大臣(乾隆41年-嘉慶2年，清代職官資料庫數據)、兵部尚書(署)(乾隆43-嘉慶1年)。福康安：軍機大臣(乾隆48-49年)、兵部尚書(乾隆49年)、工部尚書(兵部尚書兼管)(乾隆49年)、總管內務府大臣、						有外委趙宗先。前往馬家河拏賊時。賊匪聞信欲逃。被該處地保攔阻。賊匪將地保三人殺害。並逼脅回民男婦大小一百餘人。齊上空堡。以為抵禦之計等語。回民既上堡抵禦官兵。即與從賊無異。不得復稱為良民。因傳詢額勒登保 。亦據稱回匪由馬家河搬入堡內。經趙繼鼎等攻打三日。始行打開等語。回匪等屯集堡內。若非齊心抵拒。豈能固守三日之久。況賊匪凡經官兵拏獲者。無不自稱為被賊脅從。以圖末減。即如張文慶。馬四娃。馬文熹等。尚有馬鬍子裹脅上山之供。豈可輕信。且外委趙宗先。及地保人等。俱因拏賊被害。是馬家河回匪。竟敢聚眾拒捕。傷害官兵。情節斷難寬宥。趙繼鼎之殲戮多人。不得謂之波及無辜。其失不過未取親供。即行正法。以致如此。然罪尚不至於發遣伊犁。況斬罪乎。著將刑部摺內折角處。及詢問額勒登保 奏片。交福康安 閱看。令其將馬家河回人。究竟曾否幫賊拒捕之處。詳細查明。據實具奏。此事關係趙繼鼎生死出入。福康安 係公正之人。自不肯迴護前奏也。	濫殺無辜回民一事後續、軍事、調查官員失職、懲戒官員、法律、皇帝要求再度調查官員是否失職		

序號	時間	時間	提出者／奏議者／復議者				接收者／回應者				內容提要	類別、關鍵詞	關聯條目與事件	問題
	(中曆)	(西曆)	人物	八旗歸屬籍貫民族	職銜	出身	人物	八旗歸屬籍貫民族	職銜	出身				
					清字經館總裁、欽差大臣、參贊大臣(以上皆為乾隆49年-?)、陝甘總督(乾隆49-53年)、戶部尚書(乾隆49-51年)。									
230	高宗乾隆49年8月25日	1784.10.09	乾隆、福康安		皇帝、福康安：軍機大臣(乾隆48-49年)、兵部尚書(乾隆49年)、工部尚書(兵部尚書兼管)(乾隆49年)、總管內務府大臣、清字經館總裁、欽差大臣、						諭曰。福康安 奏。逆回攻擾通渭縣時。有告休在籍之知縣李南暉。帶領子姪家丁。督率民夫。上城協力守禦。迨縣城失陷。該縣罵賊格鬥。遂為所害。其子貢生李思沆。同時被殺。伊姪監生李師沆。亦即投繯殞命等語。通渭當賊人滋擾時。該縣知縣王慺。尚靦顏苟活。李南暉。以致仕在籍之員。竟能率領子姪家丁。督同民夫。守護城池。迨賊匪進城。復格鬥捐軀。父子暨姪。同時畢命。深堪嘉憫。李南暉。著加恩賞給知府職銜。並著該部即照知府陣亡例。議給卹廕。又前據剛塔奏。大莊回民馬世雄。於賊匪至莊。糾約入夥時。攜眷赴通渭縣城首告。業經降旨將馬世雄拔補千總。茲據	回民叛亂、官員及其家屬殉國、封賞官員、回民通報叛亂情況後被叛亂回民殺害、嘉獎回民。		

序號	時間 (中曆)	時間 (西曆)	提出者／奏議者／復議者 人物	提出者／奏議者／復議者 八旗歸屬籍貫民族	提出者／奏議者／復議者 職銜	提出者／奏議者／復議者 出身	接收者／回應者 人物	接收者／回應者 八旗歸屬籍貫民族	接收者／回應者 職銜	接收者／回應者 出身	內容提要	類別、關鍵詞	關聯條目與事件	問題
					參贊大臣(以上皆為乾隆49年-？)、陝甘總督(乾隆49-53年)、戶部尚書(乾隆49-51年)。						福康安 查奏。馬世雄已於賊回攻破縣城時。被賊殺害。現將伊子馬得榮。給予把總頂帶。並賞給銀兩等語。馬世雄不肯從賊。且赴縣舉首。以致為賊戕害。情亦可憫。伊子僅賞給把總頂帶。尚覺稍輕。著福康安 。即將馬得榮拔補千總。以示獎勵。該部知道。			
231	高宗乾隆49年9月20日	1784.11.02	乾隆、阿桂、福康安		皇帝、阿桂：欽差大學士(武英殿大學士，乾隆42年-嘉慶2年，清代職官資料庫數據)、軍機大臣(乾隆41年-嘉慶2年，清代職官資料庫數據)、兵部尚書(署)(乾隆43-嘉						又諭。前因閱刑部覈覆。阿桂 。福康安 參奏。洮岷協副將趙繼鼎。治罪摺內。有外委趙宗先。前往馬家河拏賊時。賊匪聞信。逼脅回民男婦大小一百餘人。齊上空堡抵禦等語。是該處回衆。業經聚衆抗拒。不得謂為戮及無辜。當經降旨詢問福康安 。茲據覆奏。馬家河 回民男婦一百餘人。實係被賊逼脅上堡。惟該副將順道搜捕時。並不訊取親供。一併勦殺。難辭辦理不善之咎等語。 回民從賊。上堡抵禦。且外委趙宗先等。皆被傷害。是其抗拒傷官。已不得復稱為良民。趙繼鼎於前往搜捕時。不待取供。即如殲戮。固未免失之冒昧。然綠營將弁。往往遇賊怯懦。今該副將能奮勇殺賊。其失尚屬可原。趙繼鼎。著加恩免其治罪。留於陝甘。遇有遊擊缺出題補。	回民叛亂、官員平叛途中濫殺無辜回民一事後續、軍事、調查官員失職、皇帝法外開恩		

序號	時間	時間	提出者／奏議者／復議者				接收者／回應者				內容提要	類別、關鍵詞	關聯條目與事件	問題
	(中曆)	(西曆)	人物	八旗歸屬籍貫民族	職銜	出身	人物	八旗歸屬籍貫民族	職銜	出身				
					慶1年)。福康安：軍機大臣(乾隆48-49年)、兵部尚書(乾隆49年)、工部尚書(兵部尚書兼管)(乾隆49年)、總管內務府大臣、清字經館總裁、欽差大臣、參贊大臣(以上皆為乾隆49年-?)、陝甘總督(乾隆49-53年)、戶部尚書(乾隆49-51年)。									
232	高宗乾隆49年9月24日	1784.11.06	乾隆、保成		皇帝、駐劄喀什噶爾辦事大						丙子。諭。本年三月。據駐劄喀什噶爾辦事大臣保成等奏到。喀什噶爾迤外色默爾罕地方。有匿居從前	大和卓、對外事務、新疆		

序號	時間 (中曆)	時間 (西曆)	提出者／奏議者／復議者 人物	提出者／奏議者／復議者 八旗歸屬籍貫民族	提出者／奏議者／復議者 職銜	提出者／奏議者／復議者 出身	接收者／回應者 人物	接收者／回應者 八旗歸屬籍貫民族	接收者／回應者 職銜	接收者／回應者 出身	內容提要	類別、關鍵詞	關聯條目與事件	問題
					臣(乾隆47-51年)						叛逆被戮回匪大和卓布拉尼敦之子薩木薩克。潛使伊跟役回子托克托素丕等。向喀什噶爾回子默羅色帕爾等。通寄書信。誘取銀兩一案。朕看此事。不過將托克托素丕。默羅色帕爾等。拏獲辦理。以示警戒而已。不意薩木薩克。所使回子托克托素丕等來時。因在布嚕特散秩大臣阿其睦之弟額穆爾家。私行留宿情節。被喀什噶爾阿奇木伯克鄂斯璊訪出。額穆爾懼其查辦。即私將托克托素丕打死。因此阿其睦。又徇庇伊弟。思為脫罪。向英吉沙爾之阿奇木伯克阿里木合謀。誣告阿奇木伯克鄂斯璊。亦曾受過薩木薩克書札。而綽克托 係總理回疆事務參贊大臣。並不深究事之情理。冒昧前往喀什噶爾。以圖苟且姑息。令阿其睦等。祇與鄂斯璊賠罪講和。以致紛擾不成事體。故將綽克托 革職。拏交刑部治罪。各情節。前後俱降有諭旨。此事非止綽克托 意欲消弭。即阿桂 。伊勒圖意見。亦欲將就了局。彼時朕為此事。曲盡籌畫。如不將阿其睦等拏辦。不久逃逸。於喀什噶爾。必致有事。故即降旨令保成等。將阿其睦等。拏獲解赴熱河。朕親審訊。阿其睦懼罪。其俟八月馬肥逃逸生事之說。俱不敢承認。朕以阿其睦前經奮勉出力。又軫念其年老。免死監禁。俟將在	回人通敵嫌疑、官員失職、包庇、誣告、懲戒官員、審訊官員、法律、皇帝法外開恩		

序號	時間	時間	提出者／奏議者／復議者				接收者／回應者				內容提要	類別、關鍵詞	關聯條目與事件	問題
	(中曆)	(西曆)	人物	八旗歸屬籍貫民族	職銜	出身	人物	八旗歸屬籍貫民族	職銜	出身				
											逃之伊子燕起。拏獲解送到京時。與阿其睦一同質審。自可水落石出。幸而經朕屢降諭旨。令保成等如此斷決辦理。若依綽克托 之姑容。將來必致如阿其睦跟役人等所供。本年八月馬肥後。生一事端逃避。或綽克托 妄行拏獲無涉之額森。阿三拜。及昆楚克等。倘不肯從行。亦如燕起震驚。以致各處逃遁。釀成事端。而掉克托又紛紛調集各處兵丁。似喀什噶爾有何等大事。以致震驚回衆。則竟成何事體。彼時如照依綽克托 等消弭辦理。必致將鄂斯璊曲枉治罪。而阿其睦等。始可甘心。將朕此等出力回奴。轉行治罪。有是理乎。今綽克托 理應從重治罪。但彼時伊不過糊塗無知。惟圖息事。況此事朕已降旨詳悉訓飭。辦理已結。阿其睦等。亦未能滋生事端。而綽克托 之罪。較之甘肅辦事不妥。以致該省回民叛逆之李侍堯 。罪案尚屬微輕。著施恩將綽克托 之罪赦免。即行釋放。令其家居省過。反躬愧悔。朕辦理萬幾。無一事不揆度機宜。秉公辦理。將此通諭內外臣工。咸使知之。			
233	高宗乾隆49年10月9日	1784.11.21	乾隆、福康安		皇帝、福康安：軍機大臣(乾隆48-49年)、						又諭。據福康安 奏。查明逆回自小山起事。勾結蔓延。賊蹤所過。千有餘里。搶掠大小村莊。一千二百餘處。傷斃大口。一千六百九十餘名。小口。三百三十餘名等語。回	叛亂造成的損失、皇帝對新教回民叛亂一事的		

序號	時間 (中曆)	時間 (西曆)	提出者／奏議者／復議者 人物	八旗歸屬籍貫民族	職銜	出身	接收者／回應者 人物	八旗歸屬籍貫民族	職銜	出身	內容提要	類別、關鍵詞	關聯條目與事件	問題
					兵部尚書(乾隆 49年)、工部尚書(兵部尚書兼管)(乾隆49年)、總管內務府大臣、清字經館總裁、欽差大臣、參贊大臣(以上皆為乾隆49年-?)、陝甘總督(乾隆49-53年)、戶部尚書(乾隆49-51年)。						民等久列編氓。即與齊民無異。況甘省地方薄瘠。時有災歉。國家惠愛邊氓。蠲賑之事。幾於無歲不有。其霑被恩澤。獨較他省為優。 回民等同隸版章。百十餘年。受恩最重乃於光天化日之下。竟敢創興新教惑衆。肆厥鴟張。攻城掠堡。擾害良民。蹂躪村莊一千二百餘處。傷斃大小口二千餘名。罪惡貫盈。神人共憤。究其起事之由。則實係田五等久。蓄逆謀。各處新教 回民。暗相煽惑肆行不法。並非因地方歉薄不加賑卹。與夫縱容貪官污吏。擾累百姓。激變事端。可見逆回等狡獷性成。膽敢殺害良民。梗悖王化。前將首逆張文慶等。解赴行在。親加廷訊。刑夾盡法處治。按律寸磔。其名下家屬。亦已誅無孑遺。尚不足以洩忿恨而快人心。其從逆各犯名下分賞為奴幼孩。一經逃逸。拏獲後。俱立時正法以懲兇孽。此皆逆回等自取罪戾所致。嗣後各省回衆。務宜各知警惕安靜守法勉為良民。以田五。張文慶等為戒。將此通諭中外知之。	態度、審訊犯人、法律、處置犯人、安撫回民		
234	高宗乾隆49年10月9日	1784.11.21	福康安		福康安：軍機大臣(乾隆48-49年)、兵部尚書(乾隆 49		乾隆、軍機大臣		皇帝		陝甘總督福康安 奏。陝甘原設額兵。因節次裁撥移駐新疆。乾隆四十六年。添兵一萬二千七百餘名。合舊額約有七萬。惟是甘省自蘭州迤東。至涇州一千餘里。道長地險外則番族環居。內則民回錯處。各	軍事、制度		

序號	時間	時間	提出者／奏議者／復議者				接收者／回應者				內容提要	類別、關鍵詞	關聯條目與事件	問題
	(中曆)	(西曆)	人物	八旗歸屬籍貫民族	職銜	出身	人物	八旗歸屬籍貫民族	職銜	出身				
					年)、工部尚書(兵部尚書兼管)(乾隆49年)、總管內務府大臣、清字經館總裁、欽差大臣、參贊大臣(以上皆為乾隆49年-?)、陝甘總督(乾隆49-53年)、戶部尚書(乾隆49-51年)。						府州縣大路。原設防兵墩戍甚少。請酌量添設。以資防衛。查平涼府為甘省門戶。擬添兵一百五十名。外委一員。額外外委三員六盤山要隘處所。添一營汛。設千總一員。外委一員。兵一百名。靜寧州。添兵一百十五名。外委一員。額外外委一員。隆德縣。添兵二十四名。額外外委一員。並於大路汛戍空闊處。添設墩堡三十九座。又通渭所屬之馬營監。為舊時縣城。民稠地衝。擬於該處酌添一營。設遊擊一員。守備一員。把總二員外委三員。額外外委四員。兵五百名。內三百名存營。餘分派扼要之所。安墩堡四十座。清水縣。添兵十名通渭。寧遠。伏羌漳縣。各添兵十五名。禮縣。西和。秦安。兩當各添兵二十名。莊浪添兵三十名。三角城等處。添兵四十名。又自固原至靖遠。四百餘里。 回民雜處。靖遠至省。三百餘里。山險逕紆。墩戍。寥寥。擬添兵二百二十名。分安墩堡四十四處。查陝省下馬關一營止設兵二百二十餘名。該營有守備一員。足資統轄。其遊擊一員。裁移馬營監分防管領。此外於西安軍標。撥出守備一。千總一。把總二。經制外委三。固原提標。撥出把總一。經制外委二。寧夏鎮標。撥出經制外委一足敷分駐。額外外委。即在兵			

序號	時間	時間	提出者／奏議者／復議者				接收者／回應者				內容提要	類別、關鍵詞	關聯條目與事件	問題
	(中曆)	(西曆)	人物	八旗歸屬籍貫民族	職銜	出身	人物	八旗歸屬籍貫民族	職銜	出身				
											數之內。所需兵一千三百四十名。於督撫提鎮各標。及各協營內。擇其不近邊關。又非大路。並無番回錯處。兵額較多之處。將零星尾數。裁移抽撥。已敷應用。至應需衙署房間。及新添墩堡。需工料銀二萬四千餘兩。酌於新兵緩立馬匹節省草乾料豆銀兩內。動用建蓋。得旨。著軍機大臣會同該部議奏。			
235	高宗乾隆49年10月10日	1784.11.22	伊勒圖		伊勒圖：雲騎尉世職（襲）(乾隆29-50年)、伊犁將軍(乾隆38-50年)、太子太保(乾隆48-50年)。		乾隆		皇帝		又諭據伊勒圖奏稱。賞給伊犁察哈爾兵丁為奴之逆犯馬氏脫逃等語。此犯係甘肅河州逆回江湖之妻。今雖脫逃。料一婦人。曷能遠颺。亦不過在伊犁屯田回民隊內隱匿。著傳諭伊勒圖。務派妥幹官兵。潛於屯田回民內搜查。務期擒獲。即行正法奏聞。	叛亂回民潛逃、搜捕叛亂回民餘黨、處置犯人		
236	高宗乾隆49年10月19日	1784.12.01	乾隆、雅滿泰		皇帝、雅滿泰：正白旗蒙古副都統(乾隆47-53年)、庫車辦事大臣（乾隆48-49年)。		福康安、莫羅爾咱	莫羅爾咱應為維吾爾人？回人？	福康安：軍機大臣(乾隆48-49年)、兵部尚書(乾隆49年)、工部尚書（兵部尚書兼管)(乾隆		又諭。據雅滿泰奏稱。本年朝覲之喀什噶爾噶匝納齊伯克莫羅爾咱。來至庫車。於伊所雇回民韓德車內。搜出阿克蘇居住之名喚伊斯邁勒之回民。寄與庫車 回民馬起蛟。即伊提勒。書札經卷將馬起蛟。一併解送福康安 處審辦等語。雅滿泰雖應嚴拏攜帶私玉。若將年班朝覲回部伯克行李。一概搜查。則屬非是年班朝覲回部伯克。夾帶些須什物來	回部朝覲、藩部、皇帝默許回部朝覲期間可以在京販賣物品、安撫回民、區分回教和邪教		莫羅爾民族身份為？維吾爾人？回人？

序號	時間（中曆）	時間（西曆）	提出者／奏議者／復議者 人物	八旗歸屬籍貫民族	職銜	出身	接收者／回應者 人物	八旗歸屬籍貫民族	職銜	出身	內容提要	類別、關鍵詞	關聯條目與事件	問題
									49年)、總管內務府大臣、清字經館總裁、欽差大臣、參贊大臣(以上皆為乾隆49年-?)、陝甘總督(乾隆49-53年)、戶部尚書(乾隆49-51年)。噶匝納齊伯克。(《平定準噶爾方略》中記載：噶匝納齊伯克為五品。)		京售賣。有何不可。著傳諭海祿 曉示回部。伯克等云。昨將此次雅滿泰。搜查回部伯克行李之事。奏聞大皇帝。蒙大皇帝降旨。申斥搜查之非。爾等遇年班朝覲。稍攜什物進京售賣。亦聽。以此等語曉諭。庶可以杜其疑。再新疆地方貿易 回民有如馬明心之興起邪教。念經惑衆者自應搜查似此經卷。皆 回民俗習之經。若一經搜獲即將回部伯克頭目。盡行查辦。不特使回部心生疑懼。亦殊非朕柔徠回部至意。嗣後惟當留心訪查馬明心親眷。及伊門徒馬姓 回民外。再不得於 回民內如此紛紛查辦。今雅滿泰既將拏獲 回民馬起蛟等。暨經卷。解送福康安 。即傳諭福康安 。俟解到訊問如無別項情弊。即發往煙瘴。如再有馬明心近族。須留心防範。毋使偷越邊隘併著福康安 。將此旨曉示年班朝覲伯克等知之。			
237	高宗乾隆49年10月26日	1784.12.08	乾隆、福康安		皇帝、福康安：軍機大臣(乾隆48-49年)、兵部尚書		福康安		福康安：軍機大臣(乾隆48-49年)、兵部尚書(乾隆 49		又諭曰。福康安 奏。秦州回民密尚德等。潛謀從逆私製刀矛。運往伏羌一案。有鐵匠牛花等。打造鏟刀裁刀均係皮匠所用刮刀。與本地尋常刮刀較長。信為口外刮皮所用。不知即係兵器等語。口外蒙古番衆。	回民私製刀具、刀具違規、制度漏洞、禁止向蒙古番		

序號	時間	時間	提出者／奏議者／復議者				接收者／回應者				內容提要	類別、關鍵詞	關聯條目與事件	問題
	(中曆)	(西曆)	人物	八旗歸屬籍貫民族	職銜	出身	人物	八旗歸屬籍貫民族	職銜	出身				
					(乾隆49年)、工部尚書(兵部尚書兼管)(乾隆49年)、總管內務府大臣、清字經館總裁、欽差大臣、參贊大臣(以上皆為乾隆49年-？)、陝甘總督(乾隆49-53年)、戶部尚書(乾隆49-51年)。				年)、工部尚書(兵部尚書兼管)(乾隆49年)、總管內務府大臣、清字經館總裁、欽差大臣、參贊大臣(以上皆為乾隆49年-？)、陝甘總督(乾隆49-53年)、戶部尚書(乾隆49-51年)。		原賴牲畜度日。在在皆以熟皮售販從未聞有向內地專買刮刀之事。而甘省向來因循。不加稽查。以致民間藉口。混行製造刮刀。逆賊遂從此影射。私製軍器。不可不嚴行防範。著傳諭福康安。飭屬嚴行查禁。如有先經打造者。不准出口。仍嚴飭地方官。出示曉諭。鋪戶亦不得私行賣給蒙古番回人等。如敢違例打造售賣。即照私行打造軍器。按律辦理。	回人販賣刀具、法律		
238	高宗乾隆49年11月11日	1784.12.22	乾隆、國棟(可能是王國棟，？-1798)	直隸省-宣化府-萬全縣	皇帝、陝西延安營守備(乾隆48-52年)。	行伍	保成、福康安		保成：喀什噶爾參贊大臣(乾隆47-51年)福康安：軍機大臣(乾隆48-49年)、		又諭。據國棟奏稱。保成等由喀什噶爾拏獲靖遠縣貿易回民馬廷祥。馬文祿。馬儒能。馬蒼等四犯。解送前來。查甘肅緝捕文內。並無伊等之名。應暫監禁。俟行查該督。果係無辜。或留該處貿易。或聽其回籍等語。國棟所見尚是。若果係靖遠縣逆回緣坐之犯。自應治罪。今甘肅緝捕文內。既無該犯之名。	逮捕回民商人事件、調查回民商人是通緝犯抑或誤捕、商貿		

序號	時間	時間	提出者／奏議者／復議者				接收者／回應者				內容提要	類別、關鍵詞	關聯條目與事件	問題
	(中曆)	(西曆)	人物	八旗歸屬籍貫民族	職銜	出身	人物	八旗歸屬籍貫民族	職銜	出身				
									兵部尚書(乾隆49年)、工部尚書(兵部尚書兼管)(乾隆49年)、總管內務府大臣、清字經館總裁、欽差大臣、參贊大臣(以上皆為乾隆49年-？)、陝甘總督(乾隆49-53年)、戶部尚書(乾隆49-51年)。		保成即將喀什噶爾貿易靖遠 回民。一律查拏。紛紛內解。所辦過當。豈有將各處。貿易之靖遠縣良善 回民。通行拏審之理。保成。達福。著傳旨申飭。國棟既將 回民馬廷祥等。暫行監禁。行文向福康安 咨查。著傳諭福康安 。俟國棟咨文到日查明。如馬廷祥等。果係無辜良善 回民。即迅速咨覆國棟。國棟接文。即詢該犯等。或欲在該處貿易。或欲回原籍聽其自便。即時釋放。再行奏聞。			
239	高宗乾隆49年11月30日	1785.01.10	乾隆、(覺羅)阿揚阿	滿洲正紅旗	皇帝、都察院左都御史(乾隆49-54年)。	官學生	軍機大臣、阿揚阿、國棟		都察院左都御史(乾隆49-54年)、陝西延安營守備(乾隆48-52年)。		諭軍機大臣等。據阿揚阿等奏稱。由葉爾羌盤獲靖遠縣屬回民鐵文喜等八犯。解送甘肅等語。昨國棟奏到。接准阿揚阿等咨文。即查甘省咨捕冊內。並無伊等之名。請暫監禁。行文咨查。阿揚阿等。將此等出外經商之良善 回民。必欲盡數擒捕。紛紛解內地審辦。殊屬錯謬。	誤捕經商回民事件、商貿		

序號	時間	時間	提出者／奏議者／復議者				接收者／回應者				內容提要	類別、關鍵詞	關聯條目與事件	問題
	(中曆)	(西曆)	人物	八旗歸屬籍貫民族	職銜	出身	人物	八旗歸屬籍貫民族	職銜	出身				
											著傳諭阿揚阿。靜俟國棟查辦。並傳諭國棟知之。			
240	高宗乾隆49年12月17日	1785.01.27	乾隆		皇帝		福康安		福康安：軍機大臣(乾隆48-49年)、兵部尚書(乾隆49年)、工部尚書(兵部尚書兼管)(乾隆49年)、總管內務府大臣、清字經館總裁、欽差大臣、參贊大臣(以上皆為乾隆49年-？)、陝甘總督(乾隆49-53年)、戶部尚書(乾隆49-51年)。		又諭。堪省逆回。勦滅淨盡。所有小山底店等處。該犯名下房屋田畝。前經諭令福康安　。少為估價。於甘省漢民內招買居住執業。如本省願買人少。並准其令附近甘肅之陝西漢民。出貲認買。嗣據福康安　奏。委員分投查辦。迄今已閱數月。其作何辦理之處。何以尚未據奏及。此項房產。雖為數稍多。或一時不能速變。亦當上緊籌辦。俾小民得利。自必踴躍認買。著傳諭福康安　。即遵照妥辦具奏。但不可因欲速售。仍令回民託名承買。務使各該處皆為漢人居住。以便稽察而靖地方。至福康安所奏伊犁等處。撥解內地馬匹。已移咨伊勒圖等。挑選解送巴里坤。並豫派員弁在彼驗收之處。自當如此辦理。將此傳諭知之。	官方出售回民罪犯財產、禁止回民購買、只許漢人購買、監察甘肅		

序號	時間	時間	提出者／奏議者／復議者				接收者／回應者				內容提要	類別、關鍵詞	關聯條目與事件	問題
	(中曆)	(西曆)	人物	八旗歸屬籍貫民族	職銜	出身	人物	八旗歸屬籍貫民族	職銜	出身				
241	高宗乾隆50年2月6日	1785.03.16	乾隆		皇帝		福康安		福康安：陜甘總督(乾隆49-53年)、戶部尚書(乾隆49-51年)。、兼管甘肅巡撫事(乾隆49-53年)		又諭曰。福康安 奏。籌辦估變逆產。於民人承辦之時。照原定價值。明示酌減。分年帶交。其歸籍貧民。即於入官房屋。量撥棲身。並酌撥地畝承佃等語。所辦均屬妥協。已依議行矣。又夾片奏。此案逆產售變。不准回民承買。惟恐地方官辦理不善。致伊等懷疑。止令於招買時。詳細察問。毋俾影射。並不於告示內明白宣露等語。所辦甚是。可謂留心之至。惟當持之以久。亦於摺片內批示。甘省 回民較多。自應隨時防範。尤須不露形跡。俾回衆無所疑懼。今福康安 於估變逆產一事。籌辦周詳。實屬可嘉。除將原摺就近交畢沅 閱看外。著賞大荷包一對。小荷包四個。以示嘉獎。	官方出售回民罪犯財產、禁止回民購買、嚴加審查購買人、監察回民、封賞官員。		
242	高宗乾隆50年3月16日	1785.04.24	乾隆		皇帝		軍機大臣、伊勒圖		伊犁將軍(乾隆38-50年)		諭軍機大臣等。前因新疆採買糧石。易於滋弊。因思該處俱有隙地。何不加兵屯種。多為收穫。既可以備供支。兼可以停採買。隨經降旨。令長清。會同永安。尚安。巴延三等。將烏嚕木齊等處實在情形。詳查妥議具奏。茲據長清奏到。所稱加屯撥運。及改種豌豆各情節。不免意存遷就遵旨。並未覈實籌辦。業經軍機大臣。逐條議駁具奏矣。伊勒圖。在新疆辦理有年。於各該處情形。較為熟諳。著傳諭該將軍。於陛見進京之便。經過烏嚕木齊時。會同長清等。悉心講求。覈實籌辦。	屯田、軍事、指派官員負責新疆屯田事宜、水利、安置回民、清查田地面積		

序號	時間 (中曆)	時間 (西曆)	提出者／奏議者／復議者 人物	八旗歸屬籍貫民族	職銜	出身	接收者／回應者 人物	八旗歸屬籍貫民族	職銜	出身	內容提要	類別、關鍵詞	關聯條目與事件	問題
											各該處所有隙地。是否實堪開墾。採買一事。可否酌量停止。如添兵屯種。需費浩繁。所入不償所出。於經費仍屬無益。且新疆地畝。官田與回民。俱係分水佈種。必須渠水充盈。足資灌溉。庶添兵屯種。可期有收。而 回民亦得永安生業。若辦理不善。或致有礙 回民水泉地畝。尤非所以示體恤。又戶民承種之地。雖據報明畝數。按戶撥給。但開墾日久。如有未盡升科。隱匿不報者。亦應一併丈量辦理。此內或有多餘地畝。可以有濟兵食之處。均著伊勒圖詳晰商酌。按照議駁各情節。通盤籌畫。據實具奏。務令邊疆屯種。得以日就充盈。而 回民屯戶。亦不致擾累侵占為妥。將此由五百里諭令知之。			
243	高宗乾隆50年4月10日	1785.05.18	乾隆、福康安		皇帝、福康安：陝甘總督(乾隆49-53年)、戶部尚書(乾隆49-51年)。、兼管甘肅巡撫事(乾隆49-53年)。						己丑。諭曰。福康安 奏。庫車辦事大臣拏獲攜帶回經出口之回民馬起蛟等。審明定擬。將馬起蛟等四犯。均發往雲南。廣西。煙瘴地方安插一摺。又夾片內奏稱。該犯等攜帶經卷。實係尋常誦習之經。若遽行發遣。似稍可矜等語。馬起蛟等。攜帶尋常經卷出口。雖不在查禁之例。擬以煙瘴。固屬可矜。然竟從寬貸。亦不足以示儆。烏嚕木齊。距甘肅不遠。馬起蛟等四犯。著改發烏嚕木齊安插管束。	誤捕經商回民事件、商貿、發配犯人至邊疆省份、皇帝更改發配犯人至新疆。		

序號	時間(中曆)	時間(西曆)	提出者／奏議者／復議者				接收者／回應者				內容提要	類別、關鍵詞	關聯條目與事件	問題
			人物	八旗歸屬籍貫民族	職銜	出身	人物	八旗歸屬籍貫民族	職銜	出身				
244	高宗乾隆51年10月28日	1786.12.18	乾隆、(費莫)勒保	滿洲鑲紅旗	皇帝、勒保：理藩院侍郎(署)、右翼監督、帶管理藩院印鑰、山西巡撫(皆為乾隆51年-？)。《清實錄》乾隆五十一年九月十七日記載：福崧。盛住。先著革去翎頂。俱著來京候旨。所有山西巡撫員缺。著勒保補授。勒保接奉此旨。即赴新任。不必前來行在請訓。	乾隆21年監生	(費莫)永保、勒保(永保之兄)、秦承恩	滿洲鑲紅旗、江蘇省-江寧府-江寧縣	永保：陝甘總督(署)(乾隆51年)、正藍旗滿洲副都統(乾隆51-56年)、塔爾巴哈台參贊大臣(乾隆51-58年)勒保：理藩院侍郎(署)、右翼監督、帶管理藩院印鑰、山西巡撫(皆為乾隆51年-？)。秦承恩：陝西布政使(乾隆51-54年)。《清實錄》乾隆五十一年	(費莫)永保：官學生秦承恩：乾隆26年進士	又諭。據勒保奏。盤獲甘肅狄道州生員廖珂一摺。內稱。廖珂在該州開設歇店。本年八月二十三日。有一過客。自稱李虔炳。係本京武解元。實名附天保。是駙馬侯爺。曾署西安將軍奉旨往甘肅密訪回民動靜。與廖珂結為弟兄。囑其送信至京。併云伊母可以入宮奏事。保薦廖珂做官。給與玉扳指一個。為伊母認識之物。仍令廖珂。告知南城兵馬司富永年。將翎頂黃馬褂。送至涼州滿城大佛寺相會。已飛咨甘肅督臣。將附天保飭屬嚴拏等語。實屬大奇。廖珂。與附天保。甫經會面。即結為兄弟。許其保薦。而廖珂即為帶信送京。且所供情節。荒誕不經。恐有別樣情弊。著傳諭勒保。將廖珂即行派員解京候訊。併附天保所給玉扳指。亦著一併送京認證。其附天保一犯。據廖珂供稱。於二十五日。在伊店內起身。聲稱欲往洮州岷州等語。該犯雖聲稱欲往洮岷。或在山西。陝西。沿途一帶逗留。亦未可定。並著傳諭永保。勒保。秦承恩 。各飭所屬。嚴密查拏務獲。一併解京究訊。除所供南城兵馬司富永年。及附天保住址。已令步軍統領衙門訪查辦理外。將此由五百里各傳諭知之。勒保摺。著鈔寄永保。秦承恩 。閱看。	犯人冒充官員聲稱奉旨密探回民動向、騙案、搜捕犯人		

序號	時間	時間	提出者／奏議者／復議者				接收者／回應者				內容提要	類別、關鍵詞	關聯條目與事件	問題
	(中曆)	(西曆)	人物	八旗歸屬籍貫民族	職銜	出身	人物	八旗歸屬籍貫民族	職銜	出身				
					其杭州織造。著額爾登布去。因此可以肯定同年十月二十八日時他已擔任山西巡撫。				九月十八日記載：諭曰。福康安。現於十月內起程來京陛見。永保。著署理陝甘總督印務。俟福康安回任後。永保即前往塔爾巴克台。辦理叅贊大臣事務。換慶桂回京。其陝西巡撫員缺。著巴延三補授。可見永保從該日起按理應卸任陝西巡撫，擔任署理陝甘總督，並預計會在福					

序號	時間	時間	提出者／奏議者／復議者				接收者／回應者				內容提要	類別、關鍵詞	關聯條目與事件	問題
	(中曆)	(西曆)	人物	八旗歸屬籍貫民族	職銜	出身	人物	八旗歸屬籍貫民族	職銜	出身				
									康安回任後前往塔爾巴克台擔任辦理參贊大臣。					
245	高宗乾隆51年10月29日	1786.12.19	乾隆、勒保		皇帝、理藩院侍郎(署)、右翼監督、帶管理藩院印鑰、山西巡撫(皆為乾隆51年-?)。		軍機大臣、永保、巴延三、秦承恩、福康安	(秦承恩)江蘇省-江寧府-江寧縣	永保：陝甘總督(署)(乾隆51年)、正藍旗滿洲副都統(乾隆51-56年)、塔爾巴哈台參贊大臣(乾隆51-58年)巴延三：哈密辦事大臣(乾隆49-51年)、陝西巡撫(乾隆51-54年)秦承恩：陝西布政使(乾隆51-54年)		己巳。諭軍機大臣等。昨據勒保奏。盤獲甘肅狄道州生員。廖珂。與附天保結為弟兄受其愚騙。進京送信一摺。已有旨諭令勒保將廖珂解京。並傳諭永保等。將附天保查拏務獲。一併解京究訊矣。該犯自稱駙馬侯爺曾署西安將軍。且其所送書信。封面上寫東四牌樓二條衚衕住址。必係冒充福康安 弟兄名姓。希圖招搖撞騙實屬可惡。務須拏獲懲治。毋任潛匿稽誅。該犯既有年貌籍貫且福康安 現任陝甘總督有年。而該犯即前往洮岷一帶。豈非自投羅網。其人之愚妄可知自屬易於蹤跡。著傳諭永保。巴延三。秦承恩 一體飭屬。嚴密訪緝查拏。務期弋獲。解京質訊。至該犯在廖珂前揑稱奉旨往甘肅。密訪回民動靜。恐其到處招搖滋事。或致搖惑甘省 回民之心。於地方甚有關係。並著傳諭永保。巴延三。於拏獲該犯後。將附天保所稱密訪 回民動靜之處實係該犯假揑。希圖哄誘愚民。撞騙財物並無其事 回民等勿為所惑。將此明晰曉諭各 回民。令其安居樂業。	犯人冒充官員聲稱奉旨密探回民動向、騙案、搜捕犯人、安撫回民		

序號	時間	時間	提出者／奏議者／復議者				接收者／回應者				內容提要	類別、關鍵詞	關聯條目與事件	問題
	(中曆)	(西曆)	人物	八旗歸屬籍貫民族	職銜	出身	人物	八旗歸屬籍貫民族	職銜	出身				
									福康安：陝甘總督(乾隆49-53年)、戶部尚書(乾隆49-51年)。、兼管甘肅巡撫事(乾隆49-53年)		毋致稍生疑懼。方為妥協。將此由五百里諭令永保等。再福康安 。現已起身來京陛見。並著一併傳諭知之。仍將曾否獲犯緣由。迅速覆奏。			
246	高宗乾隆51年11月20日	1787.01.09	乾隆、永保		皇帝、永保：陝甘總督(署)(乾隆51年)、正藍旗滿洲副都統(乾隆51-56年)、塔爾巴哈台參贊大臣(乾隆51-58年)		軍機大臣、永保		永保：陝甘總督(署)(乾隆51年)、正藍旗滿洲副都統(乾隆51-56年)、塔爾巴哈台參贊大臣(乾隆51-58年)		諭軍機大臣等。據永保奏。查拏附天保一犯。於廖珂家內。搜出該犯給存詩稿一紙。並訊據廖珂之弟廖玠供稱。廖珂。亦曾送給附天保羊皮袍等件。並曾在官堡楊宗振店中住宿。現在飛拏楊宗振到案。並提同廖珂家屬。詳悉追究。務得實在下落。飛速追拏等語。現令軍機大臣。廖珂一犯。再行嚴切訊究矣。附天保。既曾在官堡住歇。則往還認識者。必不止廖阿一人。從此跟蹤購線躧緝。無難得其實在下落。著傳諭永保。好速設法嚴拏。務期弋獲。毋任遠颺漏網。至所奏出示曉諭回民一節。遵照前降諭旨。俟拏獲附天保。審訊明確。有無向 回民招搖滋事之處。宜頒發。與不須頒發。再行斟酌辦理。	犯人冒充官員聲稱奉旨密探回民動向、騙案、搜捕犯人、安撫回民		

序號	時間 (中曆)	時間 (西曆)	提出者／奏議者／復議者 人物	八旗歸屬籍貫民族	職銜	出身	接收者／回應者 人物	八旗歸屬籍貫民族	職銜	出身	內容提要	類別、關鍵詞	關聯條目與事件	問題
247	高宗乾隆53年6月23日	1788.07.26	乾隆、福康安、徐嗣曾	浙江省-杭州府-海寧縣	皇帝、福康安：陝甘總督(乾隆49-53年)、兼管甘肅巡撫事(乾隆49-53年)。(欽差協辦大學士陝甘總督辦理將軍事務公)徐嗣曾：福建巡撫	乾隆28年二甲二十四名進士	福康安、大學士九卿		福康安：陝甘總督(乾隆49-53年)、兼管甘肅巡撫事(乾隆49-53年)。(欽差協辦大學士陝甘總督辦理將軍事務公)		大學士九卿議覆。欽差協辦大學士陝甘總督辦理將軍事務公福康安 。福建巡撫徐嗣曾奏。清查臺灣積弊。酌籌善後事宜。除禁革私役額兵。輪查出奏考語。道員專摺陳事。以上三條。均已奉旨施行外。一。水陸各營。應照操演鎗礮之期。將備逐名點驗。分別等第開報。鎮臣親自校覈。其分防各汛。亦令如期操演。隨時抽驗。統於年終。將名單彙送總督衙門查覈。仍留檔冊一分。俟將軍督提親巡時。照冊查驗。兵丁技藝嫻熟。奏請交部議敘。捏報者參究。一。水師將弁。應親自出洋巡哨。將出汛回汛日期。報明督提各衙門稽覈。有擒獲盜匪者。記功陞用。若僅在內港往來。空文申報。即行嚴究。一。每年總兵巡查各營。北自淡水石門。南至鳳山水底蓁。毋論衝僻汛地。應一律操練兵丁。點驗屯番。所有供應夫價。盡行裁革。隨帶弁兵。酌給路費。在本省公費項下支銷。事畢。將營伍地方情形。彙奏一次。一。兵丁除操演日期點驗外。應令鎮將各官。派員逐日稽查。有擅離兵房者。革伍枷號半年。遞回原籍。在外貿易者。照空歇軍役例治罪。倘敢仍前包庇娼賭。照窩頓娼妓例治罪。其分駐地方。即飭汛弁稽查。一。換防戍兵調集廈門時。應令水師由陸	確立加強控制台灣的制度、法律、制定法律時參照回民相關的法律、平定林爽文事件(1787-1788)後的跟進措施		

序號	時間	時間	提出者／奏議者／復議者				接收者／回應者				內容提要	類別、關鍵詞	關聯條目與事件	問題
	(中曆)	(西曆)	人物	八旗歸屬籍貫民族	職銜	出身	人物	八旗歸屬籍貫民族	職銜	出身				
											路提督。陸路由水師提督。互相點驗。必須年力壯健。方准配渡。一。鹿耳門沿海一帶口岸。應將向有礮臺數十處。照舊安置。並於新建城垣之地。酌量添設礮位。一。臺灣械鬥相尋。往往釀成巨案。應從嚴定擬。其起意糾約。及殺人之犯。照光棍例擬斬立決。傷人者。從重問擬發遣。仍遵照前旨。與盜案一體立限兩年。俟限滿後人知畏法。再行聲請照舊。再搶案聚至十人以上。與雖不滿十人。而持械逞強者。為首。照糧船水手搶奪例治罪。為從。發給新疆種地兵丁為奴。其數在三人以下。審有恃強情形。與雖未逞強。而數在三人以上者。照回民搶奪例。發極邊煙瘴充軍。亦俟兩年後。再行聲請照舊。地方文武員弁。遇有械鬥搶案。不即緝拏者。照諱盜例革職。如有明知故縱。及代為開脫增減改揑等情。照故出人罪例治罪。失察者。降一級調用。一。隻身遠渡。與挈眷同來之內地民人。應由地方官查明給照。移咨臺灣入籍。按戶編甲。其無業游民犯事。即罪在笞杖以下。亦押令回籍。地方口岸各員。失察偷渡者。無論人數多寡。降二級調用。隻身民人。降一級調用。拏獲而不舉報。仍照例革職。有能拏獲內地逃犯者。每一名紀錄一次。攜帶眷屬者。每			

序號	時間	時間	提出者／奏議者／復議者				接收者／回應者				內容提要	類別、關鍵詞	關聯條目與事件	問題
	(中曆)	(西曆)	人物	八旗歸屬籍貫民族	職銜	出身	人物	八旗歸屬籍貫民族	職銜	出身				
											一起加一級。別經發覺。將失察進口員弁。降二級調用。失察藏匿者。降一級調用。一。屯丁需習器械。民間菜刀農器。仍准製用外。所有弓箭腰刀撻刀半截刀鏢鎗長矛。與一切旗幟。應概行禁止。毋許私造私藏。一。臺灣賭風最盛。應令文武員弁。實力稽查。即跌錢壓寶之類。亦從重枷責。押遞原籍。不服拘拏者。照拒捕例治罪。弁兵得錢包庇者。計贓以枉法論。不知情者。革伍枷責。並令每月出具切實甘結。呈報總兵查覈。再胥役亦有庇賭之事。令兵役互相糾察。呈報鎮道從重究辦。地方官故縱者。降二級調用。失察者。降一級留任。一。淡水八里坌。距五虎門水程。約六七百里。港道寬闊。可容大船載運。應開設口岸以便商民。如有藉端需索者。將失察地方官。降二級調用。兼轄官。降一級調用。一。新擬開設八里坌海口。與淡水之八尺門。中港。後壠。大安二港。彰化之海豐。三林。水裏三港。嘉義之笨港。蚊港。虎尾。八掌。猴樹。鹽水。含西五港。鳳山之東港。竹仔。打鼓二港。通海各口岸。責成該管員弁。實力稽防偷渡。再此等船隻。多由內地小港偷越出洋。應令內地沿海地方。一體訪拏。一。臺郡地方遼闊。應照內地。每三十里設立			

序號	時間	時間	提出者／奏議者／復議者				接收者／回應者				內容提要	類別、關鍵詞	關聯條目與事件	問題
	(中曆)	(西曆)	人物	八旗歸屬籍貫民族	職銜	出身	人物	八旗歸屬籍貫民族	職銜	出身				
											一鋪。通衢要路。一律修整。統以一丈五尺為率。並於淡水。灣裏。虎尾。大突大甲等溪。各設船二隻。傳送公文。渡載行旅。諭曰。前因臺灣地方。經柴大紀 等貪縱廢弛之後。百弊叢生。特諭令福康安 。於勦捕完竣後。將善後各事宜。詳細妥議具奏。嗣據福康安 等議定。共十六條。立法固已周密。若該處文武員弁。果能實力奉行。原可永遠無弊。但有治人無治法。恐日久復視為具文。或竟陽奉陰違。則雖多立科條。仍屬空言無益。茲經大學士九卿照覆施行。在臺灣文武各員。務當敬謹遵循。力除積習。以飭營伍而靖海疆。至閩省民風刁悍。盜刦頻聞。是以降旨。凡遇該省海洋盜案。應俟兩年後盜風稍戢。再照舊例分別聲請。今據大學士等奏。以臺灣械鬥相尋。往往釀成巨案。嗣後亦應從嚴定擬。與盜案一體立限兩年。俟限滿後人知畏法。再請照舊等語。但閩省盜刦之案。不一而足。昨據德成 奏。福建內地以及臺灣。械鬥之風尤熾。已有旨令李侍堯 。當遇案嚴辦。是此等習不畏死之徒。恐尚非一二年即能悛革。所有閩省海洋盜案。並械鬥之案。俱著照新例嚴辦。俟三年之後。如果人知畏法。該督撫等再行奏聞。照舊辦理。以期辟以止辟。餘俱照			

序號	時間	時間	提出者／奏議者／復議者				接收者／回應者				內容提要	類別、關鍵詞	關聯條目與事件	問題
	(中曆)	(西曆)	人物	八旗歸屬籍貫民族	職銜	出身	人物	八旗歸屬籍貫民族	職銜	出身				
											大學士等所議行。昨因臺灣總兵員缺緊要。恐普吉保 不能勝任。奎林久歷戎行。曾任將軍。威名素著。人亦體面。已降旨將伊補放。朕之所以簡用奎林者。原令其前往實力整頓。俾該處營務吏治。均有起色。奎林行抵泉州。李侍堯 可即將應辦諸務。及大學士等。現在議覆各條。詳晰轉傳該總兵。令其到彼恪遵妥辦。毋負委任。至前降諭旨。令於督撫將軍內。每年輪派一員。前往臺灣巡查。亦恐該鎮道等。扶同徇隱。故智復萌。有將軍督撫等前往。層層稽察。庶共知儆惕。若該處總兵。皆如奎林足資委用。原不必又令督撫等前往。多此一番跋涉。但奎林亦不能久在該處。設有陞調等事。而接任者一時未能得人。難保其不致貽誤。自應仍責成巡查之將軍督撫。方為周密。乃昨據德成 奏。不知但令將軍提督前往。督撫似可不必等語。其意必以將軍提督。與地方無統轄之責。前往臺灣。尚不至有需索供應情事。若督撫前往。則各州縣備辦供頓應酬。及家人胥役需索門包。所費又復不貲。即如從前富勒渾。縱容家人殷士俊。李世榮。沿途任意勒索。是其明證。無怪德成 之有此奏。朕令該督撫等前往巡查。原為稽查奸弊起見。若該督撫等。復縱令家人長隨胥吏等。			

序號	時間	時間	提出者／奏議者／復議者				接收者／回應者				內容提要	類別、關鍵詞	關聯條目與事件	問題
	(中曆)	(西曆)	人物	八旗歸屬籍貫民族	職銜	出身	人物	八旗歸屬籍貫民族	職銜	出身				
											藉端需索。是未受其益而先受其害。更不成事體。著傳諭該督撫等。嗣後於前往臺灣巡查時。務宜嚴禁從役等。毋得有得受門包沿途需索等事。如有明知故縱。及漫無覺察者。或經科道參奏。或經朕別有訪聞。即將該督撫加倍治罪。決不寬貸。且不特臺灣為然。即各省督撫。於巡閱營伍查辦災賑時。均當自行雇備夫馬。毋得絲毫擾累地方。朕聞向來各省督撫內。惟李世傑。書麟。於出巡時。輕騎減從。尚能不累地方。各該督撫俱受朕重恩。養廉優厚。何不以李世傑。書麟為則效。而必踵不肖督撫等之覆轍乎。況督撫之責。在於察吏安民。凡通省之利弊。屬員之賢否。皆所應知。而其出巡時。所帶家人長隨。為數無多。何難隨時稽察管束。若幾名家人長隨。尚不能查察。又安望其剔除弊竇。管轄如許之官吏耶。且不特督撫為然。即大臣官員等奉差出外。除應得廩給驛馬之外。亦不應格外需索。擾累地方。嗣後凡屬奉差外出。及督撫出巡者。俱應輕騎減從。並嚴加約束。毋任有違例騷擾之事。若有縱令勒索。毫無覺察者。一經訪聞參奏。即一併從重治罪。斷不為之寬宥也。將此通諭知之。			

序號	時間(中曆)	時間(西曆)	提出者／奏議者／復議者 人物	八旗歸屬籍貫民族	職銜	出身	接收者／回應者 人物	八旗歸屬籍貫民族	職銜	出身	內容提要	類別、關鍵詞	關聯條目與事件	問題
248	高宗乾隆53年12月30日	1789.01.25	勒保		陜甘總督(乾隆53-60年，清代職官資料庫數據)		乾隆		皇帝		陜甘總督勒保奏。甘省回民。自乾隆四十六。九。兩年。大加懲創之後。倍加懾服。復經各屬設立 回民義學。延師督課。臣於查閱各提鎮營伍時。經過 回民衆多之處。俱各安靜畏法。並飭鄉約塾師。實力稽查化導。莫不感激愧懼。得旨。以實為之。弗久而懈也。在不動聲色。徐徐化導。回豈非民乎。	教化回民、安撫回民、教育、皇帝對回民被教化的態度		
249	高宗乾隆54年3月8日	1789.04.03	乾隆、(鄂濟)尚安、(烏雅)福崧	滿洲正白旗、滿洲正黃旗	皇帝、尚安：烏嚕木齊都統(乾隆52-59年)；福崧：阿克蘇辦事大臣(乾隆52-54年)、葉爾羌參贊大臣(乾隆54年)，此時發生時調任否仍需考證。	(鄂濟)尚安：生員(烏雅)福崧：繙譯生員	新疆各處將軍大臣				又諭。據尚安奏。接准伊桑阿等查出由肅州運販大黃。至烏嚕木齊萬昌號等三處鋪面。並查拏烏嚕木齊開鋪民人文移。即將郭相秦等拏獲。解送勒保等語。又據福崧 奏。請將安集延回民喀哈默特等七人。重責逐回本地。其喀什噶爾地方 回民愛依特。併賽哩木地方 回民邁瑪第敏等。各枷號兩個月重責等語。前因俄羅斯。並不遵行兩邊所定舊例。始行禁止恰克圖交易。至大黃乃俄羅斯地方。必用要物。從前禁止交易時。俄羅斯不得大黃。頗覺惶恐。今聞新疆地方。屢經從貿易 回民。並安集延 回民內。搜出私販大黃至數千萬觔。特因奸商明知安集延。布嚕特。哈薩克等。常在俄羅斯地方貿易。遂貪利自內地將大黃運至新疆。由安集延回民。又轉發俄羅斯地方。今恰克圖雖行禁止交易。由新疆仍通大黃。是與未行禁止無異。故俄羅斯不至窘迫。若不從重	對外關係、藩屬國及本國回民處置有別、對外貿易、貿易禁制、俄國、清帝國商人與本國及外國回民合伙走私禁運，禁止貿易貨品、清廷對回民的劃分、處置犯人		時任確切職位未能查證

序號	時間(中曆)	時間(西曆)	提出者／奏議者／復議者 人物	提出者／奏議者／復議者 八旗歸屬籍貫民族	提出者／奏議者／復議者 職銜	提出者／奏議者／復議者 出身	接收者／回應者 人物	接收者／回應者 八旗歸屬籍貫民族	接收者／回應者 職銜	接收者／回應者 出身	內容提要	類別、關鍵詞	關聯條目與事件	問題
											治罪。無以示懲。著將此等偷販大黃商民等。即照竊盜偷獲財物數目例治罪。併將尚安拏獲商民郭相秦等審辦之處。俱面交勒保外。仍令新疆各處將軍大臣等。嗣後若係安集延 回民。即重責逐回本地。交該伯克頭目等嚴行約束。其喀什噶爾。葉爾羌。烏什。阿克蘇等城 回民。皆與內地商民相等。此等地方 回民。俱應解送勒保。從重治罪。今即將福崧 所奏喀什噶爾地方 回民愛依特。賽哩木地方 回民邁瑪第敏等。解送勒保治罪。			
250	高宗乾隆54年3月19日	1789.04.14	乾隆、(富察)明亮	滿洲鑲黃旗	皇帝、喀什噶爾參贊大臣(乾隆51-56年)	文生員	勒保		陝甘總督(乾隆53-60年，清代職官資料庫數據)		丙子。諭曰。明亮等奏稱。從安集延回民什仔庫勒等六人。喀什噶爾回民博巴克等七人處。查出大黃四千餘觔。請將安集延 回民枷號一個月。喀什噶爾 回民枷號兩個月等語。所辦殊屬錯謬。喀什噶爾 回民等。受朕恩澤。歷有年所。與內地民人無異。非安集延 回民可比。今外部哈薩克。布嚕特。安集延等地方 回民。採買大黃。特為運至俄羅斯地方責價販賣。喀什噶爾等處 回民。受朕恩澤。安居樂業。與內地民人無異。乃竟膽敢求得多利。兌換如許大黃轉販。情屬可惡。若亦照安集延 回民。一體枷號治罪。無以示儆。著交明亮等。將安集延 回民什仔庫勒。博巴克。朱里拜。丕爾圖穆喇特。阿瓦斯默特。厄布色	對外關係、藩屬國及本國回民處置有別、對外貿易、貿易禁制、清帝國商人與本國及外國回民合伙走私禁運，禁止貿易貨品、皇帝加重對走私回民的處罰、皇		

序號	時間(中曆)	時間(西曆)	提出者／奏議者／復議者 人物	八旗歸屬籍貫民族	職銜	出身	接收者／回應者 人物	八旗歸屬籍貫民族	職銜	出身	內容提要	類別、關鍵詞	關聯條目與事件	問題
											勒六人。即照明亮等所奏。枷號一個月。杖四十。逐回本地外。將喀什噶爾 回民博巴克。遮林。鄂碩爾。邁瑪第敏。佗克佗拜。阿什瑪。邁瑪喇瑪七人。俱解送勒保處。遵朕屢降諭旨治罪。嗣後如有此等人犯。俱照此辦理。至從前在喀什噶爾地方。搜獲商民李貴升。係在新疆為首運販大黃之人。著交勒保。俟尚安解到時。審明李貴升。即行定擬死罪。毋致稍為輕縱。	帝要求處死走私商人		
251	高宗乾隆54年3月25日	1789.04.20	乾隆		皇帝		伊犁、喀什噶爾、葉爾羌、烏什、阿克蘇將軍大臣				壬午。諭。前因俄羅斯等不守定約。將為匪賊犯。不遵共定章程辦理。是以停止恰克圖貿易。並嚴禁私販大黃出關。乃近來奸商回民。惟利是趨。不遠萬里。將大黃販至新疆。由哈薩克。布嚕特。安集延等處。轉售於俄羅斯。經各處將軍大臣查拏。業已從重治罪。並於沿海口岸。亦嚴飭禁止。此足令俄羅斯窮蹙。但新疆所需牲隻。俱係哈薩克等。驅至伊犁等處販賣。安集延人等。又與哈薩克。布嚕特不同。常在俄羅斯地方貿易行走。俄羅斯等不得大黃。或中懷觖望。誘令伊等不將牲隻帶至伊犁。則亦甚有關係。哈薩克。布嚕特。人尚淳樸。未必即入俄羅斯彀中。但安集延人等狡詐。恐為俄羅斯所惑。不可不留心查察。著通諭伊犁。喀什噶爾。葉爾羌。烏什。阿克蘇將軍大臣等。潛行訪	對外關係、對外貿易、貿易禁制、清帝國商人與本國及外國回民合伙走私禁運，禁止貿易貨品、皇帝懷疑俄國暗中利用中亞諸國、情報調查		

序號	時間	時間	提出者／奏議者／復議者				接收者／回應者				內容提要	類別、關鍵詞	關聯條目與事件	問題
	(中曆)	(西曆)	人物	八旗歸屬籍貫民族	職銜	出身	人物	八旗歸屬籍貫民族	職銜	出身				
											察。相機辦理。			
252	高宗乾隆54年6月27日	1789.08.17	乾隆、(碧魯)鄂輝	滿洲正白旗	皇帝、四川成都將軍	前鋒			軍機大臣		辛巳。軍機大臣等議覆。四川成都將軍鄂輝等。條奏收復巴勒布。侵占藏地。設站定界事宜。一。前藏向駐綠營官兵五百十員名。現有駐藏大臣管轄。其扎什倫布地方。亦應酌撥綠營官兵分駐。請於察木多。抽撥外委一員。兵六十名。江卡。抽撥兵三十名。碩板多。抽撥都司一員。兵二十名。前藏。抽撥兵四十名。以上四處。共抽撥兵一百五十名。即令抽徹之都司外委管領。移駐後藏。再於馬兵內。挑拔二人。作為軍功外委。管束兵丁。再後藏既移駐官兵。由後藏至前藏一路。應分立塘汛十二處。以唐古忒番兵安設。每塘挑選附近番兵四五名。並交噶布倫等。辦給口糧。均令駐防後藏都司。隨時稽查管束。一。拉子地方。請添設唐古忒番兵二百名。并添第巴二名管領。按年一次更換。至脅噶爾番兵。亦不敷防守。請於拉子防兵內。撥出三十名。安置脅噶爾地方。其薩喀一處。距拉子不遠。亦即於防兵內。撥出三十名。輪赴該處巡哨。再宗喀。聶拉木。濟嚨等處。遠在極邊。其緊要處所。仍須修砌卡碉。以資瞭望而嚴防守。一。西藏官兵。以耕牧為生。現飭噶布倫等。按寨落多寡。編定數目。前藏添唐古忒兵八百名。	軍事、確立治理西藏的相關制度、確立前哨站相關安排、廓爾喀之役(清廷稱平定廓爾喀，1788-1792)(廓爾喀即尼泊爾王國)(要注意，西藏官員在此時私下與廓爾喀和談，甚至謊報了收復失地等軍情。後來廓爾喀前來索要當日和談的利益被拒，於是戰事再		

序號	時間	時間	提出者／奏議者／復議者				接收者／回應者				內容提要	類別、關鍵詞	關聯條目與事件	問題
	(中曆)	(西曆)	人物	八旗歸屬籍貫民族	職銜	出身	人物	八旗歸屬籍貫民族	職銜	出身				
											後藏四百名。於每歲九月望後操演。至十月底止。隨同綠營駐防。一體練習。至操演鎗箭。於綠營內挑取千把弁兵數十名。充為教習。令其分領番兵。逐日操演。惟唐古忒兵。向無錢糧。今定於派出操演日期。至散操日止。令噶布倫等酌給口糧。又達木兵。向住達木角地方。換班應差。今幷歸操演番兵內。一體教習。仍照舊令達賴喇嘛月給口糧。又查達賴喇嘛山上。舊存大小鐵礮二十餘位。請編定號數。令綠營兵帶領番兵。演習施放。一。請於今歲秋收後。查明稞麥時值。動項發交該噶布倫等。在附近各處。買米稞麥三千石。交駐藏糧員。於扎什倫布城內。建倉收貯。俟採買二年後。按年出陳易新。以六千石常貯為額。至拉里。察木多。巴塘。裏塘。四處糧臺。皆有糧員。而察木多尤為川藏適中之地。亦請一體儲備。一。西藏所屬寨落。設立第巴管理。缺分甚多。其間美惡不齊。然皆有應辦事件。請令噶布倫等。嗣後無論缺分美惡。一體補放。務令該第巴親往照料。不許擅差家丁代理。至差遣堪布囊蘇赴京進貢。幷赴打箭鑪辦茶。皆係經行內地。往返需時。請嗣後均由駐藏大臣。會同達賴喇嘛。及噶布倫等。揀選妥人。給與護牌。將需用馬夫。酌	起。此條目出現的鄂輝將軍在 1790 年 4 月奉旨入藏調查。可參考《廓爾喀紀略》)		

序號	時間	時間	提出者／奏議者／復議者				接收者／回應者				內容提要	類別、關鍵詞	關聯條目與事件	問題
	(中曆)	(西曆)	人物	八旗歸屬籍貫民族	職銜	出身	人物	八旗歸屬籍貫民族	職銜	出身				
											定數目。注明牌內。沿途照給。以杜需索。一。駐藏大臣。應於二人內。按年分為兩次。輪赴後藏。巡查之便。親加摻演。分別勸懲。至藏衆散居各處。耳目難周。該處設有噶布倫四人。管理地方事務。嗣後請於四人內。每年輪派一人。於春秋農隙時。親往稽察。一。從前駐藏大臣二員。同居一處。自珠爾默特納木扎勒滋事後。房屋入官。始行分駐。查前藏之撒木珠康撒爾住房。即係從前珠爾默特納木扎勒舊居。其地房屋寬敞。足敷駐藏大臣二人分駐。且同居一處。遇有公事。即可隨時商辦。一。西藏貿易外番。必須老成謹慎之第巴。協同該處頭目。專管卡契回民。及巴勒布。平日悉心撫馭。不許互相欺壓爭競。以便秉公調處。仍責令噶布倫等。隨時訪察。倘有第巴頭人。及官弁兵役。倚勢勒買。苦累外番。即稟駐藏大臣拏究。一。向來西藏遇有訟事。係歸管理刑法頭人朗。仔轄聽斷。俱照夷例。分別重輕。罰以金銀牛羊。減免完結。恐有高下等弊。現在告知達賴喇嘛。及噶布倫等。凡有關涉漢回外番等事。均令朗仔轄呈報。揀員會同審理。一。聶拉木。濟嚨。絨峽。三處。均與巴勒布連界。邇來販運日多。巴勒布馱載貨物。來藏貿易者。第			

序號	時間	時間	提出者／奏議者／復議者				接收者／回應者				內容提要	類別、關鍵詞	關聯條目與事件	問題
	(中曆)	(西曆)	人物	八旗歸屬籍貫民族	職銜	出身	人物	八旗歸屬籍貫民族	職銜	出身				
											巴收稅。加至十分之一。易致爭執。以後止准減半收取。並令勒碑界所。長遠遵循。一。西藏鹽觔。於沙土中刨出。本不潔淨。應即於挖出時。交該處第巴。查驗鹽觔成色。酌中定價。毋許故昂。任意勒買。一。駐藏大臣衙門。向挑官兵應役。均無定額。將備以下。從而效尤。應酌定名數。按期更換。至駐藏大臣。差遣官兵。赴省製辦賞號之事。有曠操防。應咨明本省總督。飭有司代辦。遇便帶藏。並飭禁兵丁雇役番婦。以肅營伍。一。西藏噶布倫。戴綳。第巴等缺。辦理地方。管束兵丁。均關緊要。遇有缺出。應於誠實勤妥之子弟中。慎選承充。至第巴營官商卓特巴等。不下二三百缺。逐一奏補。未免過繁。應請將大處緊要地方缺出。調驗補放。其偏遠第巴等缺出。仍令達賴喇嘛自行選擇。一。理藩院司員。並駐藏遊擊。向未議給關防。懇敕部鑄給辦理藏番事務章京關防一顆。駐藏遊擊關防一顆。俾辦事呼應較靈。一。宗喀。濟嚨。聶拉木等處。為巴勒布往來門戶。收稅行鹽等事。均關緊要。現在噶布倫等。揀派第巴三人。分頭安設。又選老成能事戴綳。駐劄脅噶爾地方。統轄宗喀。濟嚨。聶拉木三處。就近稽查。其缺較為繁重。請照阿哩第巴之例。			

序號	時間	時間	提出者／奏議者／復議者				接收者／回應者				內容提要	類別、關鍵詞	關聯條目與事件	問題
	(中曆)	(西曆)	人物	八旗歸屬籍貫民族	職銜	出身	人物	八旗歸屬籍貫民族	職銜	出身				
											由部發給號紙。以專責成。一。從前解赴打箭鑪口外兵餉。皆係元寶。迨後祇解碎銀。但自省至藏。萬里崎嶇。倘有碰失。各站易於推卸。況番地買賣交易。均以元寶成色為足。請嗣後。仍照舊以元寶起運。一。西藏向有賞需一項。係蒙皇上軫念達木官兵。素無錢糧。將三十九族每年所交例馬銀三百九十餘兩。買辦緞布煙茶銀牌。按年獎賞一次。此外並無別款。今既添設唐古忒番兵。按期操演。經駐藏大臣親查。自當照例獎賞。請於川省閒款內。加給銀五百兩。飭辦緞布煙茶銀牌等項備賞。一。口外至西藏。一切事務。向歸駐藏大臣管理。但裏塘。巴塘。與川省較近。皆有土司管理。原非西藏所屬。應劃分綜理。請自南墩迤西一路。凡屬西藏所管之地。照舊歸駐藏大臣管理。其巴塘迤東土司地方。歸川省將軍督提衙門。就近管理。至江卡。乍丫。察木多。並移駐後藏各營汛臺站。統歸駐藏大臣總理。其巴塘。裏塘。安設塘汛官兵。就近歸阜和協副將兼轄。一。打箭鑪出口。以至西藏。向於文職內派委州縣丞倅。武職內。揀派遊擊。都司。守備。千總。分駐辦理。均三年一次更換。該文武等官員。遠役三年。往返將及四載。向來期滿。並無保題陞轉			

序號	時間	時間	提出者／奏議者／復議者				接收者／回應者				內容提要	類別、關鍵詞	關聯條目與事件	問題
	(中曆)	(西曆)	人物	八旗歸屬籍貫民族	職銜	出身	人物	八旗歸屬籍貫民族	職銜	出身				
											之途。嗣後請令駐藏大臣。照金川營屯各員。三年期滿。出具考語。奏明咨送本省將軍督提。考察保題。仿照邊俸報滿之例。一體陞用。其駐防官兵。遇換班之期。亦須選派妥幹。以資防守。得旨。依議速行。			
253	高宗乾隆54年6月30日	1789.08.20	乾隆、勒保		皇帝、陝甘總督(乾隆53-60年，清代職官資料庫數據)		軍機大臣				諭軍機大臣等。據勒保奏。西寧回匪聚眾滋事。經官兵全行殺獲。並搜捕餘黨審辦一摺。已交軍機大臣。會同行在法司覈擬速奏矣。又另摺奏。查出形跡可疑之回民馬有成等。二十四名。請將該犯等僉同家屬。發往雲南廣西等省。定地安插等語。馬有成等。雖名為改歸舊教。而行蹤詭秘。自非安分之徒。自應概行發遣。以示懲儆。第雲南廣西等省。近在內地。該處均有 回民。或在彼又有煽惑。亦非所宜。已諭令軍機大臣等。於覈議時改發黑龍江等處。給索倫為奴。自較為妥協。至該督奏稱。甘省 回民。從前新教居其大半。自四十六九等年。大加懲創之後。改歸舊教者固多。而狡黠之徒。陽奉陰違。亦復不少。難保其不再生事端等語。因思 回民舊教。自必多於新教。其飭禁之後。仍行暗習新教者。因查察甚嚴。不敢公然顯露。而舊教中人。見其行事各異。自無不知之理。何不乘此查辦時。曉諭舊教 回民。令其將仍習新教之人。逐一指出。即可按名查緝。嚴	平定回民叛亂、處置犯人、宗教、搜捕新教教徒		

序號	時間	時間	提出者／奏議者／復議者				接收者／回應者				內容提要	類別、關鍵詞	關聯條目與事件	問題
	(中曆)	(西曆)	人物	八旗歸屬籍貫民族	職銜	出身	人物	八旗歸屬籍貫民族	職銜	出身				
											行辦理。以期永淨根株。但須酌看情形。不動聲色。密為妥辦。毋得稍涉張皇。再蘇代原等各犯。業經傷斃正法其家屬應行緣坐者。何以該督摺內。未經查明聲敘。著即照例辦理。毋少疏縱。將此諭令知之。			
254	高宗乾隆54年7月1日	1789.08.21	乾隆		皇帝						又諭。本年春間。勒保進京。召見詢以甘省地方回民情形。據稱自四十六。九。等年。大加懲創之後。業經一體悔悟。改歸舊教。並無仍從新教之人等語。昨據該督奏。蘇家堡 回民蘇代原。復興新教。聚衆拒捕。傷斃兵民。不法已極。是該處新教。仍未能盡絕根株。係其明驗。從前福康安 。任陝甘總督時。悉心籌辦。 回民俱各安分守法。從未聞有糾衆滋事之處。勒保接任以後。如果認真查察。將新教餘孽。密訪嚴拏。盡法處治。何至匪徒仍復公然聚衆念經。致有抗拒官兵之事。是其積漸廢弛。不能實力整頓。已可概見。勒保。著傳旨申飭。至蘇代原等。係在蘇家堡居住。當官兵查拏時。俱退入堡內房上。抛打石子。前此勒保曾經面奏。所有 回民山坳內堡房。已全行拆毀。今該犯等在蘇家堡居住。以致聚集多人。抛石拒捕。使兵民不能向前。是回匪仍然有築堡聚居。將來即可恃以為據守之地。甚非所宜。嗣後除現在所有堡房。未便遽令拆毀。致有	宗教、新教回民再度叛亂、軍事、甘肅局勢、皇帝要求官員細心辦事		

序號	時間 (中曆)	時間 (西曆)	提出者／奏議者／復議者 人物	八旗歸屬籍貫民族	職銜	出身	接收者／回應者 人物	八旗歸屬籍貫民族	職銜	出身	內容提要	類別、關鍵詞	關聯條目與事件	問題
											滋擾外。如有隨時坍塌者。即可不必令其補造。可以由漸盡去。該督即飭屬留心辦理。仍須不動聲色。行所無事。固不得稍存疏懈。亦不可過涉張皇。致胥役藉端擾累。將此諭令知之。			
255	高宗乾隆54年7月26日	1789.09.15	乾隆、徐嗣曾		皇帝、福建巡撫(乾隆50-55年)、閩浙總督(福建巡撫署理)(乾隆54年)。		軍機大臣				庚戌。諭軍機大臣曰。徐嗣曾奏。閩民多係聚族而居。漳泉尤甚。大者數千丁。小者亦百十名。各有宗祠。設立族正。其中桀黠之徒。恃其丁口之衆。祠產之豐。凡結會械鬥。糾搶匿匪。拒捕抗官之案。半由此起。而猾胥蠹役。往往與為勾結。互相包庇。以致族中匪徒犯案。地方官攝捕需時。即如彭庇所居之彭厝鄉。聚匪行刦。均係族人。直至總督親訪。道府親拏。始能就獲。即其明證。因博加詢訪。漳泉大族中宗祠族正。亦多有讀書明理。安分畏法者。其族中匪徒犯案。地方官竟有不事簽票出差。但開指姓名。傳知族正。予以限期。彼即自行縛送到官。不敢藏匿。現酌定章程。遍行曉諭。凡族中舉充族正。如有為匪不法。作奸犯科。族正不行阻止舉首者。分別治罪。如果教約有方。一歲之中。族內全無命盜械鬥等案。給扁獎勵。三年無犯。及能將滋事匪徒。查縛送官者。奏給頂戴等語。設立保甲里長。固屬綏靖閭閻之一法。但閩省民人。俱係	福建民風、械鬥、家族、難以治理、委派諳民情官員處理問題		

序號	時間	時間	提出者／奏議者／復議者				接收者／回應者				內容提要	類別、關鍵詞	關聯條目與事件	問題
	(中曆)	(西曆)	人物	八旗歸屬籍貫民族	職銜	出身	人物	八旗歸屬籍貫民族	職銜	出身				
											聚族而居。該處械鬥之風。往往此族與彼族挾嫌爭衅。闔姓之人。各行聚衆逞兇糾殺。及傷斃人命。即於本族中公議一二人。許以養贍家室。令其頂兇抵命。地方官復因族衆難辦。又見有兇手承認。遂爾將就完事。屢致釀成大案。今若匪徒犯案。俱責成族中縛送。此等所舉族正。大半多係紳衿土豪。未必盡屬奉公守法之人。况既族居一處。則滋事者。必有伊子弟親黨在內。族正轉得為之包庇。甚而挾嫌妄舉。或將衰病者舉出充數。滋弊實多。况地方官拘拏人犯。反假手於族正。又給以頂戴。豈不開把持官府之漸。行之日久。將來遇有緝兇拏匪之事。必須向族正索取。竟與世襲土司何異。其法於閩省斷非所宜。且此等族正。俱係平民。該省自督撫以下文武員弁。正復不少。遇有民間作奸犯科之事。自應責成該管地方官。認真查辦。即或於緝拏兇匪等事。令該處族正舉發。亦止可由該處地方官。臨時酌辦。斷無明降諭旨責令專辦。並恩給頂戴之理。若概令族正等自行舉首。縛送到官。則設地方官何用。是明假以事權。必至倚仗聲勢。武斷鄉曲。甚而挾嫌誣首。及頂兇抵命。皆所不免。充其流弊。必至聚衆滋事。更復何事不可為。即如甘省回民。其教首阿渾。			

序號	時間	時間	提出者／奏議者／復議者				接收者／回應者				內容提要	類別、關鍵詞	關聯條目與事件	問題
	(中曆)	(西曆)	人物	八旗歸屬籍貫民族	職銜	出身	人物	八旗歸屬籍貫民族	職銜	出身				
											即與閩省族正相仿。從前蘇四十三。田五等。即係阿渾聚衆滋事。各省回民甚多。若俱委之阿渾稽查管束。又安用地方官為耶。細思該撫所奏。斷不可行。阿桂 從未至閩省。然伊更事日久。能識大體。孫士毅 雖未在閩省服官。但伊任廣東督撫日久。閩粵境壤毗連。其風俗大約相仿。孫士毅 於地方情形。向能留心體察。著傳諭阿桂 。孫士毅 。即將徐嗣曾所奏舉充族正。是否可行。並另有何辦法。可以經久無弊之處。各抒所見。各行據實具奏。至福康安 。平定臺灣。又曾任閩浙總督。於該處習俗民情。自知之尤悉。亦著就所見據實奏聞。統俟阿桂 。福康安 。孫士毅 。覆奏到日。再交軍機大臣覈議具奏。			
256	高宗乾隆54年9月10日	1789.10.28	乾隆		皇帝		軍機大臣				又諭。軍機大臣議覆。勒保奏審擬海生蓮私販玉石一案。將該犯等從重擬流。行令該督定地發配一摺。所奏是。依議行。此案海生蓮。係內地回民。膽敢私買玉石。輾轉埋藏。馬成保。係明知私玉。因圖得銀兩。代為設法夾帶。情節俱刁狡可惡。自應從重定擬。何該督於此等偷買玉石案犯。每存姑息。失之寬縱。輒以杖徒完事耶。勒保。著傳旨申飭。	內地回民走私貨品、處置犯人、皇帝要求從重處置犯人		

序號	時間	時間	提出者／奏議者／復議者				接收者／回應者				內容提要	類別、關鍵詞	關聯條目與事件	問題
	(中曆)	(西曆)	人物	八旗歸屬籍貫民族	職銜	出身	人物	八旗歸屬籍貫民族	職銜	出身				
257	高宗乾隆54年10月15日	1789.12.01	乾隆、(瓜爾佳)德成	滿洲正黃旗	皇帝、德成：工部左侍郎(乾隆38-56年)、正白旗滿洲副都統(乾隆43-55年)。	監生	軍機大臣、勒保		陝甘總督(乾隆53-60年，清代職官資料庫數據)		諭軍機大臣等。昨據德成 奏。甘省回民。新舊二教。每至互生嫌衅。蓋因舊教念經。須用羊隻布匹。所費較多。新教念經。僅取𧶘錢五十六文。小民希圖省費。是以願歸新教。若令舊教亦照新教。舍多取少。恐一時難於更改。勢必陽奉陰違。轉致滋生事端等語。該省 回民舊教。傳習多年。嗣因新教從中煽惑。輾轉相傳。以致屢有聚衆滋擾之事。今據德成 奏。舊教念經。勢難令其改照新教少取錢文。自係實在情形。但不可不密為防範。善為勸導。使舊教者。知其價錢。則不致趨新教。或亦一法。總在地方官留心勸導。使舊教之人。明知此意。亦不可繩之以法也。著傳諭勒保等。隨時察訪。如可設法化導。令舊教舍多取少。新教無從爭競。固屬甚善。若體察情形。驟難更改。亦不必多事紛更。止須飭令地方官加意防閑。並著鄉約保甲人等。實力稽查。倘有無故糾合人衆。夜聚曉散。形跡可疑者。立即稟明。嚴辦示懲。該督撫務須不動聲色。杜漸防微。俾新教不致再行滋蔓。方為妥善。	宗教、宗教開支、教化回民、監察回民		
258	高宗乾隆54年10月22日	1789.12.08	乾隆、勒保		皇帝、陝甘總督(乾隆53-60年，清代職官資						又諭曰。勒保奏地方情形摺內。稱平涼府屬之靜寧等處。回民最多。傳集該處頭人鄉約等。剴切曉諭。以新教實為回教之大害。現在各村莊老教頭人。實力訪察。一有見聞。	宗教、宗教開支、教化回民、監察回民		

序號	時間	時間	提出者／奏議者／復議者				接收者／回應者				內容提要	類別、關鍵詞	關聯條目與事件	問題
	(中曆)	(西曆)	人物	八旗歸屬籍貫民族	職銜	出身	人物	八旗歸屬籍貫民族	職銜	出身				
					料庫數據)						即當稟首。如實無其人。出具連名甘結等語。所奏不過敷衍成文。並未知新舊教實在情形。全不得其要領。 回民同是一樣經咒。初無新舊之分。從前馬明心。亦不過因曾至。葉爾羌。喀什噶爾地方。學習回經。遂在甘肅設立新教。其實所念之經。與舊教無異。近聞舊教念經。須用羊隻布匹。所費較多。而新教念經。僅取𢨟錢五十六文。是以窮民願歸新教者較衆。此語頗中竅要。若地方官留心勸導。使舊教舍多取少。新教自無從招集。或竟能使舊教所取念經錢文。更減於新教。則小民希圖省費。新教亦自必皆歸舊教。其新教不禁而自止矣。即如喇嘛所念之經。傳自西竺。而內地僧人。俱以漢音傳習。不無舛誤。朕節次將大藏經咒。俱令照西番譯出。不過欲釐正訛舛。亦非有意崇尚喇嘛。而廢絀僧人也。即此可以類推。總之新舊教 回民。皆吾赤子。若新教回民。果能奉公守法。即屬善良。又何必官為區別。扶舊教而除新教耶。若如勒保所奏。以新教為回教中之大害。其實勒保亦不知其所以為何害也。欲令該頭人連名出具甘結。仍不過有名無實。斷無此辦法。足見不實。著傳諭該督。務須遵照前降諭旨。不動聲色。使舊教之人。知少取錢文。則民人自不致競趨新			

序號	時間	時間	提出者／奏議者／復議者				接收者／回應者				內容提要	類別、關鍵詞	關聯條目與事件	問題
	(中曆)	(西曆)	人物	八旗歸屬籍貫民族	職銜	出身	人物	八旗歸屬籍貫民族	職銜	出身				
											教。總在設法化導。不可區別新舊之名。轉滋掎角也。			
259	高宗 乾隆54年11月29日	1790.01.14	勒保		陝甘總督(乾隆53-60年，清代職官資料庫數據)						陝甘總督勒保奏。臣到甘以來。節次曉諭舊教回民。將仍習新教之人。按名查緝。並明立條款。 回民禮拜日期。止准於本村寺內念經。不許另赴別寺。亦不得多索襯錢。如有婚喪事件。止准延請本寺鄉約頭人。別寺之人。不得攙奪。仍令照依編造保甲之法。將某某回戶。應歸某寺念經之處。造冊備案。其平時教習經文。亦止准延請本寺 回民教讀。不許勾引隔村別寺人。及添建禮拜寺。私築城堡等事。至專設 回民義學。教以詩書。尤為化導良法。通飭實力奉行。以上立定章程。責成該管道府。隨時稽查。按月稟報。該 回民等。深知邪教最易滋事。為切己之害。無不互相戒免。遵守條約。實屬安靜畏法。得旨。有治人。無治法。實力為之。	宗教、戶籍、教化回民、確立限制條目		
260	高宗 乾隆55年2月20日	1790.04.04	乾隆、(圖伯特)保寧	蒙古正白旗	皇帝、保寧：伊犁將軍(乾隆52-59年)		保寧		伊犁將軍(乾隆52-59年)		又諭。據保寧奏。接奉命各回城以應交糧石。折布運交伊犁諭旨。即札商明亮等語。又另摺內稱。近日具奏豫先支價。令民交布。即為去弊起見。承辦官員。以及商民俱不能染指。請仍照前奏辦理等語覽此二摺。前後矛盾。前因若向商民購買布匹。不免從中沾潤。是以降旨令各回城折交應用。今保寧接奉前	賦稅、制度混亂		

序號	時間(中曆)	時間(西曆)	提出者／奏議者／復議者				接收者／回應者				內容提要	類別、關鍵詞	關聯條目與事件	問題
			人物	八旗歸屬籍貫民族	職銜	出身	人物	八旗歸屬籍貫民族	職銜	出身				
											旨。札商明亮。自應侍有回扎。遵朕指示。妥擬具奏。乃請仍照前奏。殊屬含混。即以交易哈薩克馬匹而論。肥壯者易以官布。疲瘦者以所買布匹換易。不過在布之麤細。價之低昂取齊。有何不可。今保寧奉朕指示之旨。又復掩飾其詞迴護前奏。甚非辦事之道。著傳諭保寧所買商民布匹。不必退還。存庫備用外。嗣後務遵朕前所降旨。將現在各城回民。如何折布。究竟可得若干。是否足敷伊犁應用之處。與明亮等扎商籌畫。惟期於事有濟。俾可永遠奉行。悉心妥辦奏聞。			
261	高宗乾隆55年9月8日	1790.10.15	李侍政、(都理)錦格。李侍政在資料庫內查無數據，但能夠得知他是李本(1734-1784)(漢軍正藍旗)之子，而李侍堯則是李本的姪。	李侍政查無此人，但應跟隨父親屬漢軍正藍旗出身。(都理)錦格：滿洲正紅旗	和闐辦事大臣(和闐領隊大臣，乾隆52-57年)	(都理)錦格：官學生	乾隆		皇帝		和闐辦事大臣李侍政。錦格等奏。和闐回民。安居樂業。今歲穀石。較往年尤為豐收。但其間無業人等。俱賴傭工度日。而各色穀價不一。多有未便。今查和闐普爾錢。除支放官兵鹽菜羊隻外。每年尚餘七百六十九串有奇。請於此項贏餘內。動支一百五十六串。按時價將麥黍高粱。各買三百石。存貯空廒遇青黃不接。穀價昂貴時。酌價減糶。其所賣之錢。仍歸原支項下入官。以備覈報。嗣後每秋即以此為例。動款辦理。於 回民生計。尤為裕如。得旨允行。	儲存各項物資、確立制度		未能在其他史料中查得李侍政的紀錄

序號	時間	時間	提出者／奏議者／復議者				接收者／回應者				內容提要	類別、關鍵詞	關聯條目與事件	問題
	(中曆)	(西曆)	人物	八旗歸屬籍貫民族	職銜	出身	人物	八旗歸屬籍貫民族	職銜	出身				
262	高宗乾隆55年9月17日	1790.10.24	乾隆、(鈕祜祿)毓奇	滿洲鑲黃旗	皇帝、毓奇：頭等侍衛(乾隆54-55年)、(前往烏什地方辦事)(乾隆54-55年)。《清實錄》乾隆五十五年十一月二日記載：看來毓奇竟不宜在烏什辦事。著革去子爵。及頭等侍衛。降為二等侍衛。前往喀什噶爾。隨同明亮辦事。因此按理同年九月時他仍然擔任	義學生	毓奇		毓奇：頭等侍衛(乾隆54-55年)、(前往烏什地方辦事)(乾隆54-55年)。《清實錄》乾隆五十五年十一月二日記載：看來毓奇竟不宜在烏什辦事。著革去子爵。及頭等侍衛。降為二等侍衛。前往喀什噶爾。隨同明亮辦事。因此按理同年九月時他仍然擔任頭等侍		又諭曰。毓奇奏稱。阿克蘇遊擊阿玉錫。搜出回民馬天龍等。車轅內玉石四塊。將馬天龍等分別治罪等語。馬天龍等。於車轅鉤心上挖孔。偷藏玉石。實屬違法謀利。著即照毓奇所奏。將馬天龍等解交勒保治罪。遊擊阿玉錫。搜出馬天龍等車轅鉤心內夾藏玉石。甚屬留心急公。如不稍加賞賚。無以示勸。著交毓奇。由該處庫內賞緞一匹。以示鼓勵。嗣後有如此者。俱著照此獎勸辦理。餘照所請行。	回民走私、法律、封賞官員、確立制度		

序號	時間 (中曆)	時間 (西曆)	提出者／奏議者／復議者 人物	八旗歸屬籍貫民族	職銜	出身	接收者／回應者 人物	八旗歸屬籍貫民族	職銜	出身	內容提要	類別、關鍵詞	關聯條目與事件	問題
					頭等侍衛，並在烏什地方辦事。				衛，並在烏什地方辦事。					
263	高宗乾隆56年7月2日	1791.08.01	乾隆、(富察)秀林	滿洲鑲白旗	皇帝、秀林：副都統銜(乾隆53-58年)、庫車辦事大臣(乾隆53-58年)。	監生	秀林		副都統銜(乾隆53-58年)、庫車辦事大臣(乾隆53-58年)。		又諭。據秀林 奏。審明七品都管伯克鄂克塔木之子額依穆爾。與守備蘇世義署內餘丁王英鬥毆。蘇世義輒將鄂克塔木喚去。妄行掌責一案。分別定擬具奏等語。鄂克塔木。係七品伯克。伊子額依穆爾。與餘丁王英口角相毆。該守備蘇世義聞知。即袒護王英。將鄂克塔木喚去掌責。甚屬糊塗不法。自應從重辦理。以慰回衆之心。秀林 審訊明確。請將守備蘇世義革職。仍留三年。令其効力贖罪。餘丁王英。枷號兩個月。杖責四十。並賞給鄂克塔木緞匹荼封等物。以示撫慰。所辦尚屬平允。向來各城駐箚大臣。辦理外藩與內地交涉事件。多有袒護內地民人者。日久必致伊等寒心。殊非朕撫卹外藩之意。今秀林 並不袒護守備蘇世義。如此秉公辦理。尚屬可嘉。各臣駐箚大臣。遇有此等事件。亦應照此辦理。但秀林 原定蘇世義之罪尚輕。不足蔽辜。著交秀林 傳集衆回民。將蘇世義革職。重責四十。枷號三個月示衆。餘俱照秀林 所奏行。並將此通行曉諭回疆各城駐箚將軍大臣等。嗣後遇有此等事件。均著照秀林 辦理。斷不可稍存袒護	官員府內人員與回民鬥毆、公報私仇、安撫回民、懲戒官員、皇帝對官員偏幫內地民衆的態度、皇帝要求加重刑罰皇帝對外藩和內地的態度		

序號	時間 (中曆)	時間 (西曆)	提出者／奏議者／復議者 人物	八旗歸屬籍貫民族	職銜	出身	接收者／回應者 人物	八旗歸屬籍貫民族	職銜	出身	內容提要	類別、關鍵詞	關聯條目與事件	問題
											內地之見。			
264	高宗乾隆56年7月14日	1791.08.13	乾隆、李侍政		皇帝、資料庫查無此人		李侍政		資料庫查無此人		又諭。據李侍政等奏。回民和碩勒墨特。因向該處民人。借錢不給。彼此口角。遂持刀將劉子英扎死。當將和碩勒墨特拏獲審明。擬以斬決。請旨即行正法等語。新疆居住旗民人等。如係有意欺壓回子。固應將旗民人等辦理。而回子等。亦不可無故欺壓旗人商民。即如李侍政等所奏。回子和碩勒墨特。因借錢小事。膽敢將民人扎死。殊屬兇頑之至。此等人犯。拏獲審明後。即當一面具奏。一面辦理。又何俟請旨耶。新疆大臣等。往往拘泥。不識事之輕重。此等兇惡回子。若不如是辦理。不但無以示懲戒。久而縱恣。成何事體。除交李侍政將回子和碩勒墨特正法示衆外。仍著通諭新疆各處。嗣後如有似此者。即行果斷辦理。斷不可如此拘泥。至和碩勒墨特之姊夫阿子墨特。及鄂木巴什克第沙。遇有此事。並不隱匿。即隨同官兵拏獲。亦應獎賞。著交李侍政等酌量賞賚。以示鼓勵。	回民犯罪、回旗關係法律、處置犯人、斥責官員、封賞官員		李侍政資料庫查無此人
265	高宗乾隆56年7月27日	1791.08.26	乾隆、(愛新覺羅)都爾嘉	滿洲正白旗	皇帝、黑龍江將軍(乾隆54-56年)。		都爾嘉		黑龍江將軍(乾隆54-56年)。		庚子。諭。據都爾嘉等奏稱。將打牲烏拉逃遣犯人曹志。吳世祜。吉林烏拉逃犯李春山。王大。前後拏獲審明。行查吉林烏拉。與各該犯姓名相符。俱經正法。請將拏獲鄰省逃犯之員。給與議敘。兵丁等賞	搜捕犯人、斥責官員、出錯力、嘉獎士兵		

序號	時間	時間	提出者／奏議者／復議者				接收者／回應者				內容提要	類別、關鍵詞	關聯條目與事件	問題
	(中曆)	(西曆)	人物	八旗歸屬籍貫民族	職銜	出身	人物	八旗歸屬籍貫民族	職銜	出身				
											給銀兩等語。都爾嘉等拏獲逃犯。審明正法。雖俱合宜。但因李春山二犯。即行行查吉林將軍。甚屬過當。而究竟由何處拏獲之處。亦並未聲明。凡逃犯被獲之時。多有賴詞不肯以逃自認者。豈有無干之人。而反以逃自認之理耶。且吉林烏拉之逃犯李春山等。在逃之時。該處必咨行鄰省。令其嚴緝。又何行查之有。都爾嘉等欲為精密。而反至失宜。成何道理。外省將軍大臣等。往往如此。即如河南巡撫穆和藺奏。查辦邪教回民周有一案。第稱周有已經病故。而周有有無子孫。及家口應如何辦理之處。並未一言入奏。此等事件。理宜詳悉查辦。而穆和藺並不細心。都爾嘉等於逃犯李春山等。不必深究之事。而又如此過為用心。將軍大臣等。遇有事件。每致煩擾朕心。是誠何意。除將都爾嘉嚴行申飭外。並將申飭穆和藺之諭旨。一併鈔寄都爾嘉等閱看。其拏獲鄰省逃犯之官兵等。即照都爾嘉等所奏。將驛站官多庸薯。交部議敘。兵丁四人。每名賞給銀五兩。			
266	高宗乾隆56年7月28日	1791.08.27	乾隆、(拜都)伊江阿	滿洲正白旗	皇帝、吐魯番領隊大臣(乾隆53-56年)。		伊江阿		吐魯番領隊大臣(乾隆53-56年)。		辛丑。諭。據伊江阿奏。接奉甘肅布政司禁止小錢咨文。現在逐細留心嚴拏等語。此事原摺內地各省而言。於新疆回城無涉。此皆該地方官糊塗。率行移咨耳。吐魯番回衆。	經濟、貨幣、商貿、內地新疆制度不同、斥責		

序號	時間	時間	提出者／奏議者／復議者				接收者／回應者				內容提要	類別、關鍵詞	關聯條目與事件	問題
	(中曆)	(西曆)	人物	八旗歸屬籍貫民族	職銜	出身	人物	八旗歸屬籍貫民族	職銜	出身				
											皆用騰格錢。即該處商民。與內地回民交易。間有用內地錢文者。亦不多見。倘有攙雜小錢使用。伊江阿自應臨時查拏辦理。又何必如此聲張。將 回民等一體嚴查耶。除將此曉諭伊江阿。令其遵行外。並著通行新疆各處。一體遵照辦理。	官員、官員辦事過當		
267	高宗乾隆56年10月23日	1791.11.18	乾隆、(富察)明興	滿洲鑲黃旗	皇帝、明興：兵部左侍郎(乾隆56-57年)、喀什噶爾參贊大臣(乾隆56-58年)。《清實錄》乾隆五十六年九月二十三日記載：轉兵部右侍郎明興。為左侍郎。以內閣學士和琳 。為兵部右侍郎。由此可見本條目發生	文生員	明興		兵部左侍郎(乾隆56-57年)、喀什噶爾參贊大臣(乾隆56-58年)。《清實錄》乾隆五十六年九月二十三日記載：轉兵部右侍郎明興。為左侍郎。以內閣學士和琳 。為兵部右侍郎。由此可見本條目發生時明興已從兵部右		諭。據明興等。查出駐劄巴爾楚克卡倫之護軍校玉保。私役回民。勒索回子伯克馬匹等事。請將玉保革職。留於葉爾羌折挫差使等語。玉保駐劄卡倫。乃敢違例私役 回民。勒索商伯克沙瞞蘇爾馬匹。殊屬卑鄙不堪。即著革去護軍校。從重治罪。百日滿時。鞭一百。留於該處折挫差使。明興將此事查出。並不袒護即據實定擬參奏。所辦尚是。明興等著交部議敘。餘著照明興等所奏行。並將此通諭駐劄新疆大臣等。嗣後遇有此等事件。俱著照此留心。妥為辦理。	官員犯罪、回民受害、懲戒官員、皇帝要求加重刑罰		

序號	時間	時間	提出者／奏議者／復議者				接收者／回應者				內容提要	類別、關鍵詞	關聯條目與事件	問題
	(中曆)	(西曆)	人物	八旗歸屬籍貫民族	職銜	出身	人物	八旗歸屬籍貫民族	職銜	出身				
					時明興已從兵部右侍郎調任兵部左侍郎。				侍郎調任兵部左侍郎。					
268	高宗乾隆57年3月7日	1792.03.29	乾隆、李侍政		皇帝、資料庫查無此人						又諭。據李侍政等奏。克哩雅城四品阿奇木伯克邁瑪特尼咂爾。希圖利己。授意所屬明巴什等。恐嚇塔木額吉里之民。稱係克哩雅之人遷移。又將伯克阿里木和卓占據小回民田地謊報。又向克哩雅 回民等。托故攢收布二千餘匹各等語。邁瑪特尼咂爾。身為阿奇木伯克。乃唆令所屬回子。控告微員伯克。又向小 回民等。攢收許多布匹。自應從重治罪。以示儆戒。明興若尚未起程赴喀什噶爾。此案著明興明白審擬。具奏後。再起程前赴喀什噶爾。伊若已至喀什噶爾。而明亮前曾遵旨在彼等候納爾巴圖咨文。即著明興仍回葉爾羌辦理此案。設若此時明亮業已起程。著明亮順便至葉爾羌。將此案詳審辦理穆喇特伯格。去年來京陛見時。朕謂伊尚屬勉力。曾施恩令其在乾清門行走。穆喇特伯格。係和闐三品阿奇木伯克。總理各城伯克等有此等情事。伊即應查出辦理。伊弟邁瑪特尼咂爾。身為克哩雅城四品阿奇木伯克。如此妄為。並未舉出。及至彼人控告。又不秉公辦理。反為伊弟懇請。殊	官員犯罪、回民受害、懲戒官員、官員失職		

序號	時間	時間	提出者／奏議者／復議者				接收者／回應者				內容提要	類別、關鍵詞	關聯條目與事件	問題
	(中曆)	(西曆)	人物	八旗歸屬籍貫民族	職銜	出身	人物	八旗歸屬籍貫民族	職銜	出身				
											屬非是。著將穆喇特伯格。革退乾清門侍衛。拔去花翎一併交明興審辦。再邁瑪特尼呭爾。如此妄為而穆喇特伯格。黨護不辦之處。李侍政等亦當秉公參奏。反聽受伊等跪叩懇求。未及即行參奏。竟入於摺內聲明具奏。甚屬錯謬。但邁瑪特尼呭爾。向衆回攢收布匹之案。既係錦格先行聽聞。始告知李侍政。著將錦格交部議處。李侍政嚴加議處。			
269	高宗乾隆57年4月2日	1792.04.22	乾隆、明興		皇帝、明興：兵部左侍郎(乾隆56-57年)、喀什噶爾參贊大臣(乾隆56-58年)。						庚子。諭。據明興等奏。審明克里雅城之阿奇木伯克。邁瑪特尼雜爾。攢收小回子等布匹事。分別治罪請旨等語。摺內已批該院議奏矣。去歲五月內。回子邁瑪沙。控告邁瑪特尼雜爾。勒令十五戶回民移居之事。因彼時李侍政等。並未參奏嚴行辦理。姑息完結。是以邁瑪特尼雜爾始致驕矜。復有攢收屬下 回民等布匹之事。李侍政。錦格。雖俱有應獲之咎。但李侍政。去歲二月前往巡查各城。並未查出邁瑪特尼雜爾所為之事。此次邁瑪特尼雜爾騷擾屬下回子。攢收布匹等事。又係錦格一人聞知。轉告李侍政。李侍政甚屬怠玩。竟不以事為事。著交部嚴加議處。錦格亦著交部議處。	官員犯罪、回民受害、官員失職、懲戒官員		

序號	時間	時間	提出者／奏議者／復議者				接收者／回應者				內容提要	類別、關鍵詞	關聯條目與事件	問題
	(中曆)	(西曆)	人物	八旗歸屬籍貫民族	職銜	出身	人物	八旗歸屬籍貫民族	職銜	出身				
270	高宗乾隆57年8月7日	1792.09.22	乾隆、(覺羅)琅玕	滿洲正藍旗	皇帝、葉爾羌辦事大臣(乾隆56-60年)。	覺羅學學生	勒保		陝甘總督(乾隆53年-?)。		又諭。據琅玕奏。內地回民李子重等十八人。私隨葉爾羌回人邁瑪第敏。學習經卷。審擬具奏等語。內地 回民潛往新疆。私習經卷。實屬不法。若發伊犁塔爾巴哈台。恐致傳習彼處 回民。著發往黑龍江。給索倫達呼爾為奴。邁瑪第敏。引誘回民。違例教經。亦屬可惡。仍發回疆。不足示懲。著解交勒保。由彼發往煙瘴。	內地回民向新疆回民私學經卷、處置犯人、風俗、隔離政策、宗教		
271	高宗乾隆57年8月15日	1792.09.30	乾隆、琅玕		皇帝、葉爾羌辦事大臣(乾隆56-60年)。		軍機大臣、勒保		陝甘總督(乾隆53年-?)。		諭軍機大臣等。前據琅玕奏。葉爾羌回子邁瑪第敏。私教內地前往貿易回民李子重等十八名。搖頭默念。大干例禁。已將邁瑪第敏。改發煙瘴。李子重等。改發黑龍江。給索倫達呼爾為奴矣。老教回子念誦經典。向不搖頭。高聲朗誦。惟新教有此念法。從前蘇四十三。田五等。俱因學習新教。滋生事端。經官兵平定後。疊加飭禁。始知斂戢。今邁瑪第敏。又於葉爾羌地方。創興新教。李子重等私相傳習。已有十八人之多。看來竟因為時稍久。 回民等查禁漸懈。以致故智復萌。斂錢惑眾。不可不杜其漸。著傳諭勒保。務宜留心查察。如 回民等有私習新教情事。即嚴拏辦理。以斷根株。不得日久疏懈。其李子重等十八犯。亦未便發往黑龍江等處。致滋煽惑。並著勒保。於該犯解到甘省時。即飭轉解刑部審明治罪。定	內地回民向新疆回民私學經卷、處置犯人、風俗、隔離政策、宗教、監察回民		

序號	時間	時間	提出者／奏議者／復議者				接收者／回應者				內容提要	類別、關鍵詞	關聯條目與事件	問題
	(中曆)	(西曆)	人物	八旗歸屬籍貫民族	職銜	出身	人物	八旗歸屬籍貫民族	職銜	出身				
											以重辟。將來即不予勾。亦當永遠監禁。庶不在外滋事也。並諭刑部堂官知之。			
272	高宗乾隆57年12月12日	1793.01.23	乾隆、保寧		皇帝、保寧：伊犁將軍(乾隆52-59年)、御前大臣(乾隆56-嘉慶7年)						又諭。據保寧奏。今歲回民地畝田禾。被雪壓傷。著加恩將本年應徵穀四千石。免其交納。	安撫回民、氣候、稅務		
273	高宗乾隆58年1月17日	1793.02.27	乾隆、福康安		皇帝、福康安：擔任的官職為兩廣總督(乾隆54-58年)、武英殿大學士(乾隆57-嘉慶1年)、吏部尚書(武英殿大學士兼)(乾隆57-58年)。						又諭曰。福康安等奏。此次統領大兵。有委令趕運沿途軍餉軍火。及催雇人夫。往來東西兩路。不辭勞苦之出力武職人員請分別獎拔。以示鼓勵。又另片奏糧運艱阻之時。有後藏克什米爾回民等。辦運接濟奮勉得力。一併請加獎勵等語。大兵進勦廓爾喀。糧運軍火。最關緊要。催運出力人員。自應量加獎拔。所有四川城守營參將楊長棟。甘肅督標遊擊楊宗澤。四川建昌營都司呂朝龍。俱著加恩賞戴花翎。仍以應陞處記名先用。陝西肇昌營遊擊雷仁。著即以陞缺補用。守備銜田占魁。著以守備即用。馬邊營都司陳起鳳。提標外委單大雄。前因該管汛弁馳遞奏摺。跌入雪窖一案。業經分別嚴議斥革。但念其均係公過。陳起鳳。著加恩仍留原任。單	回民等民眾協助軍隊運糧、廓爾喀之役(清廷稱平定廓爾喀，1788-1792)、封賞官員士兵、嘉獎回民，番民，商人、軍事		

序號	時間	時間	提出者／奏議者／復議者				接收者／回應者				內容提要	類別、關鍵詞	關聯條目與事件	問題
	(中曆)	(西曆)	人物	八旗歸屬籍貫民族	職銜	出身	人物	八旗歸屬籍貫民族	職銜	出身				
											大雄。著仍以原官補用。至克什米爾 回民阿奇木覺爾。辦運既屬奮勉。著加恩賞給五品頂戴。並花翎。其譯字通事之孫天成。羅萬年。及辦糧之卓尼爾。格桑拉布丹。第巴圖多。著賞給六品頂戴。所有通事程鵬萬。番民瑪景諾爾布。納木結。巴勒布商人巴陵覺丹。達爾興。及幫辦長運之迭吉拉布丹等十二名。均著賞給金頂。以示鼓勵。			
274	高宗乾隆58年2月19日	1793.03.30	乾隆、明興		皇帝、明興：喀什噶爾參贊大臣(乾隆56-58年)、刑部右侍郎(乾隆57-58年)。		伊斯堪達爾	回部[世居吐魯番之魯克沁]	伊斯堪達爾：喀什噶爾三品阿奇木伯克(乾隆55-嘉慶16年)、協辦大臣(回部協辦大臣)、參贊大臣(喀什噶爾幫辦大臣)(兩者皆為乾隆58-嘉慶16年)。		諭軍機大臣等。據明興等奏稱。將喀什噶爾駐防兵。本年盡行徹回。遇需用時。再行調取等語。喀什噶爾距伊犁不甚遠。此奏尚屬可行。著照所請。將駐防兵徹回。但此奏。及覆奏接奉訓飭新疆大臣等不得騷擾回民諭旨。摺內俱未列伊斯堪達爾名。伊係朕舊日得力回臣。且辦理郡王事務亦妥。前曾降旨。令凡有關繫回人事件。俱著列名。似此兩奏。非有關回人之事乎。何以不列伊名。嗣後即著將伊斯堪達爾。作為協辦大臣。凡遇奏事。俱列名同奏。但從前玉素布。係哈密回人。額敏和卓。係吐魯番回人。伊等一味袒護所屬欺淩本處 回民。今朕將伊斯堪達爾。作為協辦大臣。受恩深重。須感戴朕恩將伊所屬吐魯番人。嚴加約束。諸事秉公辦理。斷不可欺淩喀什噶爾 回民。果能奮勉。不惟於事有益。而衆人亦皆心	軍事、安撫回民、官府與回民關係、皇帝對外藩回民的態度		

序號	時間	時間	提出者／奏議者／復議者				接收者／回應者				內容提要	類別、關鍵詞	關聯條目與事件	問題
	(中曆)	(西曆)	人物	八旗歸屬籍貫民族	職銜	出身	人物	八旗歸屬籍貫民族	職銜	出身				
											服。庶可長受朕恩矣。			
275	高宗乾隆58年12月3日	1794.01.04	乾隆、永保		皇帝、喀什噶爾參贊大臣(喀什噶爾大臣)(乾隆58-60年)。		永保		喀什噶爾參贊大臣(喀什噶爾大臣)(乾隆58-60年)。		又諭。據永保等奏。請於喀什噶爾郭內。建蓋官房。令回城居住之民人徙居納租等語。商民雜處回城。日久恐滋事端。永保等所辦尚屬妥善。即著照所請行。至回民歸順年久。俱已為朕世僕。無庸兵弁稽察。亦著照所奏。將駐箚回城綠營兵弁徹回。	安置回民、區隔商民、社區環境		
276	高宗乾隆58年12月9日	1794.01.10	軍機大臣								軍機大臣等奏。遵旨訊議。副都御史世魁。信家奴之言。侵管巡城自理事件。又復種種任性。有玷風憲。應革職。御史保寧。雖訊非迎合扶同。但職任巡城。聽世魁專斷不阻。御史徐烺。參奏得實。而於所轄坊官。失察散帖請客。請交部分別議處。得旨。此案回民馬二。負欠劉明經銀兩。經巡城御史斷追後。未能依限歸結。本屬遲延。世魁於雇工家人楊七等。帶同劉明經呈稟時。若能將楊七等。及劉明經。一併押赴都察院衙門。會同各堂官。將馬二所欠銀兩。當堂追給。仍將私自引進劉明經之楊七等。照例懲治。方為持正。今乃聽信楊七等所言。輒將巡城衙門自理事件。代為主斷給領。雖訊無賄囑情事。但劉明經。販羊生理。資本較裕。世魁於事後索酬。亦所不免。特不值因此一事。令世魁同伊家人質對刑訊。姑照所	官員失職、懲戒官員、回民犯罪、法律、審判		

序號	時間	時間	提出者／奏議者／復議者				接收者／回應者				內容提要	類別、關鍵詞	關聯條目與事件	問題
	(中曆)	(西曆)	人物	八旗歸屬籍貫民族	職銜	出身	人物	八旗歸屬籍貫民族	職銜	出身				
											議革職。免其深究。餘依議。			
277	高宗乾隆59年3月24日	1794.04.23	乾隆、勒保		皇帝、勒保：陝甘總督(乾隆53年-？)。		勒保		陝甘總督(乾隆53年-？)。		又諭曰。勒保奏拏獲搶刦蒙古牲畜案內番賊什噶洛。都拉二犯。審明正法一摺。閱摺內稱。河州回民蘇有伏等七人赴番地貿易。於五十八年六月。行至循化廳塲山地方。遇番賊十餘人。施放鳥鎗。中傷蘇有伏身死。又打傷馬伏良。馬良才。刦得騾馬銀物而逸。今拏獲什噶洛。都拉二名。審明即係此案賊犯等語。循化廳管轄番回。與尋常內地不同。且事關番賊搶刦。傷斃事主。該督接據該廳稟報。自應一面奏明。一面飭緝。乃蘇有伏等於上年六月內在塲山地方被刦。該督直至此時獲犯後始行具奏。殊屬遲緩。勒保。著傳旨申飭。至此案番賊共十餘人。現止獲犯二名。所有未獲各犯。該督務宜通飭所屬。上緊嚴緝務獲。毋得日久生懈。致要犯遠颺漏網。將此諭令知之。	搶劫犯罪、回民被害、搜捕犯人、斥責官員、藩部事務、藩部與內地之別、處置犯人、法律		
278	高宗乾隆59年7月26日	1794.08.21	刑部、勒保		陝甘總督(乾隆53年-？)		明亮		伊犁將軍(乾隆58-60年)。		刑部議覆。陝甘總督勒保奏稱。糾衆誦經回犯馬恒。馬源等十名。請發往黑龍江。給索倫等為奴。得旨。此等人犯發往。索倫等自不入教。該處回民甚多。難保無煽惑情事。著交明亮等嚴行管束。倘有引誘回衆入教之事。即行審明正法。以示懲儆。	宗教、回民犯罪、處置犯人、監控回民		

序號	時間	時間	提出者／奏議者／復議者				接收者／回應者				內容提要	類別、關鍵詞	關聯條目與事件	問題
	(中曆)	(西曆)	人物	八旗歸屬籍貫民族	職銜	出身	人物	八旗歸屬籍貫民族	職銜	出身				
279	高宗乾隆59年11月1日	1794.11.23	永保		皇帝、喀什噶爾參贊大臣(喀什噶爾大臣)(乾隆58-60年)。		乾隆		皇帝		乾隆五十九年。甲寅。十一月。乙酉朔。喀什噶爾參贊大臣永保等奏。請定回民出卡貿易章程。一。喀什噶爾貿易回人等。如往充巴噶什。額德格納。薩爾巴噶什。布庫。齊哩克等處貿易者。給與出卡執照。如往各處遠部落。俱不得給與。違則拏獲發遣。一。出卡回人。自十人至二十人為一起者。始給與執照。每起派阿哈拉克齊一員。往則約束。回則稽查。毋令羈留。如有不遵約束。枷號三月。仍重責示衆。隱匿者併究。一。出卡 回民等。如貪利擅往布嚕特遠方。被人搶奪物件。查獲後仍給原主。不足示懲。請嗣後半給原主。半交阿奇木伯克等。作為公項。地隔窵遠者。應置不問。仍將違禁 回民。枷號半年。不准出卡。一。 回民等被布嚕特搶奪。必將實在遺失物數。報官查辦。如有捏造私增。查出不准給還。半賞飭查之人。半交阿奇木伯克等。以備充公。該管人重懲。自行失去者。俱不准官為代查。一。布嚕特等如私進卡座。及於就近處所刦奪。拏獲後俱正法。一。 回民出卡被竊。除照數追出外。查係初次行竊。照布嚕特例。罰取牲畜。分賞飭查之阿哈拉克齊等。如有侵害人命。不論初次二次。抵償辦理。一。布嚕特等竊取零星什物。應先示薄懲。	商貿、確立回民貿易制度、法律		

序號	時間	時間	提出者／奏議者／復議者				接收者／回應者				內容提要	類別、關鍵詞	關聯條目與事件	問題
	(中曆)	(西曆)	人物	八旗歸屬籍貫民族	職銜	出身	人物	八旗歸屬籍貫民族	職銜	出身				
											發交該伯克等收管。倘再不知儆懼。照初次加重辦理。得旨。永保等奏。請定 回民出卡貿易。並布嚕特等偷入卡座。搶刦行竊治罪辦理一摺。所奏尚屬可行。著即照永保等所請行。但摺內語句太繁。殊欠明晰。永保向在軍機處行走。非不曉事者可比。著嚴行申飭。			
280	高宗乾隆60年閏2月27日	1795.04.16	乾隆、永保		皇帝、喀什噶爾參贊大臣(喀什噶爾大臣)(乾隆58-60年)						己酉。諭。據永保等奏。將錫克南伯克蘇勒坦。扎拉頂。拏獲解到傷害貿易回民之噶勒察等審明。將動手之噶勒察二犯。業已正法。其餘頂充逸犯十五名。仍交蘇勒坦扎拉頂領回。定擬具奏等語。所辦尚是。錫克南伯克蘇勒坦扎拉頂。見阿克伯克差人寄信。即將動手之噶勒察二犯拏獲解到外。又將屬下頂充逸犯一併解來。知遵法紀。殊為恭順。著加恩由京賞發大荷包一對。小荷包四個。仍由彼處庫內賞給蟒緞一匹。大緞一匹用示優獎。其錫克南回民帕依則喇克一知此事。即往告伊村烏舒里伯克後。又將阿提伯克等拏獲。令伊識認。指示明白。均屬可嘉。著加恩由彼處庫內賞給官緞一匹。以示鼓勵。	處置犯人、回民受害、商貿、押解犯人、封賞官員、法律、封賞回民		
281	高宗乾隆60年10月6日	1795.11.16	乾隆(雖然乾隆在乾隆60年9月3		太上皇、皇帝						又諭。回民女子婚嫁安集延。例應不准攜歸。但此內有遣嫁至今。相延數世之家。此次姑聽其攜往其邁瑪特什哩布之妻。亦照此辦理嗣後	法律、婚姻、對外關係、限制事項、		

序號	時間	時間	提出者／奏議者／復議者				接收者／回應者				內容提要	類別、關鍵詞	關聯條目與事件	問題
	(中曆)	(西曆)	人物	八旗歸屬籍貫民族	職銜	出身	人物	八旗歸屬籍貫民族	職銜	出身				
			日，即公元 1795 年 10 月 15 日傳位於嘉慶，但軍國大事和用人仍然由乾隆主持，而嘉慶則敬聆訓聽，故在乾隆駕崩前仍列乾隆之名)、嘉慶								竟將回女嫁安集延為妻之處。嚴行禁止永以為例違者從重治罪。	禁止外嫁回民女性		
282	高宗乾隆60年11月1日	1795.12.11	乾隆、嘉慶、(孫)慶成	漢軍正白旗	太上皇、皇帝、直隸提督(乾隆57-嘉慶1年)。		慶成		直隸提督(乾隆57-嘉慶1年)。		乾隆六十年。乙卯。十一月。戊申朔。諭曰。慶成奏查閱營伍一摺。內稱。大城營守備石興隆。前在務關路任內。約販馬回民。將馬匹賣與該營千把總。該守備從中賺銀數十兩。經販馬 回民向索未給。具呈控告。始如數退還。請將石興隆革職等語。石興隆身為守備。乃與販豎結交牟利。實屬貪鄙不職。僅予革職。不足蔽辜。即著於該處加枷號三個月。俾在營弁兵。共知儆惕。以昭炯戒。至慶成於此等貪方營弁。不早為覺察。咎無可辭。若被他人參劾。其過更重。今既據自行參奏。著交部察議。	商貿、回民被勒索、守備中飽私囊、懲戒官員、皇帝要求加重刑罰、斥責官員		

序號	時間	時間	提出者／奏議者／復議者				接收者／回應者				內容提要	類別、關鍵詞	關聯條目與事件	問題
	(中曆)	(西曆)	人物	八旗歸屬籍貫民族	職銜	出身	人物	八旗歸屬籍貫民族	職銜	出身				
283	高宗乾隆60年11月19日	1795.12.29	乾隆、嘉慶、(瓜爾佳)雅德	滿洲正紅旗	太上皇、皇帝、雅德：哈密辦事大臣(乾隆58-60年)、三等侍衛(乾隆58-60年)。	監生	明興		二等侍衛(乾隆58-嘉慶3年)、葉爾羌辦事大臣(乾隆60年-？)。		丙寅。諭。據雅德等奏審明圖財斃命回犯斯拉木拜即行正法一摺。所辦尚是。回犯斯拉木拜。將所刦之物。攜往伊舅岳勒達什家內。岳勒達什即能報明該管阿奇木伯克。沙雅豁布。迨沙雅豁布訊出實情。亦即呈報。俱屬可嘉。著交明興等。賞給沙雅豁布葉爾羌庫內大緞一匹。回民岳勒達什銀二十兩。以示鼓勵。	處置犯人、回民犯罪、法律、封賞官員、嘉獎回民。		
284	高宗乾隆60年12月3日	1796.01.12	乾隆、嘉慶		太上皇、皇帝						庚辰。諭。喀什噶爾等城。兵民回子雜處。大臣等多有袒護內地旗民之處。著傳諭各城大臣等。務須秉公辦事。毋令回民負屈。以示朕中外一體至意。	安撫回民、皇帝對旗民和回民的態度、官員對旗民回民的態度、社區環境		
285	仁宗嘉慶2年閏6月19日 雖然此時宮中仍在使用乾隆紀年，但由於《清實	1797.08.11	乾隆(雖然乾隆在乾隆60年9月3日，即公元1795年10月15日傳位於嘉慶，但軍國大事和	滿洲正白旗	太上皇、皇帝、葉爾羌辦事大臣(嘉慶1-5年)。	乾隆34年進士					丁巳。敕諭。據奇豐額等奏。本年應解往伊犁之布匹棉花。業經全行起運。並挑挖十二軍臺河渠一摺。回民素恃種地為生。引用河渠之水。灌溉田畝。尤屬緊要。葉爾羌所屬十二軍臺之河渠。自六十年間業經淤塞。自當早為挑挖。乃奇豐額等至今始行奏辦。甚屬遲延。著飭行。但奇豐額等摺內所稱。自六十年間。因該處十二軍臺之 回民。遷避瘟疫。以致河渠淤塞等語。朕自平定	物資運輸、水利、安撫回民、皇帝對新疆回民和內地民人的態度、賑濟回民、斥責官員、封賞官員		有關「朕自平定回部以來」出自誰人手筆的討論

序號	時間	時間	提出者／奏議者／復議者				接收者／回應者				內容提要	類別、關鍵詞	關聯條目與事件	問題
	(中曆)	(西曆)	人物	八旗歸屬籍貫民族	職銜	出身	人物	八旗歸屬籍貫民族	職銜	出身				
	錄》已經更改為嘉慶紀年，故跟隨《清實錄》的做法。		用人仍然由乾隆主持，而嘉慶則敬聆訓聽，故在乾隆駕崩前仍列乾隆之名，而且此條目提及「朕自平定回部以來」，也反映這一條記載不可能出自嘉慶手筆，必然出自將平定回部視為十全武功之一的乾隆。)、嘉慶、(黃)奇豐額								回部以來。恩恤回僕人等。與內地民人無異。六十年葉爾羌所屬十二軍臺 回民。遭逢瘟疫時。或無庸賑恤。而該處大臣等。亦當奏聞。將被疫 回民。應納當年正賦。或請展限。或請蠲免。候朕施恩。乃彼時竟不奏聞。殊屬錯謬。今此事既往。亦弗深究。著交駐劄各回城大臣等。嗣後眾 回民等如再遇有偏災。即行奏聞。俾霑恩惠。以示朕軫恤回僕之意。斷不可仍復隱匿不奏。再此次該處阿奇木伯克。阿克伯克。派撥驢六百頭。幫運應解伊犁布匹棉花。又招募回夫四百名。挑挖河渠。所辦甚屬可嘉。著加恩由彼處庫內賞給阿克伯克蟒緞二匹。大緞二匹。以示獎勵。其在事出力之原任阿奇木伯克托克托尼雜爾。著加恩賞給七品頂戴。俟有小伯克缺出。即行坐補。托克托尼雜爾。既係阿克伯克外甥。交阿克伯克妥為約束。			
286	仁宗嘉慶2年8月11日	1797.09.30	乾隆、嘉慶、(覺羅)長麟	滿洲正藍旗	太上皇、皇帝、喀什噶爾參贊大臣(嘉慶1-4	乾隆40年進士					又諭長麟 等奏。據提伊特部落布嚕特報稱。薩木薩克。鄂布拉散。納會喀爾提錦部落布嚕特等。率兵前赴喀什噶爾。現差弁兵前赴喀爾提錦之卡倫。安放地雷。并探明鄂布	軍事、新疆局勢		

序號	時間	時間	提出者／奏議者／復議者				接收者／回應者				內容提要	類別、關鍵詞	關聯條目與事件	問題
	(中曆)	(西曆)	人物	八旗歸屬籍貫民族	職銜	出身	人物	八旗歸屬籍貫民族	職銜	出身				
					年)。						拉散由何路前來。已調各路滿漢官兵回兵備用等語。辦理未免張皇。薩木薩克。逋竄多年。窮蹙無依。今有此舉。或係伊等散布謠言。哄誘回衆。趁機搶掠。正在降旨諭知。又遞到長麟 等奏報。薩木薩克尚無確信。及喀什噶爾回民安靜情形一摺。據摺內稱。授意官兵等。令其故作聲揚。詐稱已調兵二萬餘名。俾知悚惕。長麟 所見大錯。喀什噶爾聞有薩木薩克前來之信。正當加之鎮撫。使之毫無疑懼。乃令聞而驚悚。是欲安其反側。轉生愚衆猜疑。況新調各處兵丁。回衆等皆所聞知。又安用此虛聲恫喝之言。此奏殊不曉事。總之所調官兵。祇須在卡倫防堵。不必遠出勦殺。將此諭令知之。			
287	仁宗嘉慶2年8月27日	1797.10.16	乾隆、嘉慶、長麟		太上皇、皇帝、喀什噶爾參贊大臣(嘉慶1-4年)。						癸亥。諭軍機大臣等。據長麟 等奏。探明薩木薩克。確係被納爾巴圖截回各緣由一摺。此事祇係鄂布拉散。藉薩木薩克名目。哄誘回衆。希圖搶掠。以為報復之計。果不出朕所料。至納爾巴圖。雖情願派兵截拏。亦因長麟 等所辦涉於張大。藉此見好。果係真心出力。則納爾巴圖有兵三萬。何難將薩木薩克等即行拏獲。但既懇為天朝出力。自應加獎。已另頒敕諭。賞給貝勒銜。並賞寶石頂。三眼花翎。珊瑚朝珠。蟒錦閃緞等件。俾知感激。其出力之布	軍事、嘉獎回民		

序號	時間	時間	提出者／奏議者／復議者				接收者／回應者				內容提要	類別、關鍵詞	關聯條目與事件	問題
	(中曆)	(西曆)	人物	八旗歸屬籍貫民族	職銜	出身	人物	八旗歸屬籍貫民族	職銜	出身				
											嚕特回子等。亦照所請加恩。至喀什噶爾業經寧謐。不特伊犁官兵應停。即葉爾羌烏什之兵。亦何須再留。長麟 等惟當安撫回民。及眾布魯特等。照常安業。綏靖邊疆。將此諭令知之。			
288	仁宗嘉慶3年8月25日	1798.10.04			刑部						丙辰。定留養及軍徒脫逃改發例。刑部議。留養一項。原係國家矜恤孤獨。特施法外之仁。似應量為推廣。應請將例文內。情節較重者。共二十五條。概不准聲請留養。一。強盜窩主。造意不行又不分贓者。一。旗下正身犯積匪者。一。拏獲逃人。不將實在窩留之人指出。再行妄扳者。一。發遣雲貴兩廣煙瘴偷刨人蔘人犯。在配脫逃者。一。盛京旗下家奴。為匪逃走。犯至二次者。一。派往各省駐防滿洲兵丁。臨行及中途脫逃者。一。用藥迷人甫經學習即行敗露者。一。用藥迷人。已經得財為從者。一。閩省不法棍徒。引誘偷渡之人。包攬過臺。中途謀害人未死。為從同謀者。一。應發極邊煙瘴罪人。事發在逃。被獲時有拒捕者。一。開窰誘取婦人子女。勒賣為從者。一。旗人犯罪。發遣赦回。又生事故者。一。永遠枷號人犯。已逾十年。原擬死罪。並應發新疆黑龍江者。一。大夥梟徒拒捕傷差案內之壯丁窩家者。一。軍營逃兵。在軍務未竣以前投首者。	確立制度、軍事、法律		

序號	時間(中曆)	時間(西曆)	提出者／奏議者／復議者				接收者／回應者				內容提要	類別、關鍵詞	關聯條目與事件	問題
			人物	八旗歸屬籍貫民族	職銜	出身	人物	八旗歸屬籍貫民族	職銜	出身				
											一。軍營脫逃餘丁被獲者。一。用藥迷人。被迷之人當時知覺。未經受累者。一。聚衆奪犯殺差案內。隨同拒捕。未經毆人成傷者。一。州省匪徒。在野攔搶四人至九人。未經傷人者。一。臺灣無藉游民。兇惡不法。犯該徒罪以上情重者。一。賊犯犯罪事發抗拒殺差案內。為從在場助勢者。一。罪因越獄脫逃三人以上。原犯徒罪為從。及杖笞為首。並一二人原犯軍流為從。乃徒罪為首者。一。洋盜案內被脅服役者。一。幕友長隨書役等。倚官妄為。累及本官。罪應流以上。與同罪者。一。新疆兵丁跟役。如有酗酒滋事。互相調發者。其搶竊滿貫擬絞緩決減等等項。情節較輕者。二十二條。准其留養一次。一。搶竊滿貫擬絞。秋審緩決一次者。一。竊盜三犯。贓至五十兩以上擬絞。秋審緩決一次者。一。內地民人。在新疆犯至軍流。互相調發者。一。引誘包攬偷渡過臺。招集男婦至三十人以上者。一。調姦未成。和息後因人恥笑。復追悔抱忿自盡致二命者。一。行營金刃傷人者。一。押解新疆遣犯脫逃。限滿無獲。為首情重者。一。川省匪徒在野攔搶十人以上被脅隨行者一兇徒因事忿爭執持軍器毆人致篤疾者一夥衆搶去良人子弟強行雞姦之餘犯問擬			

序號	時間	時間	提出者／奏議者／復議者				接收者／回應者				內容提要	類別、關鍵詞	關聯條目與事件	問題
	(中曆)	(西曆)	人物	八旗歸屬籍貫民族	職銜	出身	人物	八旗歸屬籍貫民族	職銜	出身				
											發遣者一三次犯竊計贓五十兩以下至三十兩者一三十兩以下至十兩者一竊贓數多罪應滿流者一搶奪金妨傷人及折傷下手為從者一發掘他人墳塚見棺槨為首及開棺見屍為從一次者一開棺見屍二次為從者一竊盜臨時拒捕傷非金刃傷輕平復者一搶奪傷人傷非金刃傷輕平復者一積匪猾賊及窩留者一回民犯竊結夥三人以上及執持繩鞭器械者。一。旗人逃走一月內自行投回。及拏獲者一。行竊軍犯在配復行竊者如不知悛改復行犯罪仍不准留養庶於矜憫之中。仍寓分別懲創之意再查由新疆改發內地人犯如竊盜臨時拒捕傷非金刃傷輕平復。搶奪傷人傷非金刃傷輕平復。 回民犯竊。結夥三人以上。及執持繩鞭器械三項情罪較重。如有脫逃自應照新疆人犯脫逃之例即行正法其餘改遣人犯本罪原止軍流。如有脫逃似未便統照外遣人犯一體辦理。但究係由外遣改發內地亦未便僅照尋常軍流脫逃例定擬。應請各按現犯本罪上加二等調發十條一搶竊滿貫擬絞秋審緩決一次者。一。竊盜三犯。贓至五十兩以上擬絞。秋審緩決一次者一。三次犯竊計五十兩以下至三十兩者。一。三十兩以下至十兩者。一。竊盜贓數多罪應滿流者一搶奪金刃傷人。及折傷下手為從者。一。撥掘他人			

序號	時間	時間	提出者／奏議者／復議者				接收者／回應者				內容提要	類別、關鍵詞	關聯條目與事件	問題
	(中曆)	(西曆)	人物	八旗歸屬籍貫民族	職銜	出身	人物	八旗歸屬籍貫民族	職銜	出身				
											墳塚見棺槨為首及開棺見屍為從一次者。一。開棺見屍二次為從者。一。積匪猾賊及窩留者。一。行竊軍犯在配復行竊者。於犯案發配時。即面刺改發字樣以示區別從之。			
289	仁宗嘉慶4年4月5日	1799.05.09	(瓜爾佳)興奎	滿洲鑲白旗	烏嚕木齊都統(嘉慶4-7年)		嘉慶		皇帝		又諭。興奎奏。審擬回民丁成傑殺死馬忠德一案。依謀殺律問擬斬候。摺內聲明新疆向來辦理謀故重案。審明後。俱恭請王命即行正法。因現奉諭旨。問刑衙門俱應專引本律辦理。是以遵照擬斬候等語。此案丁成傑因懷恨馬忠德逞忿殺斃。係屬尋常命案。自應照例定擬。原不必即請王命正法。丁成傑著依議應斬監候秋後處決。此案興奎等年辦尚是。至新疆與內地不同。如遇殺一家二命三命。及謀故重案。審明後仍應按照向例請王命即行正法。若因有專引本律諭旨。過於拘泥。槩行問擬斬候。則又何用頒發王命旗牌為耶。	法律、回民犯罪、新疆與內地審案過程的不同		
290	仁宗嘉慶4年4月19日	1799.05.23	長麟		喀什噶爾參贊大臣(嘉慶1-4年)		嘉慶		皇帝		又諭。據長麟 等奏。請將伯德爾格回民。每年增納金兩錢文。及葡萄折價等項。概行禁革等語。朕體恤回民。前此葉爾羌採運大玉。尚降旨停止。今伯德爾格所交金兩錢文。本係例外加增。於國家無補毫末。而在 回民 等。急公輸納。生計不無拮据。長麟 等據實奏請革除。所見甚是。嗣後伯德爾格 回民。著仍	優待回民、進貢、制度、皇帝對回民的態度		

序號	時間	時間	提出者／奏議者／復議者				接收者／回應者				內容提要	類別、關鍵詞	關聯條目與事件	問題
	(中曆)	(西曆)	人物	八旗歸屬籍貫民族	職銜	出身	人物	八旗歸屬籍貫民族	職銜	出身				
											照初定章程。每年祇准貢金十兩。金絲緞二匹。又應進葡萄。亦祇准進二百斤。其每年所增金兩普爾錢文。及葡萄折價。俱著加恩寬免。以示體恤。			
291	仁宗嘉慶4年4月29日	1799.06.02	徐績、(覺爾察)恩長	徐績：漢軍正藍旗 恩長：滿洲鑲藍旗	徐績：和闐辦事大臣(乾隆60-嘉慶4年，人名權威人物傳記資料庫所記載的年份為乾隆60年-嘉慶3年，然而此條目證明資料庫記載有誤會。清代職官資料庫則記載徐績擔任和闐辦事大臣的時間是？-嘉慶4年，因此修正為乾隆	徐績：監生(捐)；乾隆12年舉人。	嘉慶		皇帝		和闐辦事大臣徐績。幫辦大臣恩長奏。和闐向來玉禁綦嚴。回民 等日用一切什物。俱赴葉爾羌採買。今既弛禁。應將各卡官兵徹回歸伍。免致藉擾累。更請每年於官玉採竣後。准商民請票出境。互相售買玉石。得旨。所辦甚是。總宜恩養 回民。疆宇寧靜。是朕之至願。玉之多少有無。何足重輕耶。	商業、貿易、制度、軍事、皇帝對回民的態度		人物傳記資料庫記載官職擔任時間有誤

序號	時間	時間	提出者／奏議者／復議者				接收者／回應者				內容提要	類別、關鍵詞	關聯條目與事件	問題
	(中曆)	(西曆)	人物	八旗歸屬籍貫民族	職銜	出身	人物	八旗歸屬籍貫民族	職銜	出身				
					60 年-嘉慶 4 年。) 恩長：和闐幫辦大臣(乾隆 58- 嘉慶 4 年)									
292	仁宗 嘉慶 4 年 8 月 3 日	1799. 09.02	恩長		和闐幫辦大臣		嘉慶		皇帝		又諭。恩長奏。和闐回民莫羅愛底勒。強姦十歲回女色克呢已成。請將莫羅愛底勒。即行正法等語。強姦本律。罪應擬斬監候。今恩長所奏莫羅愛底勒。兇淫已極新疆又非內地可比。請將該犯即行正法。以懲淫風。所辦尚無錯誤莫羅愛底勒。著依擬應斬監候。即行正法。以昭炯戒。	回民犯罪、強姦幼女、新疆與內地的不同		
293	仁宗 嘉慶 4 年 11 月 16 日	1799. 12.12	嘉慶		皇帝						賞挑挖河道葉爾羌五品伯克額則斯。花翎。六品伯克和琳霍卓斯第克。藍翎。免挖河回民七百名。次年額徵普爾錢一半。	封賞回民、水利、優待回民、勞役		

東亞伊斯蘭研究叢書02　史地傳記類　PF0292

「回民」

——《清實錄》所載1800年前大清帝國與伊斯蘭教史料彙編

主　　編 / 孔德維、黃庭彰、李依肋
責任編輯 / 鄭伊庭、楊岱晴
圖文排版 / 楊家齊
封面設計 / 劉肇昇
合作單位 / 香港中文大學伊斯蘭文化研究中心

發 行 人 / 宋政坤
法律顧問 / 毛國樑　律師
出版發行 / 秀威資訊科技股份有限公司
114台北市內湖區瑞光路76巷65號1樓
電話：+886-2-2796-3638　傳真：+886-2-2796-1377
http://www.showwe.com.tw
劃撥帳號 / 19563868　戶名：秀威資訊科技股份有限公司
讀者服務信箱：service@showwe.com.tw
展售門市 / 國家書店（松江門市）
104台北市中山區松江路209號1樓
電話：+886-2-2518-0207　傳真：+886-2-2518-0778
網路訂購 / 秀威網路書店：https://store.showwe.tw
國家網路書店：https://www.govbooks.com.tw

2022年6月　BOD一版
定價：520元

讀者回函卡

國家圖書館出版品預行編目

回民: <<清實錄>>所載1800年前大清帝國與伊斯蘭教史料彙編 / 孔德維, 黃庭彰, 李依助主編. -- 一版. -- 臺北市 : 秀威資訊科技股份有限公司, 2022.06

面； 公分. -- (史地傳記類)

BOD版

ISBN 978-626-7088-56-2(平裝)

1. 回族 2. 清史 3. 史料 4. 實錄

639.4 111002601